本书是 2016 年国家社科基金项目（项目编号：16CJY046）、2022 年河南省哲学社会科学规划年度项目（2022BJJ073）、2023 年河南省高等学校重点科研项目（23A790029）、2019 年度天中学者奖励计划的研究成果。

Intergenerational transition of Agricultural Labor force:
Based on Multidimensional Perspective for Investigation

农业劳动力代际转换
基于多维视角的考察

韩占兵　著

中国社会科学出版社

图书在版编目(CIP)数据

农业劳动力代际转换：基于多维视角的考察／韩占
兵著. -- 北京：中国社会科学出版社，2025. 1.
ISBN 978-7-5227-4583-1

Ⅰ. F323.6

中国国家版本馆 CIP 数据核字第 2024EU4074 号

出 版 人	赵剑英	
责任编辑	耿晓明	
责任校对	季　静	
责任印制	李寡寡	

出　　版	中国社会科学出版社	
社　　址	北京鼓楼西大街甲 158 号	
邮　　编	100720	
网　　址	http://www.csspw.cn	
发 行 部	010-84083685	
门 市 部	010-84029450	
经　　销	新华书店及其他书店	

印　　刷	北京明恒达印务有限公司	
装　　订	廊坊市广阳区广增装订厂	
版　　次	2025 年 1 月第 1 版	
印　　次	2025 年 1 月第 1 次印刷	

开　　本	710×1000　1/16	
印　　张	20.75	
字　　数	340 千字	
定　　价	98.00 元	

前　　言

农业劳动力代际转换是农耕文明得以延续的重要保障，是农业生产经营主体新陈代谢的重要基础。加快建设农业强国，推进农业农村现代化，全面推进乡村振兴，是党的二十大大关于新一轮农业农村改革发展的重要内容。改革开放后，特别是进入 21 世纪以来，在城镇化和工业化浪潮的推动下，我国广大农村青壮年农业劳动力持续向城市转移，导致农业劳动力数量和质量的大幅度衰减，形成了以人口空心化、农民老龄化、农业空洞化为表征的农业劳动力代际转换不良局面①。客观而言，农村人口的城市化和非农化是经济社会发展的必然趋势，是城乡二元结构转换的普遍规律。然而，现阶段农村人口的迁移和流动主要以青壮年农业劳动力为主，其过度流失致使农业生产主体出现无法接续的"代际断层"，乡村振兴所需的人力资源支持和人才支撑面临着严重威胁。"70 后不愿种地、80 后不会种地、90 后不提种地"正成为广大农村的普遍现象。事实上，近年来，无论是局部农村地区出现的高龄老年农民和妇女留守耕种的现象，还是农地抛荒、乡村空巢以及应付性耕种等农业副业化和边缘化现象，都是农业劳动力代际转换不畅加深的直接反映。

当前，我国经济发展进入更加注重质量和效益的新时期，农业生产正面临着资源承载和生态保护的严重约束②，同时也面临着生产成本上升和

---

① 典型研究可参见周祝平《中国农村人口空心化及其挑战》，《人口研究》2008 年第 2 期；王国敏、罗浩轩《中国农业劳动力从"内卷化"向"空心化"转换研究》，《探索》2012 年第 2 期；项继权、周长友《"新三农"问题的演变与政策选择》，《中国农村经济》2017 年第 10 期；陈坤秋、王良健、李宁慧《中国县域农村人口空心化——内涵、格局与机理》，《人口与经济》2018 年第 1 期；王兴周《人口空心化：乡村振兴的家底与逆城市化的起点》，《江海学刊》2024 年第 3 期。

② 何可、宋洪远：《资源环境约束下的中国粮食安全：内涵、挑战与政策取向》，《南京农业大学学报》（社会科学版）2021 年第 3 期。

国际市场价格倒挂的"双重挤压"①。基于此，农业生产低收益的现实在短期内将继续存在。在可预期的未来，城乡劳动力收益的差别所导致的农村青壮年劳动力持续外流的局面难以根本扭转，满足乡村振兴和现代农业发展需求的新生代人才供给将会出现结构性匮乏，农业劳动力空心化会更趋严重。"未来谁来种地？"将不再是一个危言耸听的问题，而是一个亟待破解的重大战略问题②。基于此，需要以更加宏观的视野和微观的思考为基础，将农业劳动力代际转换置放到二元经济结构转换与乡村人才振兴的动态协调进程中加以考察和判断，对分散于不同学科领域的研究成果进行系统性和逻辑性整合，构建全新的研究框架与研究范式。

本书依托二元经济与农业劳动力转移理论、人力资本理论和传统农业改造理论，综合运用经济学、管理学、人口学、社会学、计量经济学等基本理论，采用规范分析与实证分析相结合、宏观研究和微观考察相联结的研究方法，以中国农业劳动力代际转换的形成与破解为主线，从规模、区域分布、文化素质、年龄、性别等角度聚焦中国农业劳动力的演变趋势，梳理了中国农业劳动力的历史变迁，并从宏观与微观视角系统考察了中国农业劳动力代际转换的现状，构建了农业劳动力代际转换的动态演进机制，实证分析了农业劳动力代际转换不畅的多维动因。同时，基于动力—障碍模型，构建了农户就业意愿分析的理论框架，实证研究了农户两代劳动力就业选择的代际差异及其影响因素。在此基础上，运用面板数据模型实证检验了农业劳动力代际转换的影响效应。综合以上研究成果，构建了破解农业劳动力代际转换不畅的多重耦合机制，并以生产主体、生产要素、规模经营、产业支撑、生产方式、组织形式六个维度为基本视角，提出了"三位一体"的多元化破解模式，对于促进乡村人才振兴和现代农业发展具有重要的现实意义。

在研究内容上，本书的突出特色和主要建树表现在如下六个方面：

---

① 韩俊：《以习近平总书记"三农"思想为根本遵循实施好乡村振兴战略》，《管理世界》2018 年第 8 期。

② 典型研究可参见陈锡文、陈昱阳、张建军《中国农村人口老龄化对农业产出影响的量化研究》，《中国人口科学》2011 年第 2 期；黄季焜、靳少泽《未来谁来种地：基于我国农户劳动力就业代际差异视角》，《农业技术经济》2015 年第 1 期；高鸣、江帆《回答"谁来种地"之问：系统推进现代农业经营体系建设》，《中州学刊》2023 年第 12 期。

（1）基于历史脉络与现实国情，对农业劳动力有效供给行为进行了前沿性测算分析。本书注重对农业劳动力代际转换的相关统计数据进行量化分析。一方面，运用宏观数据分析了中国农业劳动力的历史变迁与演化趋势；另一方面，运用微观调研数据，综合测度了中国农业劳动力代际转换的微观现实水平。在研究手段上，通过问卷调查、焦点小组访谈、关键知情人访谈和机构访谈等收集原始数据信息，为农业劳动力代际转换相关研究提供了可靠的数据支持。

（2）辨析探讨了中国农业劳动力代际转换不畅的多维动因。本书聚焦农业劳动力代际转换的动态演进机制，注重对农业劳动力城市化迁移驱动因素的考察。从经济、社会、制度、环境、家庭及个人等角度出发，通过采用面板计量模型和因子分析法，实证分析了农业劳动力代际转换的影响因素。

（3）研究了中国农业劳动力代际转换的发展趋势。本书以动力—障碍模型为基础，构建了农户就业意愿分析的理论框架。同时，以农户老一代劳动力和新生代劳动力的分类调查数据为支撑，利用 Logistic 模型，实证研究了农户两代劳动力就业选择的代际差异及其影响因素，剖析了城镇化背景下农业劳动力代际转换的发展趋势与深层动力。

（4）全面审视了中国农业劳动力代际转换的影响效应。本书依托二元经济转换和新古典经济学理论，在综合梳理学术界"消极影响论""积极影响论"和"综合影响论"三类学术观点的基础上，构建了基于逻辑分解的影响效应作用机制，利用微观农户家庭追踪调查数据，借助劳动增长型的 C—D 函数模型和中介效应模型，从劳动力投入萎缩效应、生产要素替代效应、种植决策转换效应、农地分向流转效应等方面进行实证分析，并进行了中介效应检验，进而提出了研究结论与政策启示。

（5）探索构建了破解农业劳动力代际转换不畅的多重耦合机制。本书着重将农业劳动力代际转换置于中国二元经济结构转换的历史进程中加以考察和判断，分别探索构建了城乡之间劳动力双向流动的动态耦合机制、多类型农户分化主体的动态耦合机制、新型组织化经营与农户家庭经营的动态耦合机制，为创新提出畅通农业劳动力代际转换的破解模式与路径奠定了坚实基础。

（6）创新提出了综合性、开放性的"三位一体"多元化破解模式。本书在深刻认识破解农业劳动力代际转换不畅的现实障碍，对比分析国外应对农业劳动力代际转换成功经验的基础上，以生产主体、生产要素、规模经营、产业支撑、生产方式、组织形式六个维度为基本视角，创新性地提出了综合性、开放性的"三位一体"多元化破解模式：即"生产主体＋生产要素"双替代、"规模经营＋产业支撑"双引擎、"兼业化＋职业化"生产方式双变革。

目　　录

导　　论

一　研究背景与研究意义

（一）研究背景

党的二十大擘画了以中国式现代化全面推进中华民族伟大复兴的宏伟蓝图。全面建设社会主义现代化国家，最艰巨最繁重的任务仍然在农村。加快建设农业强国，人才是第一资源，人才兴，则农业兴。在乡村振兴的具体实施路径中，人才振兴占据重要地位，是乡村振兴的基础支撑。

改革开放以来，随着工业化和城镇化进程的加快，我国农村大量青壮年劳动力转移到城市非农产业就业，导致了农业劳动力数量和质量的大幅度衰减，形成了以人口"空心化"、乡村"空巢化"和农业副业化为表征的农业劳动力代际转换的不良局面。客观而言，农村人口的城市化迁移是经济体系现代化发展的必然趋势，是城乡二元结构向一元化转换的必经阶段。然而，现阶段，乡村人口的迁移和流动主要以青壮年农业劳动力为主，表现为青壮年农民的外出务工，脱离农业生产。国家统计局发布的《2023年农民工监测调查报告》显示，中国农民工总数量快速增长，截至2023年，达到2亿9753万人。其中，1980年及以后出生的新生代农民工逐渐成为农民工主体，继续突破农民工总数量的一半，占全国农民工总量的52.6%。农村青壮年人口的过度流失导致了严峻的农业劳动力代际转换问题，在一定程度上造成了农业生产主体的断层和后继无人，乡村振兴所需的人力资源支持和人才支撑面临着劳动力断层的严重威胁。

从世界农业发展的普遍规律来看，农业劳动力的代际转换是农耕文明得以延续的重要保障，是农业生产经营主体新陈代谢的重要基础，对我国而言，农业劳动力代际转换不畅势必导致农业现代化和乡村振兴缺乏主体支撑，农业生产后继无人的局面将严重威胁国家粮食安全和农业的可持续发展。

当前，我国经济发展进入更加注重质量和效益的新常态。在经济新常态下，经济发展速度由追求高速增长转变为中高速平稳增长，经济结构在优化升级中实现再平衡，经济增长动力由要素和投资驱动转变为创新驱动。在此背景下，我国农业生产正面临着资源承载和生态保护的严重约束，同时也面临着国际市场价格倒挂的外部压力。因此，可以预估的是，农业种植低收益的局面在短期内将无法实现根本性改变，城乡收入差距所导致的农村高素质人才流失的趋势还将持续下去，满足乡村振兴和现代农业发展需求的新生代人才供给将会出现结构性匮乏。"未来谁来承担农业生产重任？"[①] 将不再是一个危言耸听的问题，而是一个亟待解决的重大现实问题。2012 年，以师昌绪为代表的中国科学院、中国工程院 15 位院士联名提出，若不从战略上重视农业劳动力代际转换问题，中国将面临人口大国无人愿意种地的尴尬境地[②]。基于此，如何理性认识农业劳动力代际转换问题，并从战略上加以应对，是现阶段"三农"工作必须破解的重大课题。本书对于农业劳动力代际转换问题的研究不仅有助于进行理论探索，更可为城镇化背景下政府如何调整和优化农业支持政策提供科学依据。

（二）研究意义

1. 理论意义

（1）有利于推出学科交叉领域的基础性、创新性的理论成果

总的来看，学术界关于农民就业行为的研究大多集中于农民工市民化和城镇化背景下的农业劳动力转移领域，而对于农业劳动力代际转换的相关探索明显处于初始阶段，研究框架和研究范式远未建立。该研究属于经济学、人口学、地理学和社会学的交叉性、前沿性的研究领域，其理论研究在国内学术界是近几年刚刚兴起的研究热点，理论基础的研究空间较大。所以，本书尝试在二元经济动态演进视角下，对中国农业劳动力代际转换的多维动因、耦合机制与破解模式进行系

---

① 典型研究可参见黄季焜、靳少泽《未来谁来种地：基于我国农户劳动力就业代际差异视角》，《农业技术经济》2015 年第 1 期；苏卫良《未来谁来种地——基于我国农业劳动力供给国际比较及应对策略选择》，《农业经济与管理》2021 年第 3 期。

② 李剑平：《15 位两院院士联名上书中央：提防人口大国无人种地》，《中国青年报》2012 年 3 月 19 日。

统研究，探索其发展趋势，破解其现实难题，以弥补这方面理论研究的不足。

（2）为构建科学的农业劳动力充足供应机制提供基础理论支撑

乡村振兴和农业现代化需要高素质的专业化农民作为支撑，而高素质青壮年农业劳动力的非农化迁移构成了城镇化、工业化与农业现代化之间的矛盾冲突。农业劳动力代际转换严重威胁着中国农业可持续发展，对现代农业发展、增加农产品有效供给和提高农业综合竞争力带来了不利影响。未来十年、二十年，"谁来生产粮食"将成为一个严肃而重要的问题。因此，构建农业劳动力的充足供应机制是我国推进现代农业建设、促进农业可持续发展和保障粮食安全迫切需要解决的重大问题。通过本书的研究，可以为政府相关决策部门制定政策，构建科学的农业劳动力充足供应机制，破解农业劳动力瓶颈制约提供理论支撑。

（3）有利于在研究方法和研究范式上形成突破

从国内学术界对农业劳动力代际转换问题的研究现状来看，研究方法主要是以规范分析为主，缺乏基于相关数据的实证研究。就研究范式来看，现有研究成果多是注重提出问题，对解决问题重视不够。而且部分学者提出的政策建议缺乏针对性，可操作性不强，缺乏宏观视野和多维视角。本书基于历史、现实和未来的宏观视野，运用实证研究和规范研究相结合的方法，对中国农业劳动力代际转换进行深入系统研究。以期在研究方法和研究范式上形成突破。

2. 现实意义

（1）有利于解决农村空心化与乡村人才振兴之间的矛盾

乡村人才振兴要求农业生产主体必须是高素质的专业化人才，但这与当前以高素质农业劳动力持续流失为特征的农村空心化之间形成了严重矛盾。而另一方面，农村教育以升学教育为主导①，农民职业化培育不足，高素质新生代农民供给严重失衡进一步加剧了该种矛盾。本书通过系统研究农业劳动力代际转换不畅的破解模式，有利于解决农村空心化与乡村人才振兴之间的矛盾。

---

① 柯炳生：《锚定建设农业强国目标，更好保障国家粮食安全》，《农村工作通讯》2024 年第 5 期。

（2）有利于构建城乡劳动力双向流动机制，切实保障国家粮食安全

粮食既是关系国计民生和国家经济安全的重要战略物资，也是人民群众最基本的生活资料。粮食安全与社会的和谐、政治的稳定、经济的持续发展息息相关。农业劳动力代际转换不畅的严峻形势使得正常的农业生产的代际转换出现断裂，严重威胁着中国的粮食安全。本书对新生代农民即未来"农民接班人"的群体特征、利益诉求、职业选择与务农意愿进行系统研究，提出切实可行的新生代农业接班人培育战略举措与政策建议，有利于中国粮食安全的切身保障。

（3）有利于借鉴发达国家先进经验，为制定科学政策提供决策参考

横向比较而言，农业劳动力代际转换是国外发达国家城镇化和工业化进程中必须面对的普遍问题。本书将系统梳理国外发达国家在应对大量农业人口外迁过程中所取得的宝贵经验和做法，研究城镇化、农民兼业化与农民职业化的历史演进规律，提出农业劳动力代际转换的破解之道，为各级农业部门制定科学有效应对策略提供决策参考，为顺利推进农业现代化提供强有力的智力支持。

二　文献综述

（一）国外学者的相关研究

18世纪中叶以来，在工业革命的推动下，西方发达国家相继经历了城镇化和工业化的发展历程。在此过程中，农业劳动力的代际传承与城市化迁移行为相关的学术问题逐渐引起了国外众多学者的浓厚兴趣。经济学界、社会学界、人口学界和地理学界分别从各自学科领域出发进行了深入探讨。经济学界对农业劳动力代际转换的研究侧重于农村人口的城市化迁移以及劳动力资源的再配置等问题。他们对城镇化浪潮下农业劳动力城市化转移的机理与动因、农业劳动力城市化转移的影响效应、农户的农业生产意愿、未转移农民的生计能力提高和农民职业化等方面进行了深入研究，取得了较为丰富的研究成果。

1. 农业劳动力城市化转移的机理与动因

在城镇化进程中，城乡之间的劳动力收益差距深刻影响着农业劳动力的就业选择与城市化转移行为。经济学界、人口学界和社会学界分别从各

自角度进行了关注和研究。最早对于城乡人口流动背景下农业劳动力向非农部门转移的研究起源，可以上溯到古典经济学阶段。威廉·配第（W. Petty）[①] 较先提出，利益驱使是导致农业劳动力迁移流动和就业选择的重要因素。亚当·斯密（Adam Smith）[②] 从劳动分工和城乡市场联系的视角分析了农业劳动力的城市化迁移，他认为，农民转向城市就业是市场繁荣发展的必然结果。大卫·李嘉图（D. Ricardo）[③] 通过构建简单的经济模型，论证了农业生产收益递减规律，从而导致农业劳动力非农化转移。拉文斯坦（E. G. Ravenstein）[④] 在统计测量经济数据的基础上，研究得出经济诱导是造成农业劳动力城市化转移的最重要动机，在很多层面超过了气候、种族、生活环境等因素的作用。他认为，发生迁移的农业劳动者最主要考虑的是提高收入水平，改善生活条件。科林·克拉克（C. Clark）[⑤] 在配第相关理论的基础上，提出了著名的"配第—克拉克定理"。该定理认为，随着经济繁荣水平的提高，劳动力会按照由第一产业到第二产业再到第三产业的路径和规律进行逐级转移。二战后，发展经济学方兴未艾，更加注重从经济视角出发，全面构建了农业劳动力城市化转移的研究框架。首先是威廉·阿瑟·刘易斯（William Arthur Lewis）[⑥] 提出了二元经济模型，并以此为框架，探讨了农业劳动力转移的过程和劳动力资源的再配置。其次，唐纳德·博格（D. J. Bague）[⑦] 提出了基于农业劳动力转移动机的推—拉理论，分别从"推"和"拉"两个层面解释了影响劳动力转移的主要因素。同时，费景汉（J. H. Fei）和拉尼斯（G. A. Ranis）[⑧] 提出了

①　[英] 威廉·配第：《政治算术》，马妍译，中国社会科学出版社 2010 年版。

②　[英] 亚当·斯密：《国富论》，郭大力、王亚南译，商务印书馆 2015 年版。

③　[英] 大卫·李嘉图：《政治经济学及赋税原理》，郭大力、王亚南译，商务印书馆 1962 年版。

④　E. G. Ravenstein，"The Laws of Migration"，*Journal of the Royal Statistical Society*，Vol. 52，No. 2，1889，pp. 241 – 305.

⑤　[英] 科林·克拉克：《经济进步的条件》，张旭昆、夏晴等译，中国人民大学出版社 2020 年版。

⑥　William Arthur Lewis，"Economic Development with Unlimited Supply of Labour"，*Journal of the Manchester School of Economics and Social Studies*，Vol. 22，No. 2，1954，pp. 139 – 192.

⑦　D. J. Bague，*The Study of Population：An Inventory Appraisal*，Chicago：University of Chicago Press，1959，pp. 57 – 86.

⑧　J. H. Fei，G. A. Ranis，"Theory of Economic Development"，*The American Economic Review*，Vol. 51，No. 4，1961，pp. 533 – 565.

"费—拉二元模型"。他们认为，农业劳动力是否进行城市化转移，取决于收益与成本风险的度量。最后，迈克尔·皮雷奥（M. J. Piore）[1] 和斯塔克（O. J. Stark）[2] 研究提出，工业化和城市化所催生的劳动力需求是推动农业劳动力转移的主要动力源泉和牵引力量。

2. 农业劳动力城市化转移的影响效应

农业劳动力城市化转移给农业生产效率、农业劳动力收益、农业生产要素投入等带来了一系列影响，这些问题引起了国外学术界的关注。首先，对于农业劳动力城市化转移是否给农业生产效率带来不利影响，国外学术界莫衷一是，观点各异。费景汉和拉尼斯[3]基于充分利用农业剩余劳动力的角度，研究提出，农业劳动非农化转移有利于改善劳动力资源配置结构，对农业生产效率不会产生不利影响。但是，托达罗（M. P. Todaro）[4] 以实证数据研究为基础，研究发现，农业劳动力城市化转移的主要构成是农村中的优秀青年人才，导致农业高素质人才供给的"洼地效应"，严重阻碍农业生产效率的提高。利普顿（M. Lipton）[5] 的观点比较悲观，他认为，农业劳动力的大幅减少特别是青壮年农民的流失会造成农业生产中劳动力要素投入的不足，进而会降低农业生产效率，而且会造成城乡劳动收益差距的加大，导致局部土地无人耕种。同时，罗泽尔·斯科特（Rozelle Scott）、爱德华·泰勒（J. Edward Taylor）和艾伦·德布劳夫（Alan De Brauw）[6] 坚持认为，农业劳动力的大量减少势必会负向影响农业生产的有效劳动投入，降低农业生产效率。

其次，在讨论农业劳动力城市化转移对农业劳动力收益的具体影响方

---

① M. J. Piore, *Birds of Passage*：*Migrant Labor and Industrial Societies*, New York：Cambridge University Press, 1979, pp. 103 – 127.

② O. J. Stark, *The Migration of Labor*, Cambridge, UK：Basil Blackwell Publisher, 1991, pp. 235 – 281.

③ J. H. , Fei, G. A. Ranis："Theory of Economic Development", *The American Economic Review*, Vol. 51, No. 4, 1961, pp. 533 – 565.

④ M. P. Todaro, "A Model of Labor Migration and Urban Unemployment in Less Developed Countries", *The American Economic Review*, Vol. 59, No. 1, 1969, pp. 138 – 148.

⑤ M. Lipton, "Migration From Rural Areas of Poor Counties：The Impact on Rural Productivity and Income Distribution", *The World Development*, Vol. 8, No. 1, 1980, pp. 1 – 24.

⑥ Rozelle Scott, J. Edward Taylor and Alan De Brauw, "Migration, Remittances, and Agricultural Productivity in China", *The American Economic Review*, Vol. 89, No. 2, 1999, pp. 287 – 291.

面，大卫·李嘉图①早期提出并论证了一个研究假设，即无论是农业部门，还是非农业部门，农业劳动力向非农部门转移并不能导致劳动参与人员的收益提高。但是，后来的诸多经济学者对上述观点提出了质疑，他们研究认为，农业劳动力通过城市化转移，使得农村剩余劳动力被现代经济形态发展所消化和吸纳，可以在一定程度上提高农民的整体收入。

最后，对于农业劳动力流失所导致的农业生产要素投入的影响方面，国外部分学者研究认为，农业劳动力非农化转移会在一定程度上带来劳动力要素投入数量的降低，产生了"城市瓦解农村人力资源"的后果②。同时，农业劳动力非农化转移还直接导致了劳动力要素投入质量的滑坡，进而带来农业生产效率的下降。罗泽尔·斯科特和艾伦·德布劳夫③进行了大量统计数据对比，进而研究得出，农业劳动力流失会造成农业耕种主体的高龄化，农村老年人参与农业生产的劳动时间明显增多。畅红琴、董晓媛和麦克菲尔（F. Macphail）④的相关研究支持了这一观点。他们发现，在农业劳动力外流的背景下，留守在农村的老人和儿童投入土地耕种的劳动时间也出现了显著提高。而且在考虑性别差异的前提下，相比男性而言，女性的农业生产劳动时间投入量明显偏多。然而，国外学术界还有部分学者持有相反观点。在他们看来，农业劳动力流失并不会对农业生产状态带来严重冲击，而且也不会对农业生产中的劳动要素投入造成负面影响⑤。首先，农业劳动力流向工业和服务业等非农部门，会提高农民的总体收入水平，

①　［英］大卫·李嘉图：《政治经济学及赋税原理》，郭大力、王亚南译，商务印书馆1962年版。

②　P. J. Carr and M. J. Kefalas, *Hollowing out the Middle：Rural Brain Drain and What It Means for America*, Boston, MA：Beacon Press, 2009, pp. 205 – 248.

③　Rozelle Scott and Alan De Brauw, "Labor Supply of the Elderly in Rural China", *China Economic Quarterly*, Vol. 2, No. 3, 2003, pp. 721 – 730.

④　Chang, H., X. Dong, and F. Macphail, "Lab or Migration and Time Use Patterns of the Left-behind Children and Elderly in Rural China", *The World Development*, Vol. 39, No. 12, 2011, pp. 2199 – 2210.

⑤　典型研究可参见 Alan De Brauw A., "Seasonal Migration and Agricultural Production in Vietnam", *The Journal of Development Studies*, Vol. 46, No. 1, 2010, pp. 114 – 139; Taylor and Lopez-Feldman A., "Does Migration Make Rural Households More Productive? Evidence from Mexico", *The Journal of Development Studies*, Vol. 46, No. 1, 2010, pp. 68 – 90; Hormozi M. A., Asoodar M. A., Abdeshahi A., "Impact of Mechanization on Technical Efficiency：A Case Study of Rice Farmers in Iran", *Procedia Economics & Finance*, Vol. 1, No. 1, 2012, pp. 176 – 185。

为农业发展带来资金支持，在一定程度上会激励农民增加农业生产要素投入，进而提升农业生产效率。其次，农业劳动力的外流有利于减少农村中的剩余劳动力，盘活人力资源，提升土地产出效率。最后，青壮年农业劳动力的外流会促进农业生产中的要素替代行为发生，通过技术要素对于劳动力的替代和弥补，可以缓解农业劳动力缺乏的压力。

3. 城镇化浪潮下农户的农业生产意愿研究

城镇化浪潮的涌起和工业化进程的加快深刻影响着农户的农业生产意愿和就业选择行为。对于此类问题，无论是 20 世纪中叶以威廉·阿瑟·刘易斯和托达罗为代表的新古典经济学派的相关探索，还是后来以巴纳姆（Barnum）和辛格（Singh）等为代表的农户经济学派的研究关注，都产生了诸多学术成果。首先，在新古典经济学领域，威廉·阿瑟·刘易斯[1]研究提出，在城镇化进程中，农村的剩余劳动力得到消化，城乡人力资源配置更趋合理，有利于农业生产效率提高，从而会显著改善农村居民的农业生产意愿。托达罗[2]通过引入数理化的实证模型，探讨了农户农业生产意愿及其影响因素，进而分析了农民就业选择的动力基础。其次，在农户经济学领域，巴纳姆等[3]以农户决策单元为基础，考察了农户非农就业迁移与务农就业意愿的影响因素。以此为基础，辛格等[4]研究提出了农户追求整体收益扩展化的就业选择模型，并以此为研究框架，构建了农户农业生产意愿选择分析的逻辑基础。斯塔克[5]同样认为，城镇化推动下的农业生产的意愿选择是一个家庭群体的集体行为决策，而且以增加劳动收益的导向为指引。梅西等[6]提出了影响较大的劳动力成本收益对比模型，以此论

① William Arthur Lewis, "Economic Development with Unlimited Supply of Labour", *Journal of the Manchester School of Economics and Social Studies*, Vol. 22, No. 2, 1954, pp. 139 – 192.

② M. P. Todaro, "Model of Labor Migration and Urban Unemployment in Less Developed Countries", *The American Economic Review*, Vol. 59, No. 1, 1969, pp. 138 – 148.

③ H. N. Barnum and L. Squire, "An Econometric Application of the Theory of the Farm—household", *Journal of Development Economics*, Vol. 6, No. 1, 1979, pp. 79 – 102.

④ I. Singh, L. Squire, J. Strauss, "A Survey of Agricultural Household Models: Recent Findings and Policy Implications", *The World Bank Economic Review*, Vol. 1, No. 1, 1986, pp. 149 – 179.

⑤ Stark, O. J., *The Migration of Labor*, Cambridge, MA: Basil Blackwell, 1991, pp. 62 – 87.

⑥ Massey, Joaquin Arango, Graeme Hugo, Kouaouci, Pellegrino, J. Edward Taylor, "An Evaluation of International Migration Theory: the North American Case", *Population and Development Review*, Vol. 20, No. 4, 1994, pp. 699 – 751.

证了农户的农业生产意愿选择行为。奥德拉·鲍尔斯（Audra J. Bowlus）和泰瑞·史努莉（Terry Sicular）[1] 进一步从成本收益对比角度论证了农户就业选择的影响因素。他指出，城乡之间的比较收益差别与劳动力成本投入差别是决定农户是否从事农业生产的最根本因素。对于如何增强农户的农业生产意愿，基尼（Keeney）[2] 和阿赫恩（Ahearn）等[3]的观点较为一致，即政府要实施有力的财政补贴支持，以此保护和提高农户的农业生产意愿。

4. 未转移农民的生计能力提高研究

20 世纪中叶，在众多后起工业化国家经济繁荣发展的推动下，部分农业经济学家和发展经济学家基于城乡二元经济结构转换和农民就业迁移的需要，研究关注了未转移农民的生计能力问题。首先，一些学者分析了人力资本投资对于未转移农民的生计能力提升所起的影响作用。代表性学者如舒尔茨（Schultz）[4]，他在其名著《改造传统农业》中论证提出，人力资本投资显著改善了农户的收入水平，增强了农户的生计能力和就业水平，有助于未转移农民改造传统农业，是现代农业增长的动力之源。霍夫曼（Huffuman W. E.）和兰格（Lange，M.）[5] 同样也认为，教育是推动农户生产技术水平和劳动能力提升的重要基础，只有通过长期的学习和劳动实践，才能从根本上增强生计能力。其次，部分学者研究关注了城镇化背景下未转移农民的可持续生计问题。克劳德（Crowder）[6] 认为，未转移到城市就业的农户兼业化生产和人力资本投资都是基于自身生计策略的最优化

① Audra J. Bowlus and Terry Sicular, "Moving Toward Markets? Labor Allocation in Rural China", *Journal of Development Economics*, Vol. 71, No. 2, 2003, pp. 561 – 583.

② Keeney M., "The Distributional Impact of Direct Payments on Irish Farm Incomes", *Journal of Agricultural Economics*, Vol. 51, No. 2, 2000, pp. 252 – 263.

③ Ahearn, M. C., H. El-Osta, and J. Dewbre, "The Impact of Government Subsidies on the Off-farm Labour Supply of Farm Operators", *Paper Presented to the American Agricultural Economics Association Annual Conference*, Long Beach, California, 2002, pp. 28 – 32.

④ Schultz T., *Transforming Traditional Agriculture*, New Haven: Yale University Press, 1964, pp. 20 – 29.

⑤ Huffuman, W. E., and Lange, M., "Off-farm Work Decisions of Households and Wives: Joint Decision Making", *Review of Economics and Statistics*, Vol. 71, No. 3, 1989, pp. 968 – 980.

⑥ Crowder. L. V., "Women in Agriculture Education and Extension", *FAO*, *Research*, *Extension and Training Division*, Report, 1997, pp. 117 – 134.

行为，是抵御生计风险的重要途径。卢卡斯（Lucas）[1] 和卢茨（Lutz）等[2]深化了未转移农民的可持续生计问题研究，他们主张通过技术创新能力和文化素质的培养，改善未转移农民的生产能力，进而提升农业经济发展的内生动力。

5. 农民职业化问题研究

对于如何破解农业劳动力代际转换所带来的青壮年农业劳动力断层与务农主体匮乏的现实问题，国外部分学者提出推进农民职业化，建立职业化农业生产主体的政策建议。美国学者埃里克·沃尔夫（Eric R. Wolf）[3]最早提出了"职业农民"的概念，他认为，农民职业化是与农业现代化相匹配的农业生产主体就业形态。职业农民以产业化、市场化和规模化为生产形式，以农业利润最佳为追求目标，打破了传统农民分散化和小农生产碎片化的落后生产组织形态，具有很强的生命力。同时，农业经济管理领域的部分学者丰富了职业农民的内涵，提出了农民的职业化标准。他们提出，农民的职业化必须具备一定的基础标准要素，具体由职业技能、知识训练、社会服务、协会组织、法律保障等要素构成[4]。也有部分学者对比研究了职业农民和传统农民的区别和联系，比如英国学者弗兰克·埃利斯（Frank Ellis）[5] 把农民分为传统型和职业型两个种类，传统型农民以风险规避和小规模耕种为特征，而职业型农民则以产业化和市场化为基础的大规模耕种为特征。此外，在众多先行工业化国家经济繁荣发展的推动下，部分农业经济学家和发展经济学家关注了农民职业化的积极作用。乔治

---

① Lucas, R. E. , "On the Mechanics of Economic Development", *Journal of Economics*, Vol. 22, No. 1, 1988, pp. 3 – 42.

② Lutz, E. and Young, M. D. , "Integration of Environmental Concerns into Agricultural Policies of Industrial and Developing Countries", *The World Development*, Vol. 20, No. 2, 1992, pp. 241 – 253.

③ Wolf, Eric R. , *Peasants*, Prentice-Hall, 1966, pp. 35 – 62.

④ 典型研究可参见 Wilensky H. L. , "The Professionalization of Everyone?", *American Journal of Sociology*, Vol. 70, No. 2, 1964, pp. 137 – 158; Vollmer H. M. , Mills D. L. , *Professionalization*, Prentice-Hall, 1966, pp. 136 – 158; Larson, *The Rise of Professionalism*, University of California Press, 1977, pp. 266 – 291。

⑤ Frank Ellis, *Peasant Economics: Farm Households and Agrarian Development*, Cambridge University Press, 1988, pp. 26 – 53.

（George A.）等①以美国和日本为例，研究了职业农民在农业现代化进程中的重要作用。他认为，一系列促进农民职业化政策的成功实施，较快提升了美日两国的农业人才水平，缓解了青壮年农业劳动力匮乏的矛盾，显著推动了美国和日本农业现代化的水平。劳威尔（Lauwerel）等②研究认为，青年农民的职业化有利于农业技术的推广和农产品市场化管理营销能力的提升。孟德拉斯（Mendras）③和布歇（Bouchet）等④以法国农业为研究对象，论证了职业农民的形成对于农业产出增长和创新效率提高具有正向影响作用。同时，农民职业化在一定程度上促进了农业生产分工的深化和组织效率的提高。

（二）国内学者的相关研究

同国外学术界比较来看，国内学者对于农业劳动力代际转换相关问题的研究起步较晚，原因在于改革开放前国内对于劳动力迁移限制程度较高，形成不了劳动力流动的社会现象。改革开放后，在中国城镇化和工业化进程日益加快的宏观背景下，人口结构的变迁带来了劳动力资源的重构与优化配置，尤其是农村人口的快速城市化转移直接催生了农业劳动力代际转换问题。近年来，国内学术界对相关领域的研究日趋活跃，经济学界、人口学界、地理学界、社会学界和政治学界分别从各自学科领域出发进行了深入探讨，产生了诸多研究成果。

综合观之，国内经济学界对于农业劳动力代际转换的相关研究经历了由点到面、由城到乡、由争议到趋向一致的学术探索历程。首先，在由点到面方面，经济学界早期对于农业劳动力代际转换相关问题的研究比较单一，多集中于农业劳动力转移领域。对于城乡二元结构转换过程中的农业

---

①　George A. L T. weeten, C. L. Dishon, S. C. Wen, M. Morishima, "Japanese and American Agriculture: Tradition and Progress in Conflict", *Pacific Affairs*, Vol. 67, No. 1, 1993, p. 117.

②　Lauwerel Carolien de et., "Knowledge Needs of Young Farmers in the EU", *Paper for the 21st International Farm Management Congress*, Princeton: Princeton University Press, 2015.

③　Mendras H., "The Vanishing Peasant, Innovation and Change in French Agriculture", *Journal of Economic Issues*, Vol. 77, No. 1, 1970, pp. 7188 – 7193.

④　Bouchet F., Orden D., Norton G. W., "Sources of Growth in French Agriculture", *American Journal of Agricultural Economics*, Vol. 71, No. 2, 1989, pp. 280 – 293.

劳动力转移问题，诸多学者着重分析了农业劳动力转移的动因①、规模②、特征③与模式④等，提出了农业劳动力转移的机制⑤，探讨了农业劳动力转移对于宏观经济增长的贡献⑥。

在上述基础上，部分学者特别研究关注了农业劳动力转移对农业生产行为产生的重要影响。他们研究指出，农村中的剩余劳动力转移可以为非农部门提供充足的人力资源支持，非农部门的进步又可反过来为农业发展提供资本和技术支持，形成工农互动的良好机制⑦。但是，农业劳动力的过度转移在一定程度上造成了农业产出增长率的下降，对粮食安全提出了挑战⑧。进入 21 世纪以来，随着农业青壮年劳动力的急剧减少，"谁来种地"的问题愈加凸显。与之相对应，经济学界的研究兴趣点逐渐增多，由"农业劳动力转移"的单一集中研究点扩散到农民荒⑨、农业接班人危机⑩、

① 典型研究可参见原新、刘厚莲《改革开放以来中国农业劳动力变迁研究——基于人口普查数据的分析》，《中国农业大学学报》（社会科学版）2015 年第 4 期；俞剑、方福前、程冬、郑文平《消费结构升级、要素价格扭曲与中国农业劳动力转移》，《经济评论》2018 年第 1 期；李周《农民流动：70 年历史变迁与未来 30 年展望》，《中国农村观察》2019 年第 5 期。

② 典型研究可参见胡景北《农业劳动力转移的定量指标与标准数据计算方法》，《经济评论》2015 年第 2 期；蔡昉《农业劳动力转移潜力耗尽了吗？》，《中国农村经济》2018 年第 9 期。

③ 马晓河、杨祥雪：《城乡二元结构转换过程中的农业劳动力转移——基于刘易斯第二转折点的验证》，《农业经济问题》2023 年第 1 期。

④ 刘勤：《世界农业人口转移模式与粮食安全风险研究》，《世界农业》2017 年第 11 期。

⑤ 张莉、金江、何晶、刘凯雯：《农地确权促进了劳动力转移吗？——基于 CLDS 数据的实证分析》，《产业经济评论》2018 年第 5 期。

⑥ 典型研究可参见郝大明《农业劳动力转移对中国经济增长的贡献率》，《中国农村经济》2016 年第 9 期；常进雄、朱帆、董非《劳动力转移就业对经济增长、投资率及劳动收入份额的影响》，《世界经济》，2019 年第 7 期。

⑦ 典型研究可参见徐建国、张勋《农业生产率进步、劳动力转移与工农业联动发展》，《管理世界》2016 年第 7 期；刘晓光等《劳动力转移、技术进步与资本回报率变动》，《产业经济研究》2017 年第 2 期。

⑧ 典型研究可参见范东君、朱有志《农业劳动力外流对粮食生产影响研究——基于二元经济背景》，《河北经贸大学学报》2012 年第 1 期；盖庆恩、朱喜、史清华《劳动力转移对中国农业生产的影响》，《经济学》2014 年第 3 期；田梦君、熊涛、张鹏静《劳动力转移对耕地抛荒的影响研究——基于农业机械化的调节效应分析》，《世界农业》2023 年第 11 期。

⑨ 典型研究可参见穆光宗《思考"农民荒"》，《劳动保障世界》（理论版）2011 年第 1 期；肖娥芳《"谁来种地？"——对"农民荒"典型案例的剖析》，《农业经济》2013 年第 1 期；沈霞《"农民荒"背景下新生代农民职业教育培训模式创新研究》，《农业经济》2020 年第 3 期。

⑩ 典型研究可参见姚永龙《浅议日本农业接班人危机》，《中国农村经济》2012 年第 4 期；董金移《日本农业接班人危机的现状、应对措施及其经验》，《世界农业》2017 年第 8 期。

农民老龄化[①]、农民女性化[②]、留守农民[③]、农民兼业化[④]与职业化[⑤]、新型农业经营主体[⑥]等多维框架下的全面研究。

其次，在由城到乡方面，经济学界早期较多研究关注了微观视野下迁

①　典型研究可参见何小勤《农业劳动力老龄化研究——基于浙江省农村的调查》，《人口与经济》2013 年第 2 期；乔志霞、霍学喜、张宝文《农业劳动力老龄化对劳动密集型农产品生产效率的影响——基于陕、甘 745 个苹果户的实证研究》，《经济经纬》2018 年第 5 期；李俊鹏、冯中朝、吴清华《农业劳动力老龄化与中国粮食生产——基于劳动增强型生产函数分析》，《农业技术经济》2018 年第 8 期；王笛旭、李朝柱《农村人口老龄化与农业生产的效应机制》，《华南农业大学学报》（社会科学版）2020 年第 2 期；王杰、蔡志坚、秦希《农村劳动力老龄化及其家庭结构差异对农地转出决策的影响》，《资源科学》2021 年第 9 期。

②　典型研究可参见蔡弘、黄鹏《何谓"农业女性化"：讨论与反思》，《农林经济管理学报》2017 年第 5 期；文华成《中国农业劳动力女性化：程度、成因与影响》，《人口学刊》2014 年第 4 期；关爱萍、董凡《农业女性化、女性农业化及对贫困的影响分析——基于甘肃省 14 个贫困村的农户调查数据》，《人口与发展》2018 年第 2 期；蒋燕、李萌、潘璐《成为青年女性农民：农村女性从事农业的过程与特征》，《中国农业大学学报》（社会科学版）2021 年第 2 期。

③　典型研究可参见郭熙保、赵光南《我国农村留守劳动力结构劣化状况及其对策思考——基于湖北、湖南、河南三省调查数据的分析》，《中州学刊》2010 年第 5 期；刘义兵、石娟《留守农民的全面发展与农村教育转型》，《中国农业大学学报》（社会科学版）2015 年第 1 期；宁泽逵、宁攸凉《区位、非农就业对中国家庭农业代际传承的影响——基于陕西留守农民的调查》，《财贸研究》2016 年第 2 期；林寒《农民"流动"与"留守"代际循环研究——基于武陵山片区 Z 村的实地调查》，《华中农业大学学报》（社会科学版）2016 年第 3 期；叶敬忠、王维《改革开放四十年来的劳动力乡城流动与农村留守人口》，《农业经济问题》2018 年第 7 期。

④　典型研究可参见赵佳、姜长云《兼业小农抑或家庭农场——中国农业家庭经营组织变迁的路径选择》，《农业经济问题》2015 年第 3 期；张璟、程郁、郑风田《市场化进程中农户兼业对其土地转出选择的影响研究》，《中国软科学》2016 年第 3 期；章政、祝丽丽、张涛《农户兼业化的演变及其对土地流转影响实证分析》，《经济地理》2020 年第 3 期。

⑤　典型研究可参见朱启臻《新型职业农民与家庭农场》，《中国农业大学学报》（社会科学版）2013 年第 2 期；洪仁彪、张忠明《农民职业化的国际经验与启示》，《农业经济问题》2013 年第 5 期；李国祥、杨正周《美国培养新型职业农民政策及启示》，《农业经济问题》2013 年第 5 期；米松华、黄祖辉、朱奇彪《新型职业农民：现状特征、成长路径与政策需求——基于浙江、湖南、四川和安徽的调查》，《农村经济》2014 年第 8 期；奂平清、何钧力《中国农民职业化现状及其影响因素——基于中国综合社会调查（CGSS2010）的分析》，《武汉大学学报》（哲学社会科学版）2015 年第 4 期；曾俊霞、郜亮亮、王宾、龙文进《中国职业农民是一支什么样的队伍——基于国内外农业劳动力人口特征的比较分析》，《农业经济问题》2020 年第 7 期。

⑥　典型研究可参见黄祖辉、俞宁《新型农业经营主体：现状、约束与发展思路——以浙江省为例的分析》，《中国农村经济》2010 年第 10 期；楼栋、孔祥智《新型农业经营主体的多维发展形式和现实观照》，《改革》2013 年第 2 期；张红宇《新型农业经营主体发展趋势研究》，《经济与管理评论》2015 年第 1 期；张广辉、方达《农村土地"三权分置"与新型农业经营主体培育》，《经济学家》2018 年第 2 期；钟真《改革开放以来中国新型农业经营主体：成长、演化与走向》，《中国人民大学学报》2018 年第 4 期；赵邦宏《新时代背景下新型农业经营主体与新型农民"两新融合"机制构建研究》，《农业技术经济》2022 年第 1 期。

移农民的市民化①、社会融合②、就业选择③以及宏观视野下的城市化进程④和城乡社会变迁⑤等问题，但在一定程度上忽视了农业农村发展过程中的劳动力需求和供给问题，相关研究存在不足，尤其缺乏对二元结构转换背景下农业劳动力就业变迁所导致的空心化的关注。随着城乡劳动力资源配置失衡的加剧，农村人口空心化问题日益凸显，众多学者逐渐把研究关注点由城市转向乡村，聚焦于农村青壮年劳动力的匮乏、劳动力结构变迁和生产效率等问题，相关研究成果呈现方兴未艾的趋势⑥。

最后，在由争议到趋向一致方面，经济学界对于农业劳动力代际转换相关问题的研究存在诸多争议，主要集中在以下两个方面：其一，农业劳动力代际转换不畅是否存在？农业劳动力是否由剩余转向了匮乏？其二，青壮年农业劳动力匮乏是否值得担忧？是否对粮食生产行为产生负面影响？

① 典型研究可参见魏后凯、苏红键《中国农业转移人口市民化进程研究》，《中国人口科学》2013年第5期；辜胜阻、李睿、曹誉波《中国农民工市民化的二维路径选择——以户籍改革为视角》，《中国人口科学》2014年第5期；杜宝瑞、石晓军、秦国庆、朱玉春《社会流动性对农业转移人口市民化意愿的影响》，《中国人口科学》2024年第3期。

② 典型研究可参见邓大松、胡宏伟《流动、剥夺、排斥与融合：社会融合与保障权获得》，《中国人口科学》2007年第6期；陈云松、张翼《城镇化的不平等效应与社会融合》，《中国社会科学》2015年第6期；肖子华、徐水源、刘金伟《中国城市流动人口社会融合评估——以50个主要人口流入地城市为对象》，《人口研究》2019年第5期。

③ 典型研究可参见申明浩、周林刚《农民就业选择制约因素的实证研究》，《财经科学》2004年第1期；刘玉成、徐辉《家庭与个人因素影响下的农民多元就业选择——基于CFPS数据的实证研究》，《经济经纬》2017年第1期；张彤璞、郭剑雄《现代农民形成的三个维度分析——基于就业选择集的视角》，《西北农林科技大学学报》（社会科学版）2019年第6期。

④ 典型研究可参见陈斌开、林毅夫《发展战略、城市化与中国城乡收入差距》，《中国社会科学》2013年第4期；李伟等《中国：推进高效、包容、可持续的城镇化》，《管理世界》2014年第4期；蔡昉《历史瞬间和特征化事实——中国特色城市化道路及其新内涵》，《国际经济评论》2018年第4期；姚永玲、王佩琳《城镇化与内生因素嵌套下城市人口规模变动》，《兰州大学学报》（社会科学版）2021年第6期。

⑤ 典型研究可参见田毅鹏等《新时期中国城乡"社会样态"的变迁与治理转型》，《中国特色社会主义研究》2015年第2期；张露、罗必良《中国工农城乡关系：历史演进、基本经验与调整策略》，《中国农村经济》2023年第6期。

⑥ 典型研究可参见苟露峰、高强《刘易斯拐点时代下我国农村劳动力的供给研究》，《西北人口》2014年第3期；彭彤彦、文乐《农村劳动力结构变化与粮食生产的技术效率》，《华南农业大学学报》（社会科学版）2015年第1期；叶敬忠、王维《改革开放四十年来的劳动力乡城流动与农村留守人口》，《农业经济问题》2018年第7期；张琛、孔祥智、左臣明《农村人口转变与农业强国建设》，《中国农业大学学报》（社会科学版）2023年第6期。

首先，对于第一个层面的争议，部分学者持否定观点。徐平华①研究提出，基于长期中劳动生产效率上升和农业机械化水平提高等方面的考虑，农业劳动力仍然处于剩余阶段，未来需要进一步推动劳动力转移，所以不存在劳动力空心化。黄季焜、靳少泽②研究认为，尽管广大农村出现了劳动力老龄化和妇女化的趋势，但是"2020 年还能够有 24% 的劳动力从事农业生产"，农业生产所需的劳动力投入不会受到威胁。蔡昉③同样持有类似观点，即农村中的剩余劳动力资源并没有耗尽，未来仍需城市化指引的劳动力转移。然而，近年来，随着农村青壮年人口外流的加剧，学术界对于农业劳动力代际转换持肯定观点的学者趋于增多，学术观点趋向一致。周祝平④较早考察了农村人口空心化的现状和发展趋势，他认为，农业劳动力的老龄化和空心化正在加深，对粮食生产和粮食安全提出了严峻挑战。朱启臻、杨汇泉⑤以实地调研为基础研究提出，农业生产主体的弱势化趋势正在凸显，大量留守农村的老人、妇女和儿童正在承担着农业生产任务。盖庆恩、朱喜、史清华⑥研究认为，在"刘易斯拐点"已经到来的背景下，我国农业剩余劳动力资源已经充分利用，劳动力转移的任务已基本完成，青壮年劳动力占农业劳动力总量的比例正在加速下跌。原新、刘厚莲⑦以人口普查数据为基础分析提出，中国农业劳动力出现了明显的老化特征，人口素质提升缓慢，劳动力供给不足正在逐渐显现。叶敬忠⑧通过研究发现，农村留守劳动力结构也在发生着新变化，出现了新特点，最明显的是农村留守妇女数量在大量减少，原本由老人、妇女和儿童共同组成留守人口主体的结构正在演变为以老人和儿童为主体的两极格局，

① 徐平华：《改革开放以来的中国农村劳动力转移》，《中共中央党校学报》2008 年第 5 期。

② 黄季焜、靳少泽：《未来谁来种地：基于我国农户劳动力就业代际差异视角》，《农业技术经济》2015 年第 1 期。

③ 蔡昉：《农业劳动力转移潜力耗尽了吗？》，《中国农村经济》2018 年第 9 期。

④ 周祝平：《中国农村人口空心化及其挑战》，《人口研究》2008 年第 2 期。

⑤ 朱启臻、杨汇泉：《谁在种地——对农业劳动力的调查与思考》，《中国农业大学学报》（社会科学版）2011 年第 1 期。

⑥ 盖庆恩、朱喜、史清华：《劳动力转移对中国农业生产的影响》，《经济学》2014 年第 3 期。

⑦ 原新、刘厚莲：《改革开放以来中国农业劳动力变迁研究——基于人口普查数据的分析》，《中国农业大学学报》（社会科学版）2015 年第 4 期。

⑧ 叶敬忠：《改革开放四十年来的劳动力乡城流动与农村留守人口》，《农业经济问题》2018 年第 7 期。

"极老极幼化"倾向明显，农业劳动力代际转换不畅逐步加深和蔓延。综合来看，众多学者持有以上同样或类似的肯定观点①。

其次，对于第二个层面的争议，部分学者在早期的研究中同样持否定观点。柯炳生②较早提出，农业劳动力匮乏并不需要担忧，由于现代农业技术的推广应用，技术要素可以很好地发挥对劳动力要素的替代效应，提升农业生产效率。陈书章等③的研究支持了这一观点，他们以小麦生产为例，考察了技术进步条件下生产要素之间的替代现象，从粮食主产区实证研究结果来判断，小麦生产中确实存在着比较大程度的机械对劳动力的替代。因此，农业劳动力匮乏可以通过增加技术要素投入来有效应对。林坚、李德洸④研究认为，农业劳动力减少并没有显著影响粮食生产效率，而且劳动力迁移具有一定的"投资效应"，对农业机械化带来了积极影响。此外，一些学者研究认为，农业劳动力老龄化为代表的空心化并不会对农业生产带来严重的负面影响⑤，相反还能在一定程度上缓解人地矛盾，为提升农业生产规模化和科技化水平提供了"减少人口压力"的有利条件⑥。然而，更多学者的学术观点与之针锋相对。他们研究认为，虽然农业劳动力转移在一定程度上有利于土地流转和规模化经营，但是青壮年劳动力的断层和匮乏对粮食生产行为产生了负面影响，弱化了农业生产主体，降低

① 典型研究可参见蔡弘、黄鹏《谁来种地？——对农业劳动力性别结构变动的调查与思考》，《西北农林科技大学学报》（社会科学版）2017年第2期；邓蒙芝《粮食核心产区农业劳动力"弱质化"特征调查研究》，《经济纵横》2017年第5期；向云、祁春节、胡晓雨《老龄化、兼业化、女性化对家庭生产要素投入的影响——基于全国农村固定观察点数据的实证分析》，《统计与信息论坛》2018年第4期；张志新、李成、靳玥《农村劳动力老龄化、女性化与粮食供给安全》，《华东经济管理》2021年第1期。

② 柯炳生：《正确认识和处理发展现代农业中的若干问题》，《中国农村经济》2007年第9期。

③ 陈书章等：《中国小麦生产技术进步及要素需求与替代行为》，《中国农村经济》2013年第9期。

④ 林坚、李德洸：《非农就业与粮食生产：替代抑或互补——基于粮食主产区农户视角的分析》，《中国农村经济》2013年第9期。

⑤ 典型研究可参见钱文荣、郑黎义《劳动力外出务工对农户水稻生产的影响》，《中国人口科学》2010年第5期；刘亮、章元、高汉《劳动力转移与粮食安全》，《统计研究》2014年第9期；郭玲、迟舒桐、汪洋《户籍制度、劳动力转移与农业全要素生产率》，《郑州大学学报》2023年第4期。

⑥ 典型研究可参见彭代彦、吴翔《中国农业技术效率与全要素生产率研究——基于农村究动力结构变化的视角》，《经济学家》2013年第9期；韩媛媛、刘维奇《劳动力流动、产业空间布局与城乡融合发展》，《财经科学》2024年第5期。

了生产效率①。

　　总体而言，经济学界对农业劳动力代际转换不畅现象的认识和判断趋向一致，即以农民老龄化、农业女性化为代表的农业劳动力代际转换不畅正不同程度的演化发展，造成了土地间歇性撂荒、农业副业化、粗放经营、单一化种植等诸多问题，严重威胁着国家粮食安全。

　　综观国内文献，在经济学界之外，人口学界、地理学界、社会学界和政治学界也分别从各自学科领域出发对农业劳动力代际转换进行了相关研究。人口学界较早在研究人口迁移与流动的基础上提出了农村人口空心化的概念和内涵②，并以此为依据，考察了农村人口空心化的诱发机理与影响因素③、生成形态、驱动机制与演变趋势④、应对策略和治理模式⑤等。

　　①　典型研究可参见陈锡文等《中国农村人口老龄化对农业产出影响的量化研究》，《中国人口科学》2011 年第 2 期；穆光宗等《乡土中国的人口弱化和优化研究》，《中国农业大学学报》（社会科学版）2013 年第 3 期；匡远配等《农村人口老龄化对农业全要素生产率影响的实证分析》，《燕山大学学报》（哲学社会科学版）2015 年第 1 期；原新、范文清《以人口高质量发展应对老龄化城乡倒置的挑战》，《中国农业大学学报》（社会科学版）2024 年第 2 期。

　　②　典型研究可参见周祝平《中国农村人口空心化及其挑战》，《人口研究》2008 年第 2 期；郑万军、王文彬《基于人力资本视角的农村人口空心化治理》，《农村经济》2015 年第 12 期；陈坤秋、王良健、李宁慧《中国县域农村人口空心化——内涵、格局与机理》，《人口与经济》2018 年第 1 期；杨春华、姚逸苇《何谓"农村空心化"？——一个结构化的概念分析视角》，《农村经济》2021 年第 7 期。

　　③　典型研究可参见于水、姜凯帆、孙永福《农村人口"空心化"的影响因素分析》，《华南农业大学学报》（社会科学版）2013 年第 3 期；刘杰《乡村社会"空心化"：成因、特质及社会风险——以 J 省延边朝鲜族自治州为例》，《人口学刊》2014 年第 3 期；薛维然、徐积鹏、张春玲《城镇化进程中我国农村空心化问题研究》，《农业经济》2017 年第 3 期；付占辉、杨雅涵、乔家君、朱肖勇、江孝君《黄河流域县域乡村空心化地域类型及乡村振兴路径》，《地理科学进展》2024 年第 6 期。

　　④　典型研究可参见陈家喜、刘王裔《我国农村空心化的生成形态与治理路径》，《中州学刊》2012 年第 5 期；王良健、陈坤秋、李宁慧《中国县域农村人口空心化程度的测度及时空分异特征》，《人口学刊》2017 年第 5 期；李玉红、王皓《中国人口空心村与实心村空间分布——来自第三次农业普查行政村抽样的证据》，《中国农村经济》2020 年第 4 期。

　　⑤　典型研究可参见范东君《农村空心化挑战及其化解之道》，《党政视野》2015 年第 7 期；宋凡金、谷继建、王东强《破与立的变奏：农村空心化治理模式研究》，《社会科学家》2017 年第 4 期；赵周华《中国农村人口变化与乡村振兴：事实特征、理论阐释与政策建议》，《农业经济与管理》2018 年第 4 期；郑殿元等《中国村域人口空心化分异机制及重构策略》，《经济地理》2019 年第 2 期；吴重庆《超越"空心化"：内发型发展视角下的县域城乡流动》，《南京农业大学学报》（社会科学版）2021 年第 6 期。

地理学界较少直接对农业劳动力代际转换进行研究，而是以经济地理学为基础，以城乡经济活动的空间组合变迁为核心，探讨分析了空心村的形成过程、分异特征和演化机理①、村落空心化的空间格局和水平测度②、影响因素和综合整治机制构建③等问题，形成了较为丰富的研究成果。

农业劳动力代际转换不畅给农村公共治理、公共服务、社会保障和文化建设等带来了诸多挑战。社会学界和政治学界对此进行了深入研究，部分学者研究探讨了人口空心化背景下农村公共产品供给障碍与模式创新④、乡村治理与社区建设路径⑤、社会保障与养老服务体系⑥、精准扶贫障碍与策略⑦、社

① 典型研究可参见林祖锐等《传统村落空心化区位分异特征及形成机理研究——以山西省阳泉市传统村落为例》，《现代城市研究》2016年第1期；夏昆昆等《黄土丘陵区贫困县农村空心化现状及其影响分析——以和顺县为例》，《中国农业资源与区划》2018年第1期；龙花楼等《中国现代农业与乡村地理学研究进展》，《经济地理》2021年第10期。

② 典型研究可参见宇林军等《基于农户调研的中国农村居民点空心化程度研究》，《地理科学》2016年第7期；谭雪兰等《快速城市化区域农村空心化测度与影响因素研究——以长株潭地区为例》，《地理研究》2017年第4期；王良健、陈坤秋、李宁慧《中国县域农村人口空心化程度的测度及时空分异特征》，《人口学刊》2017年第5期；孙丽娜《县域农村居民点空心化程度评价及其空间布局优化》，《中国农学通报》2019年第16期；李玉红、王皓《中国人口空心村与实心村空间分布——来自第三次农业普查行政村抽样的证据》，《中国农村经济》2020年第4期。

③ 典型研究可参见王凤、马玉玲、乔家君《中心城市对农村空心化格局影响的尺度效应——以河南省为例》，《地域研究与开发》2018年第3期；王良健、吴佳灏《基于农户视角的宅基地空心化影响因素研究》，《地理研究》2019年第9期；张玉、王介勇、刘彦随《基于文献荟萃分析方法的中国空心村整治潜力与模式》，《自然资源学报》2022年第1期。

④ 典型研究可参见刘成玉、马爽《"空心化"、老龄化背景下我国农村公共产品供给模式改革与创新探讨》，《农村经济》2012年第4期；严奔宪、赵晓晓《空心化农村农业减灾公共品合作供给意愿研究》，《学术交流》2015年第7期；刘蕾《人口空心化、居民参与意愿与农村公共品供给——来自山东省758位农村居民的调查》，《农业经济问题》2016年第2期。

⑤ 典型研究可参见田北海、罗卫、彭军《空心化背景下农村社区建设主体的缺失与重构——基于对湖北省的实地调查》，《学习与实践》2015年第7期；杨春娟《村庄空心化背景下乡村治理困境及破解对策——以河北为分析个案》，《河北学刊》2016年第6期；武朝《"空心化"趋势下乡村治理的对策研究》，《农业经济》2017年第10期；徐顽强、王文彬《乡村振兴战略背景下农村空心化治理与社区建设融合研究》，《农林经济管理学报》2019年第3期。

⑥ 典型研究可参见刘远风《农村空心化背景下的社会保障制度建设》，《江西社会科学》2016年第8期；王浩林等《人口"空心化"与农村养老服务多元供给困境研究》，《河海大学学报》（哲学社会科学版）2018年第1期；刘丰伟、王凤华《空心化背景下推动农村互助养老模式的优化路径》，《农业经济》2024年第5期。

⑦ 典型研究可参见聂平平《社会治理过程中的农村"空心化"与精准扶贫》，《中国民政》2016年第20期；郑万军《农村人口空心化下民族地区精准扶贫：项目扶贫VS主体培育》，《青海社会科学》2016年第3期；沈权平《"空心村"防止规模性返贫的困局与破解》，《中南民族大学学报》（人文社会科学版）2024年第7期。

会服务与公共文化服务体系构建①等问题。

综合而言，对于农业劳动力代际转换，经过近年来的研究积累，国内学术界取得了一定的成果积淀，这些研究成果可概括为以下六个主要方面：

1. 农业劳动力代际转换的内涵研究

关于农业劳动力代际转换的内涵，学术界的研究界定具有明显差异，还未形成权威统一的定义，诸多学者从各自专业角度出发进行了表述分析，分别提出了"农村人口空心化""农村空心化""农民荒""农业接班人危机""农民老龄化""农民女性化""留守农民""农民兼业化"和"农民职业化"等概念，从不同层面进行了分析探讨，为充实和界定农业劳动力代际转换的内涵奠定了基础。周祝平②研究认为，与城市化相对应，"农村人口空心化"是指劳动力流动所导致的农村青壮年数量占比持续下滑的人口变迁现象。事实上，"农村人口空心化"仅仅是"农村空心化"的组成部分。"农村空心化"是一个更加全面和系统化的概念③，它不但包括人口的空心化，还包括村居空间和聚落的空心化④、农村金融和产业发展的空心化⑤、农村科技与教育的空心化⑥、公共管理和社区治理的空心化⑦、社会服务和文化建设的空心化⑧等方面。"农民荒"是与"民工荒"相模仿的概念，沈霞⑨认为是指农村中缺少有文化、有技能的高素质青年

　　① 典型研究可参见廖鸿冰、廖彪《农村空心化视阈下社会服务体系构建研究》，《湖南社会科学》2017 年第 3 期；韩艺、徐彤、石可寒《农村文化活动中心的空壳问题及其治理——基于嵌入理论视角的个案考察》，《吉首大学学报》（社会科学版）2024 年第 3 期。

　　② 周祝平：《中国农村人口空心化及其挑战》，《人口研究》2008 年第 2 期。

　　③ 陈家喜、刘王裔：《我国农村空心化的生成形态与治理路径》，《中州学刊》2012 年第 5 期。

　　④ 应苏辰、金晓斌、罗秀丽、祁塈、梁坤宇、周寅康：《全域土地综合整治助力乡村空心化作用机制探析：基于乡村功能演化视角治理》，《中国土地科学》2023 年第 11 期。

　　⑤ 典型研究可参见刘永飞、徐孝昶、许佳君《农村的"空心化"到"产业化"》，《南京农业大学学报》（社会科学版）2014 年第 3 期；苏芳、尚海洋《农村空心化引发的新问题与调控策略》，《甘肃社会科学》2016 年第 3 期。

　　⑥ 张明斗、葛于壮：《新型城镇化中的农村教育空心化治理研究》，《青岛科技大学学报》（社会科学版）2018 年第 3 期。

　　⑦ 徐顽强、王文彬：《乡村振兴战略背景下农村空心化治理与社区建设融合研究》，《农林经济管理学报》2019 年第 3 期。

　　⑧ 廖鸿冰、廖彪：《农村空心化视阈下社会服务体系构建研究》，《湖南社会科学》2017 年第 3 期。

　　⑨ 沈霞：《"农民荒"背景下新生代农民职业教育培训模式创新研究》，《农业经济》2020 年第 3 期。

劳动力的现象。同时，姚永龙①认为，"农业接班人危机"是指老年农民持续退出农业生产领域，但青壮年劳动力过度流失进而无法接续所形成的劳动力"结构性缺陷"局面。笔者认为，"农业接班人危机"与"农业劳动力代际转换"在内涵界定上具有统一性和相似性，但相比前者，后者更具有学术严谨性。"农民老龄化""农民女性化"和"留守农民"在概念上具有一致性，都是农业劳动力代际转换的重要表现，主要是指青壮年农民大量流出导致农业生产耕种任务多由留守农村的老人和妇女来承担的趋势。"农民兼业化"是农业劳动力代际转换所引致而来的一个概念，是劳动力迁移背景下农民过渡性就业状态的理性选择，它主要是指农民一方面在农闲时转移到城市务工，另一方面在农忙时回到农村务农的"亦工亦农"的就业状态②。"农民职业化"是学术界为应对农业劳动力匮乏所提出的以发展专业化高素质农民为导向的一种概念③。部分学者将职业农民定性为以市场化和产业化为基础，以追求农业生产利润最大化为目的，具有新观念、新知识和新能力的高素质专业化农民。从发展趋势看，职业农民群体有别于传统农民，他们是与农业现代化和产业化发展方向相适应的新型农业劳动力队伍。

总之，国内学术界虽然没有对农业劳动力代际转换的内涵进行直接界定，但都从不同的研究视角和研究范式出发进行了相关研究，形成了一定的理论成果。无论是经济学界和社会学界提出的"农村空心化""农民老龄化""农民女性化"以及"农业接班人危机"，还是人口学界提出"农村人口空心化""农民荒"和"留守农民"，还是地理学界提出的村居空间和聚落的"空心化""空壳化"，其本质上都可归结为农业劳动力代际转换。综合来看，作为一个更为全面的学术概念，农业劳动力代际转换不仅揭示了农民的弱质化和农村空心化状态，而且涵盖了青壮年劳动力的继承和接续，比较客观地表征了二元经济转换过程中农业劳动力新老更替的内在规律和发展趋势。

2. 农业劳动力代际转换的现状水平与演化进程研究

农业劳动力代际转换产生和蔓延以来，学术界从不同层面对其现状与

①　姚永龙：《浅议日本农业接班人危机》，《中国农村经济》2012年第4期。
②　蔡洁、夏显力：《农地流转、兼业程度与农户减贫效应研究》，《经济经纬》2019年第1期。
③　Wolf, Eric R., *Peasants*, Prentice-Hall, 1966, pp. 35 – 62.

演化进程进行了关注和分析。总体来看，学术界缺乏对农业劳动力代际转换现状水平与演化进程的直接考察，相关研究成果主要集中于村居空心化和人口空心化领域。这些研究成果虽然分析方法各异，但在一定程度上深刻描述了农业劳动力代际转换的水平特征和发展演化规律。

首先，地理学界在该领域的研究成果比较丰富。刘彦随、刘玉、翟荣新[①]较早运用宅基地废弃率和宅基地空闲率两个指标从地理学角度实证分析了山东省禹城市的村庄空心化现状。崔卫国、李裕瑞、刘彦随[②]以河南省郸城县为分析对象，以实地调查数据为基础，利用农村人口常年外出就业比重和留守农业劳动力年龄结构两个指标，考察了重点农区的人口空心化水平。谭雪兰等[③]以长株潭地区为研究样本，从农村人口有效转移度、人口集聚度和人口中心度三个层面建立指标体系进而测算了该区域的人口空心化水平。研究得出，该区域人口空心化水平与城镇化水平高度相关，存在一定的耦合度。

其次，经济学界的研究成果可以分为宏观和微观两个层面。在宏观层面，部分学者更为偏重从人口迁移角度考察劳动力空心化水平。陈坤秋、王良健、李宁慧[④]通过引入农业劳动力流出比重、城镇化比重、14岁以下以及65岁以上农村人口结构比重四个指标，综合测评了宏观层面的县域农村人口空心化水平。陈涛、陈池波[⑤]围绕人口空心化的本质，提出了长期在外居住农村人口比重、农村外出就业人口比重和农村非农就业人口比重三项测算空心化水平的核心指标，并进行了优缺点分析。在微观层面，经济学界实施了更为契合局部实际状况精准性研究。周庆行等[⑥]通过对重

---

① 刘彦随、刘玉、翟荣新：《中国农村空心化的地理学研究与整治实践》，《地理学报》2009年第10期。

② 崔卫国、李裕瑞、刘彦随：《中国重点农区农村空心化的特征、机制与调控——以河南省郸城县为例》，《资源科学》2011年第11期。

③ 谭雪兰等：《快速城市化区域农村空心化测度与影响因素研究——以长株潭地区为例》，《地理研究》2017年第4期。

④ 陈坤秋、王良健、李宁慧：《中国县域农村人口空心化——内涵、格局与机理》，《人口与经济》2018年第1期。

⑤ 陈涛、陈池波：《人口外流背景下县域城镇化与农村人口空心化耦合评价研究》，《农业经济问题》2017年第4期。

⑥ 周庆行等：《农村留守妇女调查——来自重庆市的调查》，《中华女子学院学报》2007年第1期。

庆市典型农区的实地调查，得出了该区域实际从事农业生产的高龄农民和妇女的数量比重，以此作为判断农业劳动力断层程度的依据。与此相类似，李旻、赵连阁①利用辽宁省农调队固定农户连续跟踪调查数据，使用"50岁及以上劳动力所占比重"这一指标测算了辽宁省农业生产中的老龄化水平，同时使用"女性农民从事农业生产时间占农户总农业生产时间的比重"这一指标测算了辽宁省农业生产中的女性化水平②。朱启臻、杨汇泉③围绕"谁在种地"这一问题，以更加微观的视角，考察了20个村庄的农业生产者的老龄化程度和80个村庄农业劳动力年龄结构状况，以此认为，农业生产的老龄化现状堪忧，土地耕种和现代化生产的后继者匮乏严重。

对于农业劳动力代际转换的演化进程，学术界的研究成果仅限于空心村的演化路径和阶段划分方面。龙花楼、李裕瑞、刘彦随④较早结合村庄空心化的现实情况，考察了村庄空间发展的不同阶段，提出了从实心化到亚空心化，然后到空心化，最后到再实心化的演化路径。刘彦随、刘玉、翟荣新⑤研究认为，农村空心化呈现类似生命周期的演化过程，具体可以分为由出现到成长，由成长到兴盛，再到稳定，最后形成衰退等四个阶段。许树辉⑥探讨了空间形态演变视角下的农村住宅空心化的发展形势，即扩散式、带状式和跳跃式。综上，学术界的研究成果大部分采取直观形象的形式描述了空心村的演化过程和发展趋势，但是农业劳动力代际转换演化发展的核心是老年和青壮年农业劳动力的历史变迁和代际更替，对此，学术界缺乏直接的考察和分析。

3. 农业劳动力代际转换不畅的形成因素研究

对于农业劳动力代际转换的形成因素，国内学术界主要从理论和实践

① 李旻、赵连阁：《农业劳动力"老龄化"现象及其对农业生产的影响——基于辽宁省的实证分析》，《农业经济问题》2009年第10期。

② 李旻、赵连阁：《农业劳动力"女性化"现象及其对农业生产的影响——基于辽宁省的实证分析》，《中国农村经济》2009年第5期。

③ 朱启臻、杨汇泉：《谁在种地——对农业劳动力的调查与思考》，《中国农业大学学报》（社会科学版）2011年第1期。

④ 龙花楼、李裕瑞、刘彦随：《中国空心化村庄演化特征及其动力机制》，《地理学报》2009年第10期。

⑤ 刘彦随、刘玉、翟荣新：《中国农村空心化的地理学研究与整治实践》，《地理学报》2009年第10期。

⑥ 许树辉：《农村住宅空心化形成机制及其调控研究》，《国土与自然资源研究》2004年第1期。

两个方面进行了分析，形成了诸多成果。

首先，在理论方面，部分学者利用唐纳德·博格构建的"推—拉"理论，考察了国内农业劳动力外流的"推"与"拉"的双方作用力量[①]。农村中"推"的因素涵盖了土地耕种收益相对较低、农业生产条件较差、致富发展机会少、基础设施不完善、精神文化生活贫乏等方面；城市中"拉"的因素则涵盖了务工收入高、工作条件较好、致富发展机会多、教育医疗条件好、基础设施完善、精神文化生活丰富多彩等方面。事实上，正是在上述"推"和"拉"众多因素的综合作用下，农村中的青壮年劳动力外流加剧，农业生产主体新老更替出现断层，农业劳动力代际转换不畅应运而生。

其次，在实践方面，部分学者以实地调查为基础，分析了农业劳动力代际转换不畅的形成因素。李政通等[②]通过实际数据分析，得出市场收益是造成农业劳动力结构失衡的主要原因。范晓非、王千、高铁梅[③]的研究结论较为相似，他们以中国健康营养调查数据（CHNS）为基础，利用托达罗模型研究得出，劳动力的城乡收入差异是导致农业劳动力代际转换的最重要因素。陈修兰、吴信如[④]实地调查了浙江省 6 个省辖市 581 名村民，实证分析得出，经济因素、政策因素、社会因素、家庭因素、环境因素是导致农村人口空心化的主要因素，其中，经济因素影响程度最大。

4. 农业劳动力代际转换的影响效应研究

农业劳动力代际转换是否对农业生产行为带来负面影响？农民老龄化的加剧和农业生产主体新老代际交替的断层是否对农业生产效率和土地耕种模式产生深刻影响？国内学术界对上述问题的认识和分析产生了明显分歧，研究成果大致可以分为肯定论、否定论和中性分析论三种观点。

---

① 典型研究可参见程名望、史清华、刘晓峰《中国农村劳动力转移：从推到拉的嬗变》，《浙江大学学报》（人文社会科学版）2005 年第 6 期；王宁《劳动力迁移率差异性研究：从"推—拉"模型到四因素模型》，《河南社会科学》2017 年第 5 期。

② 李政通、顾海英：《农业发展如何驱动经济结构转型：进展与展望》，《现代经济探讨》2021 年第 10 期。

③ 范晓非、王千、高铁梅：《预期城乡收入差距及其对我国农村劳动力转移的影响》，《数量经济技术经济研究》2013 年第 7 期。

④ 陈修兰、吴信如：《新型城镇化背景下农村空心化现状及其影响因素研究——基于浙江省6 市 581 名村民的调查数据》，《西安财经学院学报》2018 年第 6 期。

首先，持有肯定论观点的学者认为，农业劳动力代际转换不畅所表现的青壮年农业劳动力的匮乏和农业生产主体的老龄化在一定程度上降低了农业生产效率，不利于农业全要素生产率的提高①。李敬、张阳艳②的研究具有代表性，她们以 1980—2008 年中国劳动力转移的时间序列数据为基础，实证分析了农业劳动力转移对粮食生产的影响效应。研究结论是，农业劳动力的持续萎缩和流失显著扩大了粮食供需缺口，增大了种粮风险，在一定程度上威胁到了粮食安全形势。郑祥江、杨锦秀③的相关研究支持了上述观点。他们以四川省为研究对象，考察了农业劳动力流失对农业生产的影响。进而得出，四川省农业产出量受劳动力转移影响程度随时间发展而呈现分阶段变化的特征。以 2004 年为分界点，此后的农业劳动力转移规模超过了合理的界限，显著影响了农业产出，降低了粮食产出效率。与之不同，李士梅、尹希文④把研究对象扩展到全国范围，利用动态面板模型，实证分析得出，农业劳动力外流限制了农业全要素生产率的提升，农业劳动力数量的萎缩和质量的下降阻碍了农业技术进步。同时，其他一些学者通过定性分析认为，农村高素质青壮年劳动力的过度流失和农民主体的高龄化，带来了农业生产单一化种植、土地间歇性抛荒、农业技术推广应用缓慢、农产品生产供给基础不牢等诸多问题⑤，不利于国家粮食安全的保障和现代农业的快速推进。

其次，持有否定论观点的学者认为，农业劳动力的减少和老龄化并没有对农业产出产生负向作用，相反还能改进农业生产效率，促进农业生产

① 典型研究可参见穆光宗等《乡土中国的人口弱化和优化研究》，《中国农业大学学报》（社会科学版）2013 年第 3 期；苟露峰、高强《刘易斯拐点时代下我国农村劳动力的供给研究》，《西北人口》2014 年第 3 期；王可山、刘华《农业新质生产力发展与大国粮食安全保障——兼论"靠什么种粮""怎样种粮""谁来种粮"》，《改革》2024 年第 6 期。

② 李敬、张阳艳：《农业劳动力转移对我国粮食缺口影响的实证分析》，《农村经济》2012 年第 7 期。

③ 郑祥江、杨锦秀：《农业劳动力转移对农业生产的影响研究》，《华南农业大学学报》（社会科学版）2015 年第 2 期。

④ 李士梅、尹希文：《中国农村劳动力转移对农业全要素生产率的影响分析》，《农业技术经济》2017 年第 9 期。

⑤ 典型研究可参见张桃林《加快形成新型职业农民培育政策体系》，《农民日报》2012 年 3 月 21 日；范东君《农村空心化挑战及其化解之道》，《党政视野》2015 年第 7 期；胡小武《因村施策：农村人口空心化陷阱及发展路径转型研究》，《苏州大学学报》2023 年第 6 期。

发展。比如成德宁、杨敏①利用 2003—2012 年中国省域面板数据进行实证研究得出，农民老龄化正向影响了粮食生产技术效率。匡远配、陈梅美②持同样观点，他们研究认为，农村人口老龄化并不会对农业全要素生产率带来负向影响。徐建国、张勋③构建了两部门动态一般均衡模型，从理论上提出了工农业联动发展的机制。由此得出，农业劳动力向工业部门的转移会促进该部门的发展，工业部门的发展又为农业技术进步奠定了基础条件，有利于农业生产率的进一步提高。高升、邓峰④的研究更为微观，他们以 2004—2017 年 15 个小麦主产省面板数据为基础进行了实证分析，得出了农村人口老龄化在一定程度上有利于提升小麦生产效率的研究结论。此外，还有部分学者的研究观点更为乐观，他们一致认为，农业劳动力转移导致了农民绝对数量的减少，进而有利于农业机械化进程的推进⑤，而且带来土地经营规模增加的"扩大效应"⑥，推动了农业生产要素和农产品的商品化⑦。

最后，持有中性分析论观点的学者认为，农业劳动力代际转换的影响效应需要分情况讨论，不能一概肯定和否定。张合林、张锟、江求川⑧研究认为，农村劳动力非农化迁移带来了农业生产要素投入结构的改变，促进了农业机械要素投入的增长，在一定程度上形成了对劳动力要素的替代，缓解了劳动力匮乏的矛盾，总体上实现了粮食播种面积的提高。但是这种替代行为在不同区域空间的表现结果有差异。丘陵山区进行机械作业的条件差，技术要素对劳动力要素的替代行为不明显，农业劳动力流失对

① 成德宁、杨敏：《农业劳动力结构转变对粮食生产效率的影响》，《西北农林科技大学学报》（社会科学版）2015 年第 4 期。

② 匡远配、陈梅美：《农村人口老龄化对农业全要素生产率影响的实证分析》，《燕山大学学报》（哲学社会科学版）2015 年第 1 期。

③ 徐建国、张勋：《农业生产率进步、劳动力转移与工农业联动发展》，《管理世界》2016 年第 7 期。

④ 高升、邓峰：《农村人口老龄化、农业机械化与小麦两阶段生产效率》，《技术经济与管理研究》2019 年第 10 期。

⑤ 周晓时：《劳动力转移与农业机械化进程》，《华南农业大学学报》（社会科学版）2017 年第 3 期。

⑥ 田红宇、祝志勇：《农村劳动力转移、经营规模与粮食生产环境技术效率》，《华南农业大学学报》（社会科学版）2018 年第 5 期。

⑦ 李周：《农民流动：70 年历史变迁与未来 30 年展望》，《中国农村观察》2019 年第 5 期。

⑧ 张合林、张锟、江求川：《劳动力流动能够影响农地资源配置效率吗？——来自全国农村固定观察点调查的证据》，《财贸研究》2024 年第 5 期。

农业生产的负面影响更为显著；但是在平原区域，机械要素投入条件好，技术对劳动力要素的替代性较强，农业劳动力总量的减少反而对农业生产形成了积极的正面影响。仇童伟①持有相似的观点，他认为，如果将机械化因素引入实证分析模型中，农业劳动力流失对农业生产的负面影响将会被很大程度抵消。卫龙宝、张艳虹、高叙文②的研究视角更具辩证性，他们以黑龙江 13 个省辖市面板数据为依据，分别考察了总体农业劳动力和高素质农业劳动力两类层次群体的减少对粮食生产的影响情况。结果发现，前者呈现积极影响，但后者的负向影响更为显著。

5. 空心化背景下农业劳动力的耕作生产意愿研究

近年来，伴随着农业劳动力代际转换的加深和蔓延，国内学者对农民的农业生产意愿进行了深入研究。总体观之，学者们的研究对象主要集中在农民的个体禀赋、经济条件、环境约束和政策导向等方面。李明贤、樊英③以粮食主产区的湖南、河南、山东等 6 个省份 457 户农民家庭成员的调查数据为基础，通过引入 Logistic 回归模型，研究发现农民的年龄、性别、受教育程度和耕作经验积累等因素显著影响其农业生产意愿。而且，以 1980 年为界，之后出生的新生代农民的耕作生产意愿明显低于之前出生农民，务农群体的低素质化趋势显现。吴易雄④持有相似的研究观点，性别和受教育程度对农业生产意愿影响显著。与之不同的是，也有部分学者认为劳动力年龄和文化程度对其生产意愿影响程度不大⑤。

同时，部分学者研究认为，性别差异在影响农民耕作生产意愿的程度上越来越大⑥，特别是在城市化大潮推动下，男性农业劳动力的耕作生产

①　仇童伟：《农村劳动力非农转移会降低农地产出率吗?》，《中南财经政法大学学报》2018年第5期。

②　卫龙宝、张艳虹、高叙文：《我国农业劳动力转移对粮食安全的影响——基于面板数据的实证分析》，《经济问题探索》2017年第2期。

③　李明贤、樊英：《粮食主产区农民素质及其种粮意愿分析——基于6个粮食主产省457户农户的调查》，《中国农村经济》2013年第6期。

④　吴易雄：《基于二元 Logistic 模型的新型职业农民农业生产意愿的影响因素及其对策探析》，《当代经济管理》2016年第11期。

⑤　欧名豪、孙涛、郭杰：《成本收益、政策认知与农户种粮意愿研究》，《干旱区资源与环境》2022年第12期。

⑥　蔡弘、黄鹂：《谁来种地？——对农业劳动力性别结构变动的调查与思考》，《西北农林科技大学学报》（社会科学版）2017年第2期。

意愿明显高于女性①。对于其他因素，粮食价格水平、种粮成本、农户生计状态、农业连续生产时间和农业补贴也在影响着劳动力的耕作生产意愿②，特别是粮食价格水平和种粮成本直接决定着农业生产收益水平，对农民的耕作生产意愿的影响最为显著③。而且农业补贴起着重要的促进作用④。除此之外，蒋海曦、蒋玲⑤认为，土地流转和农业技能等因素在一定程度上对农业生产意愿起负向作用。综上，学术界关于农业劳动力的耕作生产意愿的研究富有成效，取得了诸多成果，但研究对象比较单一，多是以农民为整体，较少对务农主体进行层次划分，而且缺乏对青壮年农民务农意愿的直接考察，专门研究"新生代农民"务农意愿的成果比较有限。

6. 农业劳动力代际转换不畅的应对策略研究

针对农业劳动力代际转换不畅所表现出的农民老龄化及女性化、农业生产副业化、农业生产主体弱质化等诸多问题，国内学术界从不同角度提出了策略措施建议。

首先，部分学者从提高农业种植收益出发，主张通过增加劳动力收益水平来激励青壮年农民留在农村从事农业生产，进而缓解高素质农业劳动力过度流失问题。而提升农业收益的途径重在规模化经营，发展现代化高效种植。事实上，正是城乡收益的不平衡，直接导致了农业劳动力的断层。刘远风⑥研究提出，农村人口外流的本质原因是经济机会的缺失，因此要增加和创造更多经济机会，特别是完善土地权利，改变劳动力单向流动格局，吸引更多要素向农村集聚。谭宏⑦持有相同的观点，要树立全面发展的观念，着力解决城乡之间经济不平等问题。

---

① 蔡弘、焦芳芳、黄鹂：《性别视角下务农意愿差异比较及其影响因素研究——基于安徽省 2073 个样本》，《山西农业大学学报》（社会科学版）2019 年第 4 期。

② 钟涨宝、贺亮：《农户生计与农村劳动力职业务农意愿——基于 301 份微观数据的实证分析》，《华中农业大学学报》（社会科学版）2016 年第 5 期。

③ 周靖祥：《小农种地意愿及其目标价格形成机制研究——以 SC 省 SZH 村水稻种植为例》，《财经研究》2015 年第 8 期。

④ 李韬：《粮食补贴政策增强了农户种粮意愿吗?》，《中央财经大学学报》2014 年第 5 期。

⑤ 蒋海曦、蒋玲：《乡村人力资本振兴：中国农民工回流意愿研究》，《四川大学学报》（哲学社会科学版）2019 年第 5 期。

⑥ 刘远风：《刘易斯拐点后的中国农村空心化治理》，《经济经纬》2014 年第 1 期。

⑦ 谭宏：《从"二元"到"一元"——发展人类学视野的农村"空心化"问题分析》，《社会科学家》2014 年第 2 期。

其次，部分学者建议在农业生产中增加技术要素的投入，提高农业生产效率和机械化水平，进而实现对劳动力要素的替代，以缓解劳动力匮乏对土地耕作的制约[①]。周晓时[②]研究认为，在劳动力投入减少的背景下，土地耕种机械化对提高农业生产效率贡献很大。而且，在技术要素对劳动力要素替代的过程中，农机具购置补贴政策作用显著。

再次，一些学者主张发展新型农业经营主体[③]，通过健全农业人才选拔和培养机制，培育和支持家庭农场、种粮大户、专业合作社、农业龙头企业等新型主体来促进现代农业发展。李冬艳、余晓洋[④]研究提出，促进新型农业经营主体蓬勃发展是破解农业劳动力弱势化供给与现代农业发展对劳动力的高质量需求之间尖锐矛盾的重要途径，有利于提高农业生产主体组织化和规模化水平。周应恒、刘余[⑤]研究认为，培育新型农业经营主体的措施应因业而异，"适度规模家庭农场＋社会化服务组织"模式比较适合土地密集型，"小规模农户＋农民专业合作社"模式比较适合园艺产业，"适度规模养殖户＋农业龙头企业"模式比较适合畜禽产业。

最后，部分学者提倡推进青壮年农民的职业化[⑥]，强化农民的"职业属性"，加大支农政策调整和倾斜力度，鼓励青壮年农业劳动力扎根农村从事农业生产，实现农业可持续发展。其一，要以产业为核心，优化资源整合，提升职业农民培育的针对性。其二，以需求为导向，突出类别差异

[①] 典型研究可参见柯炳生《正确认识和处理发展现代农业中的若干问题》，《中国农村经济》2007 年第 9 期；陈书章等《中国小麦生产技术进步及要素需求与替代行为》，《中国农村经济》2013 年第 9 期；陈江华、陈艳、罗明忠《农业机械应用对农村劳动力转移的影响——基于 CLDS 数据的分析》，《农林经济管理学报》2021 年第 3 期。

[②] 周晓时：《劳动力转移与农业机械化进程》，《华南农业大学学报》（社会科学版）2017 年第 3 期。

[③] 典型研究可参见汪发元《新型农业经营主体成长面临的问题与化解对策》，《经济纵横》2015 年第 2 期；张晓山等《改革开放 40 年与农业农村经济发展》，《经济学动态》2018 年第 12 期；赵邦宏《新时代背景下新型农业经营主体与新型农民"两新融合"机制构建研究》，《农业技术经济》2022 年第 1 期。

[④] 李冬艳、余晓洋：《新型农业经营主体发展水平评价体系构建及测度》，《经济纵横》2020 年第 2 期。

[⑤] 周应恒、刘余：《中国农业发展大趋势与新三农发展路径》，《现代经济探讨》2017 年第 4 期。

[⑥] 典型研究可参见王秀华《新型职业农民教育管理探索》，《管理世界》2012 年第 4 期；洪仁彪、张忠明《农民职业化的国际经验与启示》，《农业经济问题》2013 年第 5 期；王玉峰、刘萌《我国新型职业农民培育的政策目标与实践探索》，《长白学刊》2022 年第 1 期。

化，提升职业农民培育的有效性①。其三，要加强对青年农民的培养，设立青年农民培训工程②，提高农民素质。其四，要注重提升农民的人力资本水平③，广泛集聚农业人才，在推进乡村全面振兴进程中实现人力资本振兴④。

综合以上文献回顾，经济、人口、地理、社会、政治领域的众多学者通过不同视角、不同层次、不同方法对农业劳动力代际转换相关问题进行了研究关注，形成了比较丰富的成果积淀。文献梳理可见，学界已从城镇化进程、就业结构变迁、经济利益理性驱动、传统乡土文化衰落等视角对农业劳动力转移流动、村居与人口空心化、青壮年农民匮乏、农民老龄化及女性化加深等问题的诱发因素进行了现实观照，针对农村人口空心化、农民荒、农民老龄化及女性化对农业发展的影响进行了深入考察，围绕宏观层面的农业规模化经营、技术要素替代、新型农业经营主体培育以及微观层面的增强青壮年农民务农意愿、推进农民职业化进程等方面提出了务实的政策建议。从已有研究成果的学术积淀看，学界相对缺乏对农业劳动力代际转换进行直接考察，现有研究仅立足于单一维度分析，多局限于不同学科领域，分散性强，缺乏系统性和逻辑性整合，且没有将农业劳动力代际转换置放到农业生产主体新老交替与乡村人才振兴的动态协调进程中加以考虑。展望未来发展，随着城镇化和工业化进程的推进，农业劳动力代际转换问题将更加凸显，与之相关问题的研究有待进一步拓展和深化。

首先，农业劳动力代际转换是劳动力自由流动的结果，总体表现为农村青壮年优质劳动力向城市二、三产业的流动。随着刘易斯拐点的到来，中国劳动力资源正在从过剩走向紧缺，在此情况下，城乡劳动力收益差距会继续扩大，上述趋势的劳动力单向流动势必会持续进行。而农业劳动力流动的速度和规模取决于农业自身发展的承受能力，劳动力的超额流动将

---

① 周洁红、魏珂：《发达国家职业农民培育政策的演变及启示》，《农业经济问题》2019 年第 8 期。

② 李冬艳、余晓洋：《新型农业经营主体发展水平评价体系构建及测度》，《经济纵横》2020 年第 2 期。

③ 叶初升、马玉婷：《人力资本及其与技术进步的适配性何以影响了农业种植结构？》，《中国农村经济》2020 年第 4 期。

④ 蒋海曦、蒋玲：《乡村人力资本振兴：中国农民工回流意愿研究》，《四川大学学报》（哲学社会科学版）2019 年第 5 期。

会弱化农业生产的人力资源基础。那么，劳动力单向流动的临界点在哪里？如何协调城市发展与农村发展之间的对立统一关系，在城乡之间构建起劳动力双向流动机制，既能满足城市二、三产业劳动力用工需求，又能在一定程度上缓解农业劳动力后继者匮乏的局面？

其次，新生代农业劳动力是经济理性人，在务农决策上追求自身经济利益最大化。未来怎样构建起成功的动力激励机制和利益保障机制，能够吸引新生代农业劳动力和城市优秀人才在农村干事创业，打破当前农村人力资源开发中马太效应的恶性循环局面？

最后，作为市场经济大潮中成长起来的年轻群体，新生代劳动力土地感情淡薄，普遍对农业生产一无能力、二无兴趣。当然，这有利于土地流转、农业经营规模化的实现，但这也为新生代职业农民群体的产生和发展设置了障碍，未来如何突破这些障碍？

基于以上亟待探索的学术问题，本书认为，应该以更加宏观的视野和微观的思考为基础，构建科学完善的农业劳动力代际转换研究框架与研究范式，对中国农业劳动力代际转换进行系统研究，揭示二元经济结构转换历史进程中农业劳动力的内在变迁动力和未来发展趋势。

三　研究技术路线与研究内容

（一）研究技术路线

本书依托二元经济与农业劳动力转移理论、人力资本理论和传统农业改造理论，综合运用经济学、管理学、人口学、社会学、计量经济学等基本理论与方法，坚持实证分析与规范分析相结合、系统归纳与演绎对比相结合、静态分析和动态分析相结合、综合分析与典型个案分析相结合的研究范式，从历史与现实、宏观与微观、定性与定量、理论与实际、国内与国外等多维角度，从规模、区域分布、文化素质、年龄、性别等层面聚焦农业劳动力的历史变迁，结合调研资料及数据，对农业劳动力有效供给行为进行前沿性测算分析。通过采用面板计量模型、因子分析法、Logistic 模型、劳动增长型的 C—D 函数模型和中介效应模型，辨析了中国农业劳动力代际转换不畅的多维动因，实证研究了农户两代劳动力就业选择的代际差异及其影响因素，实证检验了农业劳动力代际转换的影响效应，继而整体构建了以城乡之间劳动力双向流动、多类型农户主体分化、新型组织化经营与农户家庭经营为核心的多重耦合机制，力图揭示二元经济结构转换历史进程中农业劳动力的内在变迁动力和未来发展趋势。

本书研究技术路线如图 0—1 所示，共分为导论和 9 章。

（二）研究内容

导论，阐述了论文的研究背景、理论意义和现实意义，通过梳理相关研究成果，进行了文献综述，介绍了研究技术路线与研究内容，对研究方法和研究创新点进行了说明。

第一章为核心概念界定与理论基础，首先对农业劳动力、农业劳动力代际转换、农业劳动力老龄化与女性化、新生代农业劳动力等核心概念进行了界定。然后在整理相关文献资料基础上，总结和概述了二元经济与农业劳动力转移理论、人力资本理论、传统农业改造理论，从而奠定了本研究的理论基础。

第二章聚焦农业劳动力的演变趋势，分别从规模、区域分布、文化素质、年龄、性别等角度梳理了中国农业劳动力的历史变迁，揭示了农业劳动力的长期演变规律。

第三章为中国农业劳动力代际转换的现状考察，利用"新生代青年农业劳动力脱农率""农业劳动力代际转换率"和"农业劳动力老龄化率"三项指标，从宏观视角对中国农业劳动力代际转换的发展现状进行了实证考察。同时，从微观视角出发，运用"村居劳动力离农率""村居劳动力老龄化率"和"村居劳动力女性化率"三项指标综合测度中国农业劳动力代际转换的村域现实水平。

第四章为中国农业劳动力代际转换不畅的多维动因，首先构建了农业劳动力代际转换的动态演进机制，实证检验了劳动力迁移对农业劳动力代际转的影响因素。其次，通过采用因子分析法，实证分析了农村人口城市化流动迁移的驱动因素。

第五章为中国农业劳动力代际转换的发展趋势，以动力—障碍模型为基础，构建了农户就业意愿分析的理论框架，利用农业劳动力的分类调查数据，实证分析了农户老一代劳动力与新一代劳动力在就业选择方面的差异和影响因素，揭示农业劳动力代际转换形成的微观基础与深层动力。

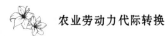

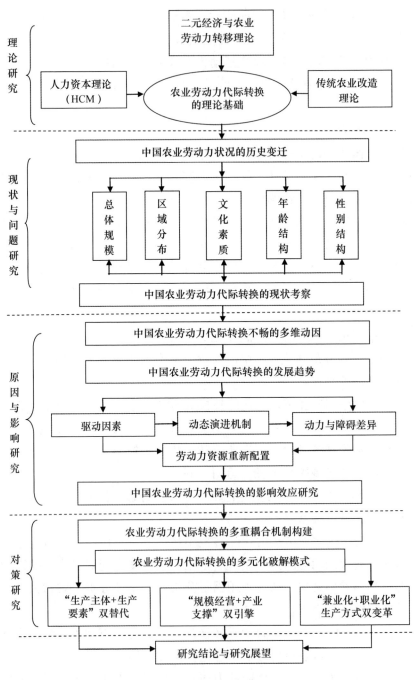

图 0—1　研究技术路线

第六章为中国农业劳动力代际转换的影响效应研究，在作用机制分析基础上，运用微观调查数据，实证考察了农业劳动力代际转换所导致的劳动力投入萎缩效应、生产要素替代效应、种植决策转换效应和农地分向流转效应。

第七章为农业劳动力代际转换的多重耦合机制构建，着重将农业劳动力代际转换置于中国二元经济结构转换的历史进程中加以考察和判断，全面构建了多重耦合机制，为探索农业劳动力代际转换的破解模式与路径奠定了基础。

第八章为农业劳动力代际转换不畅的多元化破解模式构建，深刻分析了应对农业劳动力代际转换的现实障碍，并在充分借鉴国外成功经验的基础上，系统构建了综合性、开放性的"三位一体"多元化破解模式。

第九章为研究结论与研究展望，首先对著作研究进行了总结，概括了主要研究结论。其次，归纳了本书研究的不足之处，并对未来的研究趋势和方向进行了展望。

四　研究方法与研究创新点

（一）研究方法

1. 文献资料法

通过查阅、分析与本研究相关的文献资料，对已有研究成果进行归纳概括、汇总分析，为本研究进一步形成研究假设并搞好研究设计、解释研究结果、撰写研究论文提供有价值的参考依据。

2. 田野调查法

从微观视角和村居角度考察中国农业劳动力代际转换的发展现状，通过下乡入户调查、深度访谈，运用"村居劳动力离农率""村居劳动力老龄化率"和"村居劳动力女性化率"三项指标综合测度中国农业劳动力代际转换的村域现实水平，并对农户两代劳动力就业选择意愿及其影响因素进行调查分析。

3. 实证分析法

本书将在构建农业劳动力代际转换动态演进机制的基础上，通过采用面板计量模型和因子分析法，实证分析农业劳动力代际转换不畅的多维动因。同时，利用 Logistic 模型对农户两代劳动力就业选择行为及其影响因素进行回归分析，借助劳动增长型的 C—D 函数模型和中介效应模型，实证考察农业劳动力代际转换所导致的劳动力投入萎缩效应、生产要素替代效应、种植决策转换效应和农地分向流转效应。

4. 系统归纳与演绎对比相结合

本书将从规模、区域分布、文化素质、年龄、性别等角度梳理中国农业劳动力的历史变迁，系统归纳农业劳动力的长期演变规律。同时，对比分析国外应对农业劳动力代际转换的成功经验，分类构建多重耦合机制，提出综合性、开放性的"三位一体"多元化破解模式。

5. 静态分析和动态分析相结合

本书既注重从静态层面分析中国农业劳动力代际转换的现实水平和驱动因素，又注重从动态角度构建农业劳动力代际转换的演进机制和多重耦合机制。

6. 宏观研究和微观研究相结合

本书既注重从宏观视角构建"新生代青年农业劳动力脱农率""农业劳动力代际转换率"和"农业劳动力老龄化率"三项指标，对中国农业劳动力代际转换现状进行实证考察；又注重从个体禀赋、家庭特征、经济、社会、环境、制度、思想观念等层面分析影响农户两代劳动力就业选择意愿的基本微观因素。

（二）研究创新点

1. 注重农业劳动力代际转换的基础理论研究、学术观点融合创新。本书克服了目前学术界关于农业劳动力代际转换研究的分散性和单一视角狭窄性等不足，以更加宏观的视野和微观的思考为基础，将农业劳动力代际转换置放到农业生产主体新老交替与乡村人才振兴的动态协调进程中加以考虑，对分散于不同学科领域的研究成果进行了系统性和逻辑性梳理整合，构建了全新的农业劳动力代际转换的研究框架与研究范式。

2. 基于历史脉络与现实国情，对农业劳动力有效供给行为进行前沿性测算分析。本书注重对农业劳动力代际转换的相关统计数据进行量化分析。既运用宏观数据分析中国农业劳动力的历史变迁与演化趋势，又运用微观数据综合测度中国农业劳动力代际转换的村域现实水平，为农业劳动力代际转换相关研究提供可靠的数据支持。

3. 深刻辨析中国农业农业劳动力代际转换不畅的多维动因。本书聚焦农业劳动力代际转换的动态演进机制，注重对农村人口城市化流动迁移驱动因素的考察。通过利用因子分析法和面板数据模型，实证分析农业劳动力代际转换的影响因素。

4. 关注研究中国农业劳动力代际转换的发展趋势。本书以动力—障碍模型为基础，构建农户就业意愿分析的理论框架。同时，以农户分类调查数据为基础，利用计量模型，实证分析农户两代劳动力就业选择的代际差异及其影响因素，揭示城镇化背景下农业劳动力代际转换形成的微观基础与深层动力。

5. 全面审视中国农业劳动力代际转换的影响效应。本书依托二元经济转换和新古典经济学理论，在综合梳理学术界研究成果的基础上，构建基于逻辑分解的影响效应作用机制，利用微观农户家庭追踪调查数据，实证研究农业劳动力代际转换的影响效应，并进行中介效应检验，进而提出研究结论与政策启示。

6. 探索构建破解农业劳动力代际转换的多重耦合机制。本书着重将农业劳动力代际转换置于中国二元经济结构转换的历史进程中加以考察和判断，探索建立了多重动态耦合机制，为构建科学有效的农业劳动力代际转换破解模式提供了理论支撑。

7. 创新提出综合性、开放性的"三位一体"多元化破解模式。本书在深刻认识破解农业劳动力代际转换现实障碍的基础上，创新研究视角，在多维度动态融合分析框架下，构建了"三位一体"多元化破解模式，探讨破解农业劳动力代际转换不畅的有效路径。

第一章 核心概念界定与理论基础

第一节 核心概念界定

一 农业劳动力

古典经济学认为，劳动是创造财富的源泉，是经济社会发展的基础。人类社会的物质财富是劳动力利用自然和改造自然的结果。因此，农业劳动力是农业物质财富生产与发展的最基本条件，是农耕文明演化发展的最基本动力。农业劳动力主要涵盖了承担农业生产任务的人力要素投入部分，对农业发展乃至国民经济增长发挥着至关重要的基础支撑作用。农业劳动力一般呈现如下特点：

其一，农业劳动力具有较强的主观能动性。在农业生产各类投入要素中，劳动力是最具活力和能动作用的要素类型。在人类生产活动的历史长河中，农业劳动力对于自然界的能动作用随着科技进步的日新月异而得到极大提升。客观来看，正是农业劳动力能动作用的提高，才显著推动了农业生产力的快速发展，为经济社会和人类生活提供了充足的物质财富支持。

其二，农业劳动力在投入使用方面具有明显的季节性、分散性和成果不确定性。首先，在季节性方面，农作物的生长规律具有明显的季节转换特点，这就要求在农作物的不同生长阶段投入不同数量的劳动力，从而形成了农业劳动力投入使用方面的季节性特点。其次，在分散性方面，受制于自然条件的约束，农业生产具有较强的地域差异性，与之相适应，农业劳动力在不同的地域空间上具有分散投入的特点。最后，在不确定性方面，农业生产周期长、环节多的特点决定着劳动力投入不会带来立竿见影的生产成果，再加之自然环境的影响，导致了农业劳动成果具有较强的不确定性。

其三，农业劳动力需求受自然资源状况、社会经济状况和人口状况等因素的综合影响。首先，自然资源包括土壤、降水、气候等状况影响着农业劳动力需求，农业自然资源条件越优越，对于农业劳动力的需求量就越低，反之，则越高。其次，社会经济状况影响农业劳动力需求主要表现在经济发展水平与产业构成两个方面。对于前者，经济发展水平越好，产业、科技、教育等就越发达，全社会劳动生产率就越高，农业的劳动力需求就越少。对于后者，在产业构成中，以农产品为直接生产原料的产业部门占比越高，则对农业劳动力的需求就越大，反之，就越小。最后，人口状况是影响食物消费需求数量的基本因素，进而对农业劳动力需求产生显著影响。概括而言，一国人口数量越多，该国国民对食物消费需求数量就越大，对农业劳动力需求也就越大，反之，则越小。

其四，农业劳动力供给受农业生产收益、农村人口资源状况和非农部门发展等因素的综合影响。首先，农业生产收益是影响农业劳动力供给的关键因素。劳动收益是劳动力生存的基础，社会劳动力具有经济理性的价值追求，其就业选择最直接的考虑是劳动报酬的高低。因此，农业生产收益是影响农业劳动力供给数量的重要经济价值基础。农业生产收益越高，农业生产吸引力则越高，农业劳动力供给数量就会增加，反之，则会减少。其次，农村人口资源构成了农业劳动力的直接来源，是影响农业劳动力供给数量的基础因素。一般而言，农村人口资源越丰富，则农业劳动力供给就越充足。同时，农村人口的年龄结构也深刻影响着农业劳动力供给的质量状况。最后，非农部门发展状况也会影响农业劳动力供给。即如果非农部门繁荣发展，劳动收益显著上升，就会出现农业部门劳动力向非农部门转移的现象，进而减少农业劳动力的有效供给。事实上，伴随着许多国家工业化和城镇化进程的到来，上述现象已经广泛存在。

其五，农业劳动力的供求配置会随着农业经济不同阶段的发展演变而呈现失衡与错位现象。在传统农业社会，深耕细作的种植模式对农业劳动力的需求总量很大，而且农业劳动力的生产技能多是由农业耕作实践获取，整体文化素质不高。随着经济的繁荣发展，现代农业逐渐兴起，传统农业走向衰落。农业经济转型进程的加快使得农业劳动力的供求配置呈现失衡与错位的现象。首先，现代农业发展需要大批具有较高科学文化水平的劳动力支持。与此同时，传统农业模式下存在的大量的低素质劳动力供给，无法适应现代农业的发展需求，致使农业劳动力的供求失衡，产生人力资源错配现象。其次，随着工业化和城镇化进程的到来，城市非农部门发展较快，吸引大量高素质劳动力向非农部门转移，从而导致高素质农业劳动力更加匮乏，劳动力供求失衡矛盾进一步加剧。

总之，农业劳动力状况和特点将随着经济社会的发展和科学技术的进步，以及农业经济发展阶段演化而发生变迁。充分合理地利用农业劳动力资源，必须适应农业劳动力的特点，以利于寻求科学的路径，采取相应的措施，不断提高农业劳动力利用率和农业劳动生产率，发展农业生产。

二　农业劳动力代际转换

在社会学和人口学界，"代际"主要指两代人之间，泛指老年人与年轻人。部分学者将 20 年作为代际的首要间隔期，主要指上一代父辈与下一代儿女的传承关系①。老年人与年轻人由于成长环境、心理特征与社会阅历的不同，会在价值观念、思想认知和社会行为等方面形成显著的差异，因此，科学合理的代际传承就显得非常重要。"代际传承"主要指老一辈将自身所积累的财富、经验、文化、价值和技能等传承给下一代年轻人的过程。与此相应，"空心化"主要描述老一辈与年青一代的传承接续关系出现断层和裂变的潜在风险。综合以上概念，本书认为，农业劳动力"空心化"主要是指青壮年劳动力严重匮乏所导致的新老农业生产主体之间无法正常代际传承，进而形成劳动力在年龄结构上极不合理分布的现象。

农业劳动力正常的代际转换是中国千百年来农耕文明生生不息的重要保障，是土地耕种及其他农业生产活动持续进行的基础条件。客观来看，在农业生产中，当农民由于年龄过大或体力衰减而无法持续进行有效农业劳动投入时，则必须将农业生产任务传承给年青一代。因此，新生代力量的有效补充是保障农业劳动力要素投入不衰退的重要支撑。但是，如果在一定时期，承担代际更替任务的年轻农民数量减少甚至匮乏，将导致农业生产主体代际传承的断档，农业劳动力代际转换不畅就会随之产生。从这

---

① 范之瑜、张福明：《代际传承意愿对家庭农场高质量发展影响研究》，《中国农业资源与区划》2024 年第 6 期。

个意义上而言，农业劳动力代际转换不畅将不利于农业可持续发展和现代化转型提升，对粮食安全和国民经济持续健康发展带来严峻挑战①，同时也带来了乡村振兴缺乏主体支撑的障碍。

总体来看，农业劳动力代际转换是一个综合性和系统化的学术概念。事实上，学术界先后提出了"农村空心化""人口空心化""村庄空壳化""农民老龄化""农民女性化"等概念，都可以归为农业劳动力代际转换的范畴。

对于其基本内涵的理解，需要在以下三个层面加以理性认识：一是农业劳动力代际转换具有历史必然性。固然它是各类因素综合作用的结果，但最为重要的历史坐标是中国正处于农耕文明向工业文明快速发展的阶段，城镇化和工业化浪潮所导致城乡人口单向流动加速，大量年轻农民转移到城市就业。因此，农业劳动力代际转换是中国城乡二元结构向一元化转换大背景下的必然趋势，具有历史必然性。二是农业劳动力代际转换所带来的影响具有辩证的正负两面性。以整体视野观之，虽然在负向方面，其为乡村振兴、农业现代化转型和粮食安全提出了生产主体匮乏的挑战，但在正向方面，客观上也为工业化和城镇化提供了充足的劳动力支持，同时也为减少农民数量，提升人均土地生产规模进而实现更高水平的农业规模化经营提供了难得的历史机遇。三是农业劳动力代际转换具有利益驱动性。应该看到，代际传承断档的背后是农民在经济利益推动下进行自我就业选择的结果。在城乡劳动力收入差异存在鸿沟的背景下，农业支持政策的实施②并没有减缓青壮年农民外出务工的步伐，也没有改变新生代青年农民务农意愿较低的现实③。基于以上思考，笔者认为在中国城镇化和工业化进程中，农业劳动力代际转换将长期存在，直至城乡劳动力收入差异完全消弭，城乡劳动力资源均衡配置的时代才会到来。

三　农业劳动力老龄化与女性化

随着人均寿命的延长和少子化趋势的发展，老龄化是世界上许多国家

---

① 张琛、孔祥智：《农村人口转变与农业强国建设》，《中国农业大学学报》2023年第6期。

② 事实上，为了提高农民的种粮积极性，国家陆续出台了一系列支农、惠农政策，如免除农业税，发放粮食直补、良种补贴、农机补贴，实行粮食最低收购价政策等。

③ 范之瑜、张福明：《农村家庭父代期望子女务农意愿影响因素研究——基于527个农户及家庭农场调研数据的分析》，《山东农业大学学报》（社会科学版）2022年第3期。

所面对的重要人口现象。不同国家对于"老龄"的标准，界定的统计口径不一。WHO（世界卫生组织）的标准为65周岁以上人口为"老龄"，而国际劳工组织的标准更低，为45岁以上。对于农业从业人员而言，中国农业普查的老龄化统计标准为55周岁以上。为了与农业普查的年龄标准相一致，笔者将"老龄"的标准设定为55周岁以上。从内涵上界定，老龄化主要指一国或地区的人口结构呈现老年人口数量增多而年轻人口数量减少的状态。对于农业发展而言，农业劳动力老龄化主要指农业生产任务多由老龄农民承担的现实状况。学术界普遍认为，农业劳动力老龄化是中国农业发展过程中所面临的严峻人口问题[1]。

农业劳动力老龄化是中国在城镇化和工业化背景下农村人口结构发生深刻变化的重要表现。第七次全国人口普查数据显示，农村人口老龄化程度已经高于城镇人口老龄化程度。在农村人口构成中，60岁以上人口占比为23.81%，高于城镇的15.82%。现阶段，农业劳动力老龄化是青壮年人口非农化转移、少子化和人均寿命延长等因素共同作用的结果，是一种长期演化的农村人口结构变迁趋势。从发展规律判断，农业劳动力老龄化将会深刻影响全国劳动力就业结构的变化，并在一定程度上推动农业劳动力占比持续降低[2]。农业劳动力老龄化具有双重影响。首先，在消极层面，大量老龄化的农民承担农业生产的主要任务，本身就意味着劳动力投入质量的下降。高龄农民由于体力衰退、精力减弱，再加上文化素质较低的障碍，是无法承担起乡村振兴和现代农业高质量发展重任的。众多学者持有相同或相似的观点，农业劳动力老龄化已经对粮食产出效率、土地资源利用和现代农业发展等产生了消极负面影响[3]。其次，在积极层面，高龄农

① 典型研究可参见陈锡文、陈昱阳、张建军《中国农村人口老龄化对农业产出影响的量化研究》，《中国人口科学》2011年第2期；贺雪峰《应对老龄社会的家庭农业》，《人文杂志》2017年第10期；聂建亮、郭雨晨、李巾《从掣肘到良性互动：人口老龄化与乡村振兴关系的再认识》，《社会科学动态》2023年第11期。

② 卢锋、杨业伟：《中国农业劳动力占比变动因素估测：1990—2030年》，《中国人口科学》2012年第4期。

③ 典型研究可参见何小勤《农业劳动力老龄化研究——基于浙江省农村的调查》，《人口与经济》2013年第2期；乔志霞、霍学喜《农业劳动力老龄化对土地利用效率的影响》，《华南农业大学学报》（社会科学版）2017年第5期；杜建国、李波、杨慧《人口老龄化下农业人力资本对农业绿色全要素生产率的影响》，《中国人口·资源与环境》2023年第9期。

民虽然减少了农业有效劳动投入，但在一定程度上推动了技术要素对劳动力要素的替代，提高了农业机械化水平，促进了诱致性技术变迁[①]。同时，农业劳动力老龄化也有利于促进青壮年农户进行土地流转，进而提升规模化经营水平[②]。另外，高龄农民对于土地的深厚感情，以及深耕细作传统农业耕种方式的坚守，有利于抑制部分区域农地的非农化与非粮化冲动。因此，需要辩证看待农业劳动力老龄化现象，既要看到农业劳动力老龄化对于乡村振兴、现代农业转型提升、粮食安全带来的不利影响，也要看到农业劳动力老龄化所带来的技术要素投入增加、规模化经营水平提升、传统农耕经验传承等积极作用。

农业劳动力老龄化的关注点在于务农群体的年龄结构，与之相异，农业劳动力女性化关注的是务农群体性别结构演化的现象。第七次全国人口普查数据显示，女性群体在农业劳动力中的占比已经上升到51.37%的高位。这说明，农业劳动力女性化已经成为现阶段农业生产中不容忽视的社会现象。学术界普遍从数量角度对农业劳动力女性化进行内涵界定[③]。所谓农业劳动力女性化，通常是指农业生产中所投入的女性劳动力数量上升而男性数量下降的现象。深层次来看，农业劳动力女性化是农户家庭成员角色定位优化调整的结果，首先，男性在体力资源禀赋方面更占据优势，其更倾向于进入非农领域以获取更高的劳动价值报酬。其次，女性在体力资源禀赋方面处于劣势，其更多从家庭保障角度出发，选择替代男性承担农业生产任务。因此，作为一种农业生产主体性别失衡状态，农业劳动力女性化是农村男性劳动力非农化转移就业选择所导致的必然结果。与老龄化相似，农业劳动力女性化同样有正反两方面的影响。首先，就负面影响而言，农村妇女一方面承担着持家养育儿女和赡养老人的双重负担，另一方面还要承担农业生产的繁重任务，严重影响着农业劳动投入质量的提高。所以，农业劳动力女性化进一步导致了农业生产主体的弱质性，使农业生产更脆弱，给粮食安全、乡村振兴和现代农业发展带来了一定程度的

① 李俊鹏、冯中朝、吴清华：《农业劳动力老龄化与中国粮食生产——基于劳动增强型生产函数分析》，《农业技术经济》2018 年第 8 期。

② 韩家彬：《农业劳动力老龄化对土地规模经营的影响》，《资源科学》2019 年第 12 期。

③ 程子逸：《理性选择视角下农业女性化内在逻辑研究》，《统计科学与实践》2022 年第 8 期。

消极影响①。其次，从正面影响来看，农业劳动力女性化并没有降低种植业的生产效率，反而有利于提升粮食生产技术②。或许女性的劳动投入较弱反而有利于提高技术要素的投入。同时，农业劳动力女性化在一定程度上填补了青壮年男性劳动力城市化转移所导致的农业生产劳动力空缺，是农业生产的重要留守力量，对促进农户减贫有着积极作用③。

四　新生代农业劳动力

作为一个社会学概念，"新生代"一般用来形容继承前辈事业，实现进一步发展业绩的人。"新生代农业劳动力"主要是指继承老一辈土地耕种任务，传承相关的技能、经验、知识等农耕传统，继续进行农业生产的青年一代群体。从年龄角度来看，各国对"青年"的判定标准不一。联合国教科文组织的"青年"标准是16—45岁，WHO（世界卫生组织）的"青年"标准是15—44岁，而中国国家统计局的界定范围是15—34岁。在参考以上标准，并根据农业生产中青年农业劳动力的年龄与体力现实状况，笔者将"新生代农业劳动力"定义为35周岁以下，继承老一辈土地耕种任务，每年从事农业生产经营六个月以上，常住地在农村的青年一代群体。

新生代农业劳动力为中国农业发展提供了高素质人力资源条件。与老一辈相比，新生代农业劳动力群体成长在中国快速推动城镇化与工业化的宏大社会背景下，其在价值观念、思想认知和社会行为等方面具有诸多鲜明特点。首先，新生代农业劳动力务农基础不牢固，其务农意愿并不强烈④，而

① 典型研究可参见李旻、赵连阁《农业劳动力"女性化"现象及其对农业生产的影响——基于辽宁省的实证分析》，《中国农村经济》2009年第5期；王晓东《农业劳动力女性化对农业经济发展影响研究》，《农业经济》2016年第2期；于爱华、吴松、王琳、刘华：《农业劳动力女性化对粮食生产的影响研究》，《中国农业资源与区划》2021年第5期。

② 典型研究可参见彭代彦、文乐《农村劳动力老龄化、女性化降低了粮食生产效率吗——基于随机前沿的南北方比较分析》，《农业技术经济》2016年第2期；王为、王佳美《农户老龄化与女性化对种植业生产效率影响分析——基于黑龙江省824个调查样本》，《农业经济》2019年第3期。

③ 关爱萍、董凡：《农业女性化、女性农业化及对贫困的影响分析》，《人口与发展》2018年第2期。

④ 常伟、马诗雨：《农民工务农意愿研究：基于代际差异视角》，《山西农业大学学报》（社会科学版）2020年第3期。

且在某种程度上，"摆脱农村，向往城市"的愿望强烈。其次，新生代农业劳动力受教育水平较高，普遍接受了完整的义务教育。而且可塑性较强，具有再学习和实践再提高的基础能力，对农业新技术的应用接受程度高。再次，新生代农业劳动力自我发展意识比较强烈，市场化与产业化发展的意识较强，对于乡村振兴和现代农业发展的新理念与新思想比较认同。鉴于以上特点，我们应该因势利导，重视新生代农业劳动力的成长和发展壮大。从一定意义上说，新生代农业劳动力是中国农业发展的新生力量和未来主力军，是乡村振兴进程中新的主体支撑，而且是推动传统农业向现代农业转型发展的中坚力量。

第二节 理论基础

一 二元经济与农业劳动力转移理论

古典经济学家最早关注和研究了西方国家资本原始积累阶段的农业劳动力转移的问题。英国古典政治经济学创始人威廉·配第①较早研究指出，不同行业间比较收益的差异决定着农业劳动力流入非农业部门。亚当·斯密②则从市场分工的角度指出，农业劳动力转移是商品经济发展过程中社会分工深化的必然结果。大卫·李嘉图③着重对工农业之间的劳动力流动关联性进行了解释。克拉克④结合威廉·配第的相关理论，提出了"配第—克拉克定理"，即在经济发展作用下，农业劳动力转移呈现逐级动态演化趋势：由第一产业流入第二产业，再转移到第三产业。接下来，发展经济学在二战后逐步形成，并进入了黄金时代，众多学者从经济现实出发，全面构建了农业劳动力转移的理论研究框架。其中，刘易斯⑤开创了在二元经济结构视野下研究农业劳动力转移的新范式；费景汉（J. Fei）和

① ［英］威廉·配第：《政治算术》，马妍译，中国社会科学出版社2010年版。

② ［英］亚当·斯密：《国富论》，郭大力、王亚南译，商务印书馆2015年版。

③ ［英］大卫·李嘉图：《政治经济学及赋税原理》，郭大力、王亚南译，商务印书馆1962年版。

④ ［英］科林·克拉克：《经济进步的条件》，张旭昆、夏晴等译，中国人民大学出版社2020年版。

⑤ William Arthur Lewis, "Economic Development with Unlimited Supply of Labour", *Journal of the Manchester School of Economics and Social Studies*, Vol. 22, No. 2, 1954, pp. 139 – 192.

拉尼斯在修正刘易斯模型的基础上提出了"费—拉二元模型"[①]；哈佛大学教授乔根森（D. W. Jorgenson）[②] 从消费结构变化和人口内生变迁角度对农业劳动力转移的原因进行了讨论。托达罗等[③]从预期收入角度论证了农业劳动力转移的决策基础及影响因素，创立了经典的托达罗模型，而后又经过了哈里斯（J. R. Harris）的修正。同时，库兹涅茨（S. Kuznets）[④] 在搜集大量统计数据的基础上，通过实证分析方法，证明了"配第—克拉克定理"的正确性。钱纳里（H. B. Chenery）和塞尔昆（M. Syrquim）[⑤] 通过提出"就业结构转换理论"，来解释了发展中国家和发达国家就业结构转换与产业结构转换的先后关系。关于农业劳动力转移动力机制的研究，较为著名的是唐纳德·博格[⑥]提出的"推—拉理论"。总的来看，学术界有关农业劳动力转移的研究成果非常丰富，这里，笔者仅就与本书后续论述相关的理论学说进行深入阐述，其他理论则予以省略。

（一）刘易斯的二元经济与劳动力转移理论

"二元经济"概念最早由荷兰社会学家伯克（Booke）提出，受之启发，刘易斯于1954年发表了名为《劳动力无限供给条件下的经济发展》的著名论文，完整地阐释了二元经济模型。他把国民经济划分为处于农村的传统农业部门和处于城市的现代工业部门，并由此假设传统农业部门的劳动边际生产率远远低于现代工业部门，导致其工资率也远低于现代工业部门。在经济发展落后的情况下，传统农业部门人多地少的矛盾和零资本投入促使农业劳动力出现剩余。随着经济发展，现代工业部门生产的扩张和资本规模的上升会对劳动力产生超额需求，在城乡劳动力收入差异的作

① ［美］费景汉、古斯塔夫·拉尼斯：《劳动剩余经济的发展》，王月等译，华夏出版社1989年版。

② D. W. Jorgenson, "The Development of a Dual Economy", *Economy Journal*, Vol. 71, No. 282, 1961.

③ ［美］迈克尔·P. 托达罗、斯蒂芬·C. 史密斯：《发展经济学》，聂巧平等译，机械工业出版社2020年版。

④ S. Kuznets, *Modern Economic Growth*：*Rate*, *Structure and Spread*, New Haven and London：Yale University Press, 1966.

⑤ Chenery, H. B. and Syrquin, M., *Patterns of Development*：*1950 – 1970*, Oxford University Press, 1975, pp. 68 – 70.

⑥ D. J. Bague, *The Study of Population*：*An Inventory Appraisal*, Chicago：University of Chicago Press, 1959, pp. 57 – 86.

用下，传统农业部门的剩余劳动力会被现代工业部门超额需求所吸收。而且此种劳动力再配置的过程会不断持续下去，直至剩余劳动力被全部消化。当然此时，二元经济成功实现向一元经济过渡。具体过程如图1—2所示。

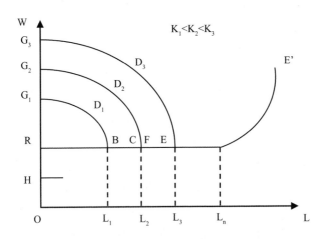

图1—1 刘易斯（William Arthur Lewis）的二元经济与劳动力转移模型

在图1—1中，坐标系横轴OL表示劳动力要素的投入数量，纵轴OW表示实际的劳动力工资率水平。OH代表传统农业部门的劳动力工资率，OR代表现代工业部门的劳动力工资率，且OH < OR。由于传统农业部门向现代工业部门转移的剩余劳动力供给具有无限性，所以劳动供给线RE呈平行状态。D_1、D_2、D_3分别表示与不同资本投入量K_1、K_2、K_3相对应的劳动需求曲线（即劳动边际生产率曲线）。当现代工业部门的资本投入量为K_1时，劳动需求曲线为D_1，所吸纳的农业剩余劳动力数量就为L_1，那么现代工业部门总产出为OG_1BL_1，其中，$ORBL_1$为劳动力报酬，RG_1B为工业部门利润。当现代工业部门的资本投入量K_1增加到K_2时，劳动力需求量上升，劳动需求曲线则向外扩展到D_2，此时所吸纳的农业剩余劳动力数量随之增加到L_2。同理，当现代工业部门的资本投入量为由K_2增加到K_3时，传统农业部门向现代工业部门所转移的剩余劳动力数量就增加到L_3。当上述过程不断持续下去时，农业劳动力转移的数量会一直增加，直到L_n为止，现代工业部门将传统农业部门剩余劳动力全部消化吸收。在

此以后，若现代工业部门继续增加资本投入量，则需要增加实际的劳动力工资率水平才能雇用到劳动力，所以，平行状态的劳动供给线 RE 就向上延伸为 EE'，二元经济结构趋于消弭。虽然在后世经济学家看来，刘易斯的二元经济与劳动力转移模型还存在诸多缺陷，如劳动力无限供给与现实不符、过于偏重现代工业部门、劳动与资本比率不可能不发生变化等，但是刘易斯所开创的二元经济研究范式，对发展中国家有关农业劳动力转移问题的研究产生了深远影响。

（二）费景汉和拉尼斯的二元经济与劳动力转移模型

费景汉和拉尼斯[①]在指出，刘易斯二元结构模型存在不重视农业生产贡献、缺乏对农业生产效率考察等缺陷的基础上，并对此进行了修正，提出了基于农业技术进步和工农平衡思想的"费—拉二元模型"。该模型把农业劳动力转移过程划分为三个阶段。其基本思路是：农业劳动力的转移与工农业的平衡发展紧密相关。农业的技术进步会促使农业生产效率提高，进而为现代工业部门发展提供资本积累和剩余劳动力。因此，农业生产效率水平和农民的最低工资水平共同决定着农业剩余劳动力向现代工业部门转移的数量。而农民的最低工资水平是维持其生存的最低成本，被称为"制度工资"，由道德、习俗和传统所决定，经常处于不变状态。

如图1—2所示，坐标系横轴代表劳动力数量，纵轴代表农业总产出数量或农民消费总量。OQ 是农业实际产出曲线，OF 是农民实际消费曲线。在 $C = c_0 L$ 式子中，C 表示农民实际消费量，c_0 为斜率，代表制度工资水平，L 为农业劳动力数量。OF 与 OQ 相交于 a，表示农业实际产出与农民实际消费相等。

首先，在阶段Ⅰ，向现代工业部门转移的农业劳动力数量为 $L_1 L_3$。由于此时农业实际产出曲线呈平行状态，所以农业劳动力边际生产效率为零，转移出去剩余劳动力并不会对农业生产造成影响。而且，农业实际产出与农民实际消费之间会由于农业剩余劳动力流出而产生差额，即剩余农产品，可以供转移到现代工业部门的 $L_1 L_3$ 数量的劳动力来消费。

其次，在阶段Ⅱ，向现代工业部门转移的农业劳动力数量为 $L_3 L_4$。此

① ［美］费景汉、古斯塔夫·拉尼斯：《劳动剩余经济的发展》，王月等译，华夏出版社1989年版。

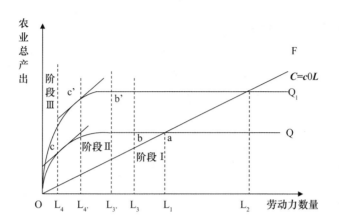

图1—2　费景汉和拉尼斯的二元经济与劳动力转移模型

时，虽然农业部门劳动力数量的下滑会造成其边际生产效率有所提高，但是仍然在制度工资水平之下（在 c 点右侧），所以，现代工业部门还是具有吸收农业剩余劳动力的能力。由于流入工业部门的农业劳动力边际生产效率大于零，所以农业总产出量会出现下滑，导致农产品短缺，进而直接制约现代工业部门的扩张。

最后，在阶段Ⅲ，农业劳动力存量为 OL_4。此时，传统农业部门已经没有剩余劳动力，而且农业劳动力的边际生产效率高于制度工资（在 c 点左侧）。在上述情况下，传统农业部门和现代工业部门的劳动力均依靠市场调节，其工资率水平都由边际生产效率所决定，农业生产活动走向商业化。

综合以上农业劳动力转移过程的三个阶段来看，有两个转折点非常重要。第一个是阶段Ⅰ和阶段Ⅱ之间的转折点 b，它表示农产品由供求平衡到短缺的转折；第二个是阶段Ⅱ和阶段Ⅲ之间的转折点 c，它表示农业劳动力是否商业化的转折。通常而言，农业劳动力转移的阶段Ⅰ比较容易实现，但阶段Ⅱ发展到阶段Ⅲ较难完成，而要实现由阶段Ⅱ到阶段Ⅲ的转折，则需要提高农业劳动力边际生产效率和工农业的平衡发展。

当然，费景汉和拉尼斯同样论证了农业技术进步的影响。在图1—2中，农业技术水平提高促使农业实际产出曲线 OQ 抬升至 OQ_1。农业产出水平的上升使得农业资源所承载的农业劳动力的数量由 L_1 增加到 L_2。在阶段Ⅰ，可以向现代工业部门转移的农业劳动力数量由 L_1L_3 上升到 L_1L_3'，在阶段Ⅱ与阶段Ⅲ之间，其转折点由 c 点上升到 c' 点，促进了农业劳动力边际生产效率的提高。综合来看，费景汉和拉尼斯提出的二元经济与劳动力转移模型更重视农业发展的巨大作用，同时认识到了技术进步的积极效应，而且更加详细地构建了农业劳动力转移过程的三个阶段，是对理论界的重要贡献。

（三）托达罗的农业劳动力迁移模型

无论是刘易斯，还是费景汉和拉尼斯，其所提出的二元经济与劳动力转移模型，都把农业劳动力转移的原因归结为经济发展和现代工业部门扩展，那么失业问题为什么又会在城市和农村广泛存在？上述理论并没有做出很好的解释。托达罗等[1]通过构建农业劳动力迁移模型，对上述问题进行了令人信服的论证和诠释。托达罗的核心观点是：城乡预期收入差距和找到工作概率共同决定着农业劳动力的迁移行为。可用下面公式进行说明：

$$L(t) = F[P(t)W(t) - R(t)], \quad F' > 0 \qquad (1.1)$$

式（1.1）中，t 为期限，$L(t)$ 表示第 t 期中向城市转移的农业劳动力数量，$P(t)$ 表示农业劳动力在城市中寻找到合适就业岗位的概率，$W(t)$ 表示城市工资收入，$P(t)W(t)$ 表示预期的城市实际收入水平，$R(t)$ 表示务农收入水平，$P(t)W(t) - R(t)$ 即表示城乡预期收入差距。$F' > 0$，说明上式为增函数，即城乡预期收入差距越大，那么向城市转移的农业劳动力数量也就越多。

如图1—3所示，首先把一国经济划分为传统农业部门和城市工业部门。横轴 L_aL_b 表示一国全部劳动力总量，aa' 表示传统农业部门的劳动需求曲线，bb' 表示城市工业部门的劳动需求曲线。如果劳动市场实现了完全竞争，则 $W_a = W_b$ 为均衡工资水平，在传统农业部门就业的劳动力数量为 L_aL_{a1}，在城市工业部门就业的劳动力数量为 L_bL_{b1}，城乡劳动力都实现了充分就业。如果城市工业部门工资水平处于 W_{b0}，则可提供的就业岗位为 L_bL_{b0}，剩余的 L_aL_{b0} 数量的劳动力由传统农业部门所吸纳，工资水平为 W_{a1}，此时，城乡实际收入差距为 $W_{b0} - W_{a1}$。如果劳动力市场在 D 点实现

———————

① ［美］迈克尔·P. 托达罗、斯蒂芬·C. 史密斯：《发展经济学》，聂巧平等译，机械工业出版社2020年版。

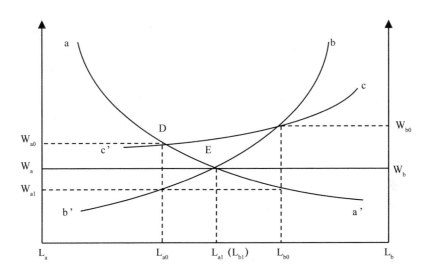

图1—3　托达罗的农业劳动力迁移模型

了新的均衡，W_{a0}即为预期的城市实际收入水平，农业劳动力会大量转移到城市，直到均衡的农业收入也等于W_{a0}时为止，那么城乡实际收入差距为$W_{b0} - W_{a0}$。此时，在传统农业部门就业的劳动力数量为$L_a L_{a0}$，在城市工业部门就业的劳动力数量为$L_b L_{b0}$，中间差额$L_{a0} L_{b0}$部分即为城市失业数量。

综上所述，农业劳动力迁移模型很好地解释了为什么在城市中存在失业现象的情况下，仍然有传统农业部门的劳动力向城市工业部门转移。托达罗认为，农业的健康发展和农村经济的进步有助于缩小城乡预期收入差距，进而能减缓农业劳动力的迁移速度，有效降低城市中的失业率。所以，一国在重视工业化和城市化进程大发展的时候，不要忽略农村的经济发展状况。在扩大工业规模的时候，也要促进农业发展，提高农民收入水平。事实上，许多发展中国家之所以存在高失业率现象，与城乡不平衡发展紧密相关。所以，上述观点对于发展中国家合理调控农业劳动力流动规模，注重统筹农村平衡发展具有重要的现实参考价值。

（四）推—拉理论

早在19世纪，雷文斯坦（E. G. Ravenstein）[1] 在通过其学术论文《人

---

① E. G. Ravenstein, "The Laws of Migration", *Journal of The Royal Statistical Society*, Vol. 52, No. 2, 1885, pp. 48 – 87.

口迁移规律》研究了农业劳动力转移的原因。他认为，追求经济利益是农业劳动力迁移的首要原因，其次则是受压迫、农村生活不理想、生活负担承受不起等因素。上述认识被学术界定性为推—拉理论最早的雏形和思想发端。随后，郝波拉（Herberla）和弥奇尔（Mitchell）[1] 正式构建了推—拉理论的研究框架，他们认为，农业劳动力迁移是推力和拉力共同作用的自然结果。推力因素包括原住的生产条件落后、农业资源不足、基础设施匮乏、生活条件艰苦等因素；拉力因素包括工资收入高、基础设施先进、学校和医院等生活配套设施发达等。20 世纪 50 年代，唐纳德·伯格[2]完整地建立了推—拉理论，对影响农业劳动力迁移的因素进行了系统分析。他认为，在劳动力本身具有自由决策、信息透明和理性引导的条件下，其迁移行为是由迁出地的"推""拉"因素和迁入地的"推""拉"因素互相制约、互相作用的过程（见表 1—1）。作用的结果是在迁出地，推力 > 拉力，在迁入地，拉力 > 推力，最终，农业劳动力选择进行迁移的行为决策。因此，就发展中国家的工业化和城镇化进程而言，推—拉理论对于系统考察农业劳动力转移的微观影响因素具有重要的应用价值。

表 1—1　　具有迁移行为的农业劳动力对于"推""拉"因素的比较

地点	推力因素	拉力因素	相互作用结果
迁出地	收入水平较低、生产条件恶化、生活条件艰苦、配套设施落后、农业资源贫乏等	文化价值的认同、语音交流的便利、生活习惯的固化、家庭邻里朋友的团聚等	推力 > 拉力
迁入地	工作和生活环境陌生、与家庭和邻里朋友的分离、生活成本高昂、竞争激烈等	收入水平较高、工作条件优越、生活配套设施齐全、交通便利、教育和医疗好等	拉力 > 推力

二　人力资本理论

威廉·配第是古典经济学中最早通过物质资产价值资本化的角度，采

---

　　[1]　M. P. Todaro, "A Model for Labor Migration and Urban Unemployment in Less Developed Countries", *The American Economic Review*, 1969, pp. 138 – 148.

　　[2]　D. J. Bague, *The Study of Population: An Inventory Appraisal*, Chicago: University of Chicago Press, 1959, pp. 57 – 86.

用预期收益贴现的方法，来衡量人本身资产价值的经济学家。法尔（William Farr）、恩格尔（Erst Engel）和威斯坦（Theodor Wittstein）从统计学角度出发，丰富了个人预期收益计量方法。事实上，亚当·斯密在其学术专著《国民财富的性质和原因的研究》中第一次提出了"人力资本"这一科学概念，并论证了后天学习和增进熟练劳动的费用可以通过职业分工效率提高得以偿还，为后世人力资本理论发展奠定了重要基础。

1964 年，加里·贝克尔（Garys Becker）出版发表了《人力资本》一书，该书被称为西方人力资本理论的经典之作，因而，贝克尔也成为"人力资本革命"的标杆性人物。贝克尔所提出的人力资本理论的核心观点是：其一，人力资本是能力与素质的集合体，具有人格化的私有属性。其二，人力资本不同于物质资本的重要之处在于人具有能动性，即个人可以通过后天努力来提高生产效率，进而提升人力资本价值。其三，机会成本对于衡量人力资本投资成本至关重要，可以丰富传统的投资收益衡量内涵。贝克尔的人力资本理论突破了以往的观念束缚，使经济学更加注重个人本身价值的主体研究。

同样是在 20 世纪 60 年代，舒尔茨创立了现代意义上的人力资本理论，从而成为人力资本领域重要的理论集大成者。舒尔茨着重探讨了二战后德国和日本经济快速腾飞、社会财富迅速积累的原因。他认为，人力资本主要表现为劳动者的数量和质量，是经济增长的重要推动力量，并在一定程度上决定着社会发展的未来[1]。舒尔茨的人力资本理论主要有以下基本内容：首先，在人类发展所能利用的资源类型中，人力资源是第一位的重要资源，所以，人力资本理论是经济发展理论的核心支撑。其次，对于经济增长过程而言，人力资本所贡献的力量高于物质资本，人力资本投资增长速度同样高于物质资本，所以，人力资本是财富增长的重要源泉。再次，在人力资本投资的众多形式中，教育投资是提升人力资本水平的最重要形式，而且具有很高的投资回报率。最后，劳动力市场供求状况决定着教育投资的必要数量，工资价格是劳动力供求关系的主要表现。

20 世纪 50 年代，以索罗（Solow）和斯旺（Swan）为代表的经济学

---

① Schultz, T. W. , "Investment In Human Capital", *The American Economic Review*, Vol. 51, No. 1, 1961, pp. 1 – 21.

家，创立了新古典增长理论。该理论在讨论如何实现经济稳态增长的基础上，肯定了外生技术进步对经济增长的贡献。进入 20 世纪 80 年代，罗默（Romer. P）、卢卡斯（Lucas. R）等人在对新古典增长理论进行了改进和修正，提出了内生增长理论。该理论的重要特点在于肯定了人力资本因素对于经济增长的作用，而且从数量关系上，把人力资本引入了内生增长模型中。随后，琼斯（Jones）、曼昆（Mankiw）和韦伊（Weil）分别对传统经济增长模型进行了改进，将人力资本投资、知识外溢、边干边学等因素广泛纳入经济增长模型中，从理论高度着重阐释了知识积累和技术进步对于经济增长的重要推动作用。如琼斯将人力资本作为一个独立变量，构建了一个改进式的索罗模型。首先把生产函数设定为：

$$Y = K^{\alpha} (AH)^{1-\alpha} \qquad (1.2)$$

式（1.2）中，H 为折算后的劳动力要素投入量，其折算公式为：

$$H = e^{\lambda \sigma} L \qquad (1.3)$$

$\lambda > 0$，L 为低素质劳动力数量，H 表示低素质劳动力投入 $100\sigma\%$ 的时间，通过教育和培训，获得新知识和新技术后的劳动力总数量，即将 L 进行 $e^{\lambda \sigma}$ 倍折算。

然后对式（1.2）进行人均化处理，可得：

$$y = k^{\alpha} (Ah)^{1-\alpha} \qquad (1.4)$$

在式（1.4）中，h 为劳动力的人均人力资本水平。

对式（1.4）两侧同时除以 Ah，可以得到有效人均人力资本变量形式：

$$\hat{y} = \hat{k}^{\alpha} \qquad (1.5)$$

而有效人均资本积累水平是：

$$\begin{aligned}\dot{\hat{k}} &= sf(\hat{k}) - (n+g+\delta) \hat{k} \\ &= s\hat{k}^{\alpha} - (n+g+\delta) \hat{k}\end{aligned} \qquad (1.6)$$

所以，稳态的人均资本水平为：

$$k^{*} = \left(\frac{s}{n+g+\delta}\right)^{1/1-\alpha} \qquad (1.7)$$

稳态的有效人均收入水平为：

$$\hat{y}^{*} = \left(\frac{s}{n+g+\delta}\right)^{\alpha/1-\alpha} \qquad (1.8)$$

则最终的人均收入为：

$$y^* = Ah\hat{y} = Ah\left(\frac{s}{n+g+\delta}\right)^{\alpha/1-\alpha} \qquad (1.9)$$

从上述模型的最终结果来看，在式（1.9）中，人均人力资本水平 h 被纳入进来，而且其所起的作用和技术水平 A 近似相同。与 Solow 模型相比，Jones 模型强化了对人力资本因素所起作用的考察。但是，Jones 模型没有将人力资本水平和技术水平分离开来，很难界定二者作用程度的大小。所以，1992 年，Mankiw，Romer 和 Weil 又对 Solow 模型进行了新的修正和改进。首先，引入生产函数：

$$Y(t) = K(t)^\alpha H(t)^\beta A(t) L(t)^{1-\alpha-\beta} \qquad (1.10)$$

在式（1.10）中，H 代表人力资本水平，假定 $\alpha+\beta<1$，即报酬递减规律在起显著作用。如果进一步假定 S_k 代表资本要素的储蓄率，S_h 代表人力资本要素的储蓄率，则动态方程为：

$$\hat{k}(t) = s_k\hat{y}(t) - (n+g+\delta)\hat{k}(t) \qquad (1.11)$$

$$\hat{h}(t) = s_h\hat{y}(t) - (n+g+\delta)\hat{h}(t) \qquad (1.12)$$

其中，$\hat{h} = H/AL$，根据 Solow 模型的分析思路，可得稳态的有效人均资本积累水平：

$$\hat{k}^* = \left(\frac{s_k^{1-\beta}s_h^{\beta}}{n+g+\delta}\right)^{1/(1-\alpha-\beta)} \qquad (1.13)$$

稳态的有效人均人力资本水平为：

$$\hat{h}^* = \left(\frac{s_k^{\alpha}s_h^{1-\alpha}}{n+g+\delta}\right)^{1/(1-\alpha-\beta)} \qquad (1.14)$$

假定 $S_k = S_h$，则可得有效人均收入水平为：

$$\hat{y}^* = \hat{k}^{*\alpha}\hat{h}^{*\beta} \qquad (1.15)$$

$$\left(\frac{s_k}{n+g+\delta}\right)^{\alpha/(1-\alpha-\beta)} * \left(\frac{s_k}{n+g+\delta}\right)^{\beta/(1-\alpha-\beta)}$$

$$= \left(\frac{s_k}{n+g+\delta}\right)^{(\alpha+\beta)/(1-\alpha-\beta)} \qquad (1.16)$$

由该模型结论可以看出，正是由于人力资本水平的引入，有效人均收入水平得以显著提高，而且稳态的人力资本水平与 S_k、S_h 都呈现正向关系。

三 传统农业改造理论

农业是一项古老的生产活动。作为传统农业的基本经营方式，小农生产模式具有生产规模狭小、生产效率低下、阻碍农技进步、生产条件简单、抗风险能力差等诸多缺陷。因此，如何对传统农业进行改造？一直是理论界所关注的重点问题。通过梳理文献可见，近代以来，共有五种传统农业改造理论影响较为显著（见表1—2）。这五种理论分别从不同角度对改造传统农业进行了探索。它们的思路可以概括为以下三点：其一，通过社会化大生产来改造传统农业，构建大规模化的生产方式；其二，以农户、企业和合作社的联合为基础，通过一体化合作路径来改造传统农业；其三，通过制度供给和新要素、新技术的注入以及提升农民的人力资本水平，来改造传统农业。

表1—2　　　　　　　　传统农业改造理论的横向对比

	大生产改造理论	集体化改造理论	合作一体化理论	产业一体化理论	人力资本改造理论
改造目标	推行社会化大生产、大农场式的规模化生产模式	建立公社化、集体化的生产模式	构建以生产环节为纽带的合作化生产模式	建立产、加、销和贸、工、农一体化的产业化模式	重视制度、新要素、新技术和农民的人力资本水平
改造方式	市场化兼并重组	强制与适当引导	多方位合作	多元主体互相合作	教育和培训
经营形式	大型农场	集体式农场	家庭农场	家庭农场	家庭农场
改造着力点	外部化改造	外部化改造	内外部结合	内外部结合	内部化改造
创立者	马克思、恩格斯	斯大林、毛泽东	恰亚诺夫	黄宗智	舒尔茨

资料来源：邓大才：《改造传统农业：经典理论与中国经验》，《学术月刊》2013年第3期。

首先，马克思、恩格斯基于传统农业中小农生产方式的弱点，提出了大生产改造理论。该理论建立在两个论断之上。一是小农经济的落后性和低效率性决定着其必然走向消亡；二是社会化大生产的规模经济效应和高效率性决定着其必然会成为改造传统农业的有效形式。该理论核心主张就是通过市场化兼并重组方式，对传统农业进行外部化改造，推行社会化大生产、大农场式规模化生产模式。

其次，斯大林和毛泽东不但创立了集体化改造传统农业理论，而且进行了积极实践，并在实践中丰富了思想。他们将改造传统农业的路径归结为具有强制色彩的集体化和公社化。斯大林认为，对于小农经济的改造可以通过三种途径：一是以合作社为平台，吸收个体农户参加；二是通过生产合作社来改造贫农的生产方式；三是通过控制农产品销售和工业产品供应，来调控农业和工业发展。毛泽东基于中国农村的现实情况，提出了循序渐进的农业化改造道路。第一步是通过农业互助合作方式来改造小农个体，第二步是通过集体化道路来改造互助合作经济模式。而且，他认为，集体化和人民公社是农村合作化的高级阶段。随后，在对大生产和集体化改造理论反思的基础上，恰亚诺夫和黄宗智分别提出了合作一体化理论和产业一体化理论。其中，前者主张通过农户和企业或者合作社的横向一体化（或纵向一体化）联合，构建以生产环节为纽带的合作化生产模式，以克服小农生产方式的劣势。后者主张通过农户和龙头企业的利益联结，建立"产、加、销"和"贸、工、农"一体化的产业化模式。

最后，舒尔茨以传统农业的特征和收入流来源理论为基础，提出了用现代的、先进的生产要素的引进来改造传统农业的思路。他认为，先进要素的引进可以打破收入流来源长期高水平的平衡，从而使投资有利可图。投资的持续增加和资本增长会使现代农业成为经济增长的源泉。而这就是传统农业的改造路径。如果技术特征和偏好不变，先进要素的引入可以提高资源配置效率，降低风险和不确定性，进而推进农业生产转型。他认为，可以通过以下两种措施来实施对传统农业的改造：一是合理的制度供给和新技术的实施。制度和技术是改造传统农业的两种重要工具。如完善的市场机制是先进要素得以应用的基础，而技术则是新的、先进生产要素得以推广使用的保障。二是农民要有能力来推广使用新要素。即要对农民进行人力资本投资，提高农民的生产应用能力。而人力资本水平的提高是一个漫长过程，所以，传统农业的改造也是一个长期缓慢的过程。

第二章　中国农业劳动力状况的
历史变迁

　　农业劳动力是推动农业发展的基础力量。无论是乡村振兴、现代农业发展，还是粮食安全保障，最为显著的共同点是都需要高质量的劳动力投入。当然，这也是最基本的人力资源要求。作为农耕文明延续上千年的国家，中国在相当长的历史时期都拥有着丰裕的农业劳动力资源。新中国成立后，特别是改革开放以来，中国农业农村发展迎来了历史上重要的变革时期，农业劳动力状况随之发生着显著的历史变迁。本章将从规模、区域分布、文化素质、年龄、性别等角度聚焦农业劳动力的演变趋势，揭示农业劳动力的演变规律，进而为后续研究农业劳动力代际转换的相关问题奠定坚实基础。

第一节　中国农业劳动力总体规模与
区域分布的历史变迁

一　中国农业劳动力的总体规模的演变情况

　　新中国成立 70 余年以来，与经济社会发展的变迁状况相契合，中国一二三产业的劳动力投入数量处于不断变化中，以适应不同时期产业经济发展需要。尤其是改革开放后，劳动力跨部门、跨区域与跨行业流动逐渐活跃，呈现一定规律性的变动态势。在上述背景下，农业劳动力的总体规模也表现出了符合农业发展规律的演变趋势。如图 2—1 所示，1952 年以来，中国一二三产业劳动力就业数量的演变各具特点①。从整体上看，农业劳动力总体

---

　　① 1952 年，中国开始进行劳动力数据统计。因此，本章将 1952 年作为研究中国农业劳动力状况的起始年份。

规模经历了先增加后减少的历史过程。其中，1991 年是农业劳动力总数量变化的分水岭。在该年，农业劳动力总数量达到 39098 万人的历史高位，此前农业劳动力总体规模一直处于上升态势。在此后的 1992—2023 年，尽管全社会就业人员总量①在不断增加，农业劳动力总体数量却不断减少和萎缩，由 1992 年的 38699 万人，降低到 2023 年的 16882 万人。此外，作为非农业部门②，从第二和第三产业劳动力就业数量来看，其总体规模一直处于扩张状态，由 1952 年的 3412 万人增长到 2023 年的 57159 万人。而且，横向比较，非农业劳动力在 2002 年首次在总量上超过了农业劳动力规模，这是一个重要的变化。以上数据表明，新中国成立 70 多年以来，在经济社会快速变迁的推动下，中国农业劳动力总体规模经历了一系列显著变化。总体上看，中国农业劳动力总数量的演变情况与城镇化、工业化和农业现代化的时代背景相契合，与国民经济社会发展进程相一致。

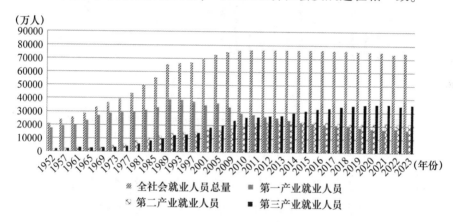

图 2—1　1952—2023 年中国一二三产业劳动力就业数量演变情况

资料来源：国家统计局网站（http：//www. stats. gov. cn/）。

从结构比重变化角度来看，新中国成立后，中国农业劳动力就业比重在大致呈现逐步降低的态势，同期，非农业就业比重表现出持续升高的趋势③。如

---

①　对于全国就业人员 1990 年及以后的数据，由国家统计局根据劳动力调查、人口普查进行推算得出。此外，国家统计局对 2001 年及以后数据根据第六次人口普查数据进行了重新修订。

②　根据国家统计局的分类标准，笔者将非农业劳动力定义为从事第二、第三产业劳动力的总和。

③　测算公式：农业劳动力就业比重 = 农业劳动力就业数量÷全社会劳动力就业数量；非农业劳动力就业比重 = 非农业劳动力就业数量÷全社会劳动力就业数量。

图 2—2 所示，1952—2023 年，农业劳动力就业比重由最高时期的 83.54% 减少到最低时期的 22.80%。与之相反的是，非农业劳动力就业比重则一路攀高，从最低时期的 16.46% 上升到最高时期的 77.20%。综合上述数据变动规律可以看出，在工业化和城镇化浪潮推动下，中国经历了深刻的城乡二元经济转换历史进程，大量农村人口由乡村转移到城镇就业，从而带来了农业劳动力就业数量的萎缩和非农业劳动力就业数量的扩张。

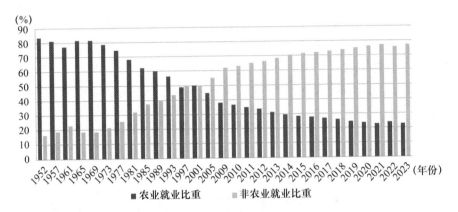

图 2—2 1952—2023 年中国农业与非农业劳动力就业比重变化情况

资料来源：国家统计局网站（http://www.stats.gov.cn/）。

同时，如图 2—3 所示，与农业劳动力就业数量持续减少相对应，中国农业 GDP 比重[①]也表现出显著下滑的态势。从总体情况来看，无论是中国农业劳动力就业比重指标还是农业 GDP 比重指标，其变化规律都大致符合古典经济学家威廉·配第（Willian Petty）和科林·克拉克（Colin Clark）提出的工业化进程中产业结构演化规律，即经济结构由第一次产业为主向以第二次产业为主、继而向以第三次产业为主转变。

综合以上内容，为了深入细致考察农业劳动力规模的历史演变规律，本书根据社会经济发展进程，以改革开放为分界点，分为前后两个阶段进行分析探讨。改革开放前，农业劳动力数量受政策变动、计划管控等非市

---

① 测算公式：农业 GDP 比重 = 农业增加值 ÷ 国内生产总值。

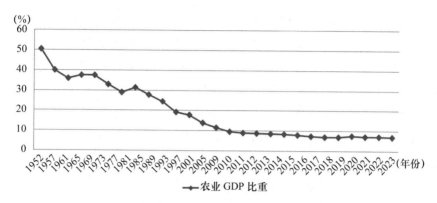

图2—3　1952—2023年中国农业GDP比重的演变

资料来源：国家统计局网站（http：//www.stats.gov.cn/）。

场性因素影响较多，变化规律不一。改革开放后，城镇化和工业化背景下的市场化改革、制度优化与政策激励等因素对农业劳动力数量变动影响较大，农业劳动力规模的变化趋势基本符合二元经济结构转换的历史规律。

二　改革开放前中国农业劳动力规模变动的历史回顾

新中国成立时，中国仍然是一个社会生产力水平极端低下的农业国。小农经济占主导、工业基础薄弱是其典型特征。国家统计局数据显示，1952年，第一产业增加值占国内生产总值的比重高达50.49%，而同期第二产业增加值占国内生产总值的比重仅为20.78%。在巩固新生政权的政治使命下，一系列发展经济和保障民生的重要举措成功实施，国民经济实现了初步恢复，人民生活困难的局面得以改善。以此为开端，中国开始了初具规模的工业建设。在苏联模式的影响下，新生的共和国全面构建起了计划经济体制，并在发展战略上侧重发展重工业，形成了比较完整的现代工业体系。但是，在"重工抑农、以农补工"政策的作用下，中国形成了城乡差异化发展的二元经济状态。

著名发展经济学家刘易斯[①]在总结发达国家历史经验的基础上所提出的二元经济理论认为，在城乡二元经济结构框架下，落后的农业国转型为

---

①　William Arthur Lewis，"Economic Development with Unlimited Supply of Labour"，*Journal of the Manchester School of Economics and Social Studies*，Vol. 22，No. 2，1954，pp. 139 – 192.

工业国过程中，乡村中大量剩余劳动力会有序转移到城市就业，进而实现城镇化宏观背景下的一元结构发展。但是，受限于户籍制度的固化和就业选择权的丧失，改革开放前的工业建设并没有带来农业劳动力的大量转移和流动。如图 2—4 所示，在改革开放前，中国农业劳动力总数量仅在 1957—1963 年发生较大波动，其他时间变化幅度不大。而且，从绝对数量看，农业劳动力总规模大部分时间内保持了持续上升的态势，仅在 1976—1977 年出现短暂的下降。农业劳动力总数量由 1952 年的 17317 万人增至 1977 年的 29340 万人。再则，从结构变化看，1957—1977 年，中国劳动力的就业结构变动明显滞后于产业结构变动。在就业结构方面，如图 2—2 所示，1952 年，农业劳动力就业比重为 83.54%，而到了 1977 年，该比重为 74.51%，仅下降了 9.03%。但同期在产业结构方面，农业 GDP 比重却由 1952 年的 50.49% 下降到 1977 年的 28.99%，大幅下降了 21.5 个百分点。因此，中国劳动力的就业结构在改革开放前形成了相对稳定的固化状态。根据农业劳动力的波动趋势，本部分将分三个阶段来探讨农业劳动力总规模的变动规律。

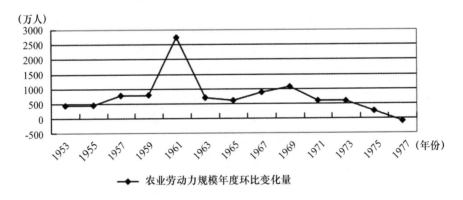

图 2—4　改革开放前中国农业劳动力规模年度环比变化量①走势

资料来源：国家统计局网站（http：//www. stats. gov. cn/）。

首先，在第一阶段（1952—1956），战后的国内经济得到初步恢复，

---

①　测算公式：农业劳动力规模年度环比变化量 = 本年度农业劳动力总数量 - 上年度农业劳动力总数量。

"一五"计划成功实施，工业建设开始起步。国民经济建设的良好开局为城乡经济发展打下了坚实基础。这一时期，政治因素对农民的自主就业选择的影响较小，受"以农补工"政策的影响，部分农业劳动力选择到城市工作，以获取更高的劳动报酬。在当时情况下，城市中工业生产所形成的劳动力投入需求大部分都由农村来满足[1]。虽然该阶段的农业劳动力绝对数量持续增长，但农业劳动力就业比重逐渐下降，而且非农业劳动力就业比重日趋升高。如表2—1所示，农业劳动力就业比重由1952年的83.54%降至1956年的80.56%，而非农业劳动力就业比重则由1952年的16.46%增加至1956年的19.44%。同时，在重工抑农的宏观政策背景下，农民拥有一定的迁徙居住权利，因此城市人口出现了较大幅度增长。城镇人口由1952年的7163万人增加到1956年的9185万人。同期，城镇人口占比由12.46%增加到14.62%。综合以上情况，该阶段的农业劳动力流动大多属于计划转移模式，而且多以城市工厂招工的形式来进行。从有利的方面看，农业劳动力向城市迁移，一定程度上为新中国工业化建设提供了充足的劳动力支持。

表2—1　1952—1956年中国农业劳动力与非农业劳动力数量变化情况

年份	农业劳动力数量（单位：万人）	非农业劳动力数量（单位：万人）	农业劳动力就业比重（单位：%）	非农业劳动力就业比重（单位：%）
1952	17317	3412	83.54	16.46
1953	17747	3617	83.07	16.93
1954	18151	3681	83.14	16.86
1955	18592	3736	83.27	16.73
1956	18544	4474	80.56	19.44

资料来源：国家统计局网站（http：//www.stats.gov.cn/）。

其次，在第二阶段（1957—1962），计划控制等非经济因素开始影响国民经济发展和社会运行，并对农业劳动力流动产生了深刻影响，进而导致农业劳动力规模出现了历史上罕见的急剧变化。在非经济因素影响下，大批农

---

[1]　韩俊：《中国"三农"问题的症结与政策展望》，《中国农村经济》2013年第1期。

业劳动力被占用，农业劳动力规模出现大幅萎缩。如表2—2所示，农业劳动力数量在1957年为19309万人，但到了1958年，该指标急剧减少到15490万人，而且，农业就业比重由81.23%下降到58.23%。更不利的是，非经济因素造成农民生产积极性受到打击，农业产出锐减，粮食总产量由1957年的19504.50万吨锐减到1961年的13650.90万吨。面对国民经济出现的暂时性困难，中央决定按照"调整、巩固、充实、提高"的总体要求，从1961年开始进行国民经济调整。同时，城市中大部分工厂按照提高生产效率的要求调减了职工数量，城镇就业人员由1961年的5336万人减少到1962年的4537万人。在政策调整的推动下，中国农业劳动力总体规模出现了恢复性扩大，农业劳动力数量由1960年的17016万人增加到1962年的21276万人，农业劳动力就业比重也由低潮时期的58.23%上升到1962年的82.12%。从演进状态来看，农业劳动力规模在此阶段呈现"U"形的跌宕起伏和剧烈变动，这在中国农业人口演化历史上也是非常罕见的。当然，上述情况是特殊历史阶段非经济因素综合影响的结果。

表2—2　1957—1962年中国农业劳动力与非农业劳动力数量变化情况

年份	农业劳动力数量（单位：万人）	非农业劳动力数量（单位：万人）	农业劳动力就业比重（单位:%）	非农业劳动力就业比重（单位:%）
1957	19309	4462	81.23	18.77
1958	15490	11110	58.23	41.77
1959	16271	9902	62.17	37.83
1960	17016	8864	65.75	34.25
1961	19747	5843	77.17	22.83
1962	21276	4634	82.12	17.88

资料来源：国家统计局网站（http://www.stats.gov.cn/）。

最后，在第三阶段（1963—1977），固化人口流动的户籍管理制度开始形成。从最初的《中华人民共和国户口登记条例》到1964年实施的《公安部关于处理户口迁移的规定（草案）》，对户口迁移和劳动力流动进行了更加严格的限制，大量农业劳动力被束缚在农村，无法做到自由迁徙和就业选择。而且，20世纪60年代末70年代初，大量城市青年和机关干部转移到农村参加农业生产，出现了一定程度的逆城市化现象。在以上背景下，中国农业劳动力总规模在该阶段保持了缓慢上升的状态。如表2—3所示，农业劳动力数量由1963年的21966万人增加到1977年的29340万人。同期，农业劳动力就业比重也没有出现剧烈变动，保持了相对稳定状态，由1963年的82.45%降低到1977年的74.51%，维持在79.77%上下，年均仅降低0.53%。而且从整体来看，在户籍制度、商品统购统销制度、教育制度等极富计划色彩的政策作用下，城乡二元经济结构的差异固化更加严重，工业化进程把农民排斥在外，农业劳动力自由流动的途径基本上不复存在，城市化进程也陷入停滞状态。

表2—3　1963—1977年中国农业劳动力与非农业劳动力数量变化情况

年份	农业劳动力数量（单位：万人）	非农业劳动力数量（单位：万人）	农业劳动力就业比重（单位：%）	非农业劳动力就业比重（单位：%）
1963	21966	4674	82.45	17.55
1964	22801	4935	82.21	17.79
1965	23396	5274	81.60	18.40
1966	24297	5508	81.52	18.48
1967	25165	5649	81.67	18.33
1968	26063	5852	81.66	18.34
1969	27117	6108	81.62	18.38
1970	27811	6621	80.77	19.23
1971	28397	7223	79.72	20.28
1972	28283	7571	78.90	21.10
1973	28857	7795	78.73	21.27
1974	29218	8151	78.19	21.81
1975	29456	8712	77.17	22.83
1976	29443	9391	75.82	24.18
1977	29340	10037	74.51	25.49

资料来源：国家统计局网站（http://www.stats.gov.cn/）。

三　改革开放后中国农业劳动力规模的演化情况

改革开放后，中国通过体制改革和制度调整，快速推动经济体系由计划机制转轨变革到市场机制①。在宏观政策调整的大背景下，土地家庭联产承包责任制的全面实施推动着农业生产力的大解放和大发展，激发了亿万农民的生产积极性，开创了农业农村发展的新局面。同时，城乡市场贸易的自由开放和乡镇企业的异军突起，推动着城镇非农产业的繁荣兴旺发展。1978 年 4 月，中共中央《关于加强城市建设工作的意见》正式下发实施，标志着中国特色的城镇化进程进入快速发展轨道。此外，沿海经济特区的创办和对外开放的扩大，释放了市场经济的巨大发展活力，推动着全国经济形成加速发展的态势。同时，限制人口流动的固化壁垒开始打破，城市中日益加快的工业化进程急需低成本的劳动力支持，全国各地逐渐形成了民工流动的热潮，长期禁锢在农村的青壮年农民开始到城市实现财富梦想，农业劳动力向非农产业转移的趋势逐渐显现。如图 2—2 所示，在改革开放初期，农业劳动力就业比重持续降低，由 1978 年的 70.53% 降低到 1991 年的 59.70%。然而，这一时期的农民城市化流动水平还比较低，农业劳动力总规模并没有减少。如图 2—5 所示，1978—1991 年，农业劳动力规模年度环比变化量一直处于横轴上方的正值空间。国家统计局统计数据显示，农业劳动力总数量由 28318 万人上升到 39098 万人，达到历史最高点。这说明，在改革开放后的前十多年里，虽然出现了农业劳动力向城市转移就业的现象，但转移数量还比较有限，农业劳动力总规模依然处于增长状态。进入 90 年代，随着城镇化和工业化进程的加速，"三农"工作成为宏观经济的"重中之重"，农民工流动大潮开始形成，农业劳动力总规模开始趋于萎缩。而且，1992—2023 年，农业劳动力规模年度环比变化量在大部分时间里都为负值，农业劳动力绝对数量持续下滑。

总体而言，改革开放后，我国农业劳动力呈现了动态化外流加速，且总体规模逐渐缩小的历史演变规律。在总量规模方面，农业劳动力总数量持续下降，由 1978 年的 28318 万人减少到 2023 年的 16882 万人。在就业结构方面，农业劳动力就业比重也出现大幅降低，由 1978 年的 70.53% 降低到 2023 年的 22.80%，下降了 47.73%。由此可见，改革开放 40 多年来，随着城乡收入差距的扩大和劳动力自由迁徙政策的放松，出现了农业

---

① 张晓山等：《改革开放 40 年与农业农村经济发展》，《经济学动态》2018 年第 12 期。

劳动力向非农业部门加速转移的浪潮，为中国工业化进程的加快提供了充足的劳动力支持。接下来，本部分将从五个阶段来具体分析改革开放 40 年来农业劳动力规模的历史演变情况。

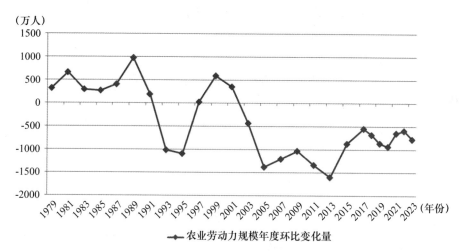

（万人）

图 2—5 改革开放后中国农业劳动力规模年度环比变化量走势

资料来源：国家统计局网站（http://www.stats.gov.cn/）。

在第一阶段（1978—1986），农业劳动力规模保持着持续扩大的态势，但是农业劳动力就业比重开始缓慢降低。改革开放初期，推动城乡经济发展的改革举措极大地解放了生产力。在农村，从早期的"包产到户"到后来"家庭联产承包责任制"的全面推开，显著解放了生产力，调动了农民生产积极性，农业生产效率和粮食产量普遍提高。《中国统计年鉴》数据显示，粮食总产量由 1978 年的 30476.50 万吨快速提高到 1986 年的 39151.20 万吨。农业产出的提高显著增加了农民收入，促进了农业生产职业吸引力的提升。因此，在此阶段，农业劳动力总规模扩张明显。如表 2—4 所示，农业劳动力数量由 1978 年的 28318 万人快速增长到 1986 年的 31254 万人。同时期，在城镇，经济体制改革和对外开放政策逐步实施，企业自主权开始扩大，企业活力逐渐迸发，工业企业经济效益明显提高，民营经济蓬勃发展，吸引了大量农业劳动力实现非农就业。另外，乡镇企业异军突起，为农业劳动力就近转移和就业提供了机遇。在上述背景下，农业劳动力就业比重出现了缓慢下降，非农业劳动力就业比重开始升高。

表2—4数据显示，农业劳动力就业比重由1978年的70.53%下降到1986年的60.95%，年均减低1.06个百分点。同期，非农业劳动力就业比重由1978年的29.47%上升到1986年的39.05%。综上所述，在该阶段，随着经济体制改革的深化和工业化建设步入正轨，农业劳动力规模稳步扩大，农业劳动力城乡之间的自由流动逐步涌现。

表2—4　1978—1986年中国农业劳动力与非农业劳动力数量变化情况

年份	农业劳动力数量（单位：万人）	非农业劳动力数量（单位：万人）	农业劳动力就业比重（单位:%）	非农业劳动力就业比重（单位:%）
1978	28318	11835	70.53	29.47
1979	28634	12391	69.80	30.20
1980	29122	13239	68.75	31.25
1981	29777	13948	68.10	31.90
1982	30859	14436	68.13	31.87
1983	31151	15285	67.08	32.92
1984	30868	17329	64.05	35.95
1985	31130	18743	62.42	37.58
1986	31254	20027	60.95	39.05

资料来源：国家统计局网站（http：//www.stats.gov.cn/）。

在第二阶段（1987—1990），农业劳动力规模继续扩大，但是农业劳动力流动出现停滞，农业劳动力就业比重却不降反增。这一时期，由于城乡经济过快增长、信贷投放过量和价格闯关的影响，出现了改革开放历史上第一次严重的通货膨胀。1988年2月，物价指数突增到罕见的28.4%的高水平。为了遏制趋于严重的通货膨胀，国家开始对国民经济进行"治理整顿"。虽然，物价上涨得到有效控制，但是一些改革措施的取消和财政金融政策的收紧，也导致了宏观经济发展速度滑坡，微观市场交易疲软，企业生产停滞。在城乡人员流动方面，国务院先后发布了《关于严格控制农民工外出的紧急通知》和《关于进一步做好控制农民工盲目外流的通知》，劳动力流动受到明显限制。大量转移到城市就业的农民工被迫重新回到农村务农，农业劳动力流动基本处于停滞状态。基于此，1987—1990年，农业劳动力就业比重出现了不降反增的非正常趋势。如表2—5

所示，农业劳动力就业比重从 1987 年的 59.99% 增长至 1990 年的 60.10%，而同期，非农业劳动力就业比重也显著下降，这种变化趋势与城镇化和工业化的宏观进程明显相违。

表 2—5　1987—1990 年中国农业劳动力与非农业劳动力数量变化情况

年份	农业劳动力数量（单位：万人）	非农业劳动力数量（单位：万人）	农业劳动力就业比重（单位:%）	非农业劳动力就业比重（单位:%）
1987	31663	21121	59.99	40.01
1988	32249	22085	59.35	40.65
1989	33225	22105	60.05	39.95
1990	38914	25835	60.10	39.90

资料来源：国家统计局网站（http://www.stats.gov.cn/）。

在第三阶段（1991—1996），农业劳动力规模出现萎缩，农业劳动力向城镇非农产业转移流动加快，农业劳动力就业比重显著下降。20 世纪 90 年代初期，中国经济发展步伐逐步加快，改革开放向纵深推进，形成了经济新一轮高速增长的态势，沿海经济特区实现了经济腾飞。在市场经济改革政策的推动下，中国工业化和城镇化进程明显加快，劳动力城乡之间的流动热潮开始出现，大批农业劳动力转移到城市就业，形成了人才流动的"孔雀东南飞"和"民工潮"现象。统计数据显示，1991—1996 年，中国农业劳动力规模开始趋于缩小，其就业比重显著降低。如表 2—6 所示，1991 年，中国农业劳动力总规模在达到 39098 万人的历史高点后一路下滑，降低到 1996 年 34820 万人。同期，农业劳动力就业比重也出现显著降低，由 1991 年的 59.70% 减少至 1996 年的 50.50%，年均降低 1.53 个百分点，下降速度明显加快。

表 2—6　1991—1996 年中国农业劳动力与非农业劳动力数量变化情况

年份	农业劳动力数量（单位：万人）	非农业劳动力数量（单位：万人）	农业劳动力就业比重（单位:%）	非农业劳动力就业比重（单位:%）
1991	39098	26393	59.70	40.30
1992	38699	27453	58.50	41.50

续表

年份	农业劳动力数量 （单位：万人）	非农业劳动力数量 （单位：万人）	农业劳动力就业 比重（单位:%）	非农业劳动力就业 比重（单位:%）
1993	37680	29128	56.40	43.60
1994	36628	30827	54.30	45.70
1995	35530	32535	52.20	47.80
1996	34820	34130	50.50	49.50

资料来源：国家统计局网站（http://www.stats.gov.cn/）。

在第四阶段（1997—2001），农业劳动力数量缩减趋势停止，总规模出现非正常性扩大，农业劳动力就业比重出现改革开放后第二次异常上升现象。1997年，亚洲金融危机爆发，亚洲主要国家经济受到较大冲击，经济衰退，内需不旺，外贸萎缩，投资下滑，市场萧条，供给过剩。中国沿海城市中大批农民工被迫回乡务农，农业劳动力总规模扩大。如表2—7所示，农业劳动力数量由1997年的34840万人增加至2001年的36398.5万人。同期，农业劳动力就业比重由1997年的49.90%增加至2001年的50.00%。

表2—7　1997—2001年中国农业劳动力与非农业劳动力数量变化情况

年份	农业劳动力数量 （单位：万人）	非农业劳动力数量 （单位：万人）	农业劳动力就业 比重（单位:%）	非农业劳动力就业 比重（单位:%）
1997	34840	34979	49.90	50.10
1998	35177	35460	49.80	50.20
1999	35768	35626	50.10	49.90
2000	36042.5	36042.5	50.00	50.00
2001	36398.5	36398.5	50.00	50.00

资料来源：国家统计局网站（http://www.stats.gov.cn/）。

在第五阶段（2002—2023），农业劳动力规模缩减速度加快，农业劳动力就业比重大幅度降低。进入21世纪以来，中国全面加入WTO，市场化改革深入推进，制度改进显著提升了资源配置效率。以此为动力，国民经济发展全面提速，进入新一轮高水平增长周期，并一跃成为世界第二大经济体。同时，城镇化和工业化进入加速发展阶段，国家统计局数据显示，2002 年中国城镇化率仅为 39.09%，到 2023 年，则上升至 66.16%。在城镇化和工业化进程推动下，劳动力、资本等生产要素在城乡之间的单向流动呈现"量大面广"的特点①。在城镇化浪潮推动下，农业劳动力规模加快缩减，其就业比重大幅度下降。如表 2—8 所示，农业劳动力数量由 2002 年的 36640 万人持续减少到 2023 年的 16882 万人。同时，农业劳动力就业比重由 2002 年的 50.00% 降低到 2023 年的 22.80%。上述数据表明，中国农业劳动力规模的演化与变迁已经步入一个城乡加速分化的历史时期。农业劳动力日益呈现高流动性和"脱农入城"的单向性规律特点，城镇化所带来的乡村人才凋敝和劳动力"空心化"开始蔓延，农业劳动力代际转换逐渐显现。

表 2—8　2002—2023 年中国农业劳动力与非农业劳动力数量变化情况

年份	农业劳动力数量（单位：万人）	非农业劳动力数量（单位：万人）	农业劳动力就业比重（单位:%）	非农业劳动力就业比重（单位:%）
2002	36640	36640	50.00	50.00
2003	36204	37532	49.10	50.90
2004	34830	39434	46.90	53.10
2005	33442	41205	44.80	55.20
2006	31941	43037	42.60	57.40
2007	30731	44590	40.80	59.20
2008	29923	45641	39.60	60.40
2009	28890	46937	38.10	61.90
2010	27931	48174	36.70	63.30
2011	26472	49724	34.74	65.26
2012	25535	50719	33.49	66.51
2013	23838	52463	31.24	68.76
2014	22372	53977	29.30	70.70
2015	21418	54902	28.06	71.94

---

① 李国正：《城乡二元体制、生产要素流动与城乡融合》，《湘湖论坛》2020 年第 1 期。

续表

年份	农业劳动力数量（单位：万人）	非农业劳动力数量（单位：万人）	农业劳动力就业比重（单位：%）	非农业劳动力就业比重（单位：%）
2016	20908	55337	27.42	72.58
2017	20295	55763	26.68	73.32
2018	19515	56267	25.75	74.25
2019	18652	56795	24.72	75.28
2020	17715	57349	23.60	76.40
2021	17072	57580	22.87	77.13
2022	17663	55688	24.08	75.92
2023	16882	57159	22.80	77.20

资料来源：国家统计局网站（http：//www.stats.gov.cn/）。

四 中国农业劳动力区域分布的演化趋势

（一）粮食主产区与非主产区农业劳动力分布情况

为了考察粮食生产与农业劳动力数量的匹配程度，笔者将研究区域划分为粮食主产区和非粮食主产区。在数据采集方面，限于相关数据缺失，将利用20世纪90年代以来四次人口普查数据作为研究分析的基础。

1. 粮食主产区农业劳动力分布情况

首先，总体比较来看，农业劳动力更多集中分布于粮食主产区，如表2—9、表2—10所示，1990年、2000年、2010年和2020年，粮食主产区的农业劳动力占比分别是68.89%、65.71%、65.30%和66.21%，都显著高于粮食非主产区的31.11%、34.29%、34.70%和36.76%。对于国家粮食安全，粮食主产区的农业生产状况至关重要，将直接决定国家粮食的整体产能①。国家统计局数据显示，2023年，全国粮食主产区粮食产量占全国比重达到77.9%，同时，大约80%的商品粮来自粮食主产区。因此，农业劳动力集中分布于粮食主产区，将更加有利于国家粮食安全的保障。其次，在粮食主产区内部，农业劳动力分布也比较集中。如表2—9

---

① 梁世夫、黄诗雨：《主产区粮食贡献与生态贡献的协调演进》，《中南民族大学学报》（人文社会科学版）2024年第3期。

所示，四次人口普查显示出，河南、四川、山东与河北四省的农业劳动力所占比重较高，合计占比分别达到 35.6%、33.51%、34.33% 和 33.92%，均超过粮食主产区全部农业劳动力的一半。再次，纵向比较来看，随着时间发展，粮食主产区农业劳动力占比出现了明显下滑。如表 2—9 所示，粮食主产区农业劳动力占比由 1990 年的 68.89% 减至 2020 年的 66.21%，缩减了 2.68 个百分点。粮食主产区农业劳动力的减少，进一步加剧了农业劳动力的供给紧张形势，不利于农业生产的可持续发展。

表 2—9　　1990—2020 年中国粮食主产区农业劳动力区域分布演变情况

省份	农业劳动力占比（1990 年人口普查）	农业劳动力占比（2000 年人口普查）	农业劳动力占比（2010 年人口普查）	农业劳动力占比（2020 年人口普查）	变化幅度
辽宁	2.34%	2.63%	3.02%	3.62%	1.28%
河北	5.71%	6.40%	7.17%	5.98%	0.27%
山东	8.64%	8.83%	9.18%	9.62%	0.98%
吉林	1.59%	1.92%	2.54%	2.80%	1.21%
内蒙古	1.46%	1.69%	1.78%	2.19%	0.73%
江西	3.44%	2.90%	2.93%	3.29%	− 0.15%
湖南	5.97%	5.61%	5.45%	5.04%	− 0.93%
四川	12.25%	8.10%	8.03%	8.34%	− 3.91%
河南	9.00%	10.18%	9.95%	9.98%	0.98%
湖北	4.90%	4.39%	4.70%	4.91%	0.01%
江苏	5.79%	5.08%	2.87%	3.14%	− 2.65%
安徽	5.85%	5.73%	4.67%	3.92%	− 1.93%
黑龙江	1.95%	2.26%	3.01%	3.38%	1.43%
总计	68.89%	65.71%	65.30%	66.21%	− 2.68%

资料来源：国家统计局网站（http://www.stats.gov.cn/）。

注：变化幅度为农业劳动力占比的 2020 年数值减去 1990 年数值之差。

2. 粮食非主产区农业劳动力分布情况

首先，在粮食非主产区内部，农业劳动力分布相对集中程度较高。通过表 2—10 的人口普查数据可见，云南、广西、广东、贵州、陕西五省的农业劳动力所占比重较高，合计占比分别达到 18.51%、19.57%、20.33% 和 21.73%，接近粮食非主产区农业劳动力总量的 2/3。其次，2023 年与 1990 年相比，经济发达地区的北京、上海、广东、浙江、福建等省份的农业劳动力变化幅度均为负值，劳动力存量处于净流出状态。而广西、云南、甘肃、宁夏、青海、新疆、西藏等西部省区的农业劳动力变化幅度均为正值，劳动力存量处于增加状态。以上变化趋势说明，经济发达程度是影响农业劳动力外流实现非农就业的重要影响因素。最后，纵向对比来看，粮食非主产区农业劳动力占比出现了上升趋势。如表 2—10 所示，粮食非主产区农业劳动力占比由 1990 年的 31.11% 增加到 2020 年的 36.76%，上升了 5.65 个百分点。出现上述规律的重要原因是粮食非主产区大部分处于西部区域，经济欠发达，城镇化水平较低，在一定程度上减缓了农业劳动力的外流。

表 2—10　　1990—2020 年中国粮食非主产区农业劳动力区域分布演变情况

省份	农业劳动力占比（1990 年人口普查）	农业劳动力占比（2000 年人口普查）	农业劳动力占比（2010 年人口普查）	农业劳动力占比（2020 年人口普查）	变化幅度①
北京	0.23%	0.19%	0.14%	0.09%	−0.14%
上海	0.18%	0.20%	0.09%	0.07%	−0.11%
天津	0.31%	0.32%	0.32%	0.32%	0.01%
广东	4.26%	3.78%	3.78%	3.16%	−1.1%
浙江	3.12 %	1.86%	1.24%	1.46%	−1.66%
山西	2.10%	2.25%	2.52%	2.63%	0.53%
福建	2.14%	1.77%	1.46 %	2.13%	−0.01%
广西	4.12%	4.37%	4.70%	4.96%	0.84%
重庆	—	2.61 %	1.93%	1.79%	—
海南	0.43%	0.52%	0.60 %	1.00%	0.57%
陕西	2.96%	3.08%	3.22%	2.92%	−0.04%
云南	3.82%	4.62%	5.18%	7.75%	3.93%
贵州	3.35%	3.72%	3.45%	2.94%	−0.41%

①　注：此处的变化幅度为2010年农业劳动力占比数值减去1990年农业劳动力占比数值之差。

续表

省份	农业劳动力占比 （1990年人口普查）	农业劳动力占比 （2000年人口普查）	农业劳动力占比 （2010年人口普查）	农业劳动力占比 （2020年人口普查）	变化 幅度
甘肃	2.28%	2.65%	3.00%	2.34%	0.06%
宁夏	0.37%	0.44%	0.49%	0.47%	0.1%
青海	0.30%	0.38%	0.39%	0.39%	0.09%
新疆	1.00%	1.34%	1.93%	2.09%	1.09%
西藏	0.15%	0.19%	0.23%	0.25%	0.1%
总计	31.11%	34.29%	34.70%	36.76%	5.65%

资料来源：国家统计局网站（http://www.stats.gov.cn/）。

（二）东中西部三大区域农业劳动力分布情况

为了更为详细地考察中国农业劳动力区域分布的演化情况，笔者将研究对象划分为东中西部三大区域①。在数据层面，本部分利用1996年、2006年和2016年三次农业普查数据，对农业劳动力区域分布的动态演变情况进行分析。

首先，整体来看，东中西部三大区域的农业劳动力总规模都出现了萎缩和减少的趋势。1996年，东中西部农业劳动力总量分别是14914.13万人、15524.61万人和12002.45万人，到2016年，三大区域的农业劳动力总量分别萎缩到9572.7万人、11115.3万人和10734万人，分别减少了5341.43万人、4409.31万人和1268.45万人（见表2—11）。其中，东部地区减少量最多，中部地区次之，西部地区最少。这说明，经济越发达，工业化和城镇化水平越高，农业劳动力流动越频繁，其流失越严重。

其次，分区域来看，随着经济发展，东部区域农业劳动力所占比重出现了规律性的下降趋势。三次农业普查数据显示（见表2—11），东部区域农业劳动力占比由1996年的35.14%降低到2006年的31.69%，又

————————

① 此处采用国家统计局的经济区域划分方法。东部地区包括北京市、天津市、辽宁省、河北省、上海市、江苏省、浙江省、福建省、山东省、广东省、海南省。中部地区包括山西省、安徽省、江西省、河南省、湖北省、湖南省、吉林省、黑龙江省。西部地区包括内蒙古自治区、广西壮族自治区、重庆市、四川省、贵州省、云南省、西藏自治区、陕西省、甘肃省、青海省、宁夏回族自治区、新疆维吾尔自治区。

进一步降低到2016年的31.69%。不同的是，西部区域农业劳动力所占比重呈现上升趋势。由1996年的28.28%升高到2016年的34.16%。上述规律与区域经济发展状态紧密相关。东部区域经济发展水平高，工业化和城镇化发展较快，农业劳动力向城市转移较多，因此出现了占比下降的情况。而西部区域经济发展水平较低，农村人口向城市转移较少，所以出现农业劳动力相对占比上升的情况。同时，中部区域农业劳动力所占比重呈现先降低后升高的"U"形状态（见表2—11），规律性不强，这或许与粮食主产区大多分布在中部区域有关，在一定程度上减缓了农业劳动力外流走势。

表2—11　　1996—2016年中国东中西部三大区域农业劳动力分布演变情况

时间		1996年（第一次农业普查）	2006年（第二次农业普查）	2016年（第三次农业普查）
东部区域	总量	14914.13万人	11052万人	9572.7万人
	比重	35.14%	31.69%	30.46%
中部区域	总量	15524.61万人	11467万人	11115.3万人
	比重	36.58%	32.88%	35.37%
西部区域	总量	12002.45万人	12355万人	10734万人
	比重	28.28%	35.43%	34.16%

资料来源：国家统计局网站（http://www.stats.gov.cn/）。

第二节　中国农业劳动力文化素质的历史演变

农业现代化和乡村振兴的重要基础是农民的现代化，其关键在于农民文化素质的提高。农业劳动力通过教育和培训等形式，实现人力资本水平的提高，对促进农村和农业的发展具有重要意义，同时也有利于自身收入水平的提升[1]，有效缩小城乡收入差距。由于数据获取的局限，本节主要讨论改革开放以来农业劳动力文化素质的历史演变过程。

---

[1]　庹娟、严奉宪：《农户人力资本投资对农民收入的差异化影响——基于城镇化的调节作用》，《农业现代化研究》2024年第2期。

一　农业劳动力受教育水平的演变情况

改革开放以来，在科教兴国和教育兴农战略推动下，中国农业劳动力的受教育水平稳步提高，农业劳动力素质状况取得明显改善，取得了良好的人力资本建设成效。如表2—12所示，首先，农业劳动力中"未上过学"的所占比重大幅下降，由1982年的35.93%下降到2020年的2.56%。具有初中及以上学历的农业劳动力所占比重由1982年的26.92%显著增加到2020年的69.64%。其次，农业劳动力中高学历人员出现了明显上升，农业高层次人才不断涌现，具有大专及以上学历的农业劳动力所占比重由1982年的0.03%提升到2020年的6.22%，农村高素质人才队伍建设效果显现。

表2—12　　　　　　　中国农业劳动力受教育水平演变情况

年份	未上过学	小学	初中	高中或中专	大专及以上
1982	35.93%	37.15%	21.50%	5.39%	0.03%
1990	22.31%	45.27%	28.11%	4.27%	0.04%
1996	14.01%	42.15%	38.04%	5.65%	0.15%
2000	11.82%	43.13%	39.31%	5.58%	0.16%
2006	6.80%	32.70%	49.50%	9.80%	1.20%
2010	6.78%	32.24%	50.43%	9.36%	1.19%
2020	2.56%	27.71%	52.43%	10.99%	6.22%

资料来源：在以上数据中，1982年、1990年、2000年、2010年和2020年数据来源于全国人口普查，1996年和2006年数据来源于全国农业普查。

然而，在农业劳动力素质状况取得明显改善的同时，我们也应该看到，农业劳动力的受教育水平中存在的现实问题。首先，改革开放以来，具有"小学"和"初中"学历的农业劳动力所占比重于一直处于绝对主导地位，长期未有改变。如表2—12所示，受教育水平为"小学"和"初中"的农业劳动力占比在1982年分别为37.15%和21.50%，到2020年，上述两项指标分别为27.71%和52.43%，依然处于领先地位，高中及以上学历人员数量仍然偏少。其次，十多年来，虽然在高素质农业人才建设方面出现了一定程度的进步，但农业劳动力受教育水平并未取得明显提升。2006—2020 年，初中学历人员所占比重由 49.50% 仅提高到 52.43%，高中或中专学历人员所占比重由 9.80% 仅上升到 10.99%，提升幅度较为有限。以上情况说明，农业劳动力受教育水平虽然有所提高，但是进步缓慢，主要人员比重依然主要集中于"小学"和"初中"水平，特别是高素质农业人才建设滞后，甚至止步不前。此类问题需要理论界和政府部门高度关注。

二　农业劳动力受教育年限演变情况

改革开放以来，农业劳动力和非农业劳动力的平均受教育年限均实现了显著增长，但是与非农业劳动力相比，农业劳动力平均受教育年限增长速度偏低，城乡教育差距依然较大。如图2—6所示，农业劳动力平均受教育年限在 1982—2020 年仅升高了 3.82 年，而非农业劳动力却增加了 5.26 年，差距明显。此外，非农业劳动力的平均受教育年限水平普遍高于农业劳动力，而且此种情况有扩大趋势。图2—6显示，1982年，农业劳动力和非农业劳动力之间的平均受教育年限差距为 1.84 年，但是到了 2020 年，此种差距扩大到 3.28 年，城乡人口的文化素质差距越来越大。

从性别角度来看，男性和女性农业劳动力平均受教育年限都实现了明显增长，而且在教育的性别平等观念以及政策推动下，两者之间的差距在趋于改善。

如图2—6所示，男性和女性农业劳动力平均受教育年限在 1982—2020 年分别增加了 3.59 年和 4.29 年。两者之间的差距在 1980 年时为 1.34 年，此后逐步缩短到 2020 年的 0.64 年。

三　农业劳动力文化素质的性别差异演变情况

从宏观视野下的性别结构来看，中国农业劳动力文化素质还存在着明显的性别差异。首先，纵向来看，无论是男性劳动力还是女性劳动力，其受教育水平都实现了明显提升。如表2—13所示，男性劳动力受教育水平在初中以上的由 1990 年的 40.08% 提升到 2020 年的 69.22%，女性劳动力受教育水平在初中以上的则由 1990 年的 24.00% 提升到 2020 年的 56.56%。其次，横向来看，女性农业劳动力的受教育水平显著低于男性。如表2—13所示，一方面，无论是 1990 年、2000 年、2010 年，还是 2020

年，男性农业劳动力中具有初中、高中或中专、大专及以上的学历人员比例都明显高于女性农业劳动力。另一方面，女性劳动力中"未上过学"的比例明显高于男性农业劳动力。这说明，虽然改革开放以来女性农业劳动力文化素质获得显著提高，但是与男性劳动力相比，依然处于弱势地位。

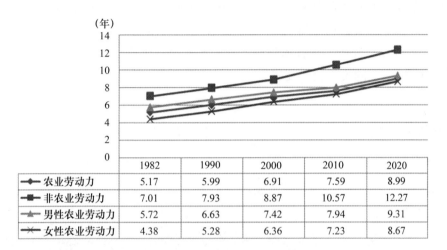

(年)	1982	1990	2000	2010	2020
农业劳动力	5.17	5.99	6.91	7.59	8.99
非农业劳动力	7.01	7.93	8.87	10.57	12.27
男性农业劳动力	5.72	6.63	7.42	7.94	9.31
女性农业劳动力	4.38	5.28	6.36	7.23	8.67

图2—6　改革开放后中国农业劳动力平均受教育年限演变趋势

资料来源：1982年、1990年、2000年、2010年和2020年全国人口普查。

表2—13　　　　中国农业劳动力受教育水平的性别差异演变情况

年份	性别	未上过学	小学	初中	高中或中专	大专及以上
1990	男性	15.07%	44.85%	34.19%	5.85%	0.04%
	女性	30.26%	45.74%	21.43%	2.56%	0.01%
2000	男性	7.34%	39.81%	46.32%	6.32%	0.21%
	女性	16.57%	46.64%	33.92%	2.79%	0.08%
2010	男性	3.72%	33.99 %	54.36%	7.34%	0.59%
	女性	8.73%	40.59%	46.37%	3.92%	0.39%
2020	男性	1.30%	24.18%	55.74%	12.62%	0.86%
	女性	4.43%	32.95%	47.48%	8.56%	0.52%

资料来源：1990年、2000年、2010年和2020年全国人口普查。

四　农业劳动力文化技术培训的演变情况

现阶段，乡村振兴与现代农业发展对农业生产者素质提出了更高要求。美国著名农业经济学家舒尔茨指出："人力资本有助于提高劳动生产率，也有助于提高企业家式的才能，这种才能在农业和非农业中，在家庭生产中……以及在向往较好的职业机遇和生产地点的迁移中，都很有价值。"① 因此，通过文化技术培训，培养高素质农业新型人才，已成为提升农业发展水平的关键核心要素。

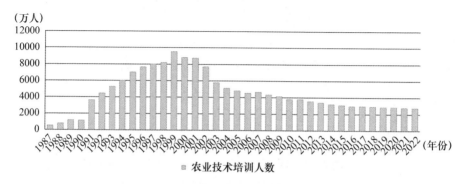

图2—7　1987—2022年农业技术培训情况变化趋势

资料来源：1987—2022年中国教育统计年鉴。

改革开放以来，在中国农业劳动力基数偏大、文化素质低的现实国情下，农业教育系统通过资源整合，构建机制，累计进行农业技术培训14.8亿人次，为全面提高农业劳动力整体素质奠定了坚实基础。如图2—7所示，20世纪80年代末期到90年代，中国农业劳动力参加农业技术培训的数量快速增长，一直达到1999年最高峰时期的9547.65万人。此后，进入21世纪，伴随着农业劳动力城市化流失速度的加快，参加农业技术培训的人数也在逐步递减，总数量减少到2022年的2738.51万人。面对乡村产业兴旺和一二三产业融合发展的新形势和新任务，农业农村部积极推动《高素质农民培育计划》的落实，面向种养大户、家庭农场经营者、农民合作社带头人等重点群体开展全产业链培训。截至2023年，中央财政

---

① ［美］西奥多·W. 舒尔茨：《论人力资本投资》，吴珠华译，北京经济学院出版社1990年版。

累计投入资金 182.9 亿元，培育高素质农民近 800 万人次。通过提升职业培训的针对性和有效性[①]，精准培育新型农业经营主体带头人、现代青年农场主、农村实用人才带头人、农机大户和农机合作社带头人各类农村人才，弥补乡村人力资源"短板"，为乡村振兴和现代农业发展注入新的要素支撑动力。

第三节　中国农业劳动力年龄与性别结构的历史演变

一　农业劳动力年龄结构的演变情况

改革开放后，随着经济体制的转轨和社会发展的转型，中国农业劳动力的年龄结构呈现快速变化的趋势。从总体演化情况看，在农村青壮年人口非农化转移、人口少子化和人均寿命延长等因素的共同作用下，中国农业劳动力的老龄化趋势逐渐显现。图 2—8 可以直观地展现中国农业劳动力年龄结构的演变过程，由图 2—8 可见，中国农业劳动力年龄分布的高峰由 21—30 岁逐渐推移到 51—60 岁，农业劳动力年龄结构表现出加剧老化的发展态势。

农业劳动力老龄化是一种长期演化的农村人口结构变迁趋势。首先，农村青壮年农业劳动力的大量外流，造成农业生产中人力资源要素规模的萎缩，加剧了农业生产者的老龄化速度。如表 2—14 所示，农业劳动力中，20 岁以下新生代人口占比由 1990 年的 13.84% 大幅降低到 2020 年的 0.71%；21—30 岁和 31—40 岁的青壮年人口占比分别由 1990 年的 31.78%、23.17% 减少到 2020 年的 6.22%、11.12%。其次，人口少子化和人均寿命延长等因素也会导致农业劳动力的老龄化。60 岁以上农业劳动力占比由 1990 年的 5.27% 显著升高到 2020 年的 28.32%。展望未来，随着中国城镇化和工业化进程的日益加快，农业生产任务多由老龄农民承担的状况将会持续存在，其对农业生产带来的诸多深刻影响需要引起广泛重视。

[①]　闫广芬、余静：《数字化转型视阈下新型职业农民培育：角色调适、作用机理与实践路径》，《教育发展研究》2024 年第 9 期。

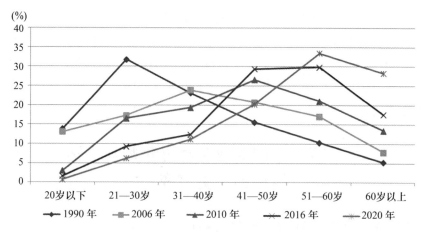

图2—8 中国农业劳动力年龄结构变化趋势

资料来源：国家统计局网站（http：//www.stats.gov.cn/）

表2—14 1990—2020年中国农业劳动力分年龄组占比变化情况

年份	20岁以下	21—30岁	31—40岁	41—50岁	51—60岁	60岁以上
1990	13.84%	31.78%	23.17%	15.59%	10.35%	5.27%
2006	13.08%	17.30%	23.88%	20.75%	17.10%	7.89%
2010	3.01%	16.56%	19.33%	26.58%	21.07%	13.45%
2016	1.58%	9.26%	12.36%	29.85%	29.35%	17.60%
2020	0.71%	6.22%	11.12%	20.21%	33.42%	28.32%

资料来源：1990年、2010年和2020年数据来源于全国人口普查，2006年和2016年数据来源于全国农业普查。

二 农业劳动力性别结构的演变情况

在传统农耕文明中，相比女性而言，男性因其具有体力方面的生理优势，承担了较多繁重的农业生产任务。而且，随着年龄增长，女性在农业生产中更不具备优势。然而，改革开放以来，在工业文明的冲击下，中国传统的"男耕女织"式的农业劳动分工发生了显著分化。随着城镇化和工业化进程的加快，大量男性青壮年农民转移到城市就业，导致农业劳动力性别结构发生改变，女性从事农业生产的比重趋于上升，农业女性化现象逐渐形成。李周认为，男性占据了农村外流劳动力的主体，这是造成务农女性劳动力上升的主要因素①。如图 2—9 所示，改革开放之初的 1982 年，农业劳动力总量中的男性比重为 53.60%，处于显著优势地位。其后，随着经济变迁，男性农业劳动力所占比重逐步降低，直至下降到 2006 年最低时期的 50.8%。同期，女性农业劳动力占比快速提升，一直上升到 2006 年的 49.2%。

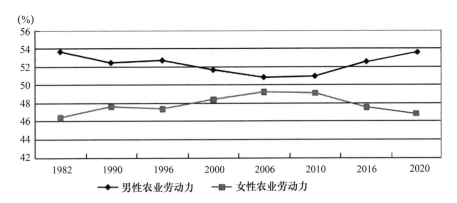

图 2—9　1982—2020 年中国农业劳动力性别结构变化趋势

资料来源：1982 年、1990 年、2000 年、2010 年和 2020 年数据来源于全国人口普查，1996 年、2006 年和 2016 年数据来源于全国农业普查。

　　总体来看，在不同时期，农业劳动力的性别结构经历了相异的变迁过程。城镇化和工业化进程虽然推动着农业劳动力女性化比重的升高，但是此种趋势在 2010 年前后发生了逆转。男性农业劳动力所占比重在 2010 年后开始逆转上升，达到 2020 年的 53.29%，女性农业劳动力占比则出现下滑态势，减少到 2020 年的 46.71%（见图 2—9）。基于以上数据可见，"举家外迁"已经逐渐成为农业劳动力转移的新主流，在一定程度上带动着留守妇女脱离农业生产，迁移到城市就业，直接影响着农业女性化趋势的演变②。

---

　　① 李周：《农民流动：70 年历史变迁与未来 30 年展望》，《中国农村观察》2019 年第 5 期。
　　② 叶敬忠、王维：《改革开放四十年来的劳动力乡城流动与农村留守人口》，《农业经济问题》2018 年第 7 期。

第三章　中国农业劳动力
代际转换的现状考察

农业劳动力代际转换是中国农耕文明与工业文明交替转换的产物，正确认识农业劳动力代际转换的现状，有利于理性探求农业劳动力新老更替的内在规律和发展趋势。本章拟在农业经济学理论指导下，首先从宏观视角出发，以农业普查及相关统计数据为基础，利用"新生代青年农业劳动力脱农率""农业劳动力代际转换率"和"农业劳动力老龄化率"三项指标，实证考察农业劳动力代际转换的宏观发展现状。其次，基于微观视角，以调查问卷和实地调研为基础，运用村居劳动力"离农率""龄化率"和"女性化率"三项指标综合测度中国农业劳动力代际转换的村域现实水平。

第一节　宏观视角下的现状分析

总体而言，国内学术界缺乏对农业劳动力代际转换现状水平的直接考察，现有研究成果多集中在村庄地理形态空心化和农村人口空心化领域。众多学者从不同视角设计了指标体系，对村庄地理形态和农村人口空心化的发展现状进行了实证测评。

从宏观层面看，在地理学界，郑殿元等[1]选取流出人口占比、外出从业劳动力占比、16 岁以下儿童占比和 60 岁以上老年人占比等指标对人口空心化程度进行了实证测评。谭雪兰等[2]从农村人口有效转移度、人口集聚

---

[1]　郑殿元等：《中国村域人口空心化分异机制及重构策略》，《经济地理》2019 年第 2 期。
[2]　谭雪兰等：《快速城市化区域农村空心化测度与影响因素研究——以长株潭地区为例》，《地理研究》2017 年第 4 期。

度和人口中心度三个层面建立指标体系，测算了区域人口空心化水平。王良健、吴佳灏[1]构建了宅基地空心化指标，即家庭维度的空废宅基地面积占总宅基地面积的比率，以此衡量了不同区域宅基地空心率的分布情况。

在经济学界，众多学者提出了不同的指标体系，对农村人口空心化现状水平进行了测度。周祝平[2]较早利用农村常住人口规模指标，分析了农村人口空心化的发展现状。陈涛、陈池波[3]从长期在外居住、外出就业、非农就业等三个角度，构建了衡量人口空心化的指标体系。同时，部分学者实施了更为契合局部实际状况精准性研究。林善浪、纪晓鹏、姜冲[4]提出了农村人口净流出率指标，实证分析了长江以南9个样本省份农村人口空心化现状。

客观来看，上述指标从不同层面表现了村庄地理形态变迁和农村人口空心化的总体现状。然而，农业劳动力代际转换与农村人口空心化的侧重点并不相同。固然，人口空心化可归结为农业劳动力代际转换的重要现象表现，但是人口空心化更多倾向于人口迁移背景下农村人口的萎缩状态，而农业劳动力代际转换更多聚焦于农业生产主体的代际断层现象。因此，本书首先从宏观视角出发，提出"新生代青年农业劳动力脱农率""农业劳动力代际转换率"和"农业劳动力老龄化率"三项指标，实证考察农业劳动力代际转换的发展现状。

一 新生代青年农业劳动力脱农率

当前，中国农业劳动力代际转换不仅表现为农民整体数量的减少，而更为严重的是大量新生代青年劳动力的"脱农"，农业生产面临后继无人的严峻局面。新生代青年劳动力是农业农村发展的接班人，是乡村振兴和现代农业转型发展的未来主力军。因此，为了更为精确地表现农村新生代青年劳动力放弃农业生产的现实情况，笔者以"新生代青年农业劳动力脱

---

① 王良健、吴佳灏：《基于农户视角的宅基地空心化影响因素研究》，《地理研究》2019 年第 9 期。

② 周祝平：《中国农村人口空心化及其挑战》，《人口研究》2008 年第 2 期。

③ 陈涛、陈池波：《人口外流背景下县域城镇化与农村人口空心化耦合评价研究》，《农业经济问题》2017 年第 4 期。

④ 林善浪、纪晓鹏、姜冲：《农村人口空心化对农地规模经营的影响》，《新疆师范大学学报》（哲学社会科学版）2018 年第 4 期。

农率"作为衡量农业劳动力代际转换水平的基础指标。同时，根据相关统计标准，本部分将"新生代青年农业劳动力"定义为年龄在 40 周岁以下的农业劳动力群体。

$$新生代青年农业劳动力脱农率 = \frac{PY_{at}}{PY_{et}} \times 100\%$$

其中：PY_{at} 为 t 时期新生代青年农业劳动力常年在外务工数量；PY_{et} 为 t 时期农业劳动力总数量。

本书以全国农民工监测调查报告和中国统计年鉴相关数据，实证测算了 2008—2023 年新生代青年农业劳动力脱农率水平状况（见表 3—1）。

表 3—1　　2008—2023 年全国新生代青年农业劳动力脱农率演变情况

年份	PY_{at}（万人）	PY_{et}（万人）	脱农率（%）	环比变化幅度（%）
2008	15779.40	29923.30	52.73	—
2009	15602.06	28890.50	54.01	1.28
2010	15962.96	27930.50	57.15	3.14
2011	15596.53	26594.00	58.65	1.50
2012	15572.77	25773.00	60.42	1.77
2013	15706.10	24171.00	64.98	4.56
2014	15478.18	22790.00	67.92	2.94
2015	15316.34	21919.00	69.88	1.96
2016	15184.17	21496.00	70.64	0.76
2017	15013.65	20944.00	71.68	1.04
2018	15023.56	20258.00	74.16	2.48
2019	14712.96	19652.00	74.87	0.71
2020	14108.64	18715.00	75.39	0.52
2021	14098.98	18072.00	78.02	2.63
2022	13894.14	17663.00	78.66	0.64
2023	13269.84	16882.00	78.61	-0.05

资料来源：2008—2023 年历年全国农民工监测调查报告、国家统计局网站（http://www.stats.gov.cn/）。

如表 3—1 所示，2008—2023 年，40 周岁以下的新生代青年农业劳动力常年在外务工数量和农业劳动力总数量的规模在降低，但是前者的减少速度明显慢于后者，由此直接导致新生代青年农业劳动力脱农率持续升高，由2008年的52.73%升高到2018年的78.61%。这说明，在城镇化和工业化背景下，大量的农村新生代青年劳动力转移到城市就业，青壮年农业劳动力数量大幅度萎缩，农业劳动力后继乏人并不是危言耸听。

与老一代农民相比，新生代青年劳动力受市场经济大潮的影响更为显著，该群体多成长于乡村人口城镇化集聚迁移的背景下，往往把进城务工和经商赚钱作为职业选择的优先项，缺乏对农业和农村的情感认同和生产经营热情。如图3—1所示，在农村外出务工人员总量中，1980后出生的新生代农民工所占比重稳步上升，由2014年的47%提升到2023年的53.7%。由此说明，新生代青年劳动力"脱农"倾向比较严重。

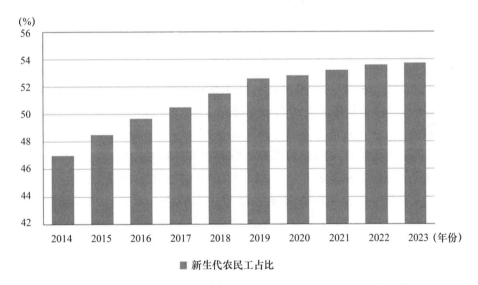

图3—1 2014—2023年新生代农民工占农民工总量比重变化趋势

资料来源：《2008—2023年历年全国农民工监测调查报告》。

另外，从课题组实地调研情况看，在新生代青年劳动力群体中，"厌农"和"蔑农"思想比较普遍。虽然他们出生和成长在农村，但较多认为农业生产耕种没有前途。在他们看来，农民就是辛劳与贫穷的代名词，在老一辈传承下来的土地上继续当农民是没出息和没本事的表现。在上述思想主导下，新生代青年劳动力务农动力不强，他们向往城市的繁华与多彩，缺乏扎根农村干事创业的故土情怀。此外，新生代青年劳动力务农动能力普遍不足，他们缺乏对粮食耕种经验的积累，更缺乏农业生产技术的学习和掌握。总之，在"厌农"和"蔑农"思想主导下，大量新生代青年劳动力选择离开农村，放弃农业生产，到城市追求致富梦想，导致农业劳动力代际转换的蔓延和加剧。

二 农业劳动力代际转换率

新老农业劳动力的代际传承是中国农业生产活动延续不息的基础，也是农耕文明代代相传的根脉。如前所述，农业劳动力代际转换主要指老一辈农民将自身所积累的农业生产物质条件、耕作经验和技能等传承给下一代年轻农民的过程。其危机状态则是指新老农业劳动力无法正常传承与代际更替的断层现象。基于此，本部分以"农业劳动力代际转换率"作为衡量农业劳动力代际转换水平的重要指标，具体如下：

$$农业劳动力代际转换率 = \frac{PY_{ft}}{PO_{ht}} \times 100\%$$

其中：PY_{ft} 为 t 时期从事农业生产的新生代青年农业劳动力数量；PO_{ht} 为 t 时期承担耕种任务的老年农业劳动力总数量。

在数据采集方面，笔者使用三次农业普查数据作为宏观分析的重要基础。然而，由于统计部门在劳动力年龄结构统计口径上的变化，导致农业劳动力代际转换率测算标准不一致。根据 1996 年农业普查统计口径，新生代青年农业劳动力年龄范围界定为 35 岁及以下，老年农业劳动力年龄范围为 55 岁以上。2006 年农业普查的劳动力年龄统计口径发生变化，因此，新生代青年农业劳动力年龄范围改变为 30 岁及以下，老年农业劳动力年龄范围改变为 50 岁以上。2016 年农业普查的劳动力年龄统计口径又发生变化，新生代青年农业劳动力年龄范围与 1996 年一致，为 35 岁及以下，老年农业劳动力年龄范围也与 1996 年一致，为 55 岁以上。需要说明的是，虽然个别年份统计口径发生改变，但农业劳动力代际转换率的测算结果依然可以反映农业劳动力代际转换的发展演化状态。

首先，从全国层面来看，在新生代青年农业劳动力数量萎缩和老年农业劳动力规模扩张的共同作用下，农业劳动力代际转换率呈现大幅下降的趋势（见表3—2）。在劳动力年龄统计口径一致的情况下，如果以 1996 年为基期，2016 年全国农业劳动力代际转换率相比 1996 年，大幅下降了368.58%，减少至 57.08%。因此，从该指标演变情况看，农业劳动力代际转换愈发严重。

表 3—2　1996—2016 年全国农业劳动力代际转换率演变情况

年份	PY_{ft}（万人）	PO_{ht}（万人）	代际转换率（%）	定基变化幅度（%）
1996	27112.63	6369.51	425.66	—
2006	16131.17	13269.24	121.57	−304.09
2016	6023.00	10551.00	57.08	−368.58

资料来源：利用 1996 年、2006 年、2016 年三次农业普查数据测算而得。

同时，为了详细分析农业劳动力代际转换率的区域差异情况，笔者将研究对象划分为粮食主产区和粮食非主产区两大区域进行探讨。从普遍情况看，无论是粮食主产区，还是粮食非主产区，其农业劳动力代际转换率都出现了显著的下降和缩小（见表 3—3 和表 3—4），这与表 3—2 中全国农业劳动力代际转换率整体演变情况相吻合。

表 3—3　1996—2016 年中国粮食主产区农业劳动力代际转换率演变情况

省份	第一次农业普查（1996）①			第二次农业普查（2006）			第三次农业普查（2016）		
	PY_{ft}（万人）	PO_{ht}（万人）	代际转换率（%）	PY_{ft}（万人）	PO_{ht}（万人）	代际转换率（%）	PY_{ft}（万人）	PO_{ht}（万人）	代际转换率（%）
辽宁	641.29	137.98	464.77	309.76	370.00	83.72	117.00	323.10	36.21
河北	1425.6	344.71	413.55	959.81	819.65	117.10	464.31	663.10	70.02
山东	2061.7	530.65	388.52	1033.9	1233.8	83.80	532.20	998.00	53.33
吉林	415.14	62.31	666.23	226.16	191.60	118.05	123.29	187.65	65.70
内蒙古	427.19	87.62	487.53	211.01	197.22	106.10	112.44	184.07	61.09
江西	1060.5	174.38	608.19	297.28	397.30	74.82	173.06	357.06	48.47
湖南	1605.8	391.23	410.44	443.13	775.62	57.13	181.21	600.85	30.16
四川	2374.8	560.50	423.70	489.03	112.92	43.31	355.71	924.44	38.48

① 1996 年与 2016 年农业普查的劳动力年龄统计口径相同，即新生代青年农业劳动力年龄范围为 35 岁及以下，老年农业劳动力年龄范围为 55 岁及以上。2006 年农业普查的年龄统计口径发生改变，新生代青年农业劳动力年龄范围为 30 岁及以下，老年农业劳动力年龄范围为50 岁及以上。

续表

省份	第一次农业普查（1996）			第二次农业普查（2006）			第三次农业普查（2016）		
	PY_{ft}（万人）	PO_{ht}（万人）	代际转换率（%）	PY_{ft}（万人）	PO_{ht}（万人）	代际转换率（%）	PY_{ft}（万人）	PO_{ht}（万人）	代际转换率（%）
河南	2398.1	581.11	412.73	1080.9	1034.6	104.48	784.86	991.95	79.12
湖北	1194.7	269.39	443.50	296.89	594.07	49.98	146.52	562.08	26.07
江苏	1416.5	471.04	300.71	519.15	831.41	62.44	127.10	618.87	20.54
安徽	1688.1	368.26	458.40	439.60	691.94	63.53	265.10	534.70	49.58
黑龙江	536.32	71.74	747.58	280.65	198.59	141.32	134.40	184.70	72.77
均值	1326.6	311.61	478.91	506.72	651.14	85.13	270.55	548.51	50.12

资料来源：利用1996年、2006年、2016年三次农业普查数据测算而得。

横向比较来看，首先，在年龄统计口径相同的情况下，相比非主产区，粮食主产区的农业劳动力代际转换率下滑更加明显。如表3—3和表3—4所示，粮食主产区的农业劳动力代际转换率平均值由1996年的478.91%减少到2016年的50.12%，减少幅度达428.79%；而同期，非主产区的农业劳动力代际转换率平均值则由458.69%减少到103.66%，减少幅度为355.03%，低于粮食主产区。其次，从农业劳动力代际转换率平均指标来看，2006年和2016年，粮食主产区的指标值都低于非主产区。由此可见，粮食主产区的青年农业劳动力流失更为严重。作为拥有农业资源和劳动力资源都相对丰富的区域，粮食主产区的农业劳动力代际转换的现实发展情况不容乐观。

纵向比较来看，如表3—3所示，首先，在1996—2016年，粮食主产区的黑龙江、吉林与江西的农业劳动力代际转换率降低幅度较大，河南、河北与江苏的农业劳动力代际转换率降低幅度较小。粮食非主产区的宁夏、福建与天津的农业劳动力代际转换率降低幅度较大，上海、海南与新疆的农业劳动力代际转换率降低幅度较小。其次，从绝对数值的内部差异情况看，粮食主产区内各省份的农业劳动力代际转换率数值差异较小，大多集中在平均值附近（见表3—3）。但是，农业劳动力代际转换率数值在粮食非主产区内部差异较大。主要表现为，以上海、北京、浙江等为代表的东部区域的农业劳动力代际转换率数值大大低于以西藏、新疆和青海为代表的西部区域（见表3—4）。这说明，经济越发达的区域，其城镇化和工业化水平越高，非农产业发展越繁荣，其对农业劳动力的吸收性就越强，青年农业劳动力流失就越严重，农业劳动力代际转换水平就越高。

表3—4　　1996—2016年中国粮食非主产区农业劳动力代际转换率演变情况

省份	第一次农业普查（1996）①			第二次农业普查（2006）			第三次农业普查（2016）		
	PY_{ft}（万人）	PO_{ht}（万人）	代际转换率（%）	PY_{ft}（万人）	PO_{ht}（万人）	代际转换率（%）	PY_{ft}（万人）	PO_{ht}（万人）	代际转换率（%）
北京	55.71	15.57	357.82	101.31	46.06	219.95	5.30	21.50	24.65
上海	54.39	36.96	147.17	122.47	58.69	208.66	2.42	33.15	7.30
天津	85.88	17.79	482.77	60.52	53.07	114.03	13.14	27.93	47.05
广东	1203.6	303.11	397.09	884.35	588.51	150.27	224.49	420.54	53.38
浙江	756.73	249.96	302.74	470.56	489.55	96.12	25.20	284.90	8.85
山西	625.23	159.51	391.97	289.67	286.48	101.11	145.40	290.70	50.02
福建	704.76	133.22	529.02	329.59	258.57	127.46	78.81	193.14	40.80
广西	1165.9	290.94	400.74	498.21	522.08	95.43	277.13	350.92	78.97
重庆	839.72	220.07	381.57	139.13	427.85	32.52	69.15	342.27	20.20
海南	117.35	36.92	317.86	84.91	61.60	137.85	64.05	54.11	118.37
陕西	805.36	185.71	433.67	313.22	397.32	78.83	182.45	342.08	53.34
云南	1190.9	216.50	550.06	637.50	423.99	150.36	508.10	352.90	143.98
贵州	1019.6	219.66	464.18	374.26	426.25	87.80	253.52	315.92	80.25
甘肃	661.73	129.77	509.93	258.04	273.73	94.27	215.27	197.96	108.74
宁夏	127.52	17.33	736.03	65.82	40.02	164.45	36.60	29.00	126.21
青海	121.38	16.78	723.47	64.70	30.95	209.02	51.93	22.11	234.87

① 1996年与2016年农业普查的劳动力年龄统计口径相同，即新生代青年农业劳动力年龄范围为35岁及以下，老年农业劳动力年龄范围为55岁及以上。2006年农业普查的年龄统计口径发生改变，新生代青年农业劳动力年龄范围为30岁及以下，老年农业劳动力年龄范围为50岁及以上。

续表

省份	第一次农业普查（1996）			第二次农业普查（2006）			第三次农业普查（2016）		
	PY_{ft}（万人）	PO_{ht}（万人）	代际转换率（%）	PY_{ft}（万人）	PO_{ht}（万人）	代际转换率（%）	PY_{ft}（万人）	PO_{ht}（万人）	代际转换率（%）
新疆	264.06	59.03	447.36	266.74	111.12	240.05	225.77	94.59	238.68
西藏	66.81	9.78	683.05	57.22	18.11	316.02	58.91	13.69	430.17
均值	548.15	128.81	458.69	278.79	250.78	145.79	97.21	112.54	103.66

资料来源：利用1996年、2006年、2016年三次农业普查数据测算而得。

三 农业劳动力老龄化率

劳动力老龄化是中国农业发展过程中所面临重要的人口变化，它主要指农业生产任务多由老龄农民承担的现实状况。对于农业劳动力老龄化的现实状况，部分学者进行了初步测算。李旻、赵连阁较早利用辽宁省农调队固定农户连续跟踪调查数据，使用"50岁及以上劳动力所占比重"指标测算了辽宁省农业生产中的老龄化水平。[1] 何小勤[2]利用浙江省农业劳动力年龄结构的抽样调查数据，考察了农业从业人员年龄构成情况，以此判断农业劳动力老龄化的发展趋势。还有一些学者利用《中国统计年鉴》和《中国人口和就业统计年鉴》中农村60岁或65岁及以上老龄人口占农村总人口的比例来分析劳动力老龄化状况。对比来看，以上测算方法比较粗略，没有对比研究全国各区域老龄化率变化情况，而且没有针对农业劳动力的实际情况进行探讨。基于以上不足，本书将利用三次农业普查数据，分区域测算农业劳动力老龄化率的演变情况。具体测算指标如下：

$$农业劳动力老龄化率 = \frac{PO_{ht}}{PA_{ft}} \times 100\%$$

其中：PO_{ht} 为 t 时期承担耕种任务的老年农业劳动力数量，PA_{ft} 为 t 时

---

① 李旻、赵连阁：《农业劳动力"老龄化"现象及其对农业生产的影响——基于辽宁省的实证分析》，《农业经济问题》2009年第10期。

② 何小勤：《农业劳动力老龄化研究——基于浙江省农村的调查》，《人口与经济》2013年第2期。

期从事农业生产的农业劳动力总数量。

由于统计部门在劳动力年龄结构统计口径上的变化，导致"老龄化"的测算标准不一致。根据第一次农业普查统计口径，"老年劳动力"的界定为55岁以上。第三次农业普查与之相同，即2016年，老年农业劳动力年龄范围也为55岁以上。但是，第二次农业普查的劳动力年龄统计口径发生变化，"老年劳动力"的界定为50岁以上。虽然统计口径的改变导致老龄化率指标发生偏差，但由于2016年与1996年的统计口径相同，可以进行纵向比较。因此，农业劳动力老龄化率的测算结果依然可以反映农业劳动力代际转换的发展演化状态。

首先，从宏观角度来看，中国农业劳动力的老龄化程度在逐步加深，老龄化率出现了显著上升态势（见表3—5）。按照统计口径一致的原则，如果以1996年为基期，2016年全国农业劳动力老龄化率大幅升高了21.31%，增加至33.58%。由此说明，农业劳动力代际转换呈加重趋势。

表3—5 　　　　1996—2016年全国农业劳动力老龄化率演变情况

年份	PO_{ht}（万人）	PA_{fi}（万人）	老龄化率（%）	定基变化幅度（%）
1996	6369.51	51896.14	12.27	——
2006	13269.24	47851.85	27.73	15.46
2016	10551.00	31422.00	33.58	21.31

资料来源：利用1996年、2006年、2016年三次农业普查数据测算而得。

其次，为了考察农业劳动力老龄化率的地域差异情况，本部分将从东、中、西和东北四大区域角度进行深入分析（见表3—6）。从整体情况来看，1996—2016年，中国各区域的农业劳动力老龄化率均呈现显著上升态势，这反映出农业劳动力代际转换程度普遍趋于加深。横向比较来看，东、中、西和东北四大区域的老龄化演变趋势存在较大差异。在四大区域中，东部地区的农业劳动力老龄化率增长幅度最大，由1996年的14.07%上升到2016年的40.43%，增加幅度高达26.36%。东北地区次之，由1996年的8.63%增长到2016年的32.09%，上升幅度为23.46%。中部地区居第三位，由 1996 年的 12.00% 增长到 2016 年的 34.89%，上升幅度为 22.89%。西部地区居第四位，由 1996 年的 11.01% 增长到 2016 年的 25.98%，上升幅度为 14.97%。由以上数据可见，四大区域的老龄化演变趋势与本区域经济繁荣程度大致呈反向发展状态。经济发展水平越高的区域，青年农业劳动力流失越严重，其农业劳动力老龄化率就越高，这与上文中农业劳动力代际转换率的演变规律相一致。另外，从区域内各省市的绝对数量水平来看，在 2016 年，东部地区的上海、浙江、江苏和北京四省份农业劳动力老龄化率较高，分别为 63.00%、53.98%、48.70%、40.57%，高于该区域 40.43% 的平均水平。在中部地区，湖北与山西的农业劳动力老龄化率较高，分别为 41.40%、36.28%，超过了该区域 34.89% 的平均水平。在西部地区，重庆、四川、陕西和内蒙古四省份农业劳动力老龄化率较高，分别为 45.04%、38.06%、35.22%、31.76%，高于该区域 25.98% 的平均水平。在东北地区，辽宁省农业劳动力老龄化率为 39.08%。

表 3—6　　1996—2016 年中国四大区域农业劳动力老龄化率演变情况

省份	第一次农业普查（1996）			第二次农业普查（2006）			第三次农业普查（2016）		
	PO_{ht}（万人）	PA_{ft}（万人）	老龄化率（%）	PO_{ht}（万人）	PA_{ft}（万人）	老龄化率（%）	PO_{ht}（万人）	PA_{ft}（万人）	老龄化率（%）
东部平均	213.99	1612.0	14.07	444.09	1765.2	22.75	331.52	874.62	40.43
北京	15.57	131.57	11.83	46.06	316.87	14.54	21.50	53.00	40.57
上海	36.96	155.71	23.73	58.69	349.59	16.79	33.15	52.62	63.00
天津	17.79	178.68	9.96	53.07	238.53	22.25	27.93	77.29	36.14
广东	303.11	2308.7	13.13	588.51	2828.1	20.81	420.54	1233.4	34.10
浙江	249.96	1608.5	15.54	489.55	1999.1	24.49	284.90	527.8	53.98
福建	133.22	1267.7	10.51	258.57	1220.6	21.18	193.14	570.69	33.84
江苏	471.04	3025.5	15.57	831.41	2709.7	30.68	618.87	1270.9	48.70
河北	344.71	2959.7	11.65	819.65	3314.8	24.73	663.10	1982.6	33.45
山东	530.65	4258.1	12.46	1233.8	4419.5	27.92	998.00	2755.4	36.22

续表

省份	第一次农业普查（1996）			第二次农业普查（2006）			第三次农业普查（2016）		
	PO_{ht}（万人）	PA_{ft}（万人）	老龄化率（%）	PO_{ht}（万人）	PA_{ft}（万人）	老龄化率（%）	PO_{ht}（万人）	PA_{ft}（万人）	老龄化率（%）
海南	36.92	226.0	16.33	61.60	255.57	24.10	54.11	222.48	24.32
中部平均	323.98	2661.9	12.00	630.00	2173.8	29.19	556.22	1634.8	34.89
安徽	368.26	3002.3	12.27	691.94	2170.0	31.89	534.70	1557	34.34
河南	581.11	4577.1	12.70	1034.6	4117.5	25.13	991.95	3251.5	30.51
山西	159.51	1249.4	12.77	286.48	1203.7	23.80	290.70	801.2	36.28
江西	174.38	1826.7	9.55	397.30	1402.2	28.33	357.06	1118.1	31.93
湖南	391.23	3029.3	12.91	775.62	2347.5	33.04	600.85	1723.4	34.86
湖北	269.39	2286.8	11.78	594.07	1801.7	32.97	562.08	1357.7	41.40
西部平均	167.81	1394.9	11.01	248.46	1160.5	25.11	264.16	894.50	25.98
重庆	220.07	1619.9	13.59	427.85	1023.3	41.81	342.27	759.93	45.04
广西	290.94	2143.7	13.57	522.09	1875.0	27.84	350.92	1247.0	28.14
四川	560.50	4475.3	12.52	112.92	2984.3	37.84	924.44	2429.1	38.06
陕西	185.71	1585.7	11.71	397.32	1443.3	27.53	342.08	971.4	35.22
内蒙古	87.62	818.50	10.71	197.22	809.72	24.36	184.07	579.59	31.76
新疆	59.03	482.91	12.22	111.12	635.27	17.49	94.59	592.7	15.96
云南	216.50	2071.9	10.45	423.99	2043.3	20.75	352.90	1715.1	20.58
贵州	219.66	1808.7	12.14	426.25	1496.4	28.49	315.92	1153.2	27.40
甘肃	129.77	1189.4	10.91	273.73	1096.7	24.96	197.96	875.48	22.61
宁夏	17.33	217.51	7.97	40.02	201.89	19.82	29.00	137.60	21.08
青海	16.78	204.46	8.21	30.95	186.63	16.59	22.11	154.80	14.28
西藏	9.78	121.41	8.06	18.11	130.78	13.84	13.69	118.05	11.60
东北平均	90.68	1021.6	8.63	253.40	1076.8	23.05	231.82	711.06	32.09
辽宁	137.98	1317.2	10.47	370.00	1390.8	26.60	323.10	826.7	39.08
吉林	62.31	772.17	8.07	191.60	860.13	22.27	187.65	619.09	30.31
黑龙江	71.74	975.44	7.35	198.59	979.38	20.28	184.70	687.4	26.87

资料来源：利用1996年、2006年、2016年三次农业普查数据测算而得。

第二节　微观视角下村域现状的指标测度

与宏观视角下的全局与整体性研究不同，微观视角更注重村域的个案分析与典型样本剖析。在微观视角下，国内学术界部分学者考察了典型村庄的农业劳动力变迁情况。首先，在地理学界，刘彦随、刘玉、翟荣新[1]较早运用宅基地废弃率和宅基地空闲率两个指标实证分析了样本区域的村庄空心化现状。崔卫国、李裕瑞、刘彦随[2]利用农村人口常年外出就业比重和留守农业劳动力年龄结构两个指标，考察了重点农区的人口空心化水平。陈有川、李鹏、马璇、杨婉婷[3]利用集聚度和邻近度两项指标分析了人口空心化村庄的空间分布特征。其次，在经济学界，陈坤秋、王良健、李宁慧[4]通过引入农业劳动力流出比重、城镇化比重、14 岁以下以及 65 岁以上农村人口结构比重四个指标，综合测评了县域农村人口空心化水平。周庆行、曾智、聂增梅[5]通过对重庆市典型农区的实地调查，测算了务农留守妇女所占比重，以此衡量农村青年劳动力的匮乏程度。

综合来看，学术界普遍以"离村指标"来衡量农村人口的迁移程度。而农业劳动力代际转换本质上是指农业后继人才匮乏，生产任务无法有效传承给下一代年轻人的现象。因此，笔者在借鉴地理学界和经济学界研究成果的基础上，从农业生产经营主体的务农行为变迁、年龄结构和性别结构等三个角度来衡量微观层面的农业劳动力代际转换现状。即运用"村居劳动力离农率""村居劳动力老龄化率"和"村居劳动力女性化率"三项指标来综合反映农业劳动力代际转换水平。与宏观视角的官方统计数据不

①　刘彦随、刘玉、翟荣新：《中国农村空心化的地理学研究与整治实践》，《地理学报》2009 年第 10 期。

②　崔卫国、李裕瑞、刘彦随：《中国重点农区农村空心化的特征、机制与调控——以河南省郸城县为例》，《资源科学》2011 年第 11 期。

③　陈有川、李鹏、马璇、杨婉婷：《基于乡镇地域单元的村庄人口空心化研究——以山东省六个乡镇为例》，《现代城市研究》2018 年第 3 期。

④　陈坤秋、王良健、李宁慧：《中国县域农村人口空心化——内涵、格局与机理》，《人口与经济》2018 年第 1 期。

⑤　周庆行、曾智、聂增梅：《农村留守妇女调查——来自重庆市的调查》，《中华女子学院学报》2007 年第 1 期。

同，本节将以实地调研数据为分析基础。实地问卷调查于 2023 年 7—8 月分别在东、中、西部的江苏省、河南省、陕西省各代表性省份展开。问卷调查的实施样本是上述三个省份所辖的 30 个代表性村庄，主要针对当前中国农业劳动力的年龄结构、性别结构、就业结构、受教育结构和务农意愿等现实状况进行了数据统计。尽管调研数据在整体代表性上具有一定局限性，但在总体数据尚难以获得的背景下，据此分析中国农业劳动力代际转换的现实状况，不失为一种次优选择。

一　村居劳动力离农率

目前，国内学术界普遍以"离村率"（长年在外居住人口占原村庄总人口的比例）作为衡量农村人口空心化的评判标准。事实上，"离村率"指标偏重于从农村人口迁移的角度来加以考察，忽视了部分虽未长年在外居住但已远离农业生产，无暇顾及土地耕种的农业人口。为了更为准确地表现农村劳动力远离农业生产的水平，笔者以村居劳动力离农率作为衡量农业劳动力代际转换水平的基础指标。

$$村居劳动力离农率 = \frac{p_l + p_w}{p_a} \times 100\%$$

其中：P_l 为样本村庄常年在外居住生活人口数；P_w 为样本村庄经常外出打工但并没有常年在外居住生活的人口数（为了科学界定离农，笔者将其定义为每年至少在外打工 10 个月以上，无暇顾及农业生产）；P_a 为样本村庄总人口数。

从表 3—7 可见，中国东部地区的江苏省苏南区域 10 个代表性村庄的农村人口"离农率"水平平均值为 77.43%。中部地区的河南省豫南区域 10 个代表性村庄的农村人口"离农率"水平均值为69.40%。西部地区的陕西省关中区域 10 个代表性村庄的农村人口"离农率"水平均值为 56.61%。由此可以粗略地反映出，东中西部三大区域农业劳动力代际转换水平呈现依次递减的规律。同时，东部地区和中部地区的"离农率"已经处于较高水平，西部地区虽然较低，但已经超过 50% 的中间水平。由此说明，中国农业劳动力代际转换已经处于较为严重的地步。

表3—7　　　样本区域30个代表性村庄的村居劳动力"离农率"水平

江苏苏南	P_l	P_w	P_a	离农率	江苏苏南	P_l	P_w	P_a	离农率
四古桥	1026	2231	3842	84.77%	丁家塘	1467	1926	4621	73.43%
坝西	726	1644	3717	63.76%	西贺庄	1416	1837	4152	78.35%
下塘	839	1635	3028	81.70%	双杨	724	531	1748	71.80%
包庄	463	1130	1823	87.38%	魏村	659	527	1429	82.99%
大溪	682	2126	3726	75.36%	万巷	987	618	2147	74.76%
田庄	726	1749	3537	69.97%	张户庄	1127	1836	4651	63.71%
谢庄	542	1325	2621	71.23%	朱屯	874	1268	2917	73.43%
聂庄	257	826	1663	65.12%	马庄	726	1072	2607	68.97%
罗张	347	297	852	75.59%	唐李	753	1158	2839	67.31%
周集	481	784	1906	66.37%	邢沟	281	462	1028	72.28%
陕西关中	P_l	P_w	P_a	离农率	陕西关中	P_l	P_w	P_a	离农率
双槐	528	712	2653	46.74%	南坪	468	471	1526	61.53%
宋家河	461	1047	2819	53.49%	良店	287	626	1582	57.71%
西堡	267	479	1293	57.70%	上西庄	176	182	729	49.11%
后沟	285	377	1026	64.52%	梁家庙	473	695	2281	51.21%
杨家咀	124	268	622	63.02%	李家堡	362	617	1603	61.07%

资料来源：根据调查数据整理而得。

二　村居劳动力老龄化率

近年来，随着中国城镇化和工业化进程的加快，农村劳动力向外迁移的方式出现了明显转变：其一是举家外迁、常年外出的"完全脱农式"迁移现象大量增加；其二是候鸟式"农闲外出务工，农忙回流务农"的兼业迁移现象逐渐减少①，留守在农村的老龄人口逐步成为农业生产经营的主力军。上述人口移动的趋势变迁逐渐引起了学术界的注意，部分学者调查研究了微观层面村域范围的劳动力"老龄化率"。朱启臻、杨汇泉②围绕

---

① 廖洪乐：《农户兼业及其对农地承包经营权流转的影响》，《管理世界》2012年第5期。

② 朱启臻、杨汇泉：《谁在种地——对农业劳动力的调查与思考》，《中国农业大学学报》（社会科学版）2011年第1期。

"谁在种地"这一问题，实地考察了20个村庄的农业生产者的老龄化程度和年龄结构状况。王红霞[①]运用乡村层级微观数据，实证分析了乡村人口老龄化的空间进展。该研究得出，乡村超级老龄化与深度老龄化现象已经非常严重。分层次来看，国内学术界较多研究聚焦于宏观数据下农村人口老龄化现象与影响效应，对于村域范围的劳动力"老龄化率"现状研究成果较少。为了更真实反映微观视角的村居农业劳动力"老龄化率"水平，本课题组对江苏省、河南省和陕西省三个省份所辖的30个代表性村庄进行了实地问卷调查，从而获取了第一手的原始数据。

如表3—8所示，如果按照国家统计局关于老龄标准为"大于60岁"的界定，样本区域30个代表性村庄的农业劳动力平均"老龄化率"为46.27%，显著高于上节中宏观数据的"老龄化率"平均水平。这说明，农业劳动力微观视野下的老龄化状况可能比官方统计的宏观状态还要严重。此外，从年龄结构情况看，小于30岁从事农业生产的青年劳动力所占比重为1.92%。这说明新生代群体选择外出务工的比例非常高。而且，不容忽视的是，51—60岁农业劳动力所占比重也非常高，达到21.08%，而且多为留守人口或无法外出者。此种情况说明，农业劳动力的浅度老龄化程度（51—60岁）更为严重，这部分人口将会在未来十年左右显著提升农业劳动力的老龄化率，农业劳动力代际转换将更加趋于恶化。

表3—8　　样本区域30个代表性村庄的农业劳动力年龄结构平均分布情况

年龄分布	从事农业生产人数	占农业劳动力总量比例	情况说明
小于30岁	372	1.92%	新生代群体普遍选择外出务工
31—40岁	2599	13.39%	多为规模种植或返乡创业者
41—50岁	3367	17.34%	多为不能外出或照顾老人者
51—60岁	4092	21.08%	多为留守人口或无法外出者
大于60岁	8982	46.27%	是当前农业生产一线的主体
总计	19412	100%	

资料来源：根据调查数据整理而得。

---

① 王红霞：《乡村人口老龄化与乡村空间演进——乡村微观空间视角下的人口老龄化进程探究》，《人口研究》2019年第5期。

三 村居劳动力女性化率

自 20 世纪 90 年代以来，随着农村中大量男性劳动力的外出务工，留守妇女逐渐成为农业生产的主力军，中国农业劳动力的"女性化"现象日渐凸显。深层次分析，农业生产中劳动要素投入的"女性化"现象是中国城镇化与工业化过程中男性农业劳动力"脱农"倾向加剧的必然结果，其根本原因在于农业比较收益低层次的现实和女性弱势的角色定位。

对于农业劳动力"女性化"的影响，蔡弘[1]指出，这种由传统农业生产"男耕女织"模式到"男工女耕"的转变，说明农业劳动力在逐渐弱质化。虽然农业劳动力女性化并没有显著影响农业生产效率[2]，但其务农意愿不容乐观[3]，农业生产的态度比较消极。对于中国农业劳动力的"女性化率"水平，众多学者和机构进行了测算，形成了诸多研究成果。叶敬忠、张弘[4]组织的中国农业大学"中国农村留守人口研究"课题组对农村留守妇女进行大量的定量统计数据调研，调查得出家庭中有男性外出务工的农户 94.6% 的劳动由留守妇女承担，农业劳动力"女性化"趋势凸显。同时，朱启臻、杨汇泉[5]通过对 20 个村庄的调查发现，妇女在农业劳动力中所占的比例为 57.12%，处于较高水平。关爱萍、董凡[6]利用甘肃 14 个建档立卡贫困村的社会调查资料，统计描述了农业女性化现象。然而，上述调查结果过于粗略，没有以村庄为单位显示出整体农户的"女性化率"水平。基于此，笔者以江苏省、河南省和陕西省三个省份所辖的 30 个代表性村庄实地调查数据为基础，统计出了 30 个典型村庄农业劳动力的"女性化率"水平（见表 3—9）。

---

① 蔡弘：《农业女性化研究：回顾与展望》，《山东农业大学学报》2019 年第 3 期。

② 典型研究可参见文华成《中国农业劳动力女性化：程度、成因与影响——基于历史宏观截面数据的验证》，《人口学刊》2014 年第 4 期；冷智花、行永乐、钱龙《农业劳动力性别结构对粮食生产的影响——基于 CFPS 数据的实证分析》，《财贸研究》2020 年第 12 期。

③ 蔡弘、黄鹂：《谁来种地？——对农业劳动力性别结构变动的调查与思考》，《西北农林科技大学学报》（社会科学版）2017 年第 2 期。

④ 叶敬忠、张弘：《透视中国农村留守人口》，《社会科学论坛》（学术评论卷）2009 年第 3 期。

⑤ 朱启臻、杨汇泉：《谁在种地——对农业劳动力的调查与思考》，《中国农业大学学报》（社会科学版）2011 年第 1 期。

⑥ 关爱萍、董凡：《农业女性化、女性农业化及对贫困的影响分析》，《人口与发展》2018 年第 2 期。

表3—9　　样本区域30个代表性村庄农业劳动力的"女性化率"水平

江苏南部	P_f	P_t	女性化率	江苏南部	P_f	P_t	女性化率
四古桥	217	426	50.94%	丁家塘	726	1139	63.74%
坝西	762	1278	59.62%	西贺庄	402	788	51.02%
下塘	279	478	58.37%	双杨	201	362	55.52%
包庄	116	167	69.46%	魏村	79	183	43.17%
大溪	465	816	56.99%	万巷	372	495	75.15%
河南南部	P_f	P_t	女性化率	河南南部	P_f	P_t	女性化率
田庄	529	1126	46.98%	张户庄	726	1577	46.04%
谢庄	337	643	52.41%	朱屯	239	664	35.99%
聂庄	221	484	45.66%	马庄	352	708	49.72%
罗张	97	175	55.43%	唐李	418	817	51.16%
周集	229	529	43.29%	邢沟	86	176	48.86%
双槐	573	1372	41.76%	南坪	168	476	35.29%
宋家河	472	1286	36.70%	良店	227	552	41.12%
西堡	219	435	50.34%	上西庄	129	264	48.86%
后沟	116	258	44.96%	梁家庙	393	1086	36.18%
杨家咀	52	139	37.41%	李家堡	261	513	50.88%

资料来源：根据调查数据整理而得。

$$农业劳动力"女性化率" = \frac{p_f}{p_t} \times 100\%$$

其中：P_f为样本村庄内参与农业生产经营一线的女性数量；P_t为样本村庄内农业劳动力总数量，即实际从事农业生产的劳动力总量。

由表3—9测算可得，中国东部地区的江苏省苏南区域10个典型村庄的农业劳动力"女性化率"平均值水平为58.40%。中部地区的河南省豫南区域10个典型村庄的农业劳动力"女性化率"平均值水平为47.55%。西部地区的陕西省关中区域10个典型村庄的农业劳动力"女性化率"平均值水平为42.35%。归纳来看，东中西部三大区域农业劳动力"女性化率"水平同样呈现了依次递减的规律。其深层次原因在于农业劳动力"女性化"往往是工业化和城镇化高速发展的产物，"女性化率"水平的高低与该区域的产业发展地位和二元经济转换程度紧密相关。从一般意义上来说，农业劳动力"女性化"是后发工业化国家由小农经济向大规模现代农业经营体系转变过程中出现的普遍现象。因此，在中国农业未完全实现向现代农业转型，农业比较收益依然较低的现实情况下，农业劳动力"女性化"现象很难在短期内消除，凸显了农业劳动力代际转换的严峻程度。

第三节 研究结论

本章首先利用"新生代青年农业劳动力脱农率""农业劳动力代际转换率"和"农业劳动力老龄化率"三项指标，从宏观角度考察了农业劳动力代际转换的现状水平。从宏观数据来看，新生代青年农业劳动力脱农率持续升高，农业劳动力代际转换率呈现大幅下降趋势，同时，农业劳动力老龄化率正在显著上升，老龄化程度逐步加深。由此说明，农业劳动力代际转换不畅态势逐渐趋于严峻。

其次，本章从微观视角出发，借助实地调查数据，构建村居劳动力"离农率""老龄化率"和"女性化率"指标体系，从微观角度考察了农业劳动力代际转换的村域水平。从数据分析情况来看，其一，东部和中部地区的"离农率"较高，西部地区较低，但也高于50%。可见，农业劳动力代际转换已经呈现加剧发展的态势。其二，样本区域的平均"老龄化率"显著高于宏观数据中的"老龄化率"平均水平。这说明，微观视野下的农业劳动力的村域老龄化状况已经比较严重。其三，农业劳动力"女性化率"水平按照东中西部不同区域的差别依次递减。这表明，农业生产的女性化趋势与区域经济发展水平以及劳动力流失程度息息相关。在农业种植收益依然较低的现实情况下，农业劳动力"女性化"现象很难在短期内消除。

第四章 中国农业劳动力代际转换不畅的多维动因

第一节 动态演进机制构建与实证检验

一 动态演进机制构建与研究假设

农业劳动力代际转换不畅是中国城镇化和工业化步伐加快背景下城乡劳动力迁移与城乡社会转型进程中多种矛盾长期交织的结果，需要从动态演进的历史逻辑出发，从城镇和农村的复合层面综合分析其形成的多维动因。

首先，农业劳动力代际转换不畅的核心表现是老年劳动力增加，青壮年劳动力流失，由此导致农业生产后继者断层。根据唐纳德·博格的"推—拉理论"，本节构建了青壮年农业劳动力流失的作用机制（见图4—1）。由作用机制可见，其一，青壮年农业劳动力流失是城镇拉力和农村推力共同作用的结果。其二，在城镇拉力方面，工作就业收益高、工作条件好、发展机会多、教育医疗条件好和生活丰富多彩等因素在青壮年农业劳动力流失中起着重要的正向拉动作用。其三，在农村推力方面，种植收益低、生产经营条件差、风险高、致富机会少、基础设施落后和生活乏味单一等因素在青壮年农业劳动力流失中起着重要的反向推动作用。

其次，从宏观视角来看，上述城镇拉力和农村推力的影响作用可以综合概况为经济、社会、制度、环境、家庭及个人等方面的驱动因素。正是在众多驱动因素的共同影响下，青壮年农业劳动力流失步伐逐渐加快。其一，经济驱动因素层面。随着市场经济繁荣发展，城市日渐成为中国工业化和现代化建设的主战场，城乡经济发展的差距逐渐扩大。城乡居民家庭人均可支配收入差距由1978年的209.8元增加至2019年的26338元，呈逐年扩大之势。在此背景下，青壮年农民作为经济理性人，寻求更高就业收入和更多的致富机会成为其向城市迁移流动的主要目标。其二，社会驱

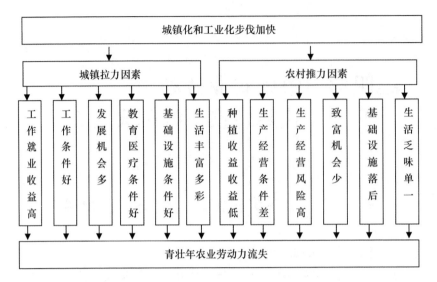

图 4—1　青壮年农业劳动力流失的作用机制

动因素层面。近年来，虽然在国家一系列惠农政策推动下，农村社会经济发展取得显著成就，但城乡社会差异依然显著。在教育、医疗、养老、公共设施等资源配置等方面，城乡二元结构依然存在较大差异。因此，城市当中优越的社会资源配置条件，往往也是吸引青壮年劳动力进行城市化迁移的重要拉动力量。其三，制度驱动因素层面。在改革开放前的计划经济时期，由于体制的束缚，我国城乡之间关于户籍管理、土地流转、工农业产品价格、财政税收、教育医疗、社会保障等诸多制度的差异鸿沟非常显著，劳动力自由迁徙的权利被严格限制。随着改革开放的不断深入，国家逐步改革和消除了限制劳动力流动的制度，并在制度供给和政策实施层面，着力缩小城乡之间的差异，保障和促进人力资源的充分利用与城乡流动。其四，环境驱动因素层面。在经济体制改革推动下，农业市场化和产业化步伐加快，农村经济繁荣发展，乡村面貌焕然一新，生活环境获得显著改善。但是，由于历史和现实的原因，中国城乡居民在生活方式、生活环境、生活设施等方面还存在较大差异。相对农村而言，城市拥有良好的居住环境、便利的生活设施、发达的交通设施、丰富多彩的娱乐方式等。上述环境驱动因素对青壮年劳动力转移起着一定的拉动作用。其五，家庭及个人驱动因素层面。农户家庭所拥有的物质资本、亲缘关系以及个体禀赋、思想观念等情况也在显著影响着青壮年农业劳动力的迁移行为①。

　　综上所述，农业劳动力代际转换不畅是中国城乡二元经济结构转换进程中农业劳动力长期动态迁移流动的结果。因此，在上述青壮年农业劳动力流失作用机制的基础上，笔者构建了基于多维动因的农业劳动力代际转换动态演进机制。如图4—2所示，在中国城镇化和工业化浪潮的宏观背景中，在经济、社会、制度、环境、家庭及个人等众多驱动因素综合作用下，农业劳动力城市化就业迁移步伐加快，传统农户加剧分化。随着农村青壮年劳动力的外流，半工半农的农户兼业化现象逐渐增多，农户兼业化程度逐年加深②，使得农业兼业户和非农兼业户③都趋于增加，纯农业户减少。随着城镇化门槛的降低，在农民市民化政策的推动下，兼业农户逐渐完成城市化转移，进城务工农户显著增加，留村专业务农农户大量减少，致使青壮年农业劳动力匮乏，农业劳动力趋于老龄化，最终其代际转换不畅形成。

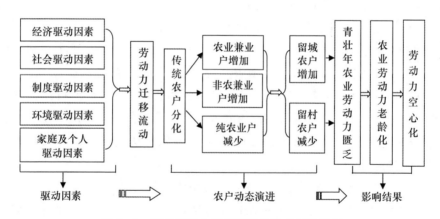

图4—2　农业劳动力代际转换的动态演进机制

---

　　①　典型研究可参见张世伟、赵亮《农村劳动力流动的影响因素分析——基于生存分析的视角》，《中国人口·资源与环境》2009年第4期；叶扬《人力资本因素对农村劳动力流动影响的经济学分析——基于2000—2008年东部和西部地区面板数据》，《华东理工大学学报》（社会科学版）2010年第6期；栾青霖、张力《农村劳动力流动影响机制的实证检验》，《统计与决策》2019年第1期。

　　②　章政、祝丽丽、张涛：《农户兼业化的演变及其对土地流转影响实证分析》，《经济地理》2020年第3期。

　　③　农业兼业户是指以经营农业为主的兼业农户；非农兼业户是指以经营非农产业为主的兼业农户。

由此，笔者提出一个需要实证检验的假说：农业劳动力城市化迁移流动是形成其代际转换不畅的主要原因。即农业劳动力的外流导致了青壮年农业劳动力匮乏和农业劳动力老龄化的加剧，进而致使使其代际转换不畅逐渐凸显。接下来将采用两种方法对上述假说进行验证。首先，通过统计数据，比较分析劳动力外出迁移与农业劳动力年龄结构变化之间的关系。其次，通过计量模型，实证检验劳动力迁移对农业劳动力代际转换的影响。

二　基于统计数据的验证分析

为了比较分析劳动力外出迁移与农业劳动力年龄结构变化之间的关系，笔者主要从两面进行统计验证：一是通过外出务工与留守务农劳动力的年龄结构和类型分布特征的对比分析，探讨劳动力外出迁移对空心化形成的影响；二是通过比较不同类型农户中农业劳动力的年龄结构特征，分析劳动力外出迁移对代际转换的影响。

研究数据来源于河南省农村固定观察点数据库。河南省农村固定观察点于1984年正式设立，是实时监测与跟踪观察河南农村发展状态和趋势的有效平台。截至2023年，河南省共设立16个农村固定观察点，主要分布在巩义、禹州、兰考、新县、卢氏等16个县所属的16个村庄，共计1000个农户，可以整体反映河南省农业劳动力流动的基本情况。本部分将从动态演进视角，利用2007—2014年河南省农村固定观察点连续跟踪调查数据进行实证研究。

（一）外出务工与留守务农劳动力的年龄结构对比分析

表4—1统计描述了2007—2014年农村外出务工劳动力的年龄结构演化情况。表中数据显示，外出务工劳动力的年龄区间主要集中在21—30岁和31—40岁，平均所占比重分别达到40.02%和22.60%，而且呈逐年增加之势。与之形成鲜明对比，50岁以上的外出务工劳动力所占比重最低，平均所占比重为5.62%。由此可知，40岁以下的年轻人是外出务工劳动力的主要群体，50岁以上的高龄劳动力并没有过多选择外出务工就业。导致以上情况的原因可能是：首先，与高龄劳动力相比，年轻劳动力在受教育程度、体力禀赋、思想观念等方面具有显著优势，更愿意和更有能力选择通过外出务工来实现自身价值。其次，由于城乡二元体制的阻

碍，土地、户籍、社会保障等城乡政策的差异依然制约着劳动力的迁徙落户，大量劳动力年轻时离开农村到城市打工，年老时又从城市回到农村，形成了"候鸟式"城乡转移的历史图景。

表4—1 2007—2014年外出务工劳动力的年龄结构演化情况（单位:%）

外出务工劳动力的年龄	2007年	2008年	2009年	2010年	2011年	2012年	2013年	2014年	均值
16—20岁	16.17	18.92	17.35	16.43	15.28	15.77	13.95	12.48	15.79
21—30岁	38.26	37.01	38.27	39.05	41.57	40.16	42.28	43.53	40.02
31—40岁	21.75	23.37	22.83	21.69	23.61	21.85	22.39	23.31	22.60
41—50岁	16.51	15.22	16.18	16.26	15.64	15.31	16.17	16.49	15.97
50岁以上	7.31	5.48	5.37	6.57	3.90	6.91	5.21	4.19	5.62

表4—2统计分析了2007—2014年留守务农劳动力的年龄结构演化情况。与表3—1所描述的情况不同，留守务农劳动力的年龄区间主要集中在50岁以上和41—50岁，2014年所占比重分别达到43.17%和37.25%，同样呈现逐年增长趋势。由此可以判断，50岁以上的高龄农民构成了当前农业劳动力的主体，大量农村年轻劳动力的外出务工是导致农业劳动力年龄结构趋于老化和空心化的最主要原因。

表4—2 2007—2014年留守务农劳动力的年龄结构演化情况（单位:%）

在村务农劳动力的年龄	2007年	2008年	2009年	2010年	2011年	2012年	2013年	2014年	均值
16—20岁	7.62	5.71	5.18	3.34	2.27	1.86	1.53	0.71	3.52
21—30岁	14.35	12.65	11.72	9.21	7.83	6.57	4.92	3.37	8.83
31—40岁	24.66	22.38	21.50	20.08	20.59	18.28	16.46	15.50	19.93
41—50岁	26.08	27.52	28.93	30.96	31.36	34.82	36.01	37.25	31.62
50岁以上	27.29	31.74	32.67	36.41	37.95	38.47	41.08	43.17	36.10

（二）外出务工与留守务农劳动力的类型分布特征对比分析

表4—3统计了2007—2014年外出务工劳动力的类型分布特征。可以看出，长期务工的劳动力所占比重最高，平均占到外出务工劳动力总量的

74.25%，而且呈现递增状态。与之相反，短期务工所占比重最低，平均为 10.06%，且呈现递减状态。由此类情况可知，现阶段，外出务工劳动力以主要以长期务工为主，很难"两头兼顾"，投入农业生产中的精力和时间受到很大限制。

表4—3　2007—2014 年外出务工劳动力的类型分布特征（单位:%）

外出务工劳动力的类型	2007 年	2008 年	2009 年	2010 年	2011 年	2012 年	2013 年	2014 年	均值
短期务工	14.43	12.63	12.09	9.95	8.26	8.30	7.32	7.46	10.06
中期务工	17.35	16.78	17.51	15.62	14.95	15.49	14.43	13.37	15.69
长期务工	68.22	70.59	70.40	74.43	76.79	76.21	78.25	79.17	74.25

注：短期务工、中期务工、长期务工分别指平均每年外出务工 3 个月以下，3—6 个月和 6 个月以上三种类型。

表4—4 统计了 2007—2014 年留守务农劳动力的类型分布特征。与城镇化发展背景相契合，留守务农劳动力从事"纯务农"形式农业生产的比重正趋于下降，其所占比重由 2007 年的 43.85% 降低到 2014 年的 28.81%。与之不同的是，兼业务农的比重出现明显上升。增长趋势比较显著的是"Ⅱ兼务农"类型，即以经营非农产业为主，以农业为辅的务农形式。由此可见，外出务工时间的"长期化"发展趋势，促进了兼业务农特别是"Ⅱ兼务农"类型的发展，进一步导致了农业生产的副业化和农业劳动力的高龄化。

表4—4　2007—2014 年留守务农劳动力的类型分布特征（单位:%）

外出务工劳动力的类型	2007 年	2008 年	2009 年	2010 年	2011 年	2012 年	2013 年	2014 年	均值
纯务农	43.85	41.69	42.52	40.06	38.26	34.83	31.25	28.81	37.66
Ⅰ兼务农	31.93	32.98	33.17	34.83	36.15	35.71	37.57	37.63	35.00
Ⅱ兼务农	24.22	25.33	24.31	25.11	25.59	29.46	31.18	33.56	27.34

注：Ⅰ兼务农是指以经营农业为主，以非农产业为辅；Ⅱ兼务农是指以经营非农产业为主，以农业为辅。

（三）不同类型农户中农业劳动力的年龄结构特征

如表4—5所示，通过比较纯农业户、Ⅰ兼农户和Ⅱ兼农户中农业劳动力的年龄结构特征，可以得出，Ⅱ兼农户中50岁以上的高龄农业劳动力所占比重最高，Ⅰ兼农户次之，纯农业户最低，平均值分别为43.01%、33.81%、21.79%。而且从年龄分布来看，纯农业户的劳动力年龄主要集中在41—50岁和31—40岁区间，兼业农户（包含Ⅰ兼和Ⅱ兼农户）主要集中于50岁以上和41—50岁区间。以上情况表明，在农业劳动力老龄化程度方面，Ⅱ兼农户明显高于Ⅰ兼农户和纯农业户，而且Ⅰ兼农户也高于纯农业户。由此表明，农村劳动力的外出兼业，特别是以经营非农产业为主的就业迁移，在很大程度上推动了农业劳动力老龄化的发展趋势，加剧了空心化。

表4—5　　　2007—2014年各类型农户中农业劳动力的年龄结构特征（单位：%）

		2007年	2008年	2009年	2010年	2011年	2012年	2013年	2014年	均值
纯农业户	16—20岁	3.69	3.48	3.26	3.35	2.97	2.72	2.86	2.69	3.13
	21—30岁	16.31	15.79	12.65	12.77	13.26	11.53	11.05	10.27	12.95
	31—40岁	30.17	29.51	28.03	28.62	27.22	28.32	29.93	27.34	28.64
	41—50岁	32.58	30.04	35.43	34.24	33.94	35.11	32.48	34.06	33.49
	>50岁	17.25	21.18	20.63	21.02	22.61	22.32	23.68	25.64	21.79
Ⅰ兼农户	16—20岁	2.73	2.61	2.52	3.09	2.28	1.77	2.35	1.69	2.38
	21—30岁	10.62	9.30	9.81	9.49	8.53	9.31	8.04	7.22	9.04
	31—40岁	21.16	21.81	19.63	18.72	18.06	17.38	17.93	17.64	19.05
	41—50岁	33.32	35.16	34.37	34.82	37.04	37.19	36.27	37.62	35.72
	>50岁	32.17	31.12	33.67	33.88	34.09	34.35	35.41	35.83	33.81
Ⅱ兼农户	16—20岁	1.99	1.64	1.71	0.92	0.84	1.02	0.83	0.57	1.19
	21—30岁	5.37	4.98	5.02	4.38	4.04	3.35	3.61	3.25	4.25
	31—40岁	16.13	16.21	14.86	15.02	13.73	13.69	12.03	11.38	14.13
	41—50岁	34.59	34.83	36.66	36.51	38.03	38.28	39.84	40.62	37.42
	>50岁	41.92	42.34	41.75	43.17	43.36	43.66	43.69	44.18	43.01

注：Ⅰ兼农户是指以经营农业为主的兼业农户；Ⅱ兼农户是指以经营非农产业为主的兼业农户。

三 基于计量模型的实证检验

通过上文的统计数据分析，初步验证了劳动力城市化流动迁移对农业劳动力年龄结构变化之间的影响，笔者将通过计量模型，实证检验劳动力城市化流动迁移对农业劳动力代际转换的影响。

（一）计量模型设定

根据农业劳动力代际转换的动态演进机制，本部分将构建面板数据模型作为实证检验的基础。具体模型如下：

$$Y_{Ait} = \beta_0 + \beta_1 X_{1t} + \beta_2 X_{2t} + \beta_3 X_{3t} + \beta_4 X_{4t} + \beta_5 X_{5t} + \varepsilon_{it} \tag{4.1}$$

$$Y_{Bit} = \beta_0 + \beta_1 X_{1t} + \beta_2 X_{2t} + \beta_3 X_{3t} + \beta_4 X_{4t} + \beta_5 X_{5t} + \varepsilon_{it} \tag{4.2}$$

式（4.1）为农业劳动力老龄化模型，式（4.2）为农业劳动力年轻化模型，i 代表第 i 个农户，t 表示年份。Y_{Ait} 和 Y_{Bit} 是被解释变量，Y_{Ait} 代表农业劳动力老龄化程度，Y_{Bit} 代表农业劳动力年轻化程度，二者共同反映农业劳动力的代际转换情况；Y_{Ait} 使用农户中 50 岁以上农业劳动力数量占该户务农劳动力总量的比重来衡量；Y_{Bit} 使用农户中 40 岁以下农业劳动力数量占该户务农劳动力总量的比重来衡量。X_{1t} 为核心解释变量，代表农户劳动力的城市化流动迁移，使用农户中外出迁移就业劳动力数量占该户劳动力总量的比重来衡量；X_{2t} 和 X_{3t} 为关键解释变量。X_{2t} 代表农户老年人口抚养比，使用农户中 50 岁以上老年人口数量占该户人口总量的比重来衡量。X_{3t} 代表农户幼年人口抚养比，使用农户中 6 岁以下少年儿童数量占该户人口总量的比重来衡量；同时，引入农户家庭禀赋的相关控制变量 X_{4t} 和 X_{5t}，前者代表农户家庭经营土地规模，后者代表农户家庭劳动力平均受教育程度，使用农户家庭劳动力平均受教育年限来衡量。

（二）数据来源

笔者利用 2007—2014 年河南省农村固定观察点连续跟踪调查数据进行实证研究。研究数据来源于河南省农村固定观察点数据库。河南省农村固定观察点共有 16 个，数据采集对象为河南省 16 个县所辖的 16 个村庄的1000 个农户，由此观察河南省农民流动迁移的基本情况。

（三）模型检验

1. F 统计量检验和 Hausman 检验

首先，对于面板数据而言，需要借助 F 统计量检验，在变截距模型和奇次线性参数模型二者之间进行选择确定。F 统计量取值公式如（4.3）所示，其中，S_2 和 S_1 分别为奇次线性参数模型和变截距模型的残差平方和。n 为观测样本数，k 为解释变量数。

$$F = \frac{(S_2 - S_1) / [(n-1)(k+1)]}{S_1 / [nT - n(k+1)]} \tag{4.3}$$

当研究对象为农业劳动力老龄化模型时，将相关变量值代入式（4.3）可得其统计量 $F = 186.16$；当研究对象为农业劳动力年轻化模型时，其统计量 $F = 179.25$。由统计标准可见，在 1% 的显著性水平下，F 统计量均大于临界值，所以拒绝原假设，选择采用变截距模型。

其次，需要借助 Hausman 检验，确定是否采用固定效应模型和随机效应模型。Hausman 检验结果如表 4—6 所示。

表 4—6　　　　　　　　　　　　Hausman **检验结果**

模型类型	Chi-sq. Statistic	Chi-sq. d. f.	Prob.	Fixed	Random	Var（Diff.）	Prob.
农业劳动力老龄化模型	25.17296	7987	0.0001	1.52091	1.35832	0.000002	0.0262
农业劳动力年轻化模型	23.55183	7987	0.0000	1.61337	1.27935	0.000001	0.0235

注：在随机影响原假设下，如果 Hausman 检验值大于临界值，则拒绝原假设，反之则接受。

在 Hausman 检验中，设定 H_0：随机效应模型；H_1：固定效应模型。表 4—6 检验结果显示，在 5% 的显著性水平下，无论是农业劳动力老龄化程度模型，还是农业劳动力年轻化程度模型，其统计量的概率值 P 均小于 0.05，因此拒绝原假设，构建固定效应模型更为科学合理。

2. 极大似然比检验

同时借助极大似然比检验，在固定效应模型和混合效应模型之间进行选择确定。极大似然比检验结果如表 4—7 所示。在极大似然比检验中，设定 H_0：混合效应模型；H_1：固定效应模型。表 4—7 检验结果显示，P 值为 0.000，在置信区间内，拒绝原假设，所以应选择固定效应模型。

表4—7　　　　　　　　　　　极大似然比检验结果

	Effects Test	Statistic	d. f.	Prob.
农业劳动力 老龄化模型	Cross-section F	126. 052633	(999, 7987)	0. 0000
	Cross-section Chi-square	471. 839049	999	0. 0000
农业劳动力 年轻化模型	Cross-section F	115. 371226	(999, 7987)	0. 0000
	Cross-section Chi-square	582. 355727	999	0. 0000

（四）实证结果分析

根据上文模型检验结果，部分选择固定效应模型进行面板数据回归。为了对比考察劳动力迁移对农业劳动力代际转换形成的影响，同时也为了考察模型回归的稳健性，在具体研究中，分别对农业劳动力老龄化模型和年轻化模型进行实证计量，结果如表4—8所示。

表4—8　　　　　　　基于固定效应模型的实证回归结果

变量 名称	模型 1		模型 2		模型 3	
	老龄化模型 系数值	年轻化模型 系数值	老龄化模型 系数值	年轻化模型 系数值	老龄化模型 系数值	年轻化模型 系数值
X_{1t}	0. 5172 *** （0. 0025）	− 0. 5761 *** （0. 0013）	0. 3385 *** （00062）	− 0. 4976 *** （0. 0043）	0. 1825 *** （0. 0017）	− 0. 2672 *** （0. 0039）
X_{2t}			0. 2051 * （0. 0644）	− 0. 6843 * （0. 0528）	0. 1563 ** （0. 0335）	− 0. 2097 ** （0. 0304）
X_{3t}			− 0. 2273 * （0. 0752）	0. 1361 （0. 6495）	− 0. 1083 ** （0. 0216）	0. 0319 （0. 0572）
X_{4t}					0. 0162 * （0. 0058）	0. 0185 （0. 0233）
X_{5t}					0. 0737 （0. 3084）	− 0. 1923 * （0. 0518）
C	5. 1826 *** （0. 2663）	6. 7325 *** （0. 0705）	2. 8318 *** （0. 2631）	4. 4933 *** （0. 1532）	1. 7928 *** （0. 2992）	3. 5162 *** （0. 2671）
N	1000	1000	1000	1000	1000	1000
R^2	0. 38	0. 43	0. 39	0. 36	0. 41	0. 34
F 值	137. 27	153. 75	256. 13	228. 53	615. 26	632. 58

注：C 代表截距项，括号内为变量的标准误差。* * *、* *、* 分别代表 1%、5% 和 10% 的显著性水平。

由计量结果可见，模型 1、2、3 的基准回归结果基本一致，模型系数和影响方向没有出现显著变化。这说明模型具有较高的稳健性，计量结果的可信度较好。在表 4—8 中，模型 1 主要考察核心解释变量农户劳动力外出就业迁移对农业劳动力老龄化程度和年轻化程度的直接影响。在模型 1 的基础上，通过增加关键解释变量，得到模型 2。同时，在模型 2 的基础上，再增加控制变量，得到模型 3。首先，从作用方向来看，模型 1、2、3 均显示，在 1% 的显著性水平下，农户劳动力外出迁移正向影响农业劳动力老龄化程度，负向影响农业劳动力年轻化程度。由此得出，劳动力的城市化流动迁移是导致农业劳动力代际转换形成的重要因素。这与部分学者的研究观点较为一致，即青壮年农业劳动力流失是造成农业劳动力结构失衡的主要原因[①]。

　　其次，在关键解释变量方面，模型 2 与模型 3 均显示，不同因素的影响作用方向表现出较大差异。其一，农户老年人口抚养比正向影响农业劳动力老龄化程度，负向影响农业劳动力年轻化程度。这说明，农村人口的老龄化也是农业劳动力代际转换形成的重要影响因素。其二，农户幼年人口抚养比负向影响农业劳动力老龄化程度，但对农业劳动力年轻化程度影响并不显著。这说明，在年轻夫妇选择外出打工的现实情况下，幼年人口抚养的重任多由农村老人承担，在一定程度上降低了老年人口参与农业生产的概率。

　　最后，在控制变量方面，其一，农户家庭经营土地规模对农业劳动力老龄化程度形成正向影响，但对年轻化程度影响并不显著。导致此种现象的原因可能是：在农户经营土地规模较大的情况下，不利于土地流转，从而导致老年劳动力不得不过多地承担农业生产任务，进一步推高了农业劳动力的老龄化程度。其二，农户家庭劳动力平均受教育程度对农业劳动力年轻化程度形成负向影响，但对老龄化程度影响并不显著。这说明，青壮年劳动力受教育程度越高，越有利于增强其人力资本水平，但也导致其越有能力选择进城工作，进而造成高素质劳动力的流失，不利于农业劳动

---

　　① 典型研究可参见徐育才《农村劳动力转移：从"推拉模型"到"三力模型"的设想》，《学术研究》2006 年第 5 期；范晓非、王千、高铁梅《预期城乡收入差距及其对我国农村劳动力转移的影响》，《数量经济技术经济研究》2013 年第 7 期；王亚楠、谢晶鑫《城镇化发展中后期我国农村劳动力迁移年龄模式研究——基于迁移次序和队列差异视角》，《人口与经济》2024 年第 3 期。

的更新换代。

综上，通过利用2007—2014年河南省农村固定观察点连续跟踪调查数据，实证检验了劳动力外出迁移对农业劳动力代际转换的影响。统计数据分析和计量模型实证结果均表明：青壮年劳动力的流失正改变着农耕劳动力的年龄结构，劳动力的城市化流动迁移加剧了农业劳动力的结构失衡，致使农业生产主体趋于老龄化，是导致农业劳动力代际转换不畅的重要因素。

第二节　基于多维驱动因素的因子分析

上节对农业劳动力代际转换动态演进机制的实证检验，目的在于探求劳动力空心化形成的深层次原因和演化趋势。在众多驱动因素的作用下，城市化流动迁移导致了农业劳动力的结构性失衡，是推动农业劳动力代际转换不畅的主要原因。因此，为了更加深入研究影响农业劳动力代际转换的多维驱动因素，本节将以微观调查数据为基础，通过采用因子分析（Factor analysis）方法，从不同角度出发，实证分析农村人口城市化流动迁移的驱动因素。由此，可以廓清农业劳动力代际转换不畅的多维根源。

一　微观调查数据的统计分析

为了深入考察农业劳动力代际转换不畅的多维动因，本课题组①于2023年1—2月进行了面向微观农户的问卷调查。本次调查问卷围绕农户城市化迁移流动的驱动因素进行设计。问卷调查的对象为外出迁移流动的农民。调查小组利用外出务工人员过年回家乡探亲的时机，对粮食主产区的江苏省、河南省、四川省各代表性省份9个地级市90个村庄的1800个有家庭成员进行城市化迁移流动的农户进行了实地调查。为了保证数据采集的科学性，此次实地调查采用分层抽样方法。根据各地经济发展水平差异和地理区位的不同，调查组把调查对象设定为苏南、豫南和川东三个区域，分别代表经济发展的高中低差异。第一步抽样，分别从上述每个区域

①　注：笔者所承担的国家社会科学基金项目："新常态下农业劳动力代际转换危机的多维动因、耦合机制与破解模式研究"课题组，下文同此。

中抽取 3 个样本地级市，分别为苏南区域的无锡、苏州、常州，豫南区域的周口、驻马店、漯河，川东区域的南充、广安、达州。第二步抽样，按照等比例抽样的原则，对上述每个地级市随机抽取 10 个村庄，每个村庄随机抽取 20 个农户，共计 1800 个农户进行问卷调查。调查小组共发放调查问卷 1800 份，实际收回 1723 份。剔除部分无效问卷，共得到有效问卷 1712 份，问卷调查平均有效率达到 95.11%，属于较高层次。微观调查数据的统计分析情况如下。

（一）问卷设计的信度检验

为了考察调查问卷中相关问题设置的科学性，本部分首先 Cronbach's Alpha 系数法进行信度检验。相关检验结果如表 4—9 所示。从整体问卷的信度检验来看，其 Cronbach's Alpha 值为 0.891，大于 0.7，说明整体问卷设计符合要求，问题设置的信度较高。从驱动因素的信度检验来看，Cronbach's Alpha 值为 0.927，不但大于 0.7，而且高于整体问卷的检验值，说明有关农户城市化迁移流动的驱动因素问题设计比较科学，符合信度要求。

表 4—9　　　　　　基于 Cronbach's Alpha 系数法的信度检验

可靠性统计量	Cronbach's Alpha	问题项数
整体问卷的信度检验	0.891	21
驱动因素的信度检验	0.927	17

（二）被调查农民的年龄与受教育程度的统计分析

被调查农民年龄与受教育程度的结构分布情况如表 4—10 所示。首先，从被调查农民年龄结构来看，各个年龄区间大致呈现正态分布，41—50 岁区间占比最高，其次为 31—40 岁区间。这说明，被调查对象以青壮年农民为主体，具有较高的代表性。其次，从被调查农民受教育程度来看，各阶段占比同样呈现正态分布，而且具有初中学历的占比最高，这说明九年义务教育制度有效推动了农民受教育程度的提高。同时，从性别结构来看，男性农民的受教育程度普遍高于女性农民，"重男轻女"的观念在一定程度上导致了农村受教育水平的不平衡。从区域差别来看，苏南区域的农民受教育程度高于豫南和川东区域，这说明，区域经济发展的繁荣有助于提升农民的受教育程度。

表4—10　　被调查农民年龄与受教育程度的结构分布（单位:%）

		被调查农民年龄（岁）分布				被调查农民受教育程度分布			
		≤30	31—40	41—50	≥50	小学及以下	初中	高中	大专及以上
男性	苏南区域	20.43	29.57	37.82	12.18	16.38	73.51	7.04	3.07
	豫南区域	16.27	33.73	35.69	14.31	21.95	68.68	6.84	2.53
	川东区域	22.76	27.24	32.04	17.96	27.43	63.89	6.53	2.15
	均值	19.82	30.18	35.18	14.82	21.93	68.69	6.80	2.58
女性	苏南区域	23.52	26.48	38.26	11.74	28.27	66.36	4.34	1.03
	豫南区域	25.16	24.84	32.91	17.09	32.53	63.91	2.70	0.86
	川东区域	21.37	28.63	36.57	13.43	39.82	57.05	2.51	0.62
	均值	23.35	26.65	35.91	14.09	33.54	62.44	3.18	0.84
总体	苏南区域	21.98	28.02	38.04	11.96	22.32	69.94	5.69	2.05
	豫南区域	20.72	29.28	34.30	15.70	27.24	64.80	6.27	1.69
	川东区域	22.06	27.94	34.31	15.69	33.63	60.47	4.52	1.38
	均值	21.59	28.41	35.55	14.45	27.73	65.07	5.49	1.71

资料来源：根据问卷调查数据测算得出。

（三）被调查农户家庭成员城市化流动迁移的驱动因素

课题组围绕农户城市化迁移流动的主要驱动因素设置了17个选项，调查结果如表4—11所示。首先，对于众多驱动因素而言，男性最为看重的是经济利益，主要通过进城务工来"获取更高收入"和"寻找更多致富机会"，两者的选择比例分别达到88.63%和79.67%，但女性最为重视的是子女教育，通过迁移到城市来使子女"获得更好的教育条件"，选择比例达到92.20%，其次才是"获取更高收入"。这说明，在城市化流动迁移的驱动因素中，男性更重视经济收入，女性更重视儿女的培养。其次，无论是男性，还是女性，对于"城市居住环境好""获取较好的工作条件""获取更好的医疗条件"等因素的选择比例都比较高。这说明，随着城乡居民收入的提高，农村劳动力对于现代文明和生活方式的追求也在逐渐显现。最后，需要注意的是，"厌农"思想也在深刻影响着农村居民的就业选择。男性和女性的选择"自身存在'厌农'思想"的比例都较高，而且女性更加凸显，分别达到了34.88%和49.36%。

表4—11　农户家庭成员城市化流动迁移的主要驱动因素（多项选择）

驱动因素	男性		女性	
	频数（人）	所占比重（%）	频数（人）	所占比重（%）
获取更高收入	1029	88.63	462	83.85
寻找更多致富机会	925	79.67	318	57.71
家庭成员拥有一技之长	277	23.86	139	25.23
获得更好的教育条件	846	72.87	508	92.20
城市交通设施发达	227	19.55	173	31.40
获取较好的工作条件	631	54.35	417	75.68
城市居住环境好	493	42.46	379	68.78
城市落户难度降低	382	32.90	113	20.51
城乡社保逐渐统一	293	25.23	92	16.70
获取更好的医疗条件	725	62.45	357	64.79
城市娱乐生活丰富	309	26.61	253	45.92
家庭拥有较好的物质条件	216	18.60	162	29.40
有亲朋好友在城市定居	172	14.81	83	15.06
土地可以流转给他人耕种	239	20.59	105	19.06
获取更好的养老条件	431	37.35	378	68.60
城市公共设施齐全	210	18.09	313	56.81
自身存在"厌农"思想	405	34.88	272	49.36
总样本数（人）	1161	67.82%	551	32.18%

资料来源：根据问卷调查数据测算得出。

二　因子分析的适用性检验

课题组在实地问卷调查中发现，影响农村人口城市化流动迁移的驱动因素错综复杂，围绕经济、制度、环境等方面选取了17个指标，继而通过因子分析，深入研究农户家庭成员城市化流动迁移的逻辑动因差异。在提取主成分之前，需要进行适用性检验，以考察因子分析的可行性。此处采用 KMO 检验和巴特利特球检验两种方法，检验结果如表 4—12 所示。通常而言，KMO 检验标准为：如果 KMO 检验值高于 0.9，则特别适合进行因子分析；如果 KMO 检验值高于 0.7，则比较适合进行因子分析；如果 KMO 检验值低于 0.5，则不适合进行因子分析。由表 4—12 可以看出，男性被调查对象的 KMO 值为 0.803，女性 KMO 值为 0.731，均高于 0.7。而且男性巴特利特球检验统计量的值为 757.052，相应的概率值接近于 0，故适合做主成分分析。女性巴特利特球检验统计量的值为 532.265，相应的概率值也接近于 0，故也可以做主成分分析。

表 4—12　　　　　　　　　KMO 检验和 Bartlett 球形检验结果

男性		女性	
检验指标	检验值	检验指标	检验值
Kaiser-Meyer-Olkin 检验	0.803	Kaiser-Meyer-Olkin 检验	0.731
Bartlett's 检验 Approx. Chi-Square df Sig.	757.052 136 0.000	Bartlett's 检验 Approx. Chi-Square df Sig.	532.265 136 0.000

数据来源：根据 SPSS19.0 软件测算。

三　驱动因素的因子分析

（一）提取主成分

如前所述，影响农村人口城市化流动迁移的驱动因素众多，而且相互交织、纷繁复杂。所以，为了化繁为简，本部分通过提取主成分，将众多复杂的驱动因素简化归纳为 5 个独立的主成分加以分析。如表 4—13 所示，利用 SPSS19.0 软件提取主成分，可以得到男性和女性被调查对象的方差提取主成分分析表。

根据表 4—13 中的累计方差贡献率可知，将 17 个驱动因素简化归纳为 5 个主成分后，实现了有效降维，分别可以解释男性和女性城市化流动迁移的 70.012%、73.663% 的总方差。整体比较而言，主成分 1 的方差贡献率最高，分别为 42.722%、43.613%，主成分 5 的方差贡献率最低，分别为 6.026%、6.338%。

表4—13　　　　　　　　　　　方差提取主成分分析

主成分	初始特征值		方差贡献率（％）		累计方差贡献率（％）	
1	7.139	6.525	42.722	43.613	42.722	43.613
2	1.836	1.653	8.605	9.734	51.327	53.347
3	1.431	1.301	6.372	7.157	57.699	60.504
4	1.327	1.229	6.287	6.821	63.986	67.325
5	1.103	1.028	6.026	6.338	70.012	73.663

数据来源：根据 SPSS19.0 软件测算。

注：左方数据表示男性农民，右方数据表示女性农民。

（二）主成分分析

借助 SPSS19.0 对样本数据进行主成分分析，可得到驱动因素的旋转成分矩阵。如表4—14 所示，各驱动因素的负荷水平存在较大差异。对于男性农民而言，对主成分 1 作用较为显著的是"获取更高收入""寻找更多致富机会""获取较好的工作条件"，此类因素主要从经济层面产生影响，所以将其归类为"经济驱动因素"。对主成分 2 作用较为显著的是"获得更好的教育条件""获取更好的医疗条件""获取更好的养老条件"，此类因素主要从社会层面产生影响，因此将其归类为"社会驱动因素"。对主成分 3 作用较为显著的是"城市交通设施发达""城市居住环境好""城市娱乐生活丰富""城市公共设施齐全"，此类因素主要从环境层面产生影响，因此将其归类为"环境驱动因素"。对主成分 4 作用较为显著的是"城市落户难度降低""城乡社保逐渐统一""土地可以流转给他人耕种"。此类因素主要从制度层面产生影响，所以将其归类为"制度驱动因素"。对主成分 5 作用较为显著的是"家庭成员拥有一技之长""家庭拥有较好的物质条件""有亲朋好友在城市定居""自身存在'厌农'思想"，此类因素主要从家庭或个人层面产生影响，所以将其归类为"家庭及个人驱动因素"。女性农民的驱动因素类别划分与男性相同，此处不再赘述。

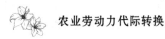

表4—14 驱动因素的旋转成分矩阵

驱动因素	主成分				
	1	2	3	4	5
获取更高收入	0.793 0.535	0.276 0.783	0.375 0.268	0.127 −0.301	0.257 0.156
寻找更多致富机会	0.522 0.404	0.153 0.735	0.261 0.131	−0.403 0.273	0.372 0.184
家庭成员拥有一技之长	0.157 −0.039	0.027 0.182	0.053 −0.028	0.351 0.568	0.727 −0.065
获得更好的教育条件	0.491 0.861	0.696 0.503	−0.339 0.281	0.172 0.135	0.218 0.163
城市交通设施发达	0.262 0.353	−0.253 0.268	0.517 0.463	0.431 0.128	−0.065 0.278
获取较好的工作条件	0.643 0.468	0.052 0.618	−0.275 0.334	0.259 0.061	0.183 −0.031
城市居住环境好	0.365 0.539	0.137 0.491	0.726 0.818	0.346 0.171	0.063 −0.179
城市落户难度降低	0.032 −0.107	0.022 0.179	0.016 −0.093	0.763 0.397	−0.041 0.778
城乡社保逐渐统一	−0.055 0.126	0.106 0.226	0.153 −0.143	0.527 0.252	0.361 0.523
获取更好的医疗条件	0.410 0.733	0.512 −0.051	0.268 0.159	0.281 −0.013	−0.159 0.155
城市娱乐生活丰富	0.272 −0.439	0.197 0.353	0.625 0.721	−0.033 0.148	0.177 −0.021
家庭拥有较好的物质条件	−0.163 0.192	0.031 0.138	0.067 0.293	0.052 0.503	0.634 0.130
有亲朋好友在城市定居	0.138 0.051	−0.049 0.041	−0.196 0.155	0.203 0.619	0.551 0.179
土地可以流转给他人耕种	−0.097 0.063	0.353 0.462	0.215 0.304	0.615 −0.153	0.318 0.612
获取更好的养老条件	0.357 0.615	0.601 0.116	0.149 0.192	−0.153 0.288	0.257 −0.261
城市公共设施齐全	0.282 0.152	0.285 −0.035	0.317 0.562	0.348 −0.143	−0.095 −0.056
自身存在"厌农"思想	0.359 0.507	0.163 0.279	0.293 0.053	0.115 0.573	0.601 0.295

数据来源：根据SPSS19.0软件测算。

注：上方为男性农民分析结果，下方为女性农民分析结果。

综合表4—13中各主成分的方差贡献率和表4—14中驱动因素的旋转成分矩阵可知，促使男性农民城市化流动迁移的主成分因子按照重要性排列顺序为：经济驱动因素、社会驱动因素、环境驱动因素、制度驱动因素、家庭及个人驱动因素。但是，女性农民城市化流动迁移的主成分因子的重要性排序与男性并不相同，其顺序为：社会驱动因素、经济驱动因素、环境驱动因素、家庭及个人驱动因素、制度驱动因素。由上述情况可以看出，性别因素对于农民的流动迁移行为的影响不容忽视。男性农民更重视通过城市化迁移来实现经济收入的增长，女性农民更重视城市化迁移所带来的生活质量改善和家庭子女的培养。同时，无论是男性还是女性，城乡之间的社会差异对劳动力流动的影响比较显著。这说明，随着市场经济的繁荣发展，在城镇和农村居民收入均获得大幅提高的时代背景下，城乡之间在教育、医疗、养老等方面的社会资源配置差异日益凸显。

第三节 研究结论与政策启示

综合以上农业劳动力代际转换动态演进机制和因子分析结果可知，在经济、社会、环境、制度、家庭及个人等各层面众多驱动因素的共同作用下，农村人口城市化流动迁移步伐加快，由此导致了农业劳动力的结构失衡和空心化的加深。基于农业劳动力加剧流失的现实，需要在若干方面采取有针对性的措施加以应对。

首先，城乡之间巨大的经济差异依然是农村人口向城市流动的最主要原因，所以，促进农村经济蓬勃发展对于提升农业劳动力质量至关重要。政府要以乡村产业振兴为核心，构建科学完善的政策支持体系，以此促进青壮年农业劳动力的回流。农村产业兴旺是缩小城乡差距的重要基础，也是留住农业人才的重要基础。

同时，调查发现，虽然农民外出务工多是以获取高收入为直接目的，但部分农民希望能够实现近距离务工就业，既能增加收入，又能不误农时、照顾家庭。因此，应该大力发展县域经济和中小城镇，增强劳动密集型产业的集聚能力，以此作为吸纳农民就地就近务工的重要基础。通过此类"半务工+半务农"的兼业化，可以有效稳定青壮年农业劳动力队伍。

其次，城乡之间社会资源配置的差异对劳动力城市化迁移流动的影响比较显著，城市中良好的教育、医疗、养老资源条件等已经成为新形势下推动农业劳动力向城市迁移的重要驱动因素。因此，政府应以城乡公共资源配置均等化为目标，发挥财政与金融手段，构建优质公共资源城乡流动机制，提升农村公共资源供给水平，促进农村社会事业发展，缩小城乡之间的教育、医疗、养老等公共服务差距，保障农村居民的安居乐业，以此促进农业劳动力的代际更替和生息不断。

再次，随着人们生活水平的提高和思想观念的转变，农业劳动力对于现代文明和高质量生活方式的追求也在逐渐显现，环境驱动因素对农业劳动力城市化迁移流动起着重要的影响作用。与农村相比，城市在基础设施、教育医疗、人居环境、信息通信、娱乐方式等方面具有显著优势，城乡居民在生活方式、生活环境、生活设施等方面存在较大差异。因此，需要构建城乡居民平等参与现代化进程、共同分享现代化成果的体制机制。其一，政府应以农村人居环境整治行动为契机，大力推动美丽宜居乡村建设。统筹推进农村饮水安全、改水改厕、垃圾处理等综合治理，改善和优化农村生活环境。其二，完善农村基础设施水平，提高农民的生产生活条件。加强农村道路交通、供水供电、农田水利、通信网络等公共设施建设力度，着力化解城乡基础设施建设不平衡的矛盾，保障乡村经济健康发展。其三，要加强农村精神文明建设，丰富农民的生活娱乐方式。加大对文化馆、图书馆、文化广场等设施的投入力度，引导丰富多彩的娱乐方式能走进农村，提升农民的精神风貌。

最后，"厌农"思想也在深刻影响着农业劳动力的城市化迁移流动。特别是对于新生代农民而言，虽然他们身为农村人，但大多比较排斥和轻视农业生产，由此导致他们务农动力不强，既缺乏扎根农村干事创业的故土情怀，同时又缺乏对粮食耕种经验的积累和农业生产技术的掌握。因此，建议国家层面着力实施"新生代农业继承人培养工程"和"新务农人员援助工程"。通过政策扶持、短期技能培训和长期农业教育等手段，既培养他们种粮经验和农业技能，又培养他们规模化、产业化的经营理念；既培养他们农业科技知识，又培养他们热爱农村的乡土情怀。

第五章　中国农业劳动力
代际转换的发展趋势

如前所述，在经济、社会、环境、制度、家庭及个人等各层面驱动因素的共同作用下，城市化迁移流动是造成农业劳动力结构性失衡的主要原因，在一定程度上导致农业劳动力代际转换不畅。事实上，无论是外出务工，还是在家务农，农户劳动力的就业选择意愿是一系列动力与障碍多重因素综合影响的结果。从发展趋势看，农业劳动力的外出务工和流动迁移主要以青壮年农民为主。全国农民工监测调查报告统计显示，1980 年后出生的新生代农民工占外出务工人员总量的比重稳步上升，达到 2023 年的50.1% 。由此看出，新生代青年劳动力"脱农"倾向更为严重。基于此，有必要分类考察农户老一代劳动力和新生代劳动力的就业选择行为，以此来深刻认识农业劳动力代际转换的发展趋势与深层动力。

第一节　动力—障碍模型理论框架与数据来源

一　理论框架构建

无论是以舒尔茨为代表提出的理性小农理论①，还是以恰亚诺夫、西蒙为代表的生计小农理论②都认为，农户劳动力进行生产决策的动机基础在于自身利益的最大化，其规避风险的偏好将驱使小农个体充分权衡某项行为的成本与收益。基于此，对于普通农户劳动力而言，其选择务工或者务农，同样是对收益、风险与成本进行综合权衡的结果。据此，笔者从经

---

① Schultz T. , *Transforming Traditional Agriculture*, Yale University Press, 1964, pp. 20 – 29.

② 典型研究可参见 Chayanov, *Peasant economic organization*, Central Compilation Press, 1996, pp. 1 – 8; Simon H. , *Selections of Simon*, Capital University of Economics and Business Press, 2002, pp. 10 – 15。

济、社会、环境、制度、家庭及个人等各层面影响因素出发，构建了农户两代劳动力就业选择意愿的动力—障碍模型。

在当前城乡二元分野的结构差异依然存在的现实情况下，农户两代人的就业选择受到一系列动力与障碍因素的共同作用。首先，动力因素包含务工动力和务农动力，障碍因素包含务工障碍和务农障碍。从作用方向来看，务工动力与务农障碍具有逻辑一致性，务农动力与务工障碍具有逻辑一致性，二者可以合并分析。

其次，务工动力因素涵盖了经济动力（DE_i）、社会动力（DS_i）、环境动力（DC_i）、制度动力（DI_i）、家庭动力（DF_i）及个人动力（DP_i）等内容。根据本章第二节的研究成果，此处把"务工收益较高"作为经济动力的主要代表性因素，设为 DE_1；"获得好的社会资源"作为社会动力的主要代表性因素，设为 DS_1；"城市基础设施完善"作为环境动力的主要代表性因素，设为 DC_1；"获得进城落户机会"作为制度动力的主要代表性因素，设为 DI_1；"家庭成员在城市落户"作为家庭动力的主要代表性因素，设为 DF_1；"自身存在'厌农'思想"作为个人动力的主要代表性因素，设为 DP_1；再次，务工障碍因素涵盖了经济障碍（BE_i）、社会障碍（BS_i）、环境障碍（BC_i）、制度障碍（BI_i）、家庭障碍（BF_i）及个人障碍（BP_i）等六方面的内容。此处把"务农收益较高"作为经济障碍的主要代表性因素，设为 BE_1；"城市生活压力大"作为社会障碍的主要代表性因素，设为 BS_1；"农村生活环境好"作为环境障碍的主要代表性因素，设为 BC_1；"城市落户困难"作为制度障碍的主要代表性因素，设为 BI_1；"抚养小孩任务重"作为家庭障碍的主要代表性因素，设为 BF_1；"安土重迁意识强"作为个人障碍的主要代表性因素，设为 BP_1。

综合以上变量设定情况，本部分构建了农户劳动力就业选择意愿的动力—障碍模型：

假设农户劳动力就业选择意愿的概率函数为：

$$W(r) = P\{\max R - r\} \qquad (5.1)$$

式（5.1）中，$\max R$ 为农户劳动力外出务工的最大化收益，r 为农户的在家务农的预期收益。只有当外出务工的最大化收益高于在家务农的预期收益时，即 $\max R > r$，农户劳动力才会愿意选择外出务工。反之，当在家务农的预期收益高于外出务工的最大化收益时，即 $\max R < r$，农户劳动

力才会愿意选择在家务农。

由此，令 F 为动力—障碍模型中农户外出务工与在家务农选择意愿的众多影响因素的合力，则有：

$f(F) = maxR - r$，$W(r) = P\{f(F)\}$，因此，可得：

$$F = \sum \left[(DE_i + DS_i + DC_i + DI_i + DF_i + DP_i) - (BE_i + BS_i + BC_i + BI_i + BF_i + BP_i) \right] =$$

$$\sum (DE_i + DS_i + DC_i + DI_i + DF_i + DP_i) -$$

$$\sum (BE_i + BS_i + BC_i + BI_i + BF_i + BP_i) \qquad (5.2)$$

根据式（5.2）结果，如果 $F > 0$，即：

$$\sum (DE_i + DS_i + DC_i + DI_i + DF_i + DP_i) > \sum (BE_i + BS_i + BC_i + BI_i +$$
$BF_i + BP_i)$，可得 $maxR > r$，则农户劳动力选择外出务工；

如果 $F = 0$，即：

$$\sum (DE_i + DS_i + DC_i + DI_i + DF_i + DP_i) = \sum (BE_i + BS_i + BC_i + BI_i +$$
$BF_i + BP_i)$，可得 $maxR > r$，则农户劳动力选择外出务工或在家务农，二者皆可；

如果 $F < 0$，即：

$$\sum (DE_i + DS_i + DC_i + DI_i + DF_i + DP_i) < \sum (BE_i + BS_i + BC_i + BI_i +$$
$BF_i + BP_i)$，可得，$maxR > r$，则农户劳动力选择在家务农。

根据以上情况，笔者构建了农户劳动力就业选择意愿的理论分析框架。如图 5—1 所示，无论是在家务农，还是外出务工，农户劳动力就业选择意愿受到动力与障碍等多重因素的影响。当务工动力因素所带来的收益高于务工障碍因素所带来的成本时，农户劳动力会选择外出务工。同理，当务农动力因素所带来的收益高于务农障碍因素所带来的成本时，农户劳动力会选择在家务农。

二　数据来源

为了考察农村劳动力的就业选择及动力—障碍因素的综合影响情况，本课题组进行了等比例抽样的问卷调查。实地调查于 2023 年 1—2 月实施。调查区域为粮食主产区的江苏省、河南省、四川省 3 个代表性省份所

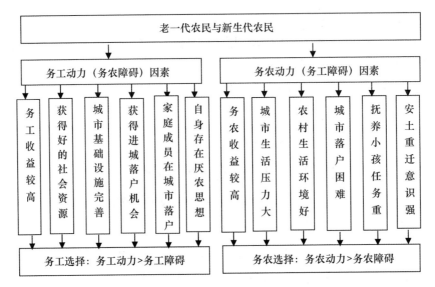

图 5—1　农户劳动力就业选择意愿的理论分析框架

辖的 9 个地级市 90 个村庄。调查面向 2700 个农户。调查对象包含纯农业户农民、兼业户农民和进城务工农民三个类型。同时，为了考察代际差异情况，在对农户进行调查时，老一代（55 周岁及以上）和新生代农民（35 周岁及以下）①的调查数量各占 50% 比重。调查问卷主要围绕农户的就业状态和经济、制度、社会、环境、家庭及个人等动力—障碍因素进行指标设计。本次调查采用分层抽样方法，保证了数据采集的科学性。调查小组共发放调查问卷 2700 份，实际收回 2619 份。剔除部分无效问卷，共得到有效问卷 2572 份，平均有效率为 95.26%，处于较高区间。

第二节　基于代际差异的统计分析

一　就业情况的代际差异

从被调查农户的就业统计情况来看，在纯务农、兼业务农和外出务工三种类型中，两代劳动力就业选择的代际差异相对比较明显（如表 5—1

---

① 此处采用 2016 年农业普查的劳动力年龄统计口径，老一代农民的年龄范围为 55 周岁及以上，新生代农民的年龄范围为 35 周岁及以下。

所示）。首先，老一代农民选择纯务农和兼业务农的数量较高，所占比重分别达到 60.38% 和 26.67%，选择外出务工的数量较低，占比为 12.95%。与之不同的是，新生代农民选择外出务工的数量最高，所占比重高达 69.12%，选择纯务农和兼业务农的数量较低，占比分别为 14.56% 和 16.32%。这说明，老一代农民受传统农耕文明的影响更为深刻，他们普遍具有安土重乡的深厚情怀，比较重视或依赖土地耕种的实际价值，所以选择务农的比重较高。与之相比，年青一代农民对土地的感情淡薄，他们更倾向于脱离农村，更向往城市的多彩生活。他们大多通过外出务工的形式融入城市化进程。

表5—1　　　　农户两代劳动力就业情况的代际差异（单位:%）

就业类型	老一代农民			新生代农民		
	男性	女性	平均	男性	女性	平均
纯务农	46.81	73.95	60.38	12.32	16.80	14.56
兼业务农	35.69	17.65	26.67	17.34	15.29	16.32
外出务工	17.50	8.40	12.95	70.34	67.91	69.12

资料来源：根据问卷调查数据测算得出。

其次，分性别来看，无论是老一代，还是新生代农民，女性选择纯务农类型的比重都高于男性，而男性选择兼业务农的比重都高于女性。这说明，在"男耕女织"的传统观念影响下，"男性外出务工，女性留守务农"的家庭职业分工模式依然大量存在，由此导致农民女性化趋势显现。此外，男性由于具有体力方面的先天优势，在兼业务农方面更具有客观条件，可以实现既务工又务农的"两头兼顾"。同时，值得注意的是，在新生代农民群体中，男性选择外出务工的比重依然高于女性。所以，年轻的男性农民更具有"跳出农门"的意愿。

二　土地耕种的代际差异

从土地耕种情况来看，农户两代劳动力的代际差异比较显著。如表5—2所示，老一代农民选择"本人耕种为主"的比例最高，达到

69.91%，其次是"对外流转耕种为主"，所占比例为15.40%。与之相异的是，新生代农民大多选择"对外流转耕种为主"和"家庭留守劳动力耕种为主"，所占比例分别为39.58%和37.40%，选择"本人耕种为主"的比例较低，为19.67%。由此说明，老一代农民更重视土地的"生计"价值，他们更关注于土地所承载的生存保障功能。新生代农民更倾向于选择外出务工或经商，进而将土地流转给他人或家中留守人员耕种。同时，通过调查也发现一种现象，无人耕种和抛荒的土地主要集中在山区，面积狭小和地形崎岖导致耕种难度大。在便于耕种的平原地区，较少出现抛荒现象。新生代农民更注重劳动价值的回报，所以选择"无人耕种和抛荒"的比例高于老一代农民。此外，调查也发现，"家庭留守劳动力耕种为主"的农户的种植方式比较粗放，而且多以粮食作物种植为主。流转给他人耕种的土地较多实现了专业化生产经营，而且种植经济作物的比例较高。

表5—2　　　　　　农户两代劳动力关于土地耕种的代际差异

土地耕种情况	老一代农民		新生代农民	
	频数	所占比重（%）	频数	所占比重（%）
本人耕种为主	899	69.91	253	19.67
家庭留守劳动力耕种为主	162	12.63	481	37.40
对外流转耕种为主	198	15.40	509	39.58
无人耕种和抛荒	9	0.71	28	2.18
其他	18	1.35	15	1.17
总计	1286	100	1286	100

资料来源：根据问卷调查数据测算得出。

三　动力与障碍因素的代际差异

表5—3统计显示，首先，在务工动力（务农障碍）因素中，老一代农民最重视"务工收益较高"的经济因素和"家庭成员在城市落户"的家庭因素，但对于新生代农民而言，他们更为看重的是"获得好的社会资源"的社会因素，而后才是"务工收益较高"的经济因素。这说明，相比老一代农民，新生代农民在重视物质利益追求的同时，更重视追求城市中

优越的教育、医疗、养老等社会资源。其次，在务农动力（务工障碍）因素中，老一代农民选择"安土重迁意识强""抚养小孩任务重"等个人及家庭因素的优先级最高，对于"农村生活环境好""城市生活压力大"的环境与社会因素也比较认同，但对于"务农收益较高"的认可度较低。与之不同，新生代农民更为看重的是"抚养小孩任务重"的家庭因素和"城市生活压力大"的社会因素，对于"安土重迁意识强"和"务农收益较高"的认可度较低。这说明，与新生代农民相比，老一代农民更加习惯日出而作、日落而息的农耕生活，同时也注重"隔代照料孙子女"的责任付出。同时，新生代农民对于"城市生活压力大"更为感同身受，所以认可度较高。最后，需要关注的是，无论是老一代农民，还是新生代农民，他们对于"务农收益较高"的认可度都比较低。这说明，与城市务工收入相比，农业生产收益低水平徘徊的局面依然未能得到有效改观。

表5—3　　农户两代劳动力就业选择的动力与障碍因素对比分析

务工动力（务农障碍）因素	老一代农民 频数（占比%）	新生代农民 频数（占比%）	务农动力（务工障碍）因素	老一代农民 频数（占比%）	新生代农民 频数（占比%）
务工收益较高	152（91.57） 1031（92.05）	683（76.83） 262（65.99）	务农收益较高	379（33.84） 51（30.72）	92（23.17） 237（26.66）
获得好的社会资源	43（25.90） 216（19.29）	751（84.48） 313（78.84）	城市生活压力大	635（56.70） 105（63.25）	262（65.99） 621（69.85）
城市基础设施完善	26（15.66） 159（14.20）	236（26.55） 91（22.92）	农村生活环境好	791（70.63） 127（76.51）	134（33.75） 328（36.90）
获得进城落户机会	17（11.45） 82（7.32）	493（55.46） 165（41.56）	城市落户困难	626（55.89） 104（62.65）	117（29.47） 213（23.96）
家庭成员在城市落户	85（51.20） 364（32.50）	276（31.05） 107（26.95）	抚养小孩任务重	826（73.75） 135（81.33）	341（85.89） 661（74.35）
自身存在厌农思想	12（7.23） 98（8.75）	362（40.72） 152（38.29）	安土重迁意识强	833（74.38） 149（89.76）	56（14.11） 163（18.34）
合计	166（100.00） 1120（100.00）	889（100.00） 397（100.00）	合计	1120（100.00） 166（100.00）	397（100.00） 889（100.00）

资料来源：根据问卷调查结果整理而得。

注：上方为动力因素统计结果，下方为障碍因素统计结果。

第三节　变量、模型与实证结果分析

一　变量设定

学术界现有研究成果表明，农户劳动力的就业选择意愿受到动力与障碍多重因素的综合影响①。基于此，笔者从动力与障碍角度出发，围绕农村劳动力个体禀赋、家庭特征、经济、社会、环境、制度各层面影响因素，设立相关变量，实证考察农户两代人就业选择影响因素的代际差异及变量作用传导过程。

首先，笔者根据农户劳动力从业的现实情况，将其就业选择类型区分为纯务农、兼业务农和外出务工三种形式，以此作为被解释变量设定的基础。被解释变量为虚拟变量，分别用 w_A、w_B、w_C 来表示，分别代表"是否纯务农""是否兼业务农""是否外出务工"三类就业选择。同时，根据李克特量表分级方法，对上述被解释变量分别赋值 0、1，即 0 代表否、1 代表是。其次，围绕个体禀赋、家庭特征、经济、社会、环境、制度各层面影响因素设立自变量，分别用 x_{1i}，x_{2i}，x_{3i}，$\cdots$，x_{6i} 表示。其中，x_{11}，x_{12}，x_{13}，x_{14}，x_{15}，x_{21}，x_{22}，x_{31}，x_{32}，x_{41}，x_{42}，x_{51}，x_{52}，x_{61}，x_{62} 为虚拟变量，分别赋值 0、1。相关变量设定情况如表5—4所示。

表5—4　　　　　　　　　变量设定和描述性统计情况

变量	变量名称	变量类型	赋值及变量含义	均值 I	标准差 I	均值 II	标准差 II
w_a	是否纯务农	被解释变量	0＝否；1＝是	0.60	0.43	0.16	0.51
w_b	是否兼业务农		0＝否；1＝是	0.27	0.62	0.15	0.38
w_C	是否外出务工		0＝否；1＝是	0.13	0.49	0.69	0.35

① 典型研究可参见程名望、潘烜《个人特征、家庭特征对农村非农就业影响的实证》，《中国人口·资源与环境》2012 年第 2 期；黄季焜、靳少泽《未来谁来种地：基于我国农户劳动力就业代际差异视角》，《农业技术经济》2015 年第 1 期；张同龙、张俪娜、张林秀《中国农村劳动力就业调整的微观研究——来自全国代表性农户跟踪调查的经验证据》，《中国农村经济》2019 年第 8 期。

续表

变量	变量名称	变量类型	赋值及变量含义	均值 I	标准差 I	均值 II	标准差 II
x_{11}	性别		0 = 女；1 = 男	0.63	0.22	0.57	0.28
x_{12}	文化程度		0 = 小学及以下；1 = 初中及以上	0.31	0.70	0.87	0.53
x_{13}	身体条件	个体禀赋 (x_{1i})	0 = 身体条件较差；1 = 身体条件良好	0.38	0.61	0.91	0.35
x_{14}	自身是否存在厌农思想		0 = 否；1 = 是	0.08	0.25	0.39	0.41
x_{15}	自身是否具有安土重迁的强烈意识		0 = 否；1 = 是	0.82	0.28	0.16	0.57
x_{21}	家庭成员是否在城市落户		0 = 否；1 = 是	0.42	0.66	0.29	0.48
x_{22}	家庭抚养小孩任务是否繁重	家庭特征 (x_{2i})	0 = 否；1 = 是	0.78	0.46	0.80	0.53
x_{23}	家庭劳动力耕种土地规模		实际观测值（万元）	3.26	0.71	8.35	0.79
x_{24}	家庭年收入水平		实际观测值（万元）	2.49	0.55	5.83	0.62
x_{31}	外出务工收益是否较高	经济因素 (x_{3i})	0 = 否；1 = 是	0.92	0.35	0.71	0.43
x_{32}	在家务农收益是否较高		0 = 否；1 = 是	0.32	0.53	0.25	0.68
x_{41}	外出务工是否可以获得比较好的社会资源（教育、医疗、养老等）	社会因素 (x_{4i})	0 = 否；1 = 是	0.23	0.48	0.82	0.53
x_{42}	是否认为城市生活压力大		0 = 否；1 = 是	0.60	0.63	0.68	0.72
x_{51}	城市基础设施是否比农村更加完善	环境因素 (x_{5i})	0 = 否；1 = 是	0.15	0.36	0.25	0.59
x_{52}	农村生活环境是否比城市更好		0 = 否；1 = 是	0.74	0.53	0.35	0.41

续表

变量	变量名称	变量类型	赋值及变量含义	均值I	标准差I	均值II	标准差II
x_{61}	外出务工是否可以获得进城落户机会	制度因素 (x_{6i})	0 = 否；1 = 是	0.09	0.67	0.49	0.57
x_{62}	是否认为城市落户依然困难		0 = 否；1 = 是	0.59	0.35	0.27	0.38

注：由于篇幅限制，本表设定的解释变量仅限于农户就业选择意愿的理论分析框架中的代表性影响因素，不再考虑其他因素。同时，为了考察代际差异，本节对老一代农民和新生代农民进行分类统计，分类实施二元 Logistic 回归。表中均值I和标准差I指标的统计对象为老一代农民，均值II和标准差II指标的统计对象为新生代农民。

二 模型构建

根据农户劳动力就业选择意愿的理论分析框架，表5—4 中被解释变量与众多解释变量之间的函数关系为：

农户劳动力就业选择意愿 = F（个体禀赋因素、家庭特征因素、经济因素、社会因素、环境因素、制度因素）+ 随机误差项   （5.3）

由于式（5.3）中被解释变量为农户劳动力就业选择意愿，主要研究老一代农民和新生代农民是否选择"纯务农""兼业务农"和"外出务工"的概率及其影响因素，故其函数关系为典型的二元选择问题，应建立 Logistic 模型进行回归分析，具体如下：

$$W = F(x_{1i}, x_{2i}, x_{3i}, \cdots, x_{6i}) + \varepsilon \tag{5.4}$$

式（5.4）中，W 表示农户劳动力就业选择意愿（是否纯务农、兼业务农、外出务工），x_{1i}，x_{2i}，x_{3i}，$\cdots$，x_{6i} 表示影响因素，ε 代表随机误差项。假定 p 为 $w = 1$ 时的概率，则 w 的分布函数为：

$$f(w) = p^w(1-p)^{1-w}, \quad w = 0, 1 \tag{5.5}$$

p 的表达式为：

$$p_i = F(\alpha + \sum_{i=1}^{n}\beta_i x_{ji} + u) = 1/\{1 + \exp[-(\alpha + \sum_{i=1}^{n}\beta_i x_{ji} + u)]\}$$

$$\tag{5.6}$$

式（5.6）中，p_i 表示第 i 个农户劳动力就业选择意愿，α 代表常数项，β_i 为第 i 项影响因素的模型回归系数，x_{ji} 表示第 j 个自变量类型的第 i

项影响因素。

三 实证结果分析

本部分使用 SPSS20.0 统计软件，分别对样本农户中老一代农民和新生代农民的调查数据进行 Logistic 分类回归，实证结果如表 5—5 所示。从表 5—5 中的诸多检验统计量指标来看，模型的整体拟合效果较好。而且，各项解释变量的伴随概率（concomitant probability）均小于 0.05，即可以在 5% 的显著性水平上拒绝原假设，说明该模型具有较高的实证分析价值。

表 5—5　　　　　　　　　　　　Logistic 模型回归结果

变量		是否纯务农（w_a）		是否兼业务农（w_b）		是否外出务工（w_c）	
		老一代	新生代	老一代	新生代	老一代	新生代
个体禀赋（x_{1i}）	x_{11}	-0.852*** (0.133)	-0.431*** (0.115)	0.637** (0.256)	0.491** (0.232)	0.846*** (0.151)	0.482*** (0.103)
	x_{12}	-0.317** (0.153)	-0.706** (0.348)	0.487** (0.273)	0.357** (0.146)	0.529*** (0.176)	0.832*** (0.207)
	x_{13}	0.253 (0.272)	0.381 (0.466)	0.564** (0.239)	0.434** (0.216)	0.632* (0.401)	0.337* (0.226)
	x_{14}	0.207 (0.251)	-0.526** (0.263)	0.359 (0.372)	0.323 (0.364)	0.303 (0.361)	0.732*** (0.151)
	x_{15}	0.819*** (0.265)	0.227 (0.284)	0.633*** (0.192)	0.269 (0.293)	-0.622*** (0.185)	0.253 (0.275)
家庭特征（x_{2i}）	x_{21}	-0.628*** (0.131)	-0.325*** (0.103)	0.263 (0.294)	0.358 (0.443)	0.727* (0.486)	0.536* (0.299)
	x_{22}	0.551*** (0.125)	0.864*** (0.237)	0.577** (0.263)	0.625** (0.315)	-0.353*** (0.268)	-0.761*** (0.204)
	x_{23}	0.269 (0.277)	0.726*** (0.152)	0.271 (0.303)	0.528* (0.439)	-0.334 (0.351)	-0.727** (0.393)
	x_{24}	0.689*** (0.225)	0.387 (0.351)	0.534 (0.623)	0.486 (0.536)	-0.635** (0.323)	0.208 (0.376)
经济因素（x_{3i}）	x_{31}	-0.849*** (0.134)	-0.864*** (0.263)	0.635*** (0.179)	0.327 (0.366)	0.917*** (0.255)	0.736*** (0.228)
	x_{32}	0.579** (0.253)	0.314 (0.358)	0.651*** (0.144)	0.238 (0.351)	-0.279 (0.378)	-3.405 (3.589)

续表

变量		是否纯务农（w_a）		是否兼业务农（w_b）		是否外出务工（w_C）	
		老一代	新生代	老一代	新生代	老一代	新生代
社会因素（x_{4i}）	x_{41}	−0.253 (0.328)	−0.679 *** (0.181)	0.261 (0.283)	0.309 (0.337)	0.271 (0.323)	0.825 *** (0.217)
	x_{42}	0.388 ** (0.193)	0.454 *** (0.105)	0.371 * (0.216)	0.485 * (0.297)	−0.552 *** (0.153)	−0.618 *** (0.135)
环境因素（x_{5i}）	x_{51}	−0.263 (0.272)	−0.384 ** (0.115)	0.336 (0.392)	0.258 (0.301)	0.211 (0.294)	0.463 *** (0.122)
	x_{52}	0.671 *** (0.152)	0.216 (0.257)	0.358 * (0.227)	0.346 (0.352)	−0.519 *** (0.143)	−0.253 (0.278)
制度因素（x_{6i}）	x_{61}	−0.327 (0.383)	−0.498 *** (0.134)	0.216 (0.325)	0.262 (0.291)	0.453 (0.578)	0.825 *** (0.233)
	x_{62}	0.631 *** (0.164)	0.263 (0.335)	0.353 (0.217)	0.384 (0.413)	−0.579 *** (0.204)	−0.362 (0.438)
常数项		−1.362 * (0.781)	−1.584 * (0.927)	0.813 ** (0.372)	0.632 ** (0.293)	0.352 * (0.266)	0.315 * (0.183)
卡方检验值		525.962	613.822	438.943	541.806	581.733	726.563
预测准确率		86.372%	88.215%	83.002%	81.525%	87.269%	84.557%
−2 对数似然值		825.695	938.225	752.031	793.264	633.517	653.262
Nagelkerke R^2		0.562	0.581	0.522	0.506	0.572	0.539

注：＊＊＊、＊＊、＊分别代表1%、5%和10%的显著性水平。限于篇幅原因，本表未报告Logistic回归的沃尔德值（Wald）、伴随概率（concomitant probability）和发生比率（odds ratio）。

（一）个体禀赋因素（x_{1i}）的影响

农户劳动力的个体禀赋包括性别、文化程度、身体条件、自身是否存在厌农思想、自身是否具有安土重迁的强烈意识共5个变量。其一，性别对老一代和新生代农民的纯务农类型的就业选择均起显著的负向作用，对兼业务农和外出务工类型的就业选择起正向作用。这说明男性农民从事纯务农的意愿较低，外出务工意愿较高。家庭分工中传统的"男主外、女主内"的角色定位观念依然在影响着农户劳动力的就业选择。另外，从回归系数值来判断，性别因素对老一代农民的作用程度更强，男性老一代农民的纯务农选择意愿更显著低于女性。基于上述情况可见，农业劳动力女性化现象更多出现于老一代农民群体中，新生代农民的务农女性化现象并不显著。这与部分学者的研究观点相一致①。其二，文化程度的作用方向与性别因素相同，即负向影响纯务农类型的就业选择，正向影响兼业务农和外出务工类型的就业选择。这说明，文化程度越高的农民，越倾向于选择非农就业，脱离农村。因此，农村高素质人才流失的"漏斗效应"和学历层次的"金字塔"现象依然普遍存在。而且，从回归系数值看，高学历的新生代农民的"脱农"倾向更为明显，由此导致农村青壮年高素质人才流失的"马太效应"更趋严重。其三，身体条件对老一代和新生代农民纯务农类型选择的影响并不显著，但在5%和10%的显著性水平下，其对兼业务农和外出务工类型的就业选择起正向作用。而且，身体条件对于老一代农民外出务工的影响程度更大。这表明，随着农业生产技术的进步和农业机械的广泛应用，农业种植对于劳动力身体条件的依赖程度在降低。与此同时，农民外出务工多以体力劳动为主，对劳动力身体条件的依赖程度较高。其四，自身是否存在厌农思想对老一代农民就业选择的影响并不显著，但对新生代农民的纯务农类型选择起显著的负向影响，并正向作用于其外出务工类型的就业选择。与上述情况不同，自身是否具有安土重迁的强烈意识对新生代农民就业选择的影响也不显著，但对老一代农民的纯务农选择起显著的正向作用，并负向影响于其外出务工的就业选择。这说明，老一代农民普遍具有深厚的传统农耕思想，"耕读传家"的传统观念根深蒂固，他们对农业生产劳动并不排斥。但新生代农民价值观念和思想认知受市场经济大潮的影响比较显著，向往城市中的多彩生活。

（二）家庭特征因素（x_{2i}）的影响

家庭特征包括家庭成员是否在城市落户、家庭抚养小孩任务是否繁重、家庭劳动力耕种土地规模、家庭年收入水平共4个变量。其一，家庭成员是否在城市落户对老一代和新生代农民的纯务农类型就业选择均起显著的负向作用，对外出务工类型的就业选择起正向作用，但对兼业务农的影响不显著。这说明，在农户劳动力生产决策过程中，家庭成员的城市化迁移具有一定的带动和示范效应，其作用不容忽视。部分学者的研究支持

---

① 程子逸：《理性选择视角下农业女性化内在逻辑研究》，《统计科学与实践》2022年第8期。

了这一观点①。其二，对于老一代和新生代农民而言，家庭抚养小孩任务是否繁重正向影响其纯务农和兼业务农类型的就业选择，负向影响外出务工类型的就业选择。而且，从系数值判断，该因素对于新生代农民的影响程度更深。上述情况说明，抚养小孩等家庭负担因素在制约着青年农民外流的步伐，同时，老一代农民也在承担着"隔代留守抚养"的任务，导致了农村老人和儿童占据留守人口主体的现象。其三，对于新生代农民来说，在纯务农、兼业务农和外出务工类型选择中，家庭劳动力耕种土地规模能够正向影响前两者，负向影响后者。这表明，家庭劳动力耕种土地规模的扩大，可以有效激励青年农民由外出务工转变为务农生产，提高其务农积极性。其四，家庭年收入水平对新生代农民的就业选择影响并不显著，但对老一代农民的纯务农选择产生显著的正向作用，外出务工选择产生负向作用。这说明，改善家庭收入水平依然是老一代农民外出务工的主要动力因素。

（三）经济因素（x_{3i}）的影响

经济因素包括外出务工收益是否较高、在家务农收益是否较高共2个变量。其一，外出务工收益是否较高对老一代和新生代农民纯务农的就业选择均起显著的负向作用，对外出务工的就业选择起正向作用。其二，与上述情况相反，在家务农收益是否较高对外出务工的就业选择起反向作用，对纯务农的就业选择起正向作用。这说明，外出务工收益和在家务农收益的对比情况是影响农户劳动力就业选择的重要影响因素。其三，在兼业务农选择中，经济因素对老一代农民的影响比较显著，但是对新生代农民的影响并不显著。此种情况说明，新生代农民之所以选择兼业务农类型并不是经济因素强烈影响的结果，而是受到非经济因素的综合作用。

（四）社会因素（x_{4i}）的影响

对农户劳动力就业选择意愿的影响。社会因素包括外出务工是否可以获得比较好的社会资源、是否认为城市生活压力大共2个变量。其一，外出务工是否可以获得比较好的社会资源对老一代农民就业选择的影响并不显著，但对新生代农民的纯务农选择起显著的负向作用，并正向影响于其外出务工的就业选择。这说明，老一代农民扎根农村大半生，即使外出打

---

① 崇维祥：《家庭迁移决策及其社会效应研究》，中国社会科学出版社2019年版。

工，城市也没有给予老一代农民工相应的社会保障①。因此，老一代农民的就业价值取向仍然是以提高收入为根本，而不是以获取城市中优越的社会资源为主要目的。其实，老一代农民的就业历程中有一个从务工到务农的回归过程②。与之不同，新生代农民的就业价值追求趋于多元化，该群体外出务工的目的并不局限于提升劳动收益，还重视城市中教育、医疗、养老等社会资源的获取。因为，新生代农民进城务工表现出较强的不可逆性和城市融入性③。其二，是否认为城市生活压力大对老一代和新生代农民纯务农和兼业务农的就业选择均起显著的正向作用，对外出务工起负向作用，而且新生代农民的系数值高于老一代农民。这说明，在城市房价、日常开支、孩子教育费用等生活成本居高不下的背景下，新生代农民对于"城市生活压力大"更为感同身受。

（五）环境因素（x_{5i}）的影响

环境因素包括城市基础设施是否比农村更加完善、农村生活环境是否比城市更好共2个变量。其一，城市基础设施是否比农村更加完善对新生代农民的纯务农选择起显著的负向作用，并正向影响于其外出务工的就业选择，但对老一代农民的影响并不显著。由此可见，新生代农民更重视生活质量的提高。农村基础设施落后是城乡差距最直观的表现④，城乡之间在住房、交通、通信、水电、物流、信息网络等基础设施方面依然存在诸多显著差异，这些因素都在影响着新生代农民的就业和生活方式选择。其二，农村生活环境是否比城市更好对新生代农民的影响并不显著，但对老一代农民的纯务农选择起显著的正向作用，并负向影响其外出务工的就业选择。这说明，老一代农民已经习惯了农村生活，对农村人居环境的认同度较高。

（六）制度因素（x_{6i}）的影响

制度因素包括外出务工是否可以获得进城落户机会、是否认为城市落

①　张简妮：《养老保障对返乡中老年群体再次外出就业的影响》，《西北人口》2024年第1期。

②　曾旭晖、郑莉：《教育如何影响农村劳动力转移——基于年龄与世代效应的分析》，《人口与经济》2016年第5期。

③　常思琳：《新老世代农民工城市融入水平评价研究——基于模糊神经网络》，《统计与管理》2024年第4期。

④　韩长赋：《关于实施乡村振兴战略的几个问题》，《农村工作通讯》2019年第18期。

户依然困难共 2 个变量。其一，外出务工是否可以获得进城落户机会对老一代农民的影响并不显著，但负向作用于新生代农民的纯务农选择，并正向影响其外出务工的就业选择。这说明，近年来的户籍制度改革取得了明显成效，推动了大批农民实现购房落户城市的梦想，同时也加快了新生代农民进城务工的步伐。但老一代农民安土重迁的观念根深蒂固，户籍制度改革对其影响不明显。其二，是否认为城市落户依然困难正向作用于老一代农民的纯务农选择，并负向影响其外出务工的就业选择，但对新生代农民影响不显著。由此可见，受年龄、能力、家庭等诸多因素的制约，老一代农民仍然存在较多的进城落户障碍。

第四节　研究结论与政策启示

本章对农户两代劳动力就业选择的代际差异及其影响因素进行了实证分析。总体而言，农户两代劳动力的就业选择存在较大差异，老一代农民偏向于选择纯务农和兼业务农形式，但新生代农民大多选择外出务工。老一代农民更重视土地的生计价值和生存保障功能。但新生代农民对农业生产缺乏热情，更倾向于将土地流转给他人或家中留守人员耕种。而且，从务工与务农的动力—障碍因素的代际差异看，相比老一代农民，虽然经济因素是推动新生代农民就业选择的重要力量，但该群体也更重视获取城市中良好的教育、医疗、交通等公共服务资源。

随着新生代农民的城市化转移，农村年轻人口流失严重，农业劳动力出现结构性失衡和空心化现象。同时，通过运用 Logistic 回归模型，进一步实证考察了个体禀赋、家庭特征、经济、社会、环境、制度、思想观念七类因素对农户两代劳动力就业选择产生影响的代际差异状况。结果表明：首先，在代际一致性方面，女性、文化程度偏低、家庭成员没有在城市落户、家庭抚养小孩任务繁重、外出务工收益较低、在家务农收益较高、感觉城市生活压力大的城市生活压力大的老一代和新生代农民均更愿意选择务农，如果是相反情况，则更愿意外出务工。其次，在代际差异性方面，自身具有安土重迁强烈意识、家庭年收入水平较高、评价农村生活环境比城市更好、认为城市落户依然困难的老一代农民更愿意选择务农，上述因素对新生代农民影响并不显著。同时，自身不存在厌农思想、家庭劳动力耕种土地规模较大、外出务工不能获得比较好的社会资源、认为城市基础设施比农村更加完善、获得不了进城落户机会的新生代农民更愿意选择务农，当然，此类因素对老一代农民的就业选择影响不显著。

根据上述研究结果，可以得出以下政策启示：首先，国家要充分重视优化农业劳动力的务农代际结构，尽快改善农业劳动力高龄化和妇女化的不良状况，遏制农业劳动力代际转换不畅现象的蔓延。其次，政府要着力构建基于乡村人才振兴目标导向的青壮年农业劳动力务农政策支持体系。要及早对培养新时代农业接班人进行谋划和布局。通过财政扶持、信贷支持、创业服务、教育培训等方式，培养和援助新生代农业继承人。既培养他们掌握先进的农业科技知识，又培养他们热爱农村、扎根农村、立业农村的乡土情怀。再次，要完善农地流转政策，适度扩大新生代劳动力投身农业生产的耕种规模，培养其成为专业大户、农民专业合作社或家庭农场的负责人，增强务农收益水平，提升新生代劳动力的务农意愿。最后，政府应着力缩小城乡之间的教育、医疗、养老、社会保障等公共服务资源差距，加快推进城乡基本公共服务均等化，提升农村公共服务供给水平，特别是在农村公共教育、医疗卫生和文化事业等领域补足发展短板，提高广大农民的获得感和幸福感，以此吸引新生代农民留在农村施展才华，促进农业劳动力的代际更替和农耕文明的生生不息。

第六章 中国农业劳动力代际转换的影响效应研究

农业劳动力代际转换不畅是一个重大的国情变化，它意味着中国农业劳动力迎来了由富余过剩到萎缩匮乏的时代①。农业劳动力资源的重新配置和跨域流动，一方面，为中国城镇化和工业化的快速崛起提供了充足的人力资源供给，为经济高速增长提供了动力源泉，同时也支撑了产业经济的快速变革②。另一方面，也为农业生产经营带来了复杂影响。

从积极效应来看，农业劳动力代际转换进一步消化了农村剩余劳动力资源，同时也为提升农业规模化水平和机械化水平提供了历史契机。从负面效应来看，农业劳动力代际转换在一定程度上弱化了农业生产主体，减少了农业生产过程中劳动力要素投入量，导致乡村振兴和粮食安全缺乏新生力量支撑。同时，农业劳动力代际转换造成大量以老人和妇女为主体的留守力量艰难支撑粮食生产，导致耕地资源错配，加剧了农村的老化和弱化。因此，在二元经济转换和城乡经济融合发展的大背景下，农业劳动力代际转换对农业生产活动所带来的影响趋于复杂烦冗和多元交织，需要在纵深比较的框架内进行全面审视。本节将以二元经济转换和新古典经济学理论为基础，构建多层次的实证分析模型，运用面板数据来实证检验农业劳动力代际转换的影响效应，总结研究结论，提出政策启示。

第一节 学术争议及研究进展：文献综述

伴随农业劳动力城镇化转移的加剧和人口空心化发展，农业劳动力代际

---

① 典型研究可参见卢锋、杨业伟《中国农业劳动力占比变动因素估测：1990—2030年》，《中国人口科学》2012年第4期；张琛、孔祥智、左臣明《农村人口转变与农业强国建设》，《中国农业大学学报》（社会科学版）2023年第6期。

② 蔡昉：《改革时期农业劳动力转移与重新配置》，《中国农村经济》2017年第10期。

转换备受社会关注。"未来谁来继承农业生产任务"在学术界和媒体界引起了广泛讨论。农业劳动力代际转换不仅表现为青年劳动力的减少，还表现为农业劳动力结构的老化和萎缩，更意味着农业劳动力供求关系的重要变化，对农业生产和农村发展形成诸多影响。梳理相关文献，学术界对于农业劳动力代际转换的影响效应缺乏直接研究，相关研究主要集中在农业劳动力结构变化、农业劳动力转移、农业劳动力老龄化和女性化、农村人口空心化所产生的影响等若干方面。综合梳理前期研究成果，目前学术界对于上述问题的认识和评价存在较大争议和分歧。相关学术成果大致可以分为消极影响论、积极影响论和综合影响论三类学术观点。

一　消极影响论

部分学者比较悲观，持有消极影响论的观点。他们通过研究提出，无论是农业劳动力的城镇化转移，还是农业生产主体的老龄化和女性化，都会导致青壮年农业劳动力的匮乏，进而在一定程度上恶化了农业生产形势，降低了生产效率，威胁到了粮食安全，同时也导致了农村凋敝和乡村社会的边缘化没落[1]。其一，转移到城市就业的农业劳动力虽然为工业经济发展提供了充足而又廉价的劳动力支撑，但是，农业劳动力转移规模已经较为严重地超过了合理界限[2]，负向影响了农业产出，降低了粮食产出效率[3]。其二，高素质农业劳动力的流失和匮乏，在一定程度上弱化了粮食供给效率和水平，扩大了粮食供需缺口，提高了粮食供给风险[4]，对粮食安全形势造成不利影响。其三，农业劳动力外流限制了农业全要素生产率的提升[5]，农业劳动力数量萎缩和质量下降严重阻碍了农业技术进步。

①　典型研究可参见穆光宗等《乡土中国的人口弱化和优化研究》，《中国农业大学学报》（社会科学版）2013年第3期。苟露峰、高强《刘易斯拐点时代下我国农村劳动力的供给研究》，《西北人口》2014年第3期；魏佳朔、高鸣《农业劳动力老龄化对种粮农户技术采纳的影响：以保护性耕作和优质种子为例》，《中国软科学》2023年第12期。

②　郑祥江、杨锦秀：《农业劳动力转移对农业生产的影响研究》，《华南农业大学学报》（社会科学版）2015年第2期。

③　盖庆恩、朱喜、史清华：《劳动力转移对中国农业生产的影响》，《经济学》2014年第3期。

④　姚成胜、肖雅雯、杨一单：《农业劳动力转移与农业机械化对中国粮食生产的关联影响分析》，《农业现代化研究》2022年第2期。

⑤　李士梅、尹希文：《中国农村劳动力转移对农业全要素生产率的影响分析》，《农业技术经济》2017年第9期。

同时，其他一些学者在不同层面进行了理论探索，关注研究了农村高素质青壮年劳动力的过度流失和农民主体的高龄化、女性化，带来了农业生产"非粮化"倾向、单一化种植、土地间歇性抛荒、农业技术推广应用缓慢、农产品生产供给基础不牢等诸多问题①。

二 积极影响论

另外一些学者比较乐观，持有积极影响论的观点。在此部分学者看来，青壮年劳动力的大量弃农、留守劳动力的老龄化与女性化虽然会导致劳动力要素投入量减少，但并不会严重冲击农业生产，负向影响粮食生产效率。相反，农业劳动力的数量萎缩与农业机械化生产之间具有较强的替代和互补效应。在农业科技要素的支撑下，劳动力投入数量的减少反而提升了生产性投资积极性，改善了农业生产效率，促进了土地规模化和产业化经营②。其一，农业劳动力的大量"弃农入城"并不会降低农业生产效率，而且有利于农业机械化进程的推进，因为农业机械的投入和农业科技

---

① 典型研究可参见 World Bank， "Engendering Development"，*World Bank Policy Research Report*，New York：Oxford University Press，2001；Peterman，A.，J. Behrman，and A. Quisumbing， "A Review of Empirical Evidence on Gender Differences in Nonland Agricultural Inputs， Technology， and Services in Developing Countries"，*IFPRI Discussion Paper*，2010，p. 975；张桃林《加快形成新型职业农民培育政策体系》，《农民日报》2012 年 3 月 21 日；范东君《农村空心化挑战及其化解之道》，《党政视野》2015 年第 7 期；聂正彦《农业劳动力老龄化对农业生产的影响分析——基于甘肃省 4 市 6 县调查数据》，《国家行政学院学报》2015 年第 6 期；钱龙、洪名勇《非农就业、土地流转与农业生产效率变化——基于 CFPS 的实证分析》，《中国农村经济》2016 年第 12 期；田梦君、熊涛、张鹏静《劳动力转移对耕地抛荒的影响研究》，《世界农业》2023 年第 1 期。

② 典型研究可参见 Zhao Yaohui， "Causes and Consequences of Return Migration：Recent Evidence from China"，*Journal of Comparative Economics*，Vol. 30，No. 2，2002，pp. 376 – 394；Brauw，Alan de and Scott Rozelle， "Migration and Household Investment in Rural China"，*China Economic Review*，Vol. 19，No. 2，2008，pp. 320 – 335；胡雪枝、钟甫宁《农村人口老龄化对粮食生产的影响——基于农村固定观察点数据的分析》，《中国农村经济》2012 年第 7 期；林本喜、邓衡山《农业劳动力老龄化对土地利用效率影响的实证分析——基于浙江省农村固定观察点数据》，《中国农村经济》2012 年第 4 期；林坚、李德洗《非农就业与粮食生产：替代抑或互补——基于粮食主产区农户视角的分析》，《中国农村经济》2013 年第 9 期；张宗毅等《劳动力转移背景下农业机械化对粮食生产贡献研究》，《农林经济管理学报》2014 年第 6 期；李俊鹏、冯中朝、吴清华《农业劳动力老龄化与中国粮食生产——基于劳动增强型生产函数分析》，《农业技术经济》2018 年第 8 期；王则宇、李谷成、周晓时《农业劳动力结构、粮食生产与化肥利用效率提升——基于随机前沿生产函数与 Tobit 模型的实证研究》，《中国农业大学学报》2018 年第 2 期；陈辉《乡村振兴背景下老人农业的生产效率与社会效益评价》，《湖湘论坛》2024 年第 1 期。

的应用在很大程度上能够抵消劳动力投入量减少所带来的负面作用①。同时，农业劳动力向工业部门的转移会促进其发展，工业部门的发展又为农业技术进步奠定了基础条件②，从而有利于农业生产效率的提高。其二，农民老龄化导致农业生产中劳动力要素投入量的下滑和减少，客观上有利于提升化肥利用效率和粮食生产技术效率③。这说明，农业机械、化肥、农药等生产要素确实能够形成对劳动力的替代④。由此，可以解释在农村人口老龄化加剧的背景下粮食产出依然可以取得较大程度增加的现实状况。其三，一些学者研究提出，在粮食作物种植决策和投入水平方面，老龄农户与女性农户较为一致⑤，而且年轻农户也并未表现出明显差异，仅在不同地形上的粮食作物与经济作物种植强度方面存在差异⑥。其四，还有部分学者更为乐观地认为，农业劳动力绝对数量的萎缩并不可怕，反而能够带来土地经营规模增加的"扩大效应"⑦，促进了农业生产效率的提升。

三 综合影响论

部分学者倾向于中性态度和辩证思维，持有综合影响论的观点。他们研究提出，农业劳动力数量萎缩与老龄化不能简单从正面或负面影响的单一角度来衡量，需要分情况进行讨论其影响效应。其一，农业劳动力外流

---

① 李双双、刘卫柏、蒋健《农业机械化可以解决农业劳动力短缺吗?》，《中国农机化学报》2024 年第 7 期。

② 徐建国、张勋：《农业生产率进步、劳动力转移与工农业联动发展》，《管理世界》2016 年第 7 期。

③ 典型研究可参见匡远配、陈梅美《农村人口老龄化对农业全要素生产率影响的实证分析》，《燕山大学学报》（哲学社会科学版）2015 年第 1 期；高升、邓峰《农村人口老龄化、农业机械化与小麦两阶段生产效率》，《技术经济与管理研究》2019 年第 10 期。

④ 典型研究可参见纪志耿《中国粮食安全问题反思——农村劳动力老龄化与粮食持续增产的悖论》，《厦门大学学报》（哲学社会科学版）2013 年第 2 期；刘成坤、陈晗、张茗泓《农村人口老龄化对农业高质量发展的影响及作用路径》，《农业现代化研究》2023 年第 6 期。

⑤ Brauw, Alan de, Jikun Huang, Linxiu Zhang, Scott Rozelle, "The Feminisation of Agriculture with Chinese Characteristics", *The Journal of Development Studies*, Vol. 49, No. 5, 2013, pp. 689 – 704.

⑥ 李庆、韩菡、李翠霞：《老龄化、地形差异与农户种植决策》，《经济评论》2019 年第 6 期。

⑦ 田红宇、祝志勇：《农村劳动力转移、经营规模与粮食生产环境技术效率》，《华南农业大学学报》（社会科学版）2018 年第 5 期。

一方面会导致粮食生产管理粗放、劳动力投入减少等问题，另一方面也会促进农户非农收入提高，以此增加农业生产的资本投入与技术投入比重。因此，需要全面对比分析其影响效果①。其二，农业劳动力非农化迁移和老龄化在一定程度上促进了农业机械要素投入的增长，形成了要素替代效应，缓解了劳动力匮乏的矛盾②。但是，要素替代效应在不同区域差异显著。平原区域的要素替代性较强，丘陵山区却不明显③。其三，青壮年农业劳动力数量萎缩对于粮食产出的影响具有区域差异、群体差异和结构差异。在区域差异方面，经济落后农区的劳动力流失对农业产出所产生的负面影响比较显著，但在经济发达的粮食主产区，负面影响效应并不显著④。在群体差异方面，高素质农业劳动力流失对粮食生产所形成的负面影响比较显著，而对一般农业劳动力而言，其影响效应反而呈现积极作用⑤。在结构差异方面，农业劳动力老龄化和女性化对粮食生产技术效率的影响并不相同。农业劳动力的老龄化在一定程度上促进了农业生产技术效率提高，正向影响比较显著，而女性化却降低了农业生产技术效率⑥。

综上所述，基于学术界研究文献的梳理，对于理解其研究进展提供了较好视角。有关农业劳动力急剧流失和老龄化对农业生产所带来的影响，学术界存在较大争议，尚未形成一致观点。不管如何争论，高素质农业劳动力流失加剧，务农主体老龄化严重，直接导致农业劳动力代际转换不畅日益显现，由此所带来的农业"口粮化""副业化""边缘化"和撂荒、弃耕等现象却是不争的事实。将乡村振兴、现代农业发展和国家粮食安全等重任担负在老人和妇女等弱势务农群体上，将是不可持续的。因此，以往的学术研究

① 钱力、陈璐瑶：《劳动力流动与农民收入质量：理论机制与实证检验》，《云南农业大学学报》（社会科学版）2024 年第 3 期。

② 李秋生、傅青、刘小春：《劳动力转移、农业机械权属与农户生产效率》，《中国农机化学报》2024 年第 6 期。

③ 张淑雯、田旭、王善高：《农业劳动力老龄化对小麦生产机械化与技术效率的影响——基于地形特征的分析》，《中国农业大学学报》2018 年第 10 期。

④ 程名望、刘雅娟、黄甜甜：《我国粮食主产区农村劳动力外流对粮食供给安全的影响》，《商业研究》2015 年第 10 期。

⑤ 卫龙宝、张艳虹、高叙文：《我国农业劳动力转移对粮食安全的影响——基于面板数据的实证分析》，《经济问题探索》2017 年第 2 期。

⑥ 高升、邓峰：《农村人口老龄化、农业机械化与小麦两阶段生产效率》，《技术经济与管理研究》2019 年第 10 期。

成果积淀虽然提供了一定基础，但一些关键问题仍需进一步探索。

首先，已有成果缺乏农业劳动力代际转换影响效应的直接考察，多是将问题局限在农民老龄化、女性化和农业人口就业迁移等领域，缺乏从新旧传承视角分析农业劳动力代际转换状况对农业生产状况的影响；其次，已有研究主要考察农业劳动力投入数量变化对农业生产所带来的整体影响，缺乏基于逻辑分解的影响效应分析；最后，现有研究多集中于从劳动力投入角度分析影响效应，忽视了从要素替代、种植决策、农地流转等综合角度进行研究判断。基于此，本节以二元经济理论和新古典经济学理论为依托，将分析视角扩展到农业劳动力代际转换层面，构建基于逻辑分解的影响效应理论模型，提出研究假设，实证分析不同层面的影响效应，并进行中介效应检验，最后提出研究结论与政策启示。

第二节　作用机制与研究假设

一　作用机制

农业劳动力代际转换意味着大量青壮年劳动力退出土地耕种，留守农村的老人、妇女等弱劳动力者过多承担农业生产任务，对农业生产活动带来了一系列深刻影响。由逻辑演绎过程看，农业劳动力代际转换表现出青壮年劳动力主动退出与留守劳动力无奈加入的交互作用，对农业生产要素投入和农户务农行为产生直接影响，并通过诸多中间环节的传导作用，最终影响农业产出。其一，农业劳动力代际转换导致劳动力要素供给数量萎缩和质量下降，进而造成农业劳动力投入下滑，影响农业产出效率。其二，农业劳动力代际转换促使留守农业劳动力进行理性重构，扬长避短，推动农业生产要素替代，改变农业生产要素投入结构，对产出形成影响。其三，农业劳动力代际转换推动农户根据自身禀赋条件，改变种植结构，调整种植决策，影响农业产出结构。其四，农业劳动力代际转换促进农地流出与流入的分向流转变化，进而改变土地生产经营规模，影响农业生产状况。

综上所述，如图6—1所示，农业劳动力代际转换通过农业劳动力投入萎缩、农业生产要素替代、农户种植决策调整、农地分层次流转变化四种途径的间接传导作用来对农业生产状况造成影响。

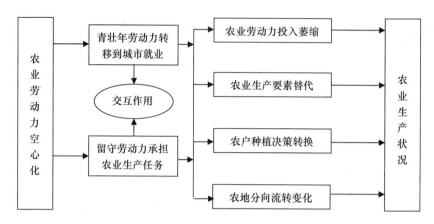

图6—1　农业劳动力代际转换对农业生产状况的作用机制

二　效应分解与研究假设

如图6—1的作用机制所述，农业劳动力代际转换对农业产出的影响过程可以分解为劳动力投入效应、生产要素替代效应、种植决策调整效应和农地分向流转效应等。综合上述情况，正是通过上述效应的叠加作用，农业劳动力代际转换在一定程度上对农业生产状况形成了深刻影响。

（一）劳动力投入萎缩效应

"劳动力投入萎缩效应"是指随着农业劳动力代际转换的加深，农业劳动力要素供给数量和质量下滑，造成农业劳动力要素投入量发生改变，进而负向影响农业产出。首先，在空心化背景下，以老人、妇女为代表的留守农民过度承担农业生产任务。相对于身体禀赋资源较高的男性青壮年农民而言，留守农民群体无论是在体力，还是能力方面都处于劣势。再加之，农业种植自古以来都是以体力劳动为支撑的生产活动，留守农民会减少农业生产中的劳动力要素投入[1]。其次，空心化的发生，势必会导致农户这一农业生产基本单位的衰减。据相关学者测算，当前我国平均每户农业从业人口仅为1.04—1.52人[2]。随着留守农民的增加，农户会因缺少家庭劳动力而退出土地耕种。再次，空心化意味着农村青壮年农民数量的锐

---

[1]　卢文秀、吴方卫：《女性劳动力转移：要素替代抑或农业生产退出析》，《劳动经济研究》2023年第2期。

[2]　王笳旭、李朝柱：《农村人口老龄化与农业生产的效应机制》，《华南农业大学学报》（社会科学版）2020年第2期。

减，新生代力量的萎缩导致农民老龄化程度进一步加深。国家统计局三次农业普查数据显示，中国农业就业人员的老龄化程度由 1996 年 12.27% 上升到 2016 年的 33.58%，增加幅度高达 21.31%。国家统计局 2015 年全国人口 1% 抽样调查数据表明，农村 60 岁及以上老年人口占比为 18.47%，远高于城市的 14.2%。农村人口老龄化步伐的加快，限制了农业劳动力的有效供给。因此，基于以上综合分析，提出如下研究假设：

假设Ⅰ：农业劳动力代际转换通过"劳动力投入萎缩效应"负向影响农业产出。

（二）生产要素替代效应

"生产要素替代效应"是指在农业劳动力代际转换程度加深的背景下，农户会根据劳动力供给状况的客观条件约束，理性地调整农业生产要素资源配置，进行生产要素替代，进而影响农业产出。通常来看，青壮年劳动力数量的锐减导致劳动力价格上升，农户会倾向于使用技术、资本等要素替代劳动力，进而提升劳动替代型生产要素的投入数量，特别是促进农业机械、化肥等要素投入，有利于改善农业生产的技术效率[①]。

另一方面，部分学者担心，劳动力空心化也会延缓或阻碍农业生产技术的应用。首先，劳动力空心化催生了以老人、妇女为代表的留守农民群体，其知识水平普遍不高，接受新生事物的能力较差，农业耕种的技能、经验与方式相对固化，不利于农业生产技术的应用。其次，由于缺乏劳动力，留守农民群体可能会通过延长劳动时间来弥补劳动力要素投入的不足，而不是增加技术和资本要素的投入。然而，事实上，近年来农业生产的现实表明，劳动力空心化并没有显著阻碍农业生产技术的应用。相反，农业机械、化肥等要素投入数量增长较快。国家统计局统计数据表明，农业机械总动力由 2010 年的 92780.48 万千瓦上升到 2019 年的 102707.68 万千瓦，增长了 10.7%。主要农作物耕种收综合机械化率超过 67%，主要粮食作物耕种收综合机械化率超过 80%。2018 年，我国农业科技进步贡献率达到 58.3%，比 2005 年提高了 10.3%。此外，2018 年，全国农用化

---

① 宦梅丽、侯云先：《农机服务、农村劳动力结构变化与中国粮食生产技术效率》，《华中农业大学学报》（社会科学版）2021 年第 1 期。

肥施用量（折纯量）5653 万吨，比 2009 年提高了 4.6%。[①] 由上述数据可以得出，技术和资本要素在农业生产中的作用愈加凸显。因此，提出如下研究假设：

假设Ⅱ：农业劳动力代际转换通过"生产要素替代效应"正向影响农业产出。

（三）种植决策转换效应

"种植决策转换效应"是指在农业劳动力代际转换程度加深的背景下，以老人、妇女为代表的留守农民群体，由于体力禀赋条件的制约，劳动力投入不足，更偏好于种植耗费劳动相对较少的粮食作物，减少种植需要深耕细作的经济作物，进而对农业产出形成影响。

从种植结构特点来看，粮食作物与经济作物之间存在较大差异。粮食作物虽然收益较低，但所需要的劳动较少，而且更易进行机械化替代。经济作物的种植收益较高，但需要较多深耕细作式的劳动力投入，而且机械替代劳动力的难度较大。一般而言，农户种植决策受劳动力投入数量和预期种植利润双重影响[②]。在农户追求种植利润的目标导向驱使下，往往更倾向于经济作物的种植。然而，在农业劳动力代际转换的影响下，老年劳动力过度承担农业生产任务。农业生产主体的弱质化导致农户以利润追求为目标的种植决策受到身体禀赋条件的严重制约，导致其不得不做出种植决策的调整和转换。在青壮年劳动力匮乏的现实条件下，老年农户会适度放弃对于利润目标的追求，通过减少经济作物种植、增加粮食作物复种指数来实现家庭种植决策的优化。但是，由于经济作物的种植收益高于粮食作物，此类种植决策转换往往不利于农业生产效益的最优化[③]。以上述分析为基础构建如下研究假设：

假设Ⅲ：农业劳动力代际转换通过"种植决策转换效应"负向影响农业产出。

（四）农地分向流转效应

"农地分向流转效应"是指在农业劳动力代际转换背景下，受制于青

---

① 资料来源：国家统计局网站（http://www.stats.gov.cn/）。

② 李庆、韩菡、李翠霞：《老龄化、地形差异与农户种植决策》，《经济评论》2019 年第 6 期。

③ 魏君英、韩丽艳：《农村人口结构变化对农作物种植结构的影响——基于中国粮食主产区面板数据的全面 FGSL 估计》，《农村经济》2019 年第 3 期。

壮年农业劳动力流失和农地种植收益不高的双重作用，以老人、妇女为务农主体的空心化农户根据劳动供给状态的条件基础，对农地生产规模进行重构配置，进而对农地流转的转入和转出行为形成影响，并最终影响农业生产的过程。

一般而言，农业劳动力投入数量与农地耕种规模之间存在一定的匹配关系。在技术水平不变的条件下，农业劳动力投入数量越多，其所能承载和耕种的农地规模就越大。在农业劳动力代际转换影响下，外出务工的青壮年农民倾向于放弃农业生产，多数选择流转农地。同时，以老人、妇女为代表的留守农民的劳动体力条件趋向弱质化，无力承担繁重的土地耕种任务，进而导致该群体更多倾向于转出农地。因此，年龄、体力等个体禀赋因素会对农地转出产生正向影响，对农地转入产生负向影响①。事实上，处于留守状态的空心化农户通过转让土地的经营权，放弃部分农地的生产经营，在一定程度上促进农地种植规模的扩大。在具体实践中，留守在村的高龄农民或妇女部分选择将农地流转到亲戚朋友手中，同时有一部分流转到专业化种植大户手中，形成了农地的不同流转状态。已有研究成果认为，农民的老龄化和空心化，有利于青壮年农户生产经营规模的扩大，进而优化农地资源配置②。综合以上情况分析，建立研究假设如下：

假设Ⅳ：农业劳动力代际转换通过"农地分向流转效应"正向影响农地转出，负向影响农地转入，进而有利于青壮年农户土地经营规模的扩大，正向影响农业产出。

第三节 模型、变量与数据

一 模型构建

农业劳动力代际转换从劳动力投入萎缩效应、生产要素替代效应、种植决策转换效应、农地分向流转效应等方面，对农业生产活动带来诸多影

---

① 凌若愚、潘镇、刘艺园：《农村人口老龄化对土地流转影响的研究》，《现代经济探讨》2018 年第 7 期。

② 刘爱梅：《农村空心化对乡村建设的制约与化解思路》，《东岳论丛》2021 年第 11 期。

响。为了考察上述影响效应情况，本节着重从年龄角度，将农业劳动力划分为老年劳动力和青壮年劳动力（即非老年劳动力），构建基于生产函数的面板数据模型，进行实证研究。参考国家统计局的统计标准，老年农业劳动力为年龄范围在 60 岁及以上的农业生产者，青壮年劳动力为年龄范围在 60 岁以下的农业生产者。

（一）面板数据模型

借鉴已有的学术成果[①]，为研究农业劳动力代际转换对农业生产状况的影响，可构建相应的生产函数。此处借助劳动增长型的 C—D 函数，其基本模型如式（6.1）所示：

$$Y_i = S_i{}^{\varepsilon_i} C_i{}^{\beta_i} [L_i A_i \theta(l_i)]^{\gamma_i} \tag{6.1}$$

其中，Y_i 表示第 i 个农户某时刻的农业产出水平，S_i 表示该农户经营农业生产的土地规模，C_i 表示该农户在农业生产过程中的资本要素投入量，L_i 表示农业生产过程中的劳动力要素投入量，A_i 表示该农户的技术进步水平，θ_i 表示生产能力函数，反映该农户从事农业生产时投入的全部劳动力的综合生产能力，l_i 代表劳动力投入因素，指数 α，β，γ 分别表示土地规模、资本和劳动力投入的替代弹性。

将劳动力投入进一步细分为两个类型：青壮年劳动力投入（L_{i1}）、老年劳动力投入 L_{i2}，则模型（6.1）中 L_i 可由上述三者加总而来，即：

$$L_i = \sum_{j=1}^{2} L_{ij} \tag{6.2}$$

由于劳动力类型不同，其生产技能也是不同的。因此，其综合生产能力存在差异。假设劳动力的综合生产能力与劳动力类型呈倍数关系，则其函数可由式（6.3）表示，k_j 反映了不同类型劳动力的生产技能差异。

$$\theta(l_i) = \sum_{j=1}^{2} k_j l_{ij} \tag{6.3}$$

不同类型劳动力因素 l_{ij} 可用农业劳动力占农户家庭总的农业劳动供给的比重来表示，即：

---

① 典型研究可参见李俊鹏、冯中朝、吴清华《农业劳动力老龄化与中国粮食生产——基于劳动增强型生产函数分析》，《农业技术经济》2018 年第 8 期；王筋旭、李朝柱《农村人口老龄化与农业生产的效应机制》，《华南农业大学学报》（哲学社会科学版）2020 年第 2 期。

$$l_{ij} = \frac{L_{ij}}{L_i} \qquad (6.4)$$

将式（6.2）、式（6.3）和式（6.4）代入式（6.1）中，两边取对数，整理可得：

$$LnY_i = \alpha_i Lns_i + \beta_i Lnc_i + \gamma_i Ln(k_1 L_{i1} + k_2 L_{i2}) + \gamma_i LnA_i + \gamma_i Ln\theta(l_i)$$

$$(6.5)$$

对于劳动力综合生产能力而言，假设青壮年劳动力综合生产能力比较基础，标准化为数值1。老年劳动力的综合生产能力为青壮年劳动力的一个固定比例 σ，借鉴已有研究成果得：$0 < \sigma < 1$。在此假设下，综合生产能力函数（6.3）可整理为式（6.6）。

$$\theta(l_i) = \theta(L_{i1} + L_{i2}) = = \theta(L_{i1} + L_{i2} + \sigma L_{i2} - L_{i2}) = \theta[L_i + (\sigma - 1)L_{i2}]$$

$$(6.6)$$

由式（6.6）可知，劳动力综合生产能力为所有劳动力投入的产出和老年劳动力投入的产出之和。如果劳动力投入不变，且产出为投入的正函数，因为 $\sigma - 1 < 0$，所以，老年劳动力占比越大，农业劳动力综合劳动能力就越低。将式（6.6）代入式（6.5）进一步整理，可构建用于分析农业劳动力代际转换水平对农业产出影响的面板模型，如式（6.7）所示。

$$LnY_{it} = \alpha_0 + \alpha_1 LnS_{it} + \alpha_2 LnC_{it} + \alpha_3 LnL_{it} + \alpha_4 LnM_{it} + \alpha_5 LnO_{it} + \alpha_6 V_{it} +$$

$$\mu_{it} + \varepsilon_{it}$$

$$(6.7)$$

其中，Y_i，S_i，C_i，L_i 意义同前，O_i 表示农民老龄化水平，M_i 农业机械化水平，V_i 代表控制变量，μ_i 表示个体效应，ε_i 是服从经典假设的随机扰动项。

需要特别说明的是，在式（6.7）中，将农民老龄化水平作为衡量农业劳动力代际转换程度的代表性指标。同时，将农业机械化水平作为衡量农户生产技术进步程度的代表性指标。综合来看，农业产出水平受到劳动力投入、土地规模、资本投入、技术等因素的影响。此外，在上述模型推导过程中，本书也同时考虑了其他控制变量的影响因素。

（二）中介效应模型

为剖析农业劳动力代际转换水平对农业产出的影响，可进一步考察其是否存在中介效应，相关检验模型如（6.8）—（6.10）所示。

$$\begin{cases} Y_i = \beta_1 + \gamma_1 X_i + c_1 V_i + \varepsilon_1 & (6.8) \\ N_i = \beta_2 + \gamma_2 X_i + c_2 V_i + \varepsilon_2 & (6.9) \\ Y_i = \beta_3 + \gamma_3 X_3 + \gamma_4 N_i + c_3 V_i + \varepsilon_3 & (6.10) \end{cases}$$

其中，Y_i 为被解释变量，X_i 为解释变量，N_i 为中介变量，V_i 为控制变量，ε_i 是服从经典假设的随机扰动项。可通过上述检验模型系数的显著性与否来比较判断是否存在中介效应，或者是完全中介还是部分中介效应。若 γ_2、γ_4 显著，而 γ_1、γ_3 不显著，则存在完全中介效应；如果 γ_2、γ_4 显著，同时 γ_1 也显著，则存在部分中介效应；若 γ_1、γ_3 显著，而 γ_2、γ_4 不显著，则不存在中介效应。

二 变量设定

（一）被解释变量

为了考察农业劳动力代际转换对农业生产状况的影响效应，将农业产出设定为被解释变量。农业产出涵盖了农地总产出（y_a）和农地生产效率（y_b）两项指标。其中，农地总产出水平使用农户种植总收益指标进行衡量。同时为了有效剔除价格波动的影响，以2010年为基期，依据各区域统计部门发布的物价指数，对种植总收益进行了平滑调整。借鉴已有的研究成果，农地生产效率运用单位农地的种植收益指标进行测度。

（二）核心解释变量

农业劳动力代际转换水平（x_1）：为了实证分析需要，与模型（6.7）相对应，使用农民年龄水平作为衡量农业劳动力代际转换程度的代表性指标。在具体测度时，使用农户中参与实际耕种的户均劳动力年龄指标进行衡量。

（三）关键解释变量

劳动力、资本、技术、土地等生产要素投入状况是影响农业产出水平和效率的重要影响因素。因此，从投入—产出角度，将上述生产要素作为关键解释变量加以研究。其一是农业劳动力投入（x_2）。学术界对于农业劳动力的衡量有投入数量和投入时间两类测度方法，此处采用投入数量衡量可以有效避免劳动投入时间的统计误差问题。考虑到农业劳动力质量的差异性，借鉴已有研究，在不考虑性别差异的情况下，以 60 岁为界，将劳动力投入主体区分为老年和青壮年两种类型。在实证测度时，鉴于老年劳动力的生产效率低于青壮年劳动力，参考相关经验研究，通过标准化界定，设定单个青壮年劳动力为标准值 1，则单个老年劳动力为标准值 0.71，以此避免劳动力异质性的干扰。

其二，为了考察生产要素替代效应，设立农业资本投入（x_3）和农业技术投入（x_4）两个关键解释变量。在量化分析时，使用农业生产资料（包含农药、化肥、塑料薄膜等）相关费用指标反映农业资本投入状况，使用农业机械投入（包含购买、租赁等形式）相关费用指标反映农业技术投入状况。

其三，为了考察种植决策转换效应，参考相关学者的研究，设立扩大粮食作物种植决策（x_5）和缩减经济作物种植决策（x_6）作为关键解释变量，同时使用虚拟变量进行赋值考察。参考全国农村固定观察点调查数据的统计口径，本书采用广义范畴标准，粮食作物包括小麦、稻谷、玉米、大豆和薯类等，经济作物包括棉花、油料、糖料、麻类、烟草、蚕桑、蔬菜和水果等。

其四，设立农地规模（x_7）作为关键解释变量，反映土地要素投入状况，同时，使用农户家庭耕种土地面积指标进行具体测度。为了考察农地分向流转效应，进一步设立农地流出（x_8）和农地流入（x_9）两个指标作为关键解释变量，并对农户是否具有农地租出和租入行为进行赋值测度。

（四）控制变量

在上述关键解释变量设定的基础上，参考相关研究成果，设立了反映农户个体禀赋和生产设施的相关指标作为控制变量。在农户个体禀赋方面，控制变量主要有农户家庭劳动力规模（x_{10}）、农户家庭劳动力平均受教育程度（x_{11}）、农户家庭劳动力流失情况（x_{12}）、农户家庭收入状况（x_{13}）等指标。在农户生产设施方面，控制变量主要有农村道路基础设施情况（x_{14}）、农田水利灌溉设施情况（x_{15}）、农村电力设施情况（x_{16}）等指标。

三　数据来源与描述性统计

本节所使用的实证研究数据来源于笔者组织的实地追踪调查。笔者依托国家社会科学基金项目："新常态下农业劳动力代际转换的多维动因、耦合机制与破解模式研究"，利用在校大学生暑期回乡期间，组织开展了针对农户务农现状的追踪式问卷调查。问卷调查分别于 2016 年、2017 年、2018 年、2019 年暑期，在东中西部三大区域 6 个代表性省份实施。考虑到调查样本的地域均衡性，课题组分别在东中西部每个区域确定 2 个调查省份。为了体现区域经济发展的差异性，课题组把东部区域的调查样本省份确定为浙江、江苏，中部区域为河南、湖北，西部区域为陕西、甘肃。调查小组通过采用随机、典型与整群相结合的抽样方法，对上述 6 省的 30 个县（市）181 个乡（镇）的 317 个村庄 6241 户的务农农民进行了实地问卷调查。本次追踪调查运用了条件价值评估（Contingent Valuation Method）和参与式乡村评估（Participatory Rural Appraisal）两种方法。首先通过 SPSS 技术处理，进行了信度考察，调整了部分问卷内容。其次，以抽样结果为基础，确定了正式调查对象。在 2016—2019 年四年的追踪调查中，一小部分调查对象由于城镇化迁移、家庭变故等原因，发生了情况变化，因此，课题组在进行数据处理时，剔除了部分中断缺失的数据。在追踪调查中，调查小组在各年份以户为单位分别发放调查问卷 6241 份、6172 份、6093 份、5926 份，实际收回调查问卷 6192 份、6075 份、6027 份、5813 份。剔除部分中断缺失及其他无效的问卷，共得到有效问卷 5782 份，问卷调查平均有效率达到 95.93%，属于较高层次。

随着农业劳动力高龄化程度的加深，其人力资本水平下降幅度会更大，对农业生产状态的影响效应则更为突出。鉴于此，为了更加全面有效地研究农业劳动力代际转换对农业生产状况的影响效应，参考部分学者的研究成果①，课题组将研究对象区分为甲类老年农户、乙类老年农户和青壮年农户三类群体。其中，甲类农户指家庭劳动力平均年龄在 60—65 周岁的老年农户，乙类农户指家庭劳动力平均年龄在 65 周岁以上的老年农户，丙类农户指家庭劳动力平均年龄在 60 周岁以下的青壮年农户。基于此，笔者对上述追踪调查的 5782 份有效问卷进行了分类，共得到甲类老年农户的有效问卷 2963 份，乙类老年农户的有效问卷 1526 份，二者比例

---

① 魏佳朔、高鸣：《农业劳动力老龄化如何影响小麦全要素生产率增长》，《中国农村经济》2023 年第 2 期。

为 1.94∶1，丙类青壮年农户的有效问卷 1293 份。老年农户和青壮年农户的描述性统计如表 6—1 所示：

表 6—1　　　　　　　　　　变量情况和描述性统计

变量	变量名称	变量含义	Ⅰ均值	Ⅰ标准差	Ⅱ均值	Ⅱ标准差
y_a	农地总产出	农户种植总收益（元）	16862.21	23746.33	21738.51	31027.23
y_b	农地生产效率（单位农地的种植收益）	农户种植总收益/农户家庭耕种土地面积	3180.04	21636.75	57061.90	27528.89
x_1	农业劳动力代际转换水平	农户中参与实际耕种的户均劳动力年龄	68.31	10.22	46.72	16.31
x_2	农业劳动力投入	农户家庭劳动力投入的标准值	1.3628	0.7527	1.9126	0.8303
x_3	农业资本投入	农业生产资料（包含农药、化肥、塑料薄膜等）的投入费用	8702.92	17937.68	11839.31	25364.73
x_4	农业技术投入	农业机械（购买、租赁等形式）投入费用	2183.18	5287.35	3368.64	7295.52
x_5	扩大粮食作物种植决策	是否扩种粮食作物，虚拟变量（0 = 否；1 = 是）	0.7153	0.8138	0.3629	0.5361
x_6	缩减经济作物种植决策	是否减种经济作物，虚拟变量（0 = 否；1 = 是）	0.6326	0.7128	0.2207	0.5749
x_7	农地规模	农户耕种土地面积	13.6172	32.8177	17.6108	46.2176
x_8	农地流出	农地是否租出，虚拟变量（0 = 否；1 = 是）	0.7526	0.3516	0.4179	0.7063
x_9	农地流入	农地是否租入，虚拟变量（0 = 否；1 = 是）	0.3652	0.6948	0.8129	0.9301
x_{10}	农户家庭劳动力规模	农户家庭成年劳动力数量（人）	3.3526	1.7631	4.7153	2.9538

变量	变量名称	变量含义	Ⅰ均值	Ⅰ标准差	Ⅱ均值	Ⅱ标准差
x_{11}	农户家庭受教育程度	农户家庭劳动力平均受教育年限（年）	4.1750	3.2899	7.6225	5.9306
x_{12}	农户家庭劳动力流失情况	农户家庭常年外出务工人数（人）	1.8202	1.7357	1.2679	1.9289
x_{13}	农户家庭收入状况	农户家庭平均年收入水平（元）	32751.68	17381.57	58729.72	27638.92
x_{14}	农村道路基础设施情况	村庄公路设施是否完善，虚拟变量（0＝否；1＝是）	0.7118	0.4932	0.8528	0.5378
x_{15}	农田水利灌溉设施情况	村庄水利灌溉设施是否完善，虚拟变量（0＝否；1＝是）	0.6136	0.3851	0.7293	0.6627
x_{16}	农村电力设施情况	村庄电力设施是否完善，虚拟变量（0＝否；1＝是）	0.8193	0.6302	0.7587	0.5262

注：Ⅰ代表甲类老年农户与乙类老年农户两类群体之和，Ⅱ代表丙类青壮年农户。该表数据均为按照问卷调查结果整理而得的原始值。为了研究需要，在实证分析中对表中数据进行了对数化处理。

表6—1列出了被解释变量、核心解释变量、关键解释变量和控制变量的样本均值。从相关统计数据看，无论是农地总产出，还是农地生产效率，青壮年农户的指标均值都显著高于老年农户。此外，在农业劳动力、资本和技术三大要素投入方面，也呈现同样的规律。通过对比可以判断，老年农户确实在农业生产投入和产出方面处于劣势状态，存在较大的客观条件限制。需要注意的是，无论是扩大粮食作物种植决策，还是缩减经济作物种植决策，老年农户的指标值均高于青壮年农户。由上述情况可见，相比青壮年农户，老年农户更愿意进行种植决策的转换，符合本文的研究预期。

第四节　模型检验与实证结果分析

一　模型检验

（一）F统计量检验和Hausman检验

首先，应通过F统计量检验，来对比变考察变截距模型和奇次线性参数模型，选择确定面板数据的实证计量方法。

F 统计量取值公式如（6.11）所示，其中，S_1 和 S_2 都为残差平方和，前者代表变截距模型，后者代表奇次线性参数模型。n 代表样本数量，k 代表解释变量的数量。

$$F = \frac{(S_2 - S_1)/[(n-1)(k+1)]}{S_1/[nT - n(k+1)]} \tag{6.11}$$

当研究对象为甲类老年农户时，将相关变量值代入式（6.11）可得其统计量 $F = 329.1358$；当研究对象为乙类老年农户时，其统计量 $F = 186.2084$。由以上结果得出，在 1% 的显著性水平下，F 统计量比临界值高，因此选择拒绝原假设，采用变截距模型比较科学。

其次，应通过 Hausman 检验，在固定效应模型和随机效应模型之间进行对比考察选择，相关检验结果如表6—2所示。

表6—2　　　　　　　　　　　　　Hausman 检验结果

劳动力类型	Chi-sq. Statistic	Chi-sq. d. f.	Prob.	Fixed	Random	Var（Diff.）	Prob.
甲类老年农户	37.2709	11835	0.0002	1.6073	1.5185	0.000002	0.0238
乙类老年农户	26.2283	6087	0.0000	1.3623	1.4272	0.000001	0.0217

注：在随机影响原假设下，如果 Hausman 检验值大于临界值，则拒绝原假设，反之则接受。

在上述检验中，设定 H_0：随机效应模型；H_1：固定效应模型。表6—2检验结果显示，在 5% 的显著性水平下，无论是甲类老年农户，还是乙类老年农户，其概率值 P 都低于 0.05，所以应拒绝原假设 H_0，备择假设 H_1 成立，应选择固定效应模型。

（二）似然比检验

同时借助似然比检验，在固定效应模型和混合效应模型之间进行选择确定。极大似然比检验结果如表6—3所示。

在似然比检验中，设定 H_0：混合效应模型；H_1：固定效应模型。如表6—3检验结果显示，P 值为 0.000，在置信区间内，因此拒绝原假设，选择构建固定效应模型。

表6—3　　　　　　　　　　　极大似然比检验结果

	Effects Test	Statistic	d. f.	Prob.
甲类老年农户	Cross-section F	105. 2733	(2962, 11835)	0. 0000
	Cross-section Chi-square	503. 7248	2962	0. 0000
乙类老年农户	Cross-section F	116. 2389	(1525, 6087)	0. 0000
	Cross-section Chi-square	631. 2864	1525	0. 0000

二　固定效应的基准回归结果分析

（一）对农地总产出的影响分析

根据上文实证检验结果，选择固定效应模型进行面板数据回归。为了对比考察农业劳动力代际转换程度的不同影响，同时也为了进行稳健性检验，分别对甲类老年农户和乙类老年农户进行实证计量，结果如表6—4所示。从计量结果来看，甲、乙两类老年农户的基准回归结果基本一致，系数值和正负方向不存在显著差异，这表明回归的稳健性较好，计量结果具有较好的可信度。

表6—4　　　　　　相关变量对农地总产出的实证回归结果

变量名称	模型 1		模型 2		模型 3	
	甲类老年农户系数值	乙类老年农户系数值	甲类老年农户系数值	乙类老年农户系数值	甲类老年农户系数值	乙类老年农户系数值
x_1	− 0. 0363 *** (0. 0032)	− 0. 0679 *** (0. 0011)	− 0. 0312 *** (00027)	− 0. 0526 *** (0. 0039)	− 0. 0075 *** (0. 0026)	− 0. 0081 *** (0. 0015)
x_2			1. 4162 *** (0. 0631)	3. 2273 *** (0. 0319)	0. 2572 *** (0. 0038)	0. 3683 *** (0. 0075)
x_3			0. 6289 * (0. 4153)	0. 7871 * (0. 5726)	0. 0381 *** (0. 0052)	0. 0506 *** (0. 0087)
x_4			0. 3643 ** (0. 1081)	0. 5366 ** (0. 2632)	0. 0283 *** (0. 0043)	0. 0351 *** (0. 0062)
x_5			0. 0523 * (0. 0402)	0. 0372 * (0. 0263)	0. 0376 *** (0. 0087)	0. 0523 *** (0. 0091)
x_6			− 0. 0635 ** (0. 0133)	− 0. 0816 ** (0. 0353)	− 0. 0665 *** (0. 0035)	− 0. 0708 *** (0. 0057)

续表

变量名称	模型1		模型2		模型3	
	甲类老年农户系数值	乙类老年农户系数值	甲类老年农户系数值	乙类老年农户系数值	甲类老年农户系数值	乙类老年农户系数值
x_7			0.2386 ** (0.1172)	0.1652 ** (0.0807)	0.0903 ** (0.0431)	0.0729 ** (0.0316)
x_8			- 1.3343 * (0.9827)	- 1.0892 * (0.7358)	- 0.0315 (0.4313)	- 0.0906 (0.3572)
x_9			0.5839 * (0.3947)	0.3931 * (0.2363)	0.0752 (0.1327)	0.0535 (0.3163)
x_{10}					0.0076 * (0.0057)	0.0052 * (0.0036)
x_{11}					0.0628 (0.3905)	0.1826 (0.7329)
x_{12}					- 0.3522 ** (0.1761)	- 0.6134 ** (0.2352)
x_{13}					0.0058 (0.0317)	0.0149 (0.0363)
x_{14}					0.1536 (0.1793)	0.2833 (0.5217)
x_{15}					0.0382 *** (0.0086)	0.0719 *** (0.0052)
x_{16}					0.1839 (0.3538)	0.2672 (0.5187)
C	7.2605 *** (0.1792)	7.8213 *** (0.0861)	3.2926 *** (0.2712)	5.4383 *** (0.1701)	1.8371 *** (0.3043)	2.2835 *** (0.1356)
N	2963	1526	2963	1526	2963	1526
R^2	0.33	0.41	0.37	0.32	0.46	0.35
F 值	36.07	52.89	268.21	239.72	803.13	925.62

注：因变量为"农地总产出"，C 代表截距项，括号内为变量的标准误差。甲类老年农户指家庭劳动力平均年龄在 60—65 周岁的农户，乙类老年农户指家庭劳动力平均年龄在 65 周岁以上的农户。＊＊＊、＊＊、＊分别代表 1%、5% 和 10% 的显著性水平。

　　在表6—4 中，模型1 主要考察核心解释变量农业劳动力代际转换对农地总产出的直接影响；模型2 是对模型1 增加关键解释变量而得到的；

模型3是对模型2增加控制变量而得到的。首先，从整体回归情况看，上述3个模型实证结果都表明，在1%的显著性水平下，对于甲、乙两类老年农户而言，农业劳动力代际转换都对农地总产出形成负面作用。其次，分群体来看，模型3显示，甲类老年农户和乙类老年农户平均年龄提高1岁分别会导致农地总产出减少0.65%、0.81%，乙类老年农户的负面影响程度高于甲类老年农户。而且，其他模型显示，乙类老年农户的回归系数绝对值均高于甲类老年农户，这说明，随着老年农户平均年龄的增长，农业劳动力代际转换对于农地总产出的负面影响程度在逐渐加深。最后，横向对比，随着模型2中关键解释变量和模型3中控制变量的加入，甲类和乙类老年农户的回归系数均出现明显下降，这说明，在资本、技术、土地要素投入及其他农户个体禀赋等因素的影响下，农业劳动力代际转换的负面作用受到显著限制和削弱。

在关键解释变量方面，模型2与模型3的实证结果表明，不同影响因素的作用方向存在着显著的差异性。其一，劳动力投入正向影响农地产出水平，农户家庭劳动力流失情况对农地产出产生负面作用，这说明，劳动力依然是促进农业产出增加的重要因素。其二，资本、技术等要素投入同样对农地产出形成正向作用，且在模型3中达到1%的显著性水平。其三，扩大粮食作物种植决策对农地产出形成正向作用，但缩减经济作物种植决策负向影响农地产出。而且，前者系数绝对值小于后者。这说明，虽然扩大粮食作物种植有利于提高农地产出，但是，缩减经济作物种植对于农地总产出的负面效应更为显著。其四，对于甲、乙两类老年农户而言，在5%的显著性水平下，农地规模对农业产出形成正向作用，而且农地流出与流入对农业产出的影响方向不一致（农地流出起负面作用，农地流入起正面作用）。这说明，相比青壮年劳动力，老年劳动力虽然存在体力方面的劣势，但在资本与技术等因素的作用下，依然具有一定的土地耕种规模效应。这与张瑞娟的研究结果较为一致[1]。

（二）对农地生产效率的影响分析

为了全面考察劳动力空心化对于农业生产状态影响，引入"农地生产

———————

① 张瑞娟：《农村人口老龄化影响土地流转的区域差异及比较》，《农业技术经济》2017年第9期。

效率"作为另一层面的被解释变量，实证回归结果如表6—5所示。首先，模型4、5、6均显示，甲、乙两类老年农户在1%的显著性水平下表现出相似的规律性，即农业劳动力代际转换都对农地生产效率产生负向影响。其次，模型6显示，甲、乙两类老年农户平均年龄每提高1岁分别会导致农地生产效率减少0.51%、0.93%，65周岁以上的老年农户的负面影响程度高于60—65周岁的老年农户。这说明，随着劳动力高龄化水平的提高，农业劳动力代际转换对于农地生产效率的负面影响程度同样在加深。最后，相比模型4和模型5，模型6中的回归系数值趋于减小，这说明，随着关键解释变量和控制变量的加入，农业劳动力代际转换对于农地生产效率的负面影响程度在减弱。

表6—5　　　　　　　相关变量对农地生产效率的实证回归结果

变量名称	模型4		模型5		模型6	
	甲类老年农户系数值	乙类老年农户系数值	甲类老年农户系数值	乙类老年农户系数值	甲类老年农户系数值	乙类老年农户系数值
x_1	−0.0257*** (0.0068)	−0.0762*** (0.0035)	−0.0355** (00013)	−0.0428*** (0.0022)	−0.0051*** (0.0017)	−0.0093*** (0.0026)
x_2			0.2309*** (0.0523)	0.1637*** (0.0319)	0.0626*** (0.0137)	0.0433*** (0.0272)
x_3			0.7232*** (0.0041)	0.6328*** (0.0015)	0.7196*** (0.0038)	0.8205*** (0.0029)
x_4			0.8362*** (0.0035)	0.9077*** (0.0027)	0.6068*** (0.0034)	0.7218*** (0.0025)
x_5			0.0279* (0.0193)	0.0382* (0.0252)	0.0185** (0.0072)	0.0238** (0.0096)
x_6			−0.0467* (0.0289)	−0.0535* (0.0372)	−0.0258*** (0.0061)	−0.0363*** (0.0079)
x_7			−0.8175*** (0.0626)	−0.9921*** (0.0358)	−0.7702*** (0.0533)	−0.9129*** (0.0418)
x_8			0.2735** (0.1523)	0.3977** (0.1861)	0.0843** (0.0329)	0.1357** (0.0655)
x_9			−0.2637*** (0.0359)	−0.3839*** (0.0516)	−0.1643* (0.0926)	−0.2793* (0.1282)

变量名称	模型4		模型5		模型6	
	甲类老年农户系数值	乙类老年农户系数值	甲类老年农户系数值	乙类老年农户系数值	甲类老年农户系数值	乙类老年农户系数值
x_{10}					0.0162 (0.0357)	0.0139 (0.0641)
x_{11}					0.0513 (0.0827)	0.0715 (0.1308)
x_{12}					-0.0367** (0.0182)	-0.0626** (0.0293)
x_{13}					0.0069 (0.0203)	0.0071 (0.0151)
x_{14}					0.0419 (0.0627)	0.0713 (0.0935)
x_{15}					0.0579*** (0.0026)	0.0628*** (0.0031)
x_{16}					0.0711*** (0.0067)	0.0965*** (0.0373)
C	3.8172*** (0.2683)	6.7326*** (0.1753)	4.4318*** (0.8313)	4.2667*** (0.6352)	2.9679*** (0.6527)	3.9316*** (0.7702)
N	2963	1526	2963	1526	2963	1526
R^2	0.49	0.32	0.44	0.48	0.32	0.36
F 值	141.69	153.76	437.29	522.81	729.96	871.13

注：因变量为"农地生产效率"，C 代表截距项，括号内为变量的标准误差。***、**、* 分别代表 1%、5% 和 10% 的显著性水平。

在关键解释变量方面，首先，模型5、6的相关回归系数值显示，劳动力、资本、技术要素均对农地生产效率起正向作用。而且在上述三类投入要素中，技术对于农地生产效率的正向作用最强，资本要素次之，劳动力最低。这说明，在农业劳动力代际转换背景下，进行要素替代，提升农业技术和资本要素投入比例，对于农业生产至关重要。其次，虽然扩大粮食作物种植正向影响农地生产效率，但缩减经济作物种植负向影响农地生产效率的程度更大。再次，农地地形对农地生产效率起反向作用，农产品相对收益的影响并不显著。同时，在 1% 的显著性水平下，农地规模对农地生产效率形成负向影响，而且农地流入起负面作用，农地流出起正面作用。这说明，在劳动力高龄化条件下，老年农户种植规模的扩大并不利于提升农地生产效率，土地的对外流转反而有利于提升农地生产效率。从控制变量层面来看，农户家庭劳动力流失情况、村庄水利灌溉设施和电力设施情况在1%的显著性水平下对农地生产效率形成正向影响，而农村道路基础设施情况的影响作用并不显著。

三　效应分解的实证检验

（一）劳动力投入萎缩效应

以青壮年劳动力流失和高龄化劳动力留守为表征的空心化会导致农业劳动力要素供给数量和质量下滑，致使农业生产过程中劳动力要素投入发生萎缩，进而影响农业生产状况。参考温忠麟、叶宝娟关于中介效应的研究成果①，笔者在控制相关变量的基础上，利用面板数据的固定效应模型，对劳动力投入萎缩效应进行了实证检验，相关结果如表6—6所示。

表6—6　　　　　　　劳动力投入萎缩效应的实证检验结果

变量名称	模型7（农地产出）		模型8（农业劳动力投入）		模型9（农地产出）	
	甲类老年农户系数值	乙类老年农户系数值	甲类老年农户系数值	乙类老年农户系数值	甲类老年农户系数值	乙类老年农户系数值
x_1	− 0.0087 *** (0.0013)	− 0.0105 *** (0.0029)	− 0.0052 ** (0.0023)	− 0.0079 ** (0.0036)	− 0.0075 *** (0.0026)	− 0.0081 *** (0.0015)
x_2					0.2572 *** (0.0038)	0.3683 *** (0.0075)
A	已控制	已控制	已控制	已控制	已控制	已控制
B	已控制	已控制	已控制	已控制	已控制	已控制
C	3.2575 *** (0.0637)	5.1806 *** (0.0923)	2.7612 *** (0.2861)	4.5083 *** (0.5139)	1.8371 *** (0.3043)	2.2835 *** (0.1356)
N	2963	1526	2963	1526	2963	1526

① 温忠麟、叶宝娟：《中介效应分析：方法和模型发展》，《心理科学进展》2014年第5期。

变量名称	模型7（农地产出）		模型8（农业劳动力投入）		模型9（农地产出）	
	甲类老年农户系数值	乙类老年农户系数值	甲类老年农户系数值	乙类老年农户系数值	甲类老年农户系数值	乙类老年农户系数值
R^2	0.41	0.39	0.33	0.44	0.46	0.35
F 值	127.62	135.65	264.02	379.66	803.13	925.62

注：A 代表关键解释变量，B 代表控制变量，C 代表截距项。限于篇幅，部分解释变量的回归值没有报告（下同）。模型7与模型9中被解释变量为农地产出，模型8中被解释变量为农业劳动力投入。

表6—6中实证检验结果显示，农业劳动力代际转换对于农地产出和农业劳动力投入形成了显著的负向影响。模型7、8表明，甲、乙两类老年农户对农地产出的影响系数值分别为 -0.0087 和 -0.0105，对农业劳动力投入的影响系数值分别为 -0.0052 和 -0.0079。这意味着甲、乙两类老年农户平均年龄每提高1岁，分别会导致农业劳动投入的标准值减少 0.52%、0.79%。同时，模型9表明，在1%的显著性水平下，农业劳动力代际转换和农业劳动投入对农地产出都产生了作用，但方向相逆，前者产生负向影响，后者产生正向影响。根据上文中式（6.8）—（6.10）的中介效应模型，由于 γ_1、γ_2、γ_4 都显著，而且 $\gamma_2\gamma_4$ 影响方向与 γ_1 相同，所以，劳动力空心化通过农业劳动力投入对农地产出形成作用的中介效应存在。同时，由于 γ_3 也显著，则判断存在部分中介效应，其具体值如下。

$$\text{甲类老年农户：} \frac{\gamma_2\gamma_4}{\gamma_1} = \frac{-0.0052 \times 0.2572}{-0.0087} = 0.1537$$

$$\text{乙类老年农户：} \frac{\gamma_2\gamma_4}{\gamma_1} = \frac{-0.0079 \times 0.3683}{-0.0105} = 0.2771$$

由此可判断，在甲、乙两类老年农户中，农业劳动力代际转换对农地产出形成的负向影响中分别有 15.37%、27.71% 是由农业劳动力投入萎缩效应所导致的。而且前者的中介效应小于后者，说明随着劳动力高龄化水平的提高，农业劳动力代际转换所带来的农业劳动力投入萎缩效应在扩大。由此验证了假设 I 的存在。

（二）生产要素替代效应

农业劳动力代际转换导致青壮年劳动力有效供给萎缩，理性的农户会根据生产要素供给数量和价格变化的不同趋势，调整农业生产过程中的要素投入配置，实施要素投入替代行为，进而对农业生产带来影响。由于生产要素具有多元性和异质性，本书将农业劳动力替代行为区分为资本替代和技术替代两部分，分别考察生产要素替代效应。相关结果如表6—7和表6—8所示。

表6—7　　　　　　生产要素替代效应的实证检验：资本替代

变量名称	模型10（农地产出）		模型11（农业资本投入）		模型12（农地产出）	
	甲类老年农户系数值	乙类老年农户系数值	甲类老年农户系数值	乙类老年农户系数值	甲类老年农户系数值	乙类老年农户系数值
x_1	−0.0079** (0.0038)	−0.0107** (0.0043)	0.0522*** (00016)	0.0715*** (0.0028)	−0.0075*** (0.0026)	−0.0081*** (0.0015)
x_3					0.0381*** (0.0052)	0.0506*** (0.0087)
A	已控制	已控制	已控制	已控制	已控制	已控制
B	已控制	已控制	已控制	已控制	已控制	已控制
C	2.7613*** (0.3762)	4.0381*** (0.2962)	−7.2618*** (0.7261)	−9.3575*** (0.40681)	1.8371*** (0.3043)	2.2835*** (0.1356)
N	2963	1526	2963	1526	2963	1526
R^2	0.53	0.43	0.31	0.37	0.46	0.35
F 值	1163.02	1279.55	718.18	907.72	803.13	925.62

注：模型10与模型12中被解释变量为农地产出，模型11中被解释变量为农业资本投入。

表6—7中模型10和表6—8中模型13的实证检验结果均表明，如果不考虑农业资本投入和农业技术投入因素，农业劳动力代际转换对农地产出形成了直接的负向作用。模型11与模型14则显示，在1%的显著性水平下，农业劳动力代际转换对农业资本投入和农业技术投入均产生了正向影响。这说明，农业劳动力的断层和匮乏在一定程度上促进了农业资本与技术要素的投入，同时也推进了基于劳动力的"要素替代"。

表6—8　　　　　　　　生产要素替代效应的实证检验：技术替代

变量名称	模型13（农地产出）		模型14（农业技术投入）		模型15（农地产出）	
	甲类老年农户系数值	乙类老年农户系数值	甲类老年农户系数值	乙类老年农户系数值	甲类老年农户系数值	乙类老年农户系数值
x_1	−0.0057** (0.0026)	−0.0081** (0.0035)	0.0409*** (00035)	0.0626*** (0.0071)	−0.0075*** (0.0026)	−0.0081*** (0.0015)
x_4					0.0283*** (0.0043)	0.0351*** (0.0062)
A	已控制	已控制	已控制	已控制	已控制	已控制
B	已控制	已控制	已控制	已控制	已控制	已控制
C	3.5116*** (0.2557)	3.2677*** (0.3578)	−6.1586*** (0.6143)	−8.2172*** (0.7579)	1.8371*** (0.3043)	2.2835*** (0.1356)
N	2963	1526	2963	1526	2963	1526
R^2	0.34	0.41	0.36	0.35	0.46	0.35
F 值	1469.53	1381.37	483.26	579.15	803.13	925.62

注：模型13与模型15中被解释变量为农地产出，模型14中被解释变量为农业技术投入。

在模型12和模型15控制相关变量后，农业资本和技术要素投入显著提升了农地产出水平。根据中介效应模型，甲、乙两类老年农户农业资本投入的中介效应值分别为−0.2517、−0.3381，农业技术投入的中介效应值分别为−0.2031、−0.2713。这说明，农业资本投入的正向作用对冲了农业劳动力代际转换对农地产出负向影响的25.17%、33.81%，农业技术投入的正向作用对冲了农业劳动力代际转换对农地产出负向影响的20.31%、27.13%。由上述情况可判断，农户家庭劳动力的平均年龄越大，资本与技术要素的对冲作用越明显。通过农业资本和技术要素对于劳动力要素的替代行为，有效弥补了农业劳动力代际转换对农地产出的不利影响，验证了假设Ⅱ的存在。

（三）种植决策转换效应

以青壮年农业劳动力供给断层为核心特征的空心化致使农业生产主体趋于弱质化和老龄化。在体力、知识、观念等禀赋条件的制约下，老年农户往往会通过种植决策转换来实现家庭务农资源的优化。即适度放弃对于利润目标的追求，增加种植耗费劳动相对较少的粮食作物，减少种植需要深耕细作的经济作物。上述老年农户的种植决策转换，在一定程度上影响着粮食作物与经济作物的生产状态，并最终影响农地产出。本研究将分别对扩大粮食作物和缩减经济作物种植进行实证检验，综合研究种植决策转换效应。相关结果如表6—9和6—10所示。

表6—9　　　种植决策转换效应的实证检验：扩大粮食作物种植决策

变量名称	模型16（农地产出）		模型17（扩大粮食作物种植决策）		模型18（农地产出）	
	甲类老年农户系数值	乙类老年农户系数值	甲类老年农户系数值	乙类老年农户系数值	甲类老年农户系数值	乙类老年农户系数值
x_1	−0.0083 *** (0.0017)	−0.0186 ** (0.0026)	0.0318 *** (00046)	0.0595 *** (0.0068)	−0.0075 *** (0.0026)	−0.0081 *** (0.0015)
x_5					0.0376 *** (0.0087)	0.0523 *** (0.0091)
A	已控制	已控制	已控制	已控制	已控制	已控制
B	已控制	已控制	已控制	已控制	已控制	已控制
C	6.9237 *** (0.4039)	8.7352 *** (0.5961)	−9.4368 *** (0.7922)	−7.7256 *** (0.9604)	1.8371 *** (0.3043)	2.2835 *** (0.1356)
N	2963	1526	2963	1526	2963	1526
R^2	0.53	0.62	0.53	0.49	0.46	0.35
F 值	2804.62	1768.25	793.17	568.26	803.13	925.62

注：模型16与模型18中被解释变量为农地产出，模型17中被解释变量为扩大粮食作物种植决策。

表6—10　　　种植决策转换效应的实证检验：缩减经济作物种植决策

变量名称	模型19（农地产出）		模型20（缩减经济作物种植决策）		模型21（农地产出）	
	甲类老年农户系数值	乙类老年农户系数值	甲类老年农户系数值	乙类老年农户系数值	甲类老年农户系数值	乙类老年农户系数值
x_1	−0.0061 *** (0.0013)	−0.0107 *** (0.0022)	0.0236 *** (00035)	0.0438 *** (0.0062)	−0.0075 *** (0.0019)	−0.0081 *** (0.0015)
x_6					−0.0665 *** (0.0035)	−0.0708 *** (0.0057)

变量名称	模型 19（农地产出）		模型 20（缩减经济作物种植决策）		模型 21（农地产出）	
	甲类老年农户系数值	乙类老年农户系数值	甲类老年农户系数值	乙类老年农户系数值	甲类老年农户系数值	乙类老年农户系数值
A	已控制	已控制	已控制	已控制	已控制	已控制
B	已控制	已控制	已控制	已控制	已控制	已控制
C	7.3268 ***（0.6257）	8.9243 ***（0.5106）	7.2763 ***（0.8371）	9.3572 ***（0.7362）	1.8371 ***（0.3043）	2.2835 ***（0.1356）
N	2963	1526	2963	1526	2963	1526
R^2	0.61	0.52	0.48	0.39	0.46	0.35
F 值	2172.35	1843.81	593.15	682.31	803.13	925.62

注：模型 19 与模型 21 中被解释变量为农地产出，模型 20 中被解释变量为缩减经济作物种植决策。

表 6—9 中模型 16 和表 6—10 中模型 19 均显示，在控制相关变量后，农业劳动力代际转换负向影响农地产出。模型 17 和模型 20 实证检验了农业劳动力代际转换对粮食作物和经济作物种植决策的影响，结果显示，在 1% 的显著性水平下，农业劳动力代际转换对扩大粮食作物种植决策和缩减经济作物种植决策都形成正向作用，而且乙类老年农户的作用程度更为显现（乙类老年农户系数值高于甲类）。这说明，老年农户的代际更替不畅确实是推动种植决策转换的重要因素。

同时，从模型 18 和模型 21 的回归系数值判断，缩小经济作物种植面积对农地产出的负向影响程度更大。这说明，虽然扩大粮食作物种植正向影响农地产出，但缩减经济作物种植负向影响农地产出的程度更大，其决策转换最终并不利于提高农地产出水平。利用中介效应模型可得，甲、乙两类老年农户扩大粮食作物种植决策的中介效应值分别为 -0.1441、-0.1673，缩减经济作物种植决策的中介效应值分别为 0.2573、0.2898。因此，甲、乙两类老年农户扩大粮食作物种植决策的正向作用分别对冲了农业劳动力代际转换对农地产出负向影响的 14.41% 和 16.73%，但是，缩减经济作物种植决策的负向作用分别贡献了农业劳动力代际转换对农地产出负向影响的 25.73% 和 28.98%，两者相综合，甲、乙两类老年农户

的种植决策转换对农地产出形成了负面影响，其中介效应最终值为
11.32%和12.25%，验证了假设Ⅲ的存在。

（四）农地分向流转效应

在农业劳动力代际转换背景下，老年农户通常会根据自身体力条件趋
向弱质化的现实情况，倾向于缩减农地生产规模，进而对农地转出和转入
行为形成影响，并最终影响农地产出状况。鉴于农地分向流转的复杂性和
流转双方的相互依赖性，本书将分别考察老年农户和青壮年农户两类群体
的农地分向流转效应，进而最终判断其对农地产出的综合影响情况。相关
结果如表6—11和6—12所示。

表6—11　　　　农地分向流转效应的实证检验：老年农户

变量名称	模型22（农地产出）	模型23（农地流出）	模型24（农地流入）	模型25（农地产出）
x_1	-0.0085^{***} (0.0026)	0.0027^{***} (0.0005)	-0.0013^{**} (0.0006)	-0.0073^{**} (0.0036)
x_7	0.1391^{**} (0.0438)	0.0827^{**} (0.0331)	-0.0068^{***} (0.0015)	0.1017^{**} (0.0352)
x_8			-0.0162^{*} (0.0093)	-0.1573^{***} (0.0041)
x_9		-0.0075 (0.0128)		0.0839^{***} (0.0025)
A	已控制	已控制	已控制	已控制
B	已控制	已控制	已控制	已控制
C	2.5326^{***} (0.0064)	0.0381^{***} (0.0057)	0.2519^{***} (0.0122)	1.7105^{***} (0.2752)
N	4489	4489	4489	4489
R^2	0.62	0.51	0.43	0.36
F值	1957.59	68.79	72.06	1649.66

注：模型22与模型25中被解释变量为农地产出，模型23和模型24中被解释变量分别为农地
流出、农地流入。老年农户为上文中的甲类农户与乙类农户之和。

表6—11中模型22和表6—12中模型26均显示，在控制相关变量后，
农业劳动力代际转换负向影响农地产出，农地规模正向影响农地产出。对

于老年农户而言，模型23和模型24的实证结果表明，农业劳动力代际转换对农地流出产生正向作用，对农地流入产生负向作用。但是，青壮年农户的情况恰恰相反，模型27和模型28表明，农业劳动力代际转换对农地流出产生负向作用，对农地流入产生正向作用。这说明，在农业劳动力代际转换的作用影响下，老年农户倾向于缩减农地生产规模，青壮年农户倾向于扩大农地生产规模。

表6—12 农地分向流转效应的实证检验：青壮年农户

变量名称	模型26（农地产出）	模型27（农地流出）	模型28（农地流入）	模型29（农地产出）
x_1	-0.0037 *** (0.0003)	-0.0052 *** (0.0016)	0.0077 ** (0.0035)	-0.0048 *** (0.0011)
x_7	0.1586 ** (0.0629)	-0.1061 ** (0.0497)	0.0153 *** (0.0029)	0.2535 *** (0.0232)
x_8			-0.0081 (0.0139)	-0.1922 *** (0.0034)
x_9		0.0276 (0.0357)		0.1546 *** (0.0072)
A	已控制	已控制	已控制	已控制
B	已控制	已控制	已控制	已控制
C	5.7223 *** (0.0159)	0.0275 *** (0.0038)	0.0628 *** (0.0013)	3.6276 *** (0.0261)
N	1293	1293	1293	1293
R^2	0.51	0.53	0.67	0.62
F 值	1834.59	3573.62	1629.05	1071.13

注：模型22与模型25中被解释变量为农地产出，模型23和模型24中被解释变量分别为农地流出、农地流入。

青壮年农户为上文中的丙类农户。

从中介效应模型来看，老年农户的农地流出系数乘积 $\gamma_2\gamma_4$ 和农地流入系数乘积 $\gamma_2\gamma_4$ 均为负值，青壮年农户的农地流出系数乘积 $\gamma_2\gamma_4$ 和农地流入系数乘积 $\gamma_2\gamma_4$ 均为正值，而且农地产出的系数 γ_1 为负值。由此可见，老年农户的 $\gamma_2\gamma_4$ 影响方向与 γ_1 相同，其缩减农地生产规模的行为会对农地产出带来负向影响。青壮年农户的 $\gamma_2 \gamma_4$ 影响方向与 γ_1 相反，其扩大农地生产规模的行为会对农地产出带来正向影响。又因 γ_3 也显著，则判断存在部分中介效应。计算可得，老年农户农地流出与农地流入的中介效应值分别为 0.0499、0.0128，青壮年农户农地流出与农地流入的中介效应值分别为 -0.2701、-0.3217。所以，对于老年农户的农地规模调整而言，农业劳动力代际转换对农地产出负向影响中的 4.99% 和 1.28% 是由农地流出与农地流入所导致。然而，对于青壮年农户的农地规模调整来说，农地流出与农地流入的正向作用分别对冲了农业劳动力代际转换对农地产出负向影响的 27.01% 和 32.17%。由此可见，青壮年农户的农地生产规模调整的正向作用高于老年农户的负向作用，两者相综合，农业劳动力代际转换所导致的农地生产规模调整最终能够正向影响农地产出，从而验证了假设Ⅳ的存在。

第五节　研究结论与政策启示

农业劳动力代际转换不畅代表着中国农业劳动力的结构老化和数量萎缩。本章首先进行了作用机制分析，以微观农户家庭追踪调查数据为基础，利用劳动增长型的 C—D 函数模型和中介效应模型，实证考察了农业劳动力代际转换所产生的不同效应影响。研究得出，其一，农业劳动力代际转换对农地产出和农地生产效率具有显著的负向影响。而且随着老年农户平均年龄增长，其负向影响程度在逐渐加深。其二，在要素投入及其他因素作用下，农业劳动力代际转换的负面影响受到一定程度的限制。在学术界，部分学者根据农业多年连续增产，得出了"老人农业有效率"的结论[1]。事实上，此处的研究结论这在一定程度上解释了在青壮年劳动力外流加剧情况下，农业生产依然取得较高产出的"矛盾现象"。其三，农业劳动力代际转换通过"劳动力投入萎缩效应"和"种植决策转换效应"负向影响农地产出。其四，农业劳动力代际转换通过"生产要素替代效应"正向影响农地产出。而且，老年农户平均年龄越大，资本与技术要素的正

---

[1]　贺雪峰：《建立适老型农业农村制度》，《南京农业大学学报》（社会科学版）2024 年第 3 期。

向作用越明显。通过资本和技术要素的替代行为，有效弥补了农业劳动力代际转换的不利影响。其五，农业劳动力代际转换的"农地分向流转效应"具有两面性。虽然其负向影响老年农户的农地产出，但同时正向影响青壮年农户的农地产出，且前者的影响程度小于后者。综合而言，农业劳动力代际转换所导致的农地生产规模调整最终能够正向影响农地产出。

　　基于以上研究，本章得出以下政策启示。首先，农业劳动力代际转换对农地产出形成负向影响的最直接根源是"劳动力投入萎缩效应"。因此，在青壮年农业劳动力加剧流失的背景下，农村依然需要保持一定数量的农业劳动力供给。近年来，中国农村人口年龄结构呈现逐步老化的演变趋势，农业劳动力老龄化步伐加快，未来农村中老年农民占比将持续上升①，加之城镇化、工业化发展对乡村青壮年劳动力的虹吸效应，二者叠加，将导致农业劳动力代际转换更趋严重。对此，政府亟须构建吸引青壮年农民扎根农业的政策支持体系。在稳定高龄化留守务农群体的同时，如何增强农民的职业吸引力，重视农业接班人培养，增加务农人员的新生力量，激励年轻劳动力进入农业生产经营领域将是政策亟待解决的问题。其次，资本、技术等要素投入使得农业劳动力代际转换的负面作用受到显著限制和削弱。通过资本、技术的"生产要素替代效应"，可以有效弥补农业劳动供给不足的不利影响。所以辩证来看，虽然劳动力的高龄化和空心化带来诸多不利影响，同时也应看到，农业劳动力代际转换为推动农业发展方式转变，加快推进农业现代化和机械化进程提供了历史契机。因此，政策层面需要进一步重视支持农业资本投入和现代农业技术的推广应用。最后，虽然农地规模调整负向影响老年农户的农地产出，但同时正向影响青壮年农户的农地产出。所以，政府需要加大政策引导和激励力度，支持老年农户将土地流转到青壮年农民手中，支持有能力、会经营的新型农业生产经营主体繁荣发展，从而降低土地细碎化程度，推动农业适度规模经营。

---

　　① Zhong，Funing，Qing Li，Jing Xiang，and Jing Zhu，"Economic Growth，Demographic Change and Rural-Urban Migration in China"，*Journal of Integrative Agriculture*，Vol. 12，No. 10，2013，pp. 1884 – 1895.

第七章　农业劳动力代际转换
多重耦合机制构建

农业劳动力代际转换不仅是一个单纯的农业生产主体世代更替问题，同时更是一个涉及中国农村改革深化、农业经济转型和现代农业发展的历史逻辑问题。基于此，本章着重将农业劳动力代际转换置于中国二元经济结构转换的历史进程中加以考察和判断，构建破解农业劳动力代际转换的多重耦合机制①，为探索应对农业劳动力代际转换的模式与路径奠定基础。

第一节　城乡之间劳动力双向流动的
动态耦合机制构建

改革开放以来，在城镇化和工业化的历史潮流推动下，乡村人口大规模流入城市，在一定程度上为城镇工业经济和基础设施的建设发展提供了较为充足的人力资源支持，同时也化解了农村剩余劳动力的闲置和资源浪费问题。基于此，劳动力由农村到城市的迁徙转移的"单向式"流动，符合传统二元经济理论的模型设定和发展预期，是人口红利释放和城乡经济开放的过程②。然而，作为一个正在经历市场化改革和城乡经济关系变迁的发展中国家，中国农村劳动力的单向的就业迁徙对农业生产要素投入结

---

① "耦合"（coupling，电学名词）：指两个或两个以上的系统或运动方式之间通过要素的相互作用，彼此影响甚至联合的复杂现象，被用来表述在一个大系统中的各子系统之间的互动、依赖、协调、反馈、适合的"动态"关系。在社会科学中，它用来反映系统之间劳动力、资本、信息等要素的循环转换和动态平衡状态。

② 典型研究可参见蔡昉《人口转变、人口红利与刘易斯转折点》，《经济研究》2010 年第 4 期；杨俊青、王玉博、靳伟择《劳动力有限供给条件下的二元经济转化探索》，《中国人口科学》2022 年第 1 期。

构和农业劳动力供给结构造成了严重冲击，导致了以青壮年人口空心化、务农劳动力老龄化与妇女化为表征的农业劳动力代际转换的形成和蔓延。因此，在继续维持农村剩余劳动力城市化转移的条件下，构建城乡之间劳动力双向流动的耦合机制，将有利于提升农村人力资源供给水平，缓解青壮年农业劳动力匮乏的不利态势，助推乡村人才振兴和农村经济的全面、协调和可持续发展。

一　理论溯源

在经济学发展的历史长河中，威廉·阿瑟·刘易斯建树颇高，其作为发展经济学的先驱性人物，率先提出了劳动力无限供给条件下的二元经济模型及相关理论。该模型提倡劳动力由乡入城的单向流动，以此为现代工业部门的繁荣发展提供廉价劳动力，并改善农业部门的生产效率。在其代表作《劳动无限供给条件下的经济发展》一文中，刘易斯针对发展中国家经济问题提出了著名的"二元"模式。他认为，"弱小的资本主义部门"与"自我雇用的农业部门"并存的二元结构是发展中国家的典型特征。应通过传统农业部门的"无限劳动力供给"来推动现代工业部门扩张，进而化解二元结构问题。[①]

客观而言，上述理论在一定程度上促进了发展中国家的工业化进程和经济增长，但也带来了农业部门萎缩与技术偏向的负面影响[②]。尤其是伴随着城乡工农业部门之间生产效率差异的扩大，"以农促工"的发展模式逐渐显现出其局限性，"农业绝不应该是现代工业的附庸，劳动力的流动迁移负向作用了农作物产出"[③]。事实上，20世纪中期，虽然二元结构理论产生了深远影响，但流行于学术界的以推动现代工业发展为首要目标的"农业否定论"并没有得到经济学家长久的支持。费景汉和拉尼斯率先批

① William Arthur Lewis, "Economic Development with Unlimited Supply of Labour", *Journal of the Manchester School of Economics and Social Studies*, Vol. 22, No. 2, 1954, pp. 139 – 192.

② 典型研究可参见 Little I. M. D., "Economic Development: Theory, Policy and Interna—tional Relations", *Basic Books*, Vol. 50, No. 199, 1982；蔡晓陈、赖娅莉《二元经济结构与技术进步偏向》，《财经科学》2020年第7期。

③ Alan D. B., Dward J. T., Scott R., "The impact of migration and remittances on rural incomes in China" 1999 – 8 – 8, http://econpapers.repec.org/paper/agsaaea99/.

判了"农业否定论"的片面性，并较早指出了二元经济模型的不足。他们分析提出，在二元经济转型到现代经济的过程中，农业生产率的提高至关重要，"任何试图加快工业化步伐的不发达经济，当其无视先行的——或至少与其他部门同时进行的农业革命的必要性，都将在前进中遇到极大的困难"①。

舒尔茨同样反对"重工轻农"的思想。他研究提出，传统经济学应走出工业中心主义，"并不存在使任何一个国家的农业部门不能对经济增长做出重大贡献的基本原因"。② 所以，只有通过人力资本投资，充分利用现代农业生产要素改造传统农业，才能为经济增长注入持久动力。事实上，在 20 世纪后期，刘易斯在他的名著《国际经济秩序的演变》一书中，对工业中心论进行了反思。他进一步论证了农业部门生产效率提高对于发展中国家的重要意义，"农业革命是工业革命的前提，农业生产率低的国家，各个工业部门的规模也都较小，工业革命进展也缓慢。"③

针对传统发展经济学中农业劳动力"单向流动"的缺陷，美国著名发展经济学家托达罗通过构建全新农业劳动力迁移模型，很好地解释了为什么在城市中存在失业现象的情况下，仍然会发生农业劳动力向城市非农产业转移的现象。他认为，劳动力的就业迁移行为受到预期收入和寻找工作难易程度的共同作用。农业的健康发展和农村经济进步有助于缩小城乡预期收入差距，进而能减缓农业劳动力迁移速度，有效降低城市失业率。④ 所以，发展中国家在大力推动工业化进程的同时，也要注重"以工促农""以工兴农"，做到相互协调和可持续发展。上述观点对于发展中国家提升农业现代化发展水平，注重城乡平衡发展有着重要的参考价值。

---

① ［美］费景汉、古斯塔夫·拉尼斯：《劳动剩余经济的发展》，王月等译，华夏出版社 1989 年版，第 127—129 页。

② Theodore Sehultz, *Transforming Traditional Agriculture*, Yale University Press, 1964, p. 248.

③ Xie An, "A New Perspective to Solve the Issues Concerning 'Agriculture, Rural Areas, and Farmers' Economics Analyses and Policy Proposals", *Seoul Journal of Economics*, Vol. 19, No. 3, 2006, pp. 316 – 317.

④ ［美］迈克尔·P. 托达罗、［美］斯蒂芬·C. 史密斯：《发展经济学》，电子工业出版社 2013 年版，第 217—221 页。

二 城乡之间劳动力双向流动的障碍

(一)体制机制障碍

城乡二元结构的制度性分割阻碍了劳动力等生产要素的自由流动。城乡体制机制的二元性差异体现在户籍、财政、金融、土地、社会保障等诸多方面。其一,在户籍制度层面,由于城乡一体化的户籍管理制度尚未完全建立,城镇户籍与农村户籍之间依然存在着比较显著的经济福利和社会地位的差异,大城市户籍与中小城镇户籍之间也存在着不平等现象。特别是劳动力的就业、子女教育、社会保险、住房等社会福利都与城市户籍紧密相连,导致理性的农民更愿意到城市居住和就业,从而形成劳动力由农村迁移到城市"单向流动"的失衡局面。其二,在财政制度层面,虽然近年来国家财政对农村道路、水利、电力、通信、人畜饮水、垃圾处理等基础设施和公共服务的投资力度在逐步加大,但财政投入的城乡差距依然较大,财政支农资金占财政总支出的比例偏低。财政支农规模总量偏小、结构不优、补贴方式落后等问题突出①。其三,在金融制度方面,与城市居民相比,农村居民缺乏多样化的现代化金融服务方式。而且,由于缺乏有效的抵押物,农村居民的生产资本占有及回报率显著低于城市居民。其四,在土地制度方面,城乡之间的土地管理法规和机构均存在较大差异,缺乏城乡统一的建设用地市场,农村土地价格远低于城市,没有做到同权、同价,农户也无法获得合理的土地"入市"回报和增值收益。其五,在社会保障制度方面,虽然近年来国家在农村地区建立了"低水平、广覆盖"的社会保障体制,但在保障水平、模式及管理等方面还存在较大的城乡差异,导致农民依然看重土地的"生存保障"功能,制约劳动力的双向流动。

(二)就业创业环境障碍

与城市中良好的就业创业环境相比,农村缺乏从信息服务、职业培训、中介配套、法律服务到资金支持、人才支撑、组织管理等一系列就业创业环境,导致城市劳动力不愿意到农村施展才华。近年来,随着农村经济繁荣发展和乡村振兴战略的推动,部分返乡农民务农创业的意愿增强。事实上,外出务工返乡农民已经成为服务农业、扎根乡村的新时代创新创

---

① 郭军、孔祥智:《新形势下我国财政支农问题研究》,《江淮论坛》2015年第4期。

业群体。然而，农村的就业创业环境不容乐观。融资难、创业成本高、技能培训难、营商服务链条缺乏、组织经营管理能力不强等诸多问题在困扰着外出务工返乡人员[①]，制约着外出务工劳动力的回流，进而深刻影响着劳动力的双向流动。

（三）产业发展障碍

农村要发展，产业是支撑。农业产业化是提高农业综合收益，增加农业劳动力收入的重要基础，同时也是留住农民的重要载体。然而，由于城乡经济发展的不平衡，农村的产业化发展水平普遍较低。突出表现在以下几个方面。其一，产业化组织规模小，适应市场能力较弱。由于小农经济的影响，农户往往以家庭生产为基本单位，生产经营比较分散，产业化链条单一，农产品附加值不高，没有做到横向与纵向扩展，导致农村产业发展滞后。其二，利益链接机制不完善。龙头企业带动产业发展的力量有待提高，龙头企业、中介组织和农户之间的契约关系不稳定，三者合作的利益分配机制不健全。其三，一二三产业融合发展滞后。长期以来，农村产业主要以种植业为主，但第二、第三产业发展水平不高，特别是农产品加工业、生产性服务业发展滞后，产业发展融合度不够，带动能力不强。其四，农村新产业、新业态发育不足，农业的多元功能开发力度不强，农业生产的多重价值挖掘不够。总之，农业产业化发展不足直接导致了优秀农村人才的流失和农村资源要素活力的不足，阻碍了劳动力的双向流动。

三　动态耦合机制的构建

马克思政治经济学认为，劳动力是各类生产要素投入中唯一活的主体，其通过作用于生产资料来创造物质财富，进而推动生产力发展。如图7—1所示，在城乡二元经济结构背景下，通过城乡劳动力双向流动的动态耦合机制，劳动力在城乡间进行自由流动和优化配置，有效推动着城乡经济的繁荣发展和一体化进程。从根本上而言，劳动力城乡双向流动的动态耦合是城市"拉力"与农村"推力"交互作用的结果。在乡村农业经济和城镇产业经济发展的不同阶段，城市"拉力"与农村"推力"的表现和作用强度具有较大异质性，进而导致劳动力流动方向和规模产生变迁。

---

① 江帆、宋洪远：《促进农民工返乡创业：历史方位与实现路径》，《华中农业大学学报》（社会科学版）2023 年第 3 期。

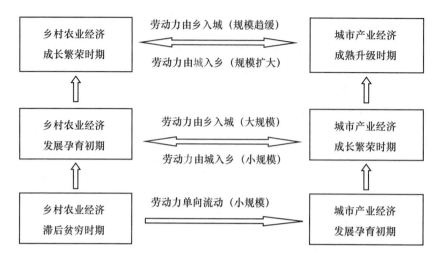

图 7—1　城乡劳动力双向流动的动态耦合机制

发展经济学理论认为，在二元结构向一元化转变的进程中，虽然农业经济普遍落后于城市工业经济的发展速度，但通过城镇化和工业化的大力推动，农业会加快现代化和规模化步伐，城乡经济发展会逐渐趋于一致性。基于此，如图 7—1 所示，在第一阶段，城市产业经济处于发展孕育初期，但乡村的农业经济却处于滞后贫穷时期。在此阶段，处于自给自足状态的传统农业经济部门边际生产率较低，劳动力资源处于过剩状态，而城市现代产业经济开始起步发展，边际生产率较高，工业部门逐渐占据主导地位。城市"拉力"表现为较高的工资率和收入水平，从而诱使农业剩余人口向城市产业部门转移，从而形成劳动力小规模的"由乡入城"式的单向流动。

在第二阶段，城市产业经济处于成长繁荣时期，而乡村的农业经济正处于发展孕育初期。在该阶段，城镇化与工业化进程高速发展，城市产业经济突飞猛进，农业经济初步发展，劳动力双向流动开始萌生。首先，城市产业资本集聚与工业化高潮推动城乡劳动力收益差距继续拉大，进而导致城市"拉力"作用增强。同时，在农村"推力"的作用下，城镇对劳动力产生强大的"虹吸"效应，推动着农村劳动力形成"由乡入城"的大规模就业转移和流动。其次，在城市经济带动下，工业反哺农业，农业经济实现追赶式发展，比较效益逐渐提升，导致部分城市务工人员回流农村，从而形成劳动力由城入乡的小规模反向流动和"逆城市化"迁移。综上来看，在该阶段中，劳动力双向流动趋势逐渐形成，但是，由于城市对劳动力的"拉力"作用强度远高于农村，导致大量有知识、有文化的高素质农业劳动力流失，进而加剧农业生产主体的老化，农业劳动力代际转换出现一定程度的深化和蔓延。

在第三阶段，城市产业经济处于成熟和转换升级时期，乡村农业经济正处于成长繁荣时期。而且，城市的工业化进程达到顶峰，产业体系渐趋完整和成熟，传统产业发展趋于饱和，新兴产业逐渐成为经济增长新引擎和新动力，产业转型升级任务迫切。在此影响下，城市对劳动力的"拉力"作用逐步递减，农业劳动力向城市的就业转移流动规模趋向平缓。同时，在城乡要素融合大背景下，农业经济进入成长繁荣时期，农业产业化和规模化经营步伐加快，农业生产的收益率显著提高。农业对劳动力的"拉力"作用逐步递增，进而吸引部分有文化、有实用技能、有生产管理经验的高素质劳动力进入农村，由此带来劳动力"由城入乡"流动规模的扩大。

构建城乡劳动力双向流动的动态耦合机制具有重要意义。它有助于整体反映农业劳动力流动的时序特点与机理过程。在城乡经济发展的不同阶段，虽然劳动力双向流动呈现不同的历史图景和动态规律，但其根本一致性在于均衡配置劳动力资源，促进要素资源在城乡间的融合和相互流动。同时，劳动力双向流动的动态耦合有利于改变目前以城市为中心的劳动力单向流动的固有观念。在新时代城乡融合一体化背景下，劳动力双向流动是破解农业劳动力代际转换的重要基础。在推进农业产业化、集约化、规模化的过程中，大批具有实用技能、文化知识和管理经验的高素质劳动力是支撑现代农业发展的关键力量。劳动力双向流动可以有效改善农业劳动力的素质结构和年龄结构，推动高素质农民群体的形成，实现乡村人才振兴。

第二节　多类型农户分化主体的动态耦合机制构建

改革开放以来，随着工业化和城镇化进程加快，农村劳动力向城市转移流动的步伐逐渐加快。虽然受城乡二元结构及制度差异等因素影响，城市化转移并不顺畅，同时也不彻底①，但农户配置劳动力资源的自由程度明显提高，自我追求就业利益的内循环逐渐增强，传统农户对土地的依赖程度和价值判断出现差异，进而导致显著的职业分化现象。作为一个正在经历社会结构变迁和市场机制现代化的新兴经济国家，中国的农户分化现象是制度放活和农业现代化转型合力助推的结果②。在农业现代化进程中，多类型农户将长期并存，同时也决定了农业转型提质的复杂性。因此，深入分析农户分化的历史变迁和特征差异，构建多类型农户分化主体的动态耦合机制，有利于实现农业劳动力资源的均衡利用，也有利于破解日益严峻的农业劳动力代际转换。

一 农户分化的理论探讨

农户分化是指传统农民从单一从事农业生产的就业状态向多元生产经营的多类型就业状态进行演变的趋势和过程，同时也是由同质性劳动转变为异质性劳动的过程。农户分化本质是一个以农业劳动力为主体、以城镇化和劳动力就业迁移为驱动，实现劳动力资源优化配置，进而影响农民就业结构和收入结构的变迁过程。国内相关学者较多研究聚焦于农户分化的内在动因、演进水平、分类标准、正负影响等诸多方面。

首先，在内在动因方面，传统以家庭为生产生活单位的小农经济中，农户具有封闭性、分散性和自足性等诸多特征，其职业分化处于缓慢和初始状态③。在市场化改革力量的推动下，农户分化步伐逐渐加快。以此为研究基点，众多学者探讨了导致农户分化的政策放松、风险规避、增强效率等作用因素④。

其次，在演进水平方面，学术界先后提出水平向度与垂直向度两类方

① 罗明忠、刘恺：《职业分化、政策评价及其优化——基于农户视角》，《华中农业大学学报》（社会科学版）2016 年第 5 期。
② 张琛、彭超、孔祥智：《农户分化的演化逻辑、历史演变与未来展望》，《改革》2019 年第 2 期。
③ 张露：《小农分化、行为差异与农业减量化》，《农业经济问题》2020 年第 6 期。
④ 典型研究可参见马小勇、白永秀《中国农户的收入风险应对机制与消费波动：来自陕西的经验证据》，《经济学》2009 年第 8 期；李宪宝、高强《行为逻辑、分化结果与发展前景——对 1978 年以来我国农户分化行为的考察》，《农业经济问题》2013 年第 2 期；唐忠、钟晓萍《乡村发展过程中农户分化的考察分析与政策启示》，《农村经济》2023 年第 3 期。

式来评价农民分化水平。第一类度量标准是以职业分化为核心的水平化测度，主要考察农村劳动力进行非农化职业转移的程度差异①。具体公式是：农村劳动力非农化就业比重 =（农村劳动力就业总量 – 农业领域就业总量）/农村劳动力就业总量；第二类度量标准以收入分化为核心的垂直化测度，主要考察农村劳动力非农化就业的收入水平差异②。测算公式为：农村劳动力家庭非农化就业收入比重 = 家庭年均非农化就业总收入/家庭年均总收入。

再次，在分类标准方面，部分学者主要从区域发展差异、兼业水平差异、生产规模差异、收入层次差异、文化程度差异等角度对农户分化类别进行划分③，从不同角度诠释了农户分化的深刻内涵。

最后，在正负影响方面，学术界较多持积极观点，通过深入研究他们提出，农民分化促进了部分农村劳动力进行城市化转移，为城市非农产业发展提供了充足的人力资源支持，提升了城市化水平；同时，农民分化有利于扩大农业种植规模，降低土地碎化程度，推动农业产业化经营和现代农业发展。此外，部分学者持谨慎乐观态度，他们研究关注了农民分化对土地利用的影响。农民分化虽然能够正向提升农户的土地流转意愿，却为土地利用效率和产出效率带来负面作用④。而且更大范围来看，农民分化

①　典型研究可参见刘洪仁、杨学成、陈淑婷《我国农民分化的测度与影响因素分析》，《山东农业大学学报》（社会科学版）2007 年第 2 期；许恒周、郭玉燕、吴冠岑《农民分化对耕地利用效率的影响——基于农户调查数据的实证分析》，《中国农村经济》2012 年第 6 期；赵丹丹、郑继媛《农民分化与中国乡村振兴：基于全国 31 省的动态面板证据》，《世界农业》2019 年第 7 期。

②　典型研究可参见牟少岩、杨学成《农民职业分化微观影响因素的实证研究——以青岛为例》，《农业经济问题》2008 年第 11 期；张占贞、王兆君《我国农民工资性收入影响因素的实证研究》，《农业技术经济》2010 年第 2 期；何蒲明、张凡《农民职业分化、收入分化与城镇化关系的实证研究》，《长江大学学报》（自然科学版）2015 年第 33 期；杨慧琳等《农户分化、代际差异对宅基地退出意愿的影响——基于宅基地价值认知的中介效应分析》，《资源科学》2020 年第 9 期。

③　典型研究可参见钱龙、钱文荣、陈方丽《农户分化、产权预期与宅基地流转：温州试验区的调查与实证》，《中国土地科学》2015 年第 9 期；苏群、汪霏菲、陈杰《农户分化与土地流转行为》，《资源科学》2016 年第 3 期；陈韵凌、王茂军、曹广忠、刘涛、蔡蓓蕾《中国农村家庭分化对耕地利用方式的影响》，《自然资源学报》2024 年第 2 期。

④　典型研究可参见许恒周、郭玉燕、吴冠岑《农民分化对耕地利用效率的影响——基于农户调查数据的实证分析》，《中国农村经济》2012 年第 6 期；王丽双、王春平《农户分化对农地承包经营权退出意愿的影响研究》，《中国土地科学》2015 年第 9 期；张建雷《人口分化：理解转型期农民分化的一个视角》，《中国农业大学学报》（社会科学版）2018 年第 4 期；武舜臣等《分化小农和现代农业发展有机衔接的路径选择》，《西北农林科技大学学报》（社会科学版）2023 年第 1 期。

也对农户的种植结构、养老保障模式、乡村组织形态等方面产生了深远影响①。

二 农户分化的动态演进过程

在改革开放之前，受政策管制等因素影响，农村劳动力流动受到严格限制，大量的小农户以农业生产为主，自给自足与封闭隔离是其显著特点。随着改革开放以后相关政策制度的调整，城乡经济趋于繁荣与放活，农村富余劳动力到城市务工就业数量上升。如表7—1所示，农村劳动力非农产业转移数量由1978年的2320万人上升到1989年的7714万人。同期，农业就业比重出现明显下滑，由改革开放初期的70.5%减少到1989年的59.0%。特别是家庭联产承包责任制政策的推行，使广大农民拥有了土地处置和自由种植决策的权利，农户分化的动力更加强劲，活力得以释放，速度逐渐提升。

表7—1　　1978—1989年我国农村劳动力非农产业转移情况（单位：万人、%）

年份	1978	1979	1980	1981	1982	1983	1984	1985	1986	1987	1988	1989
农村劳动力转移数	2320	2391	2714	2895	3008	3539	5100	5935	6736	7337	7818	7714
农业就业比重	70.5	69.8	68.7	68.1	68.0	67.1	64.1	62.4	60.9	59.9	59.3	59.0
非农就业比重	29.5	30.2	31.3	31.9	32.0	32.9	35.9	37.6	39.1	40.1	40.7	41.0
城镇化率	17.9	19.9	19.4	20.2	21.1	21.6	23.0	23.7	24.5	25.3	25.8	26.2

注：上述数据来源于历年《中国统计年鉴》，农村劳动力转移人员数量由相关数据测算而得。

进入20世纪90年代，我国改革开放步入新阶段，国家层面对农村劳动力转移流动采取了"规范引导"的放松政策。受之影响，农村劳动力进

---

① 典型研究可参见赵丹丹、周宏《农户分化背景下种植结构变动研究——来自全国31省农村固定观察点的证据》，《资源科学》2018年第1期；许恒周、石淑芹、吴冠岑《农地流转市场发育、农民阶层分化与农民养老保障模式选择——基于我国东部地区农户问卷调查的实证研究》，《资源科学》2012年第1期；孙前路、李朝柱《农户分化、示范引领对农户农业绿色生产意愿与行为的影响》，《中国农机化学报》2024年第5期。

城务工数量持续上升。如表7—2所示，农村劳动力非农产业转移数量由1990年的8794万人上升到1999年的13214万人。与之相契合，农业就业比重继续下降，由1990年的60.1%减少到1999年的50.1%。在此时期，农户普遍分化，分化步伐加快，分化程度在逐渐加深。

表7—2　　1990—1999年我国农村劳动力非农产业转移情况（单位：万人、%）

年份	1990	1991	1992	1993	1994	1995	1996	1997	1998	1999
农村劳动力转移数量	8794	8928	9592	10866	12174	13495	14208	14199	13844	13214
农业就业比重	60.1	59.7	58.5	56.4	54.3	52.2	50.5	49.9	49.8	50.1
非农就业比重	39.9	40.3	41.5	43.6	45.7	47.8	49.5	50.1	50.2	49.9
城镇化率	26.4	26.4	27.6	28.1	28.6	29.0	29.4	29.9	30.4	30.9

数据来源：《中国统计年鉴》1990—1999年。

这一时期，农户分化的多类型主体逐渐形成。如图7—2所示，在宏观政策放松和经济利益激励的共同驱动作用下，农村劳动力向非农产业转移就业，传统农户动态分化为纯小农户、职业化农户、农业兼业户、非农兼业户和非农农户等多类型主体。其中，职业化农户有别于传统小农户，他们打破了传统农民分散化和小农生产碎片化的落后生产组织形态，主要是指以产业化、市场化和规模化为生产形式，以实现农业利润最佳为追求目

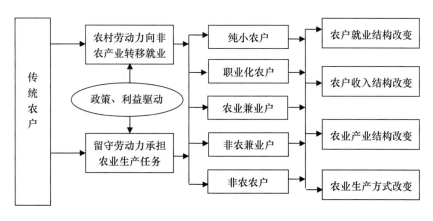

图7—2　农户分化的动态演进及多重影响

标，适应现代农业发展需求的新型职业化农民群体。农业兼业户是指以农业生产收入为主的兼业化农户，非农兼业户是指以非农产业收入为主的兼业化农户。在农村劳动力进行非农化就业迁移的过程中，农业兼业户和非农兼业户大量出现。非农农户是指已经完成城镇化转移的、主要依靠非农产业收入的农户。

进入 21 世纪以来，中国经济发展驶入快车道，城乡经济社会发展水平迈上新台阶，城镇化与工业化进程显著加快，各项惠农政策陆续出台，土地流转趋势显现。在上述宏观背景下，农村劳动力向非农产业转移的比例快速上升，农户分化进入加速发展的新阶段。如表 7—3 所示，各类型农户差异化程度明显提高，农户分化趋向成熟。首先，纯农户和农业兼业户数量占比占比显著下降，分别由 2001 年的 46.35%、29.03% 降低到 2019 年的 18.96%、19.37%。其次，非农兼业户占比出现明显上升现象，由 2001 年的 16.28% 增加到 2019 年的 29.92%。而且，非农兼业户占比明显高于农业兼业户占比，已经是当前农业兼业化生产的主体部分。最后，与纯农户和农业兼业户演变情况相反，非农农户占比大幅提升，由 2001 年的 6.49% 上升到 2019 年的 18.96%，提高了 12.47%。以上数据说明，在城镇化和工业化大潮的影响下，农村劳动力非农化就业迁移加剧，传统农户逐渐经历了由纯农户→兼业化农户→非农农户的分化演进过程。在该阶段，农村土地要素市场、劳动力市场和农业社会化服务体系日趋完善，农业生产经营活动逐渐多样化，农产品现代流通体系加快构建，进一步释放了农户分化空间，为农户分化的快速发展创造了条件。

表 7—3　　　　　2001—2019 年我国农户分化情况（单位:%）

类型	2001	2003	2005	2007	2009	2011	2013	2015	2017	2019
纯农户	46.35	44.19	40.32	39.56	38.27	34.81	31.65	27.96	23.36	18.96
农业兼业户	29.03	27.22	29.64	28.31	27.51	25.93	23.53	22.02	21.50	19.37
非农兼业户	16.28	17.38	18.02	19.29	20.39	22.72	25.67	28.46	28.25	29.92
非农农户	6.49	8.81	10.19	11.73	12.86	13.09	15.25	16.50	17.11	18.96

数据来源：根据农业部全国农村固定观察点数据测算而得。具体分类标准：农业收入占家庭总收入高于 80% 的为纯农户，50%—80% 的为农业兼业户，20%—50% 的为非农兼业户，低于 20% 的为非农农户。

三 农户分化的多重影响

农户分化是城乡一体化融合发展的必然结果，必将长期贯穿二元经济转换背景下传统农业向现代农业转型提升全过程。农户分化促使农业劳动力就业行为由同质性转变为异质性[1]，对农户的生产生活状态带来了深刻影响。同时在微观层面，农户分化对农户就业结构、收入结构以及宏观层面的农业产业结构与生产方式产生了多重影响。

首先，从就业结构变化情况来看，农户分化促进了劳动力非农就业转移，为非农产业发展提供了重要的人力资源支持，导致了农户就业结构的改变。如表7—4所示，2003—2019年，我国农户的就业结构发生了重要变迁。其一，农业领域的就业比重持续萎缩。其占比由2003年的35.80%减少至2019年的22.39%。其二，农户劳动力在工业领域的就业比重经历了先上升后下降的过程，但总体上呈现稳定状态。其占比由2003年的19.13%增加至2012年最高点的22.08%，此后减少至2019年的17.18%。其三，服务业和建筑业领域的就业比重持续显著上升，已经成为农户劳动力就业的重要选择。其占比分别由2003年的13.61%、7.51%升高至2019年的22.92%、13.83%。其四，农户劳动力在运输业以及其他行业的就业比重大体呈现稳定局面。根据上述数据分析可知，农户分化导致农村劳动力的就业选择渐趋偏离农业生产[2]，致使农户就业结构趋于复杂化，促进其多元化就业状态的形成。

表7—4 　　2003—2019年我国农户就业结构变化情况（单位:%）

年份	农业	工业	服务业	建筑业	运输业	其他行业
2003	35.80	19.13	13.61	7.51	3.81	20.14
2004	36.98	17.97	13.86	7.85	4.09	19.25
2005	36.85	18.60	13.48	8.26	3.92	18.89

---

[1] 李宪宝、高强：《农户分化的演化逻辑、历史演变与未来展望》，《改革》2019年第2期。

[2] 郭晓鸣等：《中国小农的结构性分化：一个分析框架——基于四川省的问卷调查数据》，《中国农村经济》2018年第10期。

续表

年份	农业	工业	服务业	建筑业	运输业	其他行业
2006	36.38	18.35	13.64	8.47	4.17	18.99
2007	35.13	18.62	13.32	8.66	3.90	20.37
2008	32.52	19.41	13.43	9.32	4.12	21.20
2009	30.58	21.97	17.29	10.25	6.86	13.05
2010	29.69	21.57	18.48	10.12	6.17	13.97
2011	29.09	21.72	18.19	10.68	5.76	14.56
2012	29.16	22.08	17.42	10.91	5.42	15.01
2013	27.17	21.07	18.95	10.73	5.28	16.80
2014	26.48	20.40	19.24	11.18	5.14	17.56
2015	25.35	20.12	20.16	11.17	5.11	18.09
2016	24.43	19.31	21.04	11.62	4.94	18.66
2017	23.61	18.26	21.58	12.27	4.73	19.55
2018	23.17	17.93	22.72	12.51	4.58	19.09
2019	22.39	17.18	22.92	13.83	4.63	19.05

数据来源：根据农业部全国农村固定观察点数据测算而得。

其次，在收入结构方面，农户分化推动了劳动力生计模式的改变[1]，非农产业收入已经成为农民收入的主要来源。中国社会科学院《农村绿皮书：中国农村经济形势分析与预测（2022—2023）》统计数据显示，2022年，中国农民人均工资性收入为8449元，农村居民人均经营净收入6972元，对农民增收的贡献程度分别为40.9%和33.7%。粗略估计，全年非农产业收入（包括工资性收入、转移净收入和部分经营净收入）对农民增收的贡献程度超过80%。由以上数据可以看出，农户的收入结构分化与其职业分化紧密相关，同时也在推动着城镇化背景下农户生计能力的提升。

再次，在农业产业结构方面，农户分化推动了农村新产业、新业态的形成，促进了农业产业内部结构的优化。如表7—5数据所示，1979—

[1] 唐宏、何慧芳、梁玲婕、黄凤、尹奇：《土地托管、劳动力分化对农户家庭收入的影响研究》，《中国土地科学》2023年第9期。

2021 年，中国农林牧渔总产值实现较大规模增长，由 1979 年的 1697.60 亿元跃升至 2021 年的 147013.40 亿元。从农林牧渔总产值内部结构来看，农业产值所占比重显著降低，由 1979 年的 78.07% 下降至 2021 年的 53.29%。同时，牧业和渔业产值所占比重逐渐升高，分别由 1979 年的 16.82%、1.53% 增长至 2021 年的 27.15%、9.87%。另外，粮食作物种植比例由 1979 年的 79.45% 降低到 2021 年的 69.72%，经济作物种植比例由 1979 年的 20.55% 上升到 2021 年的 30.28%。

表 7—5　　1979—2021 年我国主要年份农业产业结构变化情况（单位：亿元、%）

年份	农林牧渔总产值	农业产值比重	林业产值比重	牧业产值比重	渔业产值比重	粮食作物种植比例	经济作物种植比例
1979	1697.60	78.07	3.58	16.82	1.53	79.45	20.55
1985	3619.50	69.25	5.21	22.06	3.48	72.51	27.49
1990	7662.10	64.66	4.31	25.67	5.36	75.59	24.41
1995	20340.90	58.43	3.49	29.72	8.36	73.32	26.68
2001	26179.65	55.24	3.59	30.42	10.75	70.67	29.33
2002	27390.80	54.51	3.77	30.87	10.85	69.21	30.79
2003	29691.80	50.08	4.18	32.13	10.57	66.23	33.77
2004	36238.99	50.05	3.66	33.59	9.95	67.69	32.31
2005	39450.89	49.72	3.61	33.74	10.18	69.47	30.53
2006	40810.83	52.74	3.95	29.61	9.73	69.92	30.08
2007	48651.77	50.43	3.81	32.98	9.12	70.38	29.62
2008	57420.77	48.35	3.71	35.49	8.97	71.15	28.85
2009	59311.32	50.99	3.63	32.20	9.32	72.61	27.39
2010	67763.13	53.29	3.74	30.04	9.26	73.20	26.80
2011	78836.98	51.64	3.84	31.70	9.31	73.66	26.34
2012	86342.15	52.47	3.85	30.40	9.73	74.09	25.91
2013	93173.70	53.09	4.02	29.32	9.93	74.59	25.41
2014	97822.51	53.58	4.16	28.33	10.11	75.10	24.90
2015	101893.52	53.84	4.14	27.82	10.16	75.51	24.49
2016	106478.73	52.89	4.13	28.28	10.35	75.30	24.70

续表

年份	农林牧渔总产值（亿元）	农业产值比重	林业产值比重	牧业产值比重	渔业产值比重	粮食作物种植比例	经济作物种植比例
2017	109331.72	53.10	4.55	26.86	10.59	70.94	29.06
2018	113579.53	54.11	4.78	25.27	10.68	70.55	29.45
2019	123967.94	53.29	4.66	26.67	10.14	69.95	30.05
2020	137782.17	52.07	4.33	29.22	9.27	69.73	30.27
2021	147013.40	53.29	4.43	27.15	9.87	69.72	30.28

资料来源：国家统计局网站（http：//www.stats.gov.cn/）。

最后，在农业生产方式方面，农户分化促进了农业生产分工，推动劳动力向非农领域转移，提升了农业劳动力的稀缺程度，不但在宏观层面催生了农业技术的应用需求，而且在微观层面诱使农户更多选择使用农业机械来降低劳动力成本，进而有效推动了农业技术进步[①]，促进农业生产方式的深层变革。如表7—6所示，1978—2020年，农业机械总动力、农业综合机械化率、农业劳动生产率均实现大幅度提升。其中，农业机械总动力由1978年的11750万千瓦增长到2020年的105622万千瓦，农业综合机械化率由1978年的0.20%提高至2020年的0.69%，农业劳动生产率由1978年的493元/人提高至2020年的8952元/人。

表7—6　　　　　1978—2020年我国主要年份农业技术进步情况

指标	1978年	1985年	1990年	1995年	2000年	2005年	2010年	2015年	2020年
农业机械总动力（万千瓦）	11750	20913	28708	36118	52573	68398	92781	111728	105622
综合机械化率（%）	0.20	0.21	0.27	0.32	0.32	0.36	0.52	0.64	0.69
农业劳动生产率（元/人）	493	887	909	1442	1592	2541	4626	7933	8952

数据来源：农业机械总动力来源于历年《中国统计年鉴》；综合机械化率来源于历年《中国农业统计资料》；农业劳动生产率根据以下公式测算而得：农林牧渔总产值/第一产业就业人员数量。

---

① 王洪煜、张骞、陆迁：《要素禀赋、农户分化与农业价值链技术选择偏向》，《华中农业大学学报》（社会科学版）2022年第4期。

四　动态耦合机制的构建

当前，中国农业正处于由传统到现代的转型提升进程中，农户分化趋势将长期存在①。因此，需要在理论层面理性认识农户分化的不同路径和特征，辨识不同类型农户的多元功能，采用有针对性的政策措施，实现分类推进、分类发展。在实践层面，通过构建多类型农户分化主体的动态耦合机制，完善不同层次的利益联结机制，探索与现代农业相契合的融合发展路径，可以进一步拓展不同类型农户的多元化价值功能。如图7—3所示，纯小农户、职业化农户、农业兼业户、非农兼业户和非农农户在动态演化过程中，通过不同发展路径的耦合，共同推动现代农业发展和乡村振兴。

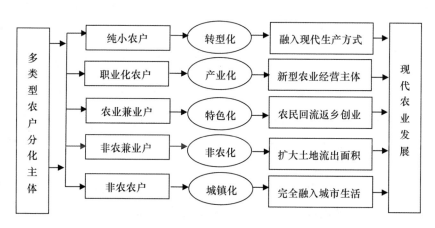

图7—3　多类型农户分化主体的动态耦合机制

（一）纯小农户

纯小农户是指以家庭为生产单位，以农业生产收入为主要收入来源的农业微观主体。作为中国传统农业种植主体的延续，纯小农户是农业生产和乡村振兴的重要参与者，依然肩负着粮食安全保障的重任②。与传统农户相异，纯小农户在农业生产管理、农业技术应用、农产品市场化开拓等

---

① 唐忠、钟晓萍：《乡村发展过程中农户分化的考察分析与政策启示》，《农村经济》2023年第3期。

② 叶敬忠、张明皓：《"小农户"与"小农"之辩——基于"小农户"的生产力振兴和"小农"的生产关系振兴》，《南京农业大学学报》（社会科学版）2019年第1期。

方面实现了较大进步。然而，由于"小而全"的分散性，纯小农户仍然局限于生计农业模式，受制于居高不下的经营成本、低水平的种植收益和脆弱的抵御风险能力，进而导致其生产行为出现暂时困难。

基于上述情况，纯小农户可以通过转型实现与现代农业发展的契合衔接。首先，应当重视纯小农户对于乡村振兴的积极作用，使其成长为热爱农村、扎根农村，传承乡村文明的继承者。其次，应该引导纯小农户积极进行农业生产方式转型，通过与其他各类新型农业经营主体合作构建紧密化利益分享机制，促进其融入现代生产方式，分享农业生产增值收益。

（二）职业化农户

职业化农户有别于纯小农户和传统农户，他们克服了"分散化"和"小农式"的落后生产弊端，主要是指以产业化、市场化和规模化为主要生产形式，以获取最大化农业利润为生产目标，适应现代农业发展需求的新型职业化生产主体。职业化农户往往是由专职从事农业生产的新型农民构成的，这些农民一般情况下具有一定的专业知识、实用技能和科学素养，具备一定的机械化生产能力，能够适应规模化、集约化和社会化生产的需要。相比纯小农户，职业化农户在生产技术效率方面更具优势[1]，代表着农业生产力的前进方向[2]，其形成发展实际上也是我国农业不断商品化和高级化的过程。

在未来发展过程中，职业化农户需要以农业产业化经营为核心，以土地流转来扩大种植规模，以市场化需求为导向，深入挖掘现代农业发展的内在潜力，主动对接农村新产业、新业态和新动能，成为新型农业经营主体的主要构成者，成为推动乡村振兴和保障国家粮食安全的重要支撑力量，也成为农村脱贫致富的带头人。

（三）农业兼业户

农业兼业户是指以农业生产收入为主，以外出务工的非农收入为辅的兼业化农户。农业兼业户较多产生于劳动力比较富裕，家庭成员进行分工优化的现实需求。根据收益横向对比原则，理性的家庭农户会优化配置劳

---

① 钟真、齐介礼、史冰清、张德生：《职业农民更有效率吗——来自滇琼两省天然橡胶种植户的证据》，《农业技术经济》2018 年第 5 期。

② 曾俊霞、郜亮亮、王宾、龙文进：《中国职业农民是一支什么样的队伍——基于国内外农业劳动力人口特征的比较分析》，《农业经济问题》2020 年第 7 期。

动力资源，部分劳动力进城打工，部分劳动力留守务农，以此实现劳动收益最大化。与纯小农户和职业化农户不同，农业兼业户的家庭收入虽然主要来自农业耕种，但外出务工收入作为重要的劳动收益补充，使其更具有了发展农业的资本和技术优势。而且，家庭成员通过外出就业，眼界更为开阔，有利于增强市场意识和现代理念。

农业兼业户具有向职业化农户分化演变的基础，是当前回流农村创业、返乡开发农村资源的重要人才来源。在未来发展中，应鼓励农业兼业户探索特色化发展路径，以特色资源为依托，以市场需求为引领，充分利用技术与资金支持政策，把资源优势转变为产业优势，实现优质特色农产品的高质量生产，推动农业产业化和现代化发展进程。

（四）非农兼业户

非农兼业户是指以非农产业收入为主，以农业生产收入为辅的兼业化农户。与农业兼业户相比，非农兼业户具有较高的城市化转移意愿，更倾向于通过非农就业脱离农村。该群体一般具有较高的就业能力和技术特长，通过进城务工来追求更高的劳动收益，并期望寻求更多的发展机遇和市民化途径。非农兼业户对农业发展的影响具有两面性。虽然非农兼业户具有在城市当中长期积淀的工作经验和生产实践，对市场机会比较敏感，把握发展机遇的能力较强，有利于开拓农业发展新的增长点。但是，从反面来看，大部分的非农兼业户的主要工作精力和劳动力投入侧重点在非农领域，在现实中导致了农业副业化和边缘化局面。基于此，对于非农兼业户，应鼓励其通过土地流转，扩大土地流出面积，逐步退出农业生产，转移到城市非农部门就业，为城镇化和工业化贡献力量。同时，也鼓励部分非农兼业户充分利用较长时期积累的管理经验、技术和资本，返乡创业兴业，为农业经济发展注入新活力、增添新动能。

（五）非农农户

非农农户是指非农产业收入占据家庭总收入绝大部分比重的农户。从整体发展趋势来看，人力资本越高，越有利于农户向非农业变动，非农农户比重就越大[①]。该类农户基本上完全脱离农业生产经营，不再进行土地耕

---

① 陈良敏、丁士军、陈玉萍：《农户家庭生计策略变动及其影响因素研究——基于 CFPS 微观数据》，《财经论丛》2020 年第 3 期。

种。之所以称之为"农户",是因为其户籍依然留在农村,拥有一定的土地承包权,土地流转并不彻底。非农农户向往城市中多彩富足的生活,是城市化迁移定居的主力军,为城市工业化发展提供了低成本的劳动力支持。基于此,应通过户籍、社会保障、土地流转等政策改革,鼓励非农农户实现彻底的城镇化,完全融入城市生活,成为推动城市发展的重要力量。

第三节　新型组织化经营与农户家庭经营的动态耦合机制构建

农户家庭是中国传统农业生产的微观组织基础[①]。随着农村经营体制改革进程的加快,在家庭联产承包经营制度的推动下,以家庭为基本单位的农户分散经营体系得以确立,农户家庭经营形式逐渐发生演化。以农民专业合作社、农业企业等为代表的新型组织化经营形式相继涌现,发展成为提升规模经营水平和促进现代农业发展的重要力量[②]。不同类别的农业生产经营形式表现出异质性的行为特征与组织化特质。在应对农业劳动力代际转换的现实需要下,构建新型组织化经营与农户家庭经营的耦合机制,对于推进现代农业的全面、协调、可持续发展和乡村振兴具有重要的理论与现实意义。

一　研究综述

在理论渊源层面,学术界较早论证了农户家庭经营存在的合理性与科学性。比较普遍接受的观点是,农作物的自然生长特性非常显著,导致劳动时间分布的不均衡,即存在所谓的"农忙时节"与"农闲时节"。由此造成农业生产分工协作存在效率障碍,农闲时节则会存在劳动力的大量闲置。农户家庭经营能够很好地解决农业劳动时间与生产时间不一致的矛盾[③],适应农

---

①　刘依杭:《"谁来种粮":小农户与家庭农场的经营特征及逻辑选择》,《农村经济》2023年第5期。

②　阮荣平等:《新型农业经营主体辐射带动能力及影响因素分析:基于全国2615家新型农业经营主体的调查数据》,《中国农村经济》2017年第11期。

③　典型研究可参见刘奇《构建新型农业经营体系必须以家庭经营为主体》,《中国发展观察》2013年第5期;罗必良《小农经营、功能转换与策略选择——兼论小农户与现代农业融合发展的"第三条道路"》,《农业经济问题》2020年第1期。

业生产的高自然生物特性①。而且，农户家庭具有以亲缘关系为纽带的组织特征，在社会文化传统及自我生计驱动的心理状态作用下，农户家庭容易达成内部协作的契约关系。因此，农户家庭经营能够有效解决农业生产监督和计量困难所导致的信息不对称问题。另外，传统家庭经营是农民赖以生存的主要载体，同时又是乡村社会发展的稳定器，具有较强的包容性和旺盛的生命力②，在现代化的农业生产体系中仍将长期存在。

在生产实践层面，农户家庭是农业耕种的主要经营单位和普遍形式。在历史长河中，自封建时代以来，人类进行粮食生产主要以家庭为基本载体和组织形态③。进入现代社会，农业经营体制历经变迁和演化，但以家庭经营为基础的农业生产方式依然具有天然的合理性④，显示出了独特优势。发达国家虽然较多扩大了农业生产规模，但家庭经营的重要基础从未削弱。此外，世界银行统计报告表明，发展中国家85%以上的农业种植任务由农户家庭承担⑤。

然而，在城镇化与工业化的时代变迁背景下，农户家庭经营形式呈现动态分化，学术界部分专家对农户家庭经营的生产效率和发展进步性提出了质疑。首先，部分学者认为，农户家庭具有小农经济的诸多弊端，分散性较强，交易成本较高，而且以生计驱动为主，积累能力不足，无法适应生产社会化的需要⑥，不利于农业科技成果的推广应用。新型组织化经营形式与现代农业发展更加契合⑦，是发展适度规模经营的重要基础和平台，有利于实现农业的集约化、专业化和产业化生产。从世界范围来看，法国

---

① 韩朝华：《个体农户和农业规模化经营：家庭农场理论评述》，《经济研究》2017年第7期。

② 典型研究可参见李谷成、李崇光《十字路口的农户家庭经营：何去何从》，《经济学家》2012年第1期；吴重庆、张慧鹏《小农与乡村振兴——现代农业产业分工体系中小农户的结构性困境与出路》，《南京农业大学学报》（社会科学版）2019年第1期。

③ 徐勇：《区域社会视角下农村集体经营与家庭经营的根基与机理》，《中共党史研究》2016年第4期。

④ 周振、孔祥智：《新中国70年农业经营体制的历史变迁与政策启示》，《管理世界》2019年第10期。

⑤ 世界银行：《2008年世界发展报告：以农业促发展》，清华大学出版社2008年版。

⑥ 张慧鹏：《现代农业分工体系与小农户的半无产化——马克思主义小农经济理论再认识》，《中国农业大学学报》（社会科学版）2019年第1期。

⑦ 高鸣、江帆：《回答"谁来种地"之问：系统推进现代农业经营体系建设》，《中州学刊》2023年第12期。

专业化农场模式、荷兰合作社模式、日本农协模式、印度绿色革命都是很好的证明①。其次，部分学者研究提出，与农户家庭经营相比，新型组织化经营有利于提升资源利用效率和生产效率，带来更高的组织化规模效益②。最后，一些学者认为，新型组织化经营提高了农户的组织化程度，能够集聚劳动力、资本、技术等各类资源要素投入，显著降低农业生产各环节的交易成本③，解决"小生产"与"大市场"之间不匹配的矛盾。

二 农业经营形式的动态演化

在农业经济不同阶段的历史变迁中，农业经营形式出现了显著的动态演化。如图7—4所示，在市场化改革与城镇化大潮推动下，农业经营形式类型不断分化。其中，传统的农户家庭经营形式部分得以保留，并逐步分类演化为传统农户和规模化经营农户。传统农户主要以普通小农户为主体，而规模化经营农户主要以专业大户、家庭农场为主体。同时，另一部分农户家庭经营形式逐渐演化为新型组织化经营形式，分为合作型组织与科层型组织两个类别。合作型组织主要以农民专业合作社、合作联合社为主体，科层型组织主要以农业企业为主体。

在不同时期，农业经营形式经历了不同的演化阶段，表现出了较大的分异化特点。笔者以改革开放初期、20世纪90年代中后期、党的十八大为时间节点，把农业经营形式的动态演化划分为三个阶段：传统农户家庭经营阶段、城镇化加速分化阶段和城乡融合背景下构建新型农业经营体系阶段。

在改革开放初期，农业经营形式演化处于传统农户家庭经营阶段。在"包产到户""包干到户"等农村经济体制改革政策的推动下，分散化的

① 叶敬忠等：《小农户和现代农业发展：如何有机衔接?》，《中国农村经济》2018年第11期。

② 典型研究可参见徐涛、赵敏娟、姚柳杨、乔丹《农业生产经营形式选择：规模、组织与效率——以西北旱区石羊河流域农户为例》，《农业技术经济》2016年第2期；林宣佐、史修艺、李金鸿、王颜齐《多指标视角下组织化农户与家庭农户的经营效率测算及分析》，《河南农业大学学报》2020年第3期。

③ 典型研究可参见杨红炳《发展现代农业重在农业组织制度创新》，《经济问题》2011年第3期；曾福生《中国现代农业经营模式及其创新的探讨》，《农业经济问题》2011年第10期；楼栋、孔祥智《新型农业经营主体的多维发展形式和现实观照》，《改革》2013年第2期；孙新华《村社主导、农民组织化与农业服务规模化——基于土地托管和联耕联种实践的分析》，《南京农业大学学报》（社会科学版）2017年第6期；梁海兵、姚仁福《合约安排与小农户增收——对"小农户+合作社"体系中三种典型利益联结模式的考察》，《经济科学》2024年第3期。

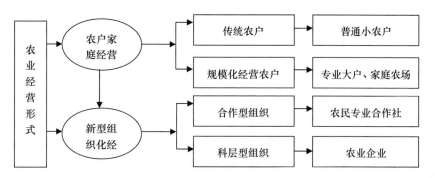

图7—4　农业经营形式动态演化的类型分布

"农户家庭经营"形式逐步确立，克服了平均主义的"大锅饭"缺点，实现了个人劳动付出与收益的联结，激发了农户从事农业生产的内生活力，解放了农村生产力，开创了中国农业发展史上重要的黄金时代，取得了卓越成就。然而，广大农户基本延续了传统农耕文明的自然经济模式，分散经营、封闭隔离。农村劳动力的就业选择范围较窄，外出务工较少，一些农户的剩余劳动力主要通过饲养家禽家畜等副业途径，获得种植收益之外的额外收入。因此，农业经营形式动态演化的动力源泉主要为生计驱动，动态演化步伐比较缓慢。

20世纪90年代中后期，中国改革开放进程全面加快，农业经营形式动态演化到城镇化加速分化阶段。在城乡收入差距的推动下，大量农村劳动力转移到城市就业，传统的农户家庭经营加速分化，新型组织化经营形式逐渐形成和发展。同时期，城市工业和服务业繁荣发展，为小农户分化提供了就业途径，农村劳动力的就业选择范围大大拓宽。同时，在中央一系列支农、惠农、富农政策驱动下，农村多元化经营呈现蓬勃发展态势，以农民专业合作社、农业企业、农业合作社联合社等为代表的新型组织化经营形式相继涌现。

党的十八大以来，中央着力重塑新型城乡关系，实现城乡融合发展，推动"工业反哺农业、城市支持农村"，城乡要素流动趋于加快，乡村振兴战略全面实施，农业农村现代化取得积极进展。在新时代全面深化改革的背景下，农业经营形式动态演化到城乡融合背景下构建新型农业经营体系阶段。在一系列乡村振兴与脱贫攻坚政策的支持下，传统的小农户积极融入农村第

二、第三产业经营体系，嵌入农村新产业与新业态的发展过程中，也在推动着传统农户家庭经营的变迁①。同时，在"三权分置"改革、财政支农、金融支农等诸多政策的推动下，土地流转和规模化经营水平实现较大提升，农业产业化经营快速推进，新型组织化经营形式实现了更大发展。

三 动态耦合机制的构建

当前，在全面实施乡村振兴战略，加快推进农业现代化进程的背景下，我国农业发展已经进入加快构建新型农业经营体系的新阶段。培育新型农业经营主体、构建新型农业经营体系已经成为现代农业发展，推进农业供给侧结构性改革的核心②。在乡村振兴进程中，需要构建新型组织化经营与农户家庭经营的动态耦合机制，推动农业经营形式多元化发展，培育农业经济发展新动能，逐步形成以农户家庭经营为基础，专业大户、家庭农场、农民合作社、农业产业化龙头企业为骨干，其他组织形式为补充的新型农业经营体系。如图 7—5 所示，农户家庭经营和新型组织化经营在动态演化过程中，通过构建动态耦合机制，共同推动乡村振兴。

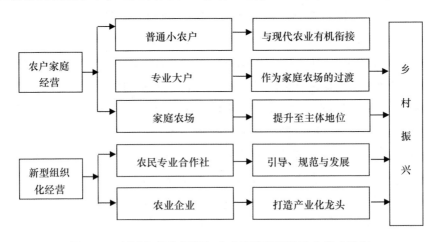

图 7—5　新型组织化经营与农户家庭经营的动态耦合机制

---

① 张建雷、席莹：《关系嵌入与合约治理——理解小农户与新型农业经营主体关系的一个视角》，《南京农业大学学报》（社会科学版）2019 年第 2 期。

② 典型研究可参见陈锡文《构建新型农业经营体系　加快发展现代农业步伐》，《经济研究》2013 年第 2 期；李玉玲《以"联合、集合、整合"理念推进现代农业经营体系建设》，《农业经济》2024 年第 2 期。

（一）普通小农户

普通小农户是家庭经营的重要载体，是农业生产的基本经营单元。第三次全国农业普查统计显示，全国共有 2.3 亿登记农户，进入普查的有 20743 万农业经营户，除规模化经营户之外，中小农户占比达到 98% 左右。同时，中国农村经营管理统计年报显示，经营面积在 10 亩以下普通小农户占全部农户的比重为 85.7%。上述数据说明，普通小农户依然是当前中国农业生产的主体，这是中国农业发展必须长期面对的基本国情。

国内众多学者研究认为，在市场化浪潮影响下，中国现阶段普遍存在的小农户已经摆脱了传统小农经济自给自足、封闭狭隘的缺陷，具有了现代性生产与开放性交易的特征和属性[1]。通过对比来看，普通小农户具有利益联结紧密、高效率分工协同、低成本组织管理等诸多优点，具备了与现代农业相适应的重要基础。所以，无论是实用主义学派的"生存小农"，还是形式主义的"理性小农"，又或是后现代主义的"现代小农"，都认为小农户与现代农业之间是可以兼容的[2]。不能以发展现代农业为理由，忽视和蔑视"小农户"的价值，夸大家庭经营与农业现代化的矛盾[3]。

基于时代发展需要，中央适时提出了促进小农户与现代农业有机衔接的战略决策。从基础层面来看，要使普通小农户与现代农业更好地进行有机衔接，需要客观理性认识普通小农户的生产现状与生产意愿。首先，从现状来看，大部分小农户生产经营的土地规模较小。农业部统计显示，截至 2022 年底，土地耕种面积在 10 亩以下的小农户占全部农户的比重高达 79.2%。同时，普通小农户兼业化生产经营程度较高。农业部固定观察点监测数据表明，2021 年，兼业农户占比达到 49.3%。随着兼业程度提高，农户非农收入所占比重也在持续上升。国家统计局统计显示，2023 年，在黄淮海区域，68.2% 的农户的非农收入显著高于农业收入。其次，从生产

① 典型研究可参见郭庆海《小农户：属性、类型、经营状态及其与现代农业衔接》，《农业经济问题》2018 年第 6 期；刘同山、孔祥智《小农户和现代农业发展有机衔接：意愿、实践与建议》，《农村经济》2019 年第 2 期；王新志、杜志雄《小农户与家庭农场：内涵特征、属性差异及演化逻辑》，《理论学刊》2020 年第 5 期。

② 吕一清、张东生：《如何有机衔接小农户与现代农业——基于新中国成立以来农户分化的现实思考》，《现代经济探讨》2020 年第 11 期。

③ 典型研究可参见姜长云《农户家庭经营与发展现代农业》，《江淮论坛》2013 年第 6 期；李怀、于晓媛《小农户再组织化的治理之道：理论建构与实践检验》，《经济学家》2023 年第 12 期。

意愿来看，部分普通小农户具有通过土地流转与外出务工来实现脱离农业生产的意愿。另外，部分普通小农户也具有扩大经营规模，实现增加种植收益的意愿。

在结合上述现状和意愿情况的基础上，需要重视普通小农户生产经营的分层异质性，在具体衔接路径上，差别化施策，分类推进。首先，鼓励小农户通过土地流转、置换合并等形式，破除土地碎化的弊端，扩大生产经营规模，调整种植结构，提升农技应用水平，推动其向专业大户或家庭农场演化。其次，通过经营主体联结合作社、入股分红等形式，把普通小农户与新型组织化经营连接起来，克服分散生产的不利条件，整合技术服务、农资供应、市场物流与销售、农产品深加工等各产业链条，实现一二三产业融合发展，提升农业产业链与价值链。同时，要加强农业社会化服务体系建设，通过服务组织将先进适用的品种、技术、装备、设施等导入小农户，实现农业产值提升。再次，充分利用农业多功能性的特点，应鼓励小农户在坚持传统种养模式的基础上，发展生态农业、休闲农业、观光农业、创意农业等新业态、新模式，拓展普通小农户的产业价值范围，实现更高的产业融合收益。最后，鼓励部分具有城市化转移意愿的普通小农户流出土地经营权或进行土地托管，有效解决农户"打工与种地"的选择矛盾，提高农业生产效率。

（二）专业大户与家庭农场

专业大户主要是指选择农业某一领域进行专业化和规模化生产的农户，一般由传统小农户发展演化而来。与家庭农场不同，专业大户在形式上较为松散，本质上还是具有农户自然人的属性，因此不需要进行工商登记和专业认定。国家对专业大户的管理较为宽松，对专业大户的界定也没有统一标准。由于专业大户不具备法人属性，造成其在市场化、产业化和社会化方面水平较低，而且不具备信贷融资和法律保障的优势。相比普通小农户而言，专业大户虽然在生产经营规模和专业化方面取得了很大进步，但还是一种原始低层次版的新型农业经营主体，略带有粗放型和单一型经营的弊端[1]。农业农村部发布的数据显示，到2023年底，中国已经拥

---

① 张新文、高啸：《农业经营主体的类型比较、效益分析与进路选择》，《现代经济探讨》2019年第3期。

有近 400 万个生产经营规模高于 50 亩的各类专业大户，遍布于农业种植、畜牧养殖、农业机械社会化服务、农业中介等各领域，发展较为迅速，而且部分发展较好的专业大户已经成为家庭农场的重要转化来源①。

家庭农场较早起源于欧美国家，是对进行土地大规模耕种农场主的专业称谓。在我国，家庭农场主要是指以家庭成员劳动为基础，采用集约化、规模化和市场化生产模式进行农业生产经营的新型主体。2013 年，中央一号文件首次提出发展"家庭农场"这一新生事物，随后，家庭农场作为推进农业生产方式改革的一条新路径被广泛提及，并开始在全国试点推进。2014 年，农业部颁布《关于促进家庭农场发展的指导意见》，从建立家庭农场注册登记和认定制度、引导农村土地流向家庭农场、涉农财政补贴向家庭农场倾斜、加强金融保险服务、提高农业社会化服务水平五个方面提出了积极支持家庭农场发展的具体举措。2019 年，中央农办、农业农村部等 11 部门联合印发《关于实施家庭农场培育计划的指导意见》，对加快培育发展家庭农场做出了总体部署。农业农村部统计数据显示，截至 2022 年末，进入农业农村部门家庭农场名录的有 393.4 万家，是 2018 年的 6.11 倍。其中，67.2% 的家庭农场从事的是种植业。从现阶段家庭农场生产经营规模看，2022 年，家庭农场平均经营规模约 400 亩，且呈现逐年递增态势②。

应该看到，家庭农场是在不改变家庭经营地位和土地基本制度的前提下的一种现实选择。它摒弃了传统小农耕种模式细碎化和分散性的弊端，适应了市场经济条件下农业农村发展的新趋势与新要求，有利于土地资源的优化配置和农业生产效率的提高。对比来看，尽管专业大户实现了规模化，却没有实现集约化经营③，因此，家庭农场要比一般的专业大户具有更高的土地规模要求和生产经营管理水平，可以说是专业大户的升级版，专业大户仅仅是家庭农场的短暂过渡形式。因此，在现代农业发展中，应引导专业大户向家庭农场进行转变，同时，重点扶持家庭农场发展，将其

① 楼栋、孔祥智：《新型农业经营主体的多维发展形式和现实观照》，《改革》2013 年第 2 期。

② 袁纯清、张峭、王克、李越、魏腾达、汝津江、陈蔡春子：《新型农业经营主体调研报告》，《农村工作通讯》2024 年第 8 期。

③ 钱忠好、李友艺：《中国家庭农场发展：现实呼唤、松江实践、方略抉择》，《农业经济与管理》2024 年第 1 期。

提升至农户家庭经营的主体地位，使其成为我国农业生产的主要经营主体。

（三）农民专业合作社

农民专业合作社是由生产同类产品的农户遵循自愿加入、平等联合、互惠互利、民主管理的原则所组建而成的互助型新型组织。农民专业合作社是新型组织化经营的代表，主要服务于农业产前、产中、产后等环节。农民专业合作社在一定程度上克服了传统小农户分散经营规模小、成本高、效率低的弱点，提高了农民组织化和规模化经营水平，有利于增强农业整体竞争力和抵御市场风险，而且有利于缓解农村青壮年劳动力匮乏问题。需要强调的是，专业合作社是通过多数农户的联合来实现经营规模的扩大，而人均所经营耕地规模并没有随之扩大。所以，专业合作社可以在农户不流转土地的基础上进行联合经营，也可以在流转土地的基础上实现连片集中经营。近年来，我国农民专业合作社取得了快速发展，特别是2007年《农民专业合作社法》的正式颁布实施，为专业合作社的蓬勃发展提供了法制保障。据农业农村部统计数据披露，截至2023年12月，全国已有221.2万家各类农民专业合作社完成工商注册登记。从总体情况判断，专业合作社在中国还处于初级发展阶段，不同程度地存在着规模偏小、竞争力偏弱、合作层次偏低、合作门槛不高、"空壳社"与"僵尸社"泛滥等诸多问题。因此，应坚持引导、规范与发展的原则，规范注册、运营、注销等各环节管理，聚焦为农业生产提供产前、产中、产后等社会化服务，促进以"合作社＋农户""合作社＋基地＋农户""龙头企业＋合作社＋农户""合作联社＋农户"为主要形式的多元化发展，实现由量到质的转变。

（四）农业企业

农业企业是指依靠利益机制与农户相联结，实现农产品生产、加工、销售各链条一体化有机结合的企业实体。农业产业化是中国农业转型发展的关键一环，代表着现代农业的发展方向。在农业产业化进程中，农业企业起着重要促进作用，是农业产业化经营的核心主体①。农业企业通过利

---

① 张国防、程秀娟、熊肖雷：《我国农业龙头企业发展：基本态势、现实困境及路径选择》，《农业经济》2024年第5期。

益机制联结着农户和市场，推动着农业产供销的一体化和贸工农的有机结合，有利于带动农户专业化、标准化、规模化、集约化生产经营水平的提高。当前，中国农业产业化龙头企业日益呈现集群化发展趋势，各类大型企业集团不断涌现，农业产业链持续深化，地域分布不均衡性得到改善，辐射带动能力逐步增强。相关统计数据显示，2022年，全国完成认定的农业企业超过9万家，其中，国家级重点龙头企业1959家[1]。在农业企业发展方面，应通过财政、信贷、税收等政策支持，着力打造产业化龙头企业。尤其在农产品加工、销售、物流等环节做强农业龙头企业[2]，激活农业产业化新动能。

———————

　　[1]　郭芸芸、胡冰川、王景伟、王允、王振东：《2022年中国新型农业经营主体发展分析报告》，《农民日报》2022年12月28日。
　　[2]　池泽新、彭柳林、王长松、赵隽劼：《农业龙头企业的自生能力：重要性、评判思路及政策建议》，《农业经济问题》2022年第3期。

第八章 农业劳动力代际转换不畅的 多元化破解模式构建

农业劳动力代际转换是中国城乡二元经济结构转换过程中出现的必然结果，是在中国经济社会由农耕文明向工业文明跨越过程中出现的。因此，农业劳动力代际转换受到城镇化、工业化等人类社会演进规律的深刻影响，同时，还伴随于中国现代农业转型提升的历史进程中，具有显著的历史阶段性。要破解中国农业劳动力代际转换不畅问题，实现农业可持续发展，则需要根据科学性、学理性与前瞻性的原则要求，从生产主体、生产要素、规模经营、产业支撑、生产方式、组织形式等角度出发，构建综合性、系统化的理论框架，以更加开放和广阔的视域，构建农业劳动力代际转换不畅的"三位一体"多元化破解模式。

第一节 现实障碍、国际经验与破解模式分析

农业劳动力代际转换不畅是中国农业农村发展需要面对的重大国情变化。农业劳动力代际转换虽然是一个农业发展问题，但与城市化、农业现代化、乡村振兴、城乡融合发展等之间存在着复杂关系。农业劳动力代际转换产生于城乡二元结构转换的大背景下，直接体现着城市化与农业现代化之间关于农村劳动力资源竞争的矛盾。本节将在理性思辨的基础上，深刻认识应对农业劳动力代际转换的现实障碍，并进行破解模式的比较分析。

一 现实障碍

（一）城乡之间对农村劳动力资源的不对等竞争

在城镇化与工业化的大背景下，城市经济发展对农村劳动力资源产生

了巨大的"虹吸效应"，总体表现为农村青壮年劳动力向城市第二、第三产业流动，农村成为优质劳动力资源流失的"洼地"。城乡之间对农村劳动力资源的不对等竞争态势对破解农业劳动力代际转换带来了直接挑战。首先，随着区域经济发展不平衡所导致的要素资源竞争的加剧，人才竞争日益激烈，城市第二、第三产业对农村劳动力的吸纳将更加充分和深化，农村青壮年劳动力流失的局面将会长期存在。其次，随着"人口红利"的结束，中国劳动力资源正在从过剩走向紧缺，会进一步推高城镇就业工资水平。因此，城乡劳动力收益差距很难在短期内消除，进而导致劳动力单向流动的趋势会持续进行，并进一步弱化农业生产的人力资源基础。基于上述现实障碍，如何协调城市与农村经济发展之间的对立统一关系，促进劳动力城乡双向流动，既能满足城市非农产业的劳动力用工需求，又能在一定程度上缓解农村务农劳动力后继者匮乏的压力，将是破解农业劳动力代际转换需要思考的重要问题。

（二）新生代农业劳动力务农动力不足

首先，新生代农业劳动力从事农业生产的意愿不强[①]。新生代农业劳动力成长在市场经济繁荣发展的社会环境下，普遍缺乏热爱农村、扎根农业的乡土情怀，普遍对粮食生产一无能力、二无兴趣。其次，从经济理性角度来看，新生代农业劳动力大多向往到城市中追求财富梦想，获取高收入工作。他们大多在完成学业后选择进城务工，而且，青年农民工回流农村从事农业生产的意愿较弱[②]。未来如何激励新生代农业劳动力扎根农村干事创业？如何保障优秀人才回流农村担当乡村振兴重任？这是破解农业劳动力代际转换需要突破的重要障碍。

（三）老龄化、少子化等宏观因素多重叠加

当前，老龄化社会和少子化社会的到来，导致农业生产后继者缺乏的

---

①　典型研究可参见徐家鹏《新生代农民工返乡务农意愿及其影响因素分析——基于陕西389位新生代农民工的调查》，《广东农业科学》2014年第22期；龚文海《新生代农民工职业农民意愿研究——基于个人特征、外出务工特征的分析》，《农业经济问题》2015年第11期；郑兴明、曾宪禄《农科类大学生能成为新型职业农民的主力军吗？——基于大学生农村基层服务意愿的实证分析》，《华中农业大学学报》（社会科学版）2015年第5期。

②　范之瑜、张福明：《农村家庭父代期望子女务农意愿影响因素研究——基于527个农户及家庭农场调研数据的分析》，《山东农业大学学报》（社会科学版）2022年第3期。

问题更趋严重，为破解农业劳动力代际转换设置了人力资源障碍。首先，中国已经整体进入老龄化社会。国家统计局统计公报显示，截至2023年末，60周岁及以上人口占总人口总数的21.1%，其中，65周岁以及以上人口占比达到15.4%，人口老龄化程度显著加深。而且，在老龄化进程加快的趋势下，相比城市人口而言，农村人口的老龄化程度更为凸显，规模庞大的流动人口促使农村劳动力高龄化与空巢化问题更加严峻①。更加不容乐观的是，受限于养老保障城乡不平衡等因素，农村应对老龄化的能力明显弱于城市，严重影响农业劳动力供给质量②。其次，随着以"一胎化"为核心的计生政策长期推行和人们生育观念的转变，中国已经步入少子化社会。国家统计局数据显示，2023年，新出生人口数量快速下滑。在总人口突破14亿的宏观背景下，中国新出生人口降至902万，环比减少54万，创下了历史新低。在少子化发展趋势下，农村新出生人口数量也出现大幅下降的现象，进而显著减少了农业生产的新生代力量。

（四）制度供给不足与思想歧视障碍

以政策性视角考察破解中国农业劳动力代际转换的制度障碍，即将农业劳动力代际转换问题置于中国经济社会制度优化的进程中来加以考察和判断。由此，可以洞察出农业劳动力代际转换问题的制度约束根源及其演进路径。传统古典经济学理论认为，土地、劳动力和资本等生产要素的投入数量决定农业产出量。但新发展经济学认为，制度安排能够提高土地等生产要素的配置效率，进而显著影响农业生产的产出效率和速度。因此，制度因素是考察中国农业劳动力代际转换的重要视角。事实上，当前一些深层次的制度供给不足障碍，严重制约着中国农业劳动力代际转换的解决。首先，与户籍挂钩的城乡社会福利不平衡的制度设计，使得大部分进城务工人员处于城乡之间摆渡式的"悬空状态"。城市中较为稳定的打工收入使其愿意而且有能力融入城市生活成为新市民，但户籍的分野使该群体很难实现完全彻底的城市化，进而导致大量原本可以流动的土地使用权

---

① 刘振杰：《农村人口加速老龄化的影响及对策研究——以农业人口大省河南为例》，《深圳大学学报》（人文社会科学版）2014年第3期；程志强、马金秋：《中国人口老龄化的演变与应对之策》，《学术交流》2018年第12期。

② 杜建国、李波、杨慧：《人口老龄化下农业人力资本对农业绿色全要素生产率的影响》，《中国人口·资源与环境》2023年第9期。

不能大规模流转，制约了农业规模化经营。此外，农地承包权与经营权的退出机制还没有建立，缺乏高龄农民退出土地承包权与经营权的制度设计，导致土地流转不畅。以社会保障制度为核心的城乡二元利益格局还没有打破。农业、农村和农民的弱势地位和歧视性文化认知还没有得以彻底改变。总之，这些历史遗留的制度安排需要在更深的治理层次和操作层次上寻求变革和创新，从而优化中国农业劳动力代际转换解决的制度环境。

思想歧视障碍是从中国长期的思想文化积淀角度，即从行为主体的价值取向、思维模式和心理结构角度来考察破解中国农业劳动力代际转换的障碍因素。首先，长期以来，农业被看作脏、累、苦的代名词，导致农村青年人不愿从事农业生产。中国科学院农业政策研究中心研究员张林秀等人的跟踪调查显示，1998 年，在 16—20 岁与 21—25 岁两个年龄阶段的农民中，主要收入来源于非农产业的比例分别为 60%、54.7%。但是到2015 年，上述比例分别提高到 91.5%、90.3%①。其次，受城市中多彩生活方式的影响，农村青年人虽然身处乡村，但对于农业和农村的生活方式并不认同，造成其对农业生产"不熟悉、没兴趣、无能力"的尴尬处境。

二 国外破解农业劳动力代际转换不畅的经验借鉴

在人类文明进步历史上，世界上诸多国家先后经历了城镇化和工业化浪潮，较为顺利地实现了由农耕文明向工业文明的转轨和过渡。在此历史进程中，以美、法、日等国为代表的发达国家不同程度遭遇到了由劳动力转移所带来的农业劳动力代际转换不畅问题。然而，这些国家积极应对，以本国国情为基础，成功实施政策变革，推动了农业经济由传统向现代的跨越和转变。概括而言，美国具有地多人少、土地资源丰富的现实国情，其多是选择通过大幅提高土地规模化和机械化水平来应对青壮年农业劳动力的匮乏；而法国同时兼具劳动力和土地资源，既注重提高劳动生产效率，又重视提高土地生产效率，来实现对农业劳动力代际转换的成功应对。日本人多地少、国土狭小、土地资源稀缺，其应对农业劳动力萎缩的路径是以充分的兼业化生产来缓解农业劳动力大幅下降的压力，并以提高农业生产合作水平的方式，着力提升土地生产效率。中国作为新兴市场化国家，在城镇化和工业化的浪

---

① 任冠青：《年轻人为什么不愿意务农了》，《中国青年报》2020 年 9 月 11 日。

潮推动下，农业劳动力数量急剧缩减，以农民老龄化与女性化、农业劳动力断层和农业生产副业化为表征的农业劳动力代际转换不畅问题日益突出，对农业的可持续发展和国家粮食安全构成了严重威胁。虽然各自国情有所不同，但美、法、日三国成功应对农业劳动力代际转换不畅的宝贵经验和有效做法，具有重要的借鉴意义和参考价值。

（一）美国的应对策略及其效果

纵观世界各国现代化历史，人口的城乡转移和生存变迁始终相伴于城镇化和工业化的系统过程。美国同样如此，它用了近两个世纪的时间，完成了农业人口的转移，实现了由农业文明向工业文明的跨越。在农村人口急剧减少的历史进程中，美国遭遇了较为严重的农业劳动力代际转换不畅突出表现就是青壮年农民流失严重，农业生产者高龄化趋势明显，代际转换出现断层。如在 1920 年，年龄在 55 岁以上的农业劳动力比例仅为 26%，处于 25—35 岁的青壮年农业劳动力比例为 21%。但是到了 1954 年，55 岁以上的高龄农民比例就上升到了 37%，而从事农业生产的 25—35 岁的青壮年劳动力仅占 13%[1]。而且，农村青壮年劳动力成为向城市迁移人口的主体，如 1950 年，在美国向非农领域转移的人口中，25 岁以下的青年人比重高达 60%[2]。在此趋势下，美国农场主群体持续老化，其平均年龄 1945 年的 48.7 岁上升到 1969 年的 51.2 岁[3]。农业劳动力代际转换显著影响了美国农业生产，大量高龄农民有心无力，根本无法承担繁重劳动的重任。而且很多年龄较大的农民不愿意进行农村闲置资源重组，在短期内阻碍了农业生产效率的提高。为了破解上述不良状况，美国政府采取诸多措施积极应对，取得了良好效果。

1. 着力推动农业规模化经营

南北战争后，特别是进入 20 世纪，美国工业化和城镇化进程明显提速。对于本来就地广人稀的美国而言，在农村人口空心化作用下，农业劳动力匮乏局面更加严峻。针对此种情况，美国政府通过一系列调控政策，

①　杨靳、廖少康：《美国农村人口迁移与启示》，《人口学刊》2001 年第 4 期。

②　Owa State University of Science and Tec, *Labor Mobility and Population in Agriculture*, Praeger Publishers, 1977, p. 19.

③　United States Bureau of the Census, "Historical statistics of the United States: colonial times to 1970", *U. S. Dept. of Commerce*, *Bureau of the Census*, 1975, p. 465.

促进和引导农业生产扩大规模，以解决人力资源不足。其中，美国国会通过了大量指导农业规模化发展的法律，确立了农业规模经营的基本政策取向①。同时，政府又通过财政补贴、金融信贷支持、价格调节、政策引导等经济和法律手段，鼓励农户扩大土地经营规模。如美国政府农业补贴标准是按照土地规模和产量水平来进行计量，以引导规模较大的农场获得更为丰厚的资金支持②。

在上述政策作用下，美国农业规模化经营取得积极进展。如图8—1所示，20世纪以来，伴随着美国农场数量逐渐减少，其规模不断扩大，呈现总体上升趋势。具体来看，进入20世纪，美国农场数量不断增加，并在1935年达到顶点，为681.4万。其后，在大量农业劳动力迁移到城市就业的背景下，农村人口空心化日益加深，美国农场数量开始大幅下降，一直减少到1970年294.9万的低谷水平。当然，发生于20年代的农产品过剩危机也是导致农场数量减少的重要原因③。与美国农场数量快速减少相对应的是，其规模水平迅速提高，由1935年的平均62.6公顷上升到1970年的平均151.3公顷。这与美国政府积极推动规模化经营的政策引导是紧密相关的。

2. 重视农业科技投入，大力提升农业机械化水平

对于农业投入要素而言，农业劳动力代际转换带来的是劳动力投入的锐减，但这同时为提高资本和技术两种要素的投入比例提供了契机。美国政府紧紧抓住这一重要机遇，通过立法保障、政策支持、技术推广、市场诱导等方式，加大了农业科技投入力度，全面提升了农业机械化水平和科技推广应用水平，大幅提高了农业生产效率。纵观美国农业科技进步的整个历程，可以看出，其工业化与农业现代化之间实现了良好互动。在近两个世纪的农业现代化过程中，美国成功将工业化果实积累、科技研发成果应用到农业生产中，实现了农业生产方式由传统到现代的历史性飞跃。早在19世纪60年代，《宅地法》的颁布和蓬勃的西进运动使得农业对劳动力的需求大幅度增加，畜力迅速替代人力，特别是钢铁工业生产能力的提

---

① 张士云等：《美国和日本农业规模化经营进程分析及启示》，《农业经济问题》2014年第1期。

② 王丽娟、黄祖辉：《典型国家（地区）农地流转的案例及其启示》，《中国农业资源与区划》2012年第4期。

③ 陈奕平：《农业人口外迁与美国的城市化》，《美国研究》1990年第3期。

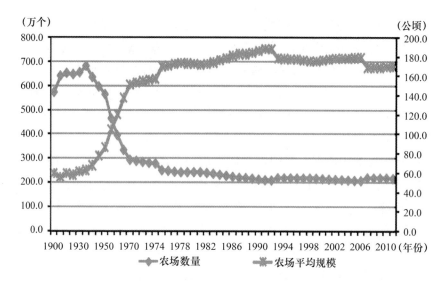

图 8—1　20 世纪以来美国农场数量及规模化经营变动趋势

资料来源：美国统计局网站（http：//www. ers. usda. gov/）。

高为大量农机具的推广提供了可能。数据显示，到 1910 年，美国农业生产中所使用的马、骡数量已达 2400 万匹①，农机具总价值达到 17060 万美元，比 1850 年上升了约 24 倍②，农业半机械化基本得以实现。

　　南北战争后，美国政府非常注重运用法律形式，为农业技术的研发和推广提供政策保障。1887 年，为美国农业技术进步提供重要支撑作用的《哈奇试验站法》（也称《哈奇法》）在美国国会通过。这个以联邦众议院农委主席名字命名的法案规定，联邦政府通过向"赠地学院"提供财力支持，建立农业试验站，负责与农业部和农学院进行科研协作，并向农民传播农情信息。1906 年，美国国会通过《亚当斯法》，为加强农业科研投入提供了重要财力支持。1914 年，美国国会通过《史密斯—利弗法》，农业技术推广协会成立，构建并完善了农业合作服务推广体系，为农民掌握最新农业技术奠定了重要基础。上述法案的成功实施为美国农业实现以蒸汽机和内燃机来替代畜力的全机械化提供了政策支持。

---

①　樊亢、宋则行：《外国经济史》，人民出版社 1990 年版。

②　United States Bureau of the Census，"Historical statistics of the United States：colonial times to 1970"，*U. S. Dept. of Commerce*，*Bureau of the Census*，1975，p. 701.

进入20世纪30年代，农业机械、作物新品种、化肥、农药等先进农业生产技术在美国得到大面积推广和应用。有关统计数据显示，1920—1940年，美国农业生产中的机械化比重由23.1%提高到93%，拖拉机总量由1920年的24.6万台增加到1945年的235.4万台，提高了8.6倍[1]。二战后，在新科技革命的推动下，美国成功构建了以联邦农业部所属农业科研中心、州立农业教育研究及农推机构、民间私立农业科研企业为主体的农业科技体系和运行机制[2]，大量现代化农业机械和生物技术实现了高度发展和应用，使得农业生产效率进一步快速提升。如表8—1所示，20世纪20—70年代是美国农业劳动力减少最为迅速的时期，同时也是农业劳动力代际转换表现最为严重的时期。但是在此期间，美国农业生产效率和农业总产值不仅没有下降，反而年均提高5.54%和1.80%。这与美国长期重视农业科技投入，促进农业机械化应用，实现技术要素对人力要素替代的政策支持是分不开的。

3. 推动农民教育培训，提高农业劳动力人力资本水平

美国政府历来比较重视对农民的教育培训，并以此成功地把知识贫乏的农村人口转化为优良的农业劳动力资源。1785年，在实用教育趋势影响下，费城改进农业学会（后更名为美国社区农业科学学会）成立，其后各州也相继成立农业科学学会，其主要任务就是推动农业教育和传播农业科技知识。西进运动开始后，提高农业劳动力生产技能和文化素质成为迫切要求。以加丁那学园（Gardiner College）为代表的大批农业学校陆续在缅因州、康涅狄格州、纽约州等地建立起来。真正为美国农业教育奠定最重要基础的是1862年国会通过的《莫雷尔法》（即《赠地学院法》）。该法案规定，各州通过土地拍卖出售，至少要兴办一所农业和机械技术学院。事实证明，《莫雷尔法》的成功实施极大促进了美国农业教育的开展，为美国农业经济发展培养了大批高素质劳动力。统计数据显示，在1862—1926年，美国各州相继兴办了69所农业院校，在校学生近40万人[3]。随

① Willard Wesley Cochrane, "*The development of American agriculture: A historical analysis*", University of Minnesota Press, 1979, p. 198.

② 魏勤芳：《美国农业科技体系及运行机制》，《中国农业大学学报》2005年第2期。

③ Rudolph Frederick, *The American College and University: A History*, University of Georgia press, 1990, p. 249.

后，美国通过《哈奇试验站法》《纳尔逊修正案》《史密斯—莱沃农业推广法》《帕内尔法案》等法案，构建了具有美国特色的集农业教育、农业科研与农技推广于一体的系统机制，提升了美国农民教育的科学化水平。

表8—1　1930—1969年美国农业生产状况与劳动力变化趋势（单位:%）

时间阶段	农业生产效率年均增长	农业总产值年均增长	农业劳动力年均减少	总人口年均增长
1930—1939年	1.88	1.60	0.70	0.70
1940—1949年	6.00	1.90	2.40	1.30
1950—1959年	7.35	1.80	2.80	1.70
1960—1969年	6.92	1.90	4.50	1.30

资料来源：United States Bureau of the Census, Historical Statistics of the United States: Colonial Times to 1970, U. S. Dept. of Commerce, Bureau of the Census, 1975, pp. 126 – 127, 480 – 481。

Agriculture-Food Policy Review: The Prospect of 1980s, The United States Department of Agriculture, 1979, p. 40.

进入20世纪特别是"一战"后，受城镇化和工业化进程加快的影响，美国农业劳动力代际转换逐渐显露，大量高素质劳动力转移到城市，剩余的农业劳动力文化水平堪忧。如表8—2所示，1930—1959年，美国农村中的农业劳动力文盲率普遍高于城市中的非农业劳动力，形成了事实上的农业人才层次"漏斗效应"。面对上述情况，美国一方面通过《农业调整法》《乔治·巴顿法》等法案加大农业教育投入力度，另一方面通过《就业机会法》《人力开发和培训法》《生计教育法》等法律，把农民教育的

表8—2　　1930—1959年美国劳动力文盲率变动趋势（单位:%）

时间	农村中农业劳动力文盲率	农村中非农业劳动力文盲率	城市中非农业劳动力文盲率
1930年	6.90	4.80	3.20
1959年	4.30	2.20	1.70

资料来源：The American People's Education: The 1960 Census, The United States Department of Commerce, 1960, p. 117。

重点对准了农村青年和妇女群体，提升其农业生产技能水平。而且美国通过组织农村青少年成立 4H 俱乐部（即 Head、Heart、Hand、Health）和未来农民协会，帮助农村青少年掌握劳动技能，培养其实践能力以及对乡村生活的认同和热爱。

美国对于农业教育培训的大力推动在农业经济转型过程中产生了显著效果。到 1970 年，全美国有 92.8 万人接受了中等农业教育，24.8 万人获得了农学学位①，城乡之间的教育年限差别缩小到 0.1 年②。农业教育的显著成果提高了农业劳动力人力资本水平，成为推动美国农业现代化转型的主导力量。以至于美国著名经济学家舒尔茨在 1964 年总结美国农业发展经验时研究认为，学校教育投资是形成劳动生产能力和进行人力资源塑造的最重要投资，农民生产技能与知识的提高是推动美国农业经济发展的重要基础动力来源③。而且，帕维里（Paviri）通过运用美国 1929—1972 年的农业经济数据研究发现，美国农业生产效率提升的 71% 和农业产量增加的 81% 要归功于农业教育和科研④。可见，发达的农业教育为农业劳动力代际转换加深时期的美国培养了一大批懂技术、会经营的新生代农业接班人，承担起了农业转型发展的重任。

4. 加大支农政策力度，保障农业生产的职业吸引力

与其他产业相比，农业的天然弱质性决定着其发展需要政府强有力的政策支持和保障。20 世纪 20—70 年代是美国农业劳动力代际转换表现最为严重的时期，在此期间，美国联邦政府通过积极的政策干预，积极发挥财政和金融手段的强大作用，稳定了农业生产的较高收益水平，保障了农业生产的职业吸引力，使得大批选择继续留在农村从事农业生产的农场主有信心和能力扩大农业生产规模、推广应用农业技术最新成果、提高农业生产的专业化和集约化程度。事实上，在 20 世纪 20 年代之前，受制于政

---

① 张礼萍、林钧海：《近现代美国农业教育与农业现代化》，《青海师范大学学报》（社会科学版）1997 年第 2 期。

② R. D. Rodefeld, *Change in Rural America—Causes, Consequences and Alternatives*, C. V. Mosby Company, 1978, p. 75.

③ Theodore Sehultz, *The Economic Value of Education*, John Wiley & Sons, Inc., 1964.

④ 中国农业科学院科技情报研究所：《国外农业现代化概况》，生活·读书·新知三联书店 1979 年版。

治模式的传统，美国联邦政府对农业生产一直信奉的是自由放任的不干预政策。但是，爆发于 20 世纪 30 年代初的农业危机使得农业总收入由"一战"初期的 36 亿美元跌落至 1932 年的 19 亿美元①。面对农产品价格下跌、农民收入锐减的严峻情况，美国联邦政府开始实施以价格补贴为主导的积极干预政策，即作为罗斯福新政之一的救助农业政策。作为美国财政支农的重要手段，农业补贴政策始于 1933 年美国国会通过的《农业调整法》，其后，农业补贴政策历经价格支持、现金补贴、目标价格和目标收入补贴等多项内容的演变过程，形成了较为成熟的农业支持体系②。总体而言，美国农业补贴政策在推动农业经济由传统到现代的转型过程中发挥了举足轻重的作用，其在对象范围上已经涵盖了小麦、玉米、稻米、棉花等主要农产品，而且以高度专业化、规模化的大农场主为补贴分配主体，从而引导农户大幅度提高农产品产量，保障充足的粮食供应。相关统计数据显示，近年来，美国联邦政府对农业生产行为的补贴支出已经达到农场主总收入的 15%—24%③，农业补贴已成为美国政府支农政策的重要组成部分。

同时，在金融支持农业发展方面，美国联邦政府从 20 世纪 30 年代开始积极构建以商品信贷公司为依托的农产品价格支持制度，取得了良好效果，并一度成为美国农业支持政策的支柱力量。此外，美国联邦政府在1940 年成立了 5 家区域性农业信贷机构，通过 97 家分支机构，以低于商业银行贷款利率的优惠价格向农场主提供信贷和保险业务，这种以政府担保为后盾的农村信贷体系沿用至今，较好地保障了美国农业发展的资金支持。而且，美国联邦政府还构建了一个以联邦农业信贷委员会为指导，以农业信贷区为基础，涵盖政府信用、农村信用、商业信用、保险信用及其他私人信用于一体的综合金融支农服务体系，基本满足了农场主对于农业信贷资金的需求。

（二）法国的应对策略及其效果

二战后，在政局相对稳定和"马歇尔计划"的刺激下，法国经济取得

---

① 张光、程同顺：《美国农业政策及其对中国的影响和启示》，《调研世界》2004 年第 10 期。
② 冯继康：《美国农业补贴政策：历史演变与发展走势》，《中国农村经济》2007 年第 3 期。
③ 郭扬华：《美国农村、农业发展及启示》，《中国农业银行武汉培训学院学报》2011 年第 1 期。

了恢复和发展。法国国家统计局数据显示，1951—1979 年，法国年均 GDP 增长率达到 4.9%，成为仅次于美国、日本和联邦德国的世界第四大经济体。同时，法国城镇化和工业化进程明显加速，取得了突飞猛进的发展，城市化率迅速由 50% 左右提升到 70% 以上①。在城镇化大潮影响下，法国农业劳动力一改之前的缓慢减少趋势，进入了快速递减的新周期。如表 8—3 所示，法国乡村人口由 1946 年的 1895.10 万人减少到 1968 年的 1720.70 万人，其占总人口比重由 46.80% 下降至 33.80%；而同期，法国城市人口的绝对数量却呈现大幅增长趋势，由 1946 年的 2155.20 万人增加到 1968 年的 3363.30 万人，其占总人口比重则由 53.20% 上升至 66.20%；在乡村人口外流加速的背景下，法国农业劳动力急剧减少，据相关数据统计，1949—1979 年，大约有 2/3 的农业劳动力从农村中流失，农业劳动力占比由 25.4% 下降到 8.5%②。在乡村人口快速减少的背景下，法国农业快速走向衰落，小农经济濒于解体，农业劳动力老龄化问题逐渐突出，农村人口空心化日趋严重，农业劳动力代际转换不畅再一次严重威胁着法国农业的可持续发展。

1. 进行土地资源整治，扩大农业生产经营规模

在法国传统的农业生产结构中，小农生产方式一度占据着主体地位。如 19 世纪，法国拥有土地的所有者数量持续增加，由 1825 年的 650 万个增加到 1849 年的 780 万个，又进一步增加到 1870 年的 1400 多万个。农户数量的大幅增加，直接造成生产经营规模的下降。从 1862 年到 1892 年，法国每个农户的平均经营规模由 12.5 公顷下降到 11 公顷。1892 年时，全法国 71% 的农场经营土地面积在 5 公顷以下，达到 406 万个，小农生产方式处于绝对优势地位③。究其原因，这主要是由于法国大革命时期，政府为了提高农民的生产积极性，将土地进行细碎化的分割，以土地私有的形式出售给农民。造成"小资本"与"大分散"式的小农生产模式统治法国农业近 150 余年，在一定程度上阻碍了法国由农业国向现代工业国跨越的历史进程④。

---

① 汤爽爽：《法国快速城市化进程中的乡村政策与启示》，《农业经济问题》2012 年第 6 期。

② 李文良：《西方国家行政区划改革特点之分析》，《国际关系学院学报》2009 年第 1 期。

③ ［法］弗朗索瓦·卡龙：《现代法国经济史》，吴良健、方廷钰译，商务印书馆 1991 年版。

④ 张新光：《近代法国小农资本主义的演进道路及其现代转型》，《理论学刊》2009 年第 3 期。

表8—3　　　　　　　　　　二战后法国城乡人口的历史变迁

时间	乡村人口		城市人口	
	绝对数量（万人）	占总人口比重（％）	绝对数量（万人）	占总人口比重（％）
1946 年	1895.10	46.80	2155.20	53.20
1954 年	1883.00	44.00	2394.70	56.00
1962 年	1775.70	38.40	2848.60	61.60
1968 年	1720.70	33.80	3363.30	66.20

资料来源：根据［法］费尔南·布罗德尔、欧内斯特·拉布罗斯：《法国经济与社会史》，谢荣康等译，复旦大学出版社1990年版，第16页。

随着法国农业劳动力代际转换的出现，农业劳动力数量锐减，为法国改造传统小农生产模式，扩大农户生产经营规模提供了历史条件。二战后，法国戴高乐政府制定了一系列旨在促进土地集中和提升土地生产经营规模的政策措施。首先，1960年，《农业指导法》颁布实施。该法规定各省成立"土地整治与农村实业公司"，以政府担保的形式，高价优先购买所谓"不生利农户"的小块土地，通过对闲置土地进行整治，进一步转让给大农场主进行规模化经营。其次，1962年8月，法国颁布实施了《农业指导法补充法案》，"农业结构社会管理基金"在各省成立，以提供财政补贴为激励手段，促进小型农场向中型家庭农场转变。再次，1973年，法国政府设立了"非退休金的社会福利补助基金"，以此促进高龄农业劳动力退出农业生产领域。上述政策措施的成功实施，取得了积极成效。如表8—4所示，二战后，耕种面积在5公顷以下以及5—20公顷的小型农业生产者数量大幅下降，耕种面积在20公顷以上的中型以及大型农业生产者数量开始上升。这说明，法国很好地抓住了农业劳动力数量大幅减少的历史机遇，通过强有力政策调整，促进了传统小农生产模式的解体，加速了土地集中的步伐[1]。相比较而言，有别于美国的大规模、大农场式和日本的适度规模式，法国的农业规模化水平处于中等水平。截至2006年，法国各类农场的平均规模达到42公顷，远低于美国农业平均规模的180公

---

① 戴成钧：《战后法国农村人口外流加速的原因初探》，《浙江史学论丛》2004年第1期。

顷，但是高于日本农业平均规模的 1.2 公顷和欧盟平均规模的 14 公顷[①]。总之，法国通过土地整治、财政补贴等手段，有效地提升了农业生产经营规模化水平，为农业现代化铺平了道路。

表 8—4　　　　　　　　　法国农业生产经营规模变迁（单位：万人）

时间	5 公顷以下	5—20 公顷	20—50 公顷	50—100 公顷	100 公顷以上	合计
1929 年	216.0	131.0	38.0	8.1	3.2	396.3
1955 年	80.0	101.3	37.7	7.5	2.0	228.5
1963 年	54.9	84.9	39.4	8.5	2.3	190.0
1967 年	44.7	72.4	39.9	9.2	2.6	168.8
1970 年	42.2	60.6	39.4	10.1	3.0	155.3

资料来源：根据［法］乔治·杜比、阿尔芒·瓦隆主编《法国乡村史》第 4 卷，1976 年版，第 112—113 页整理得出。

2. 做好农业劳动力减与增转换，推进生产主体代际更替

面对农业劳动力代际转换所导致的农业生产主体老龄化的现实，法国政府积极进行政策调整，通过对农业劳动力进行"减"与"增"的转换，着力推进农业生产主体代际更替。

首先在"减少"方面，鼓励老人和妇女等弱势农业劳动力退出农业生产领域。20 世纪 70 年代，法国政府通过设立"非退休金的社会福利补助基金"，向放弃土地的老年农民发放终身津贴，鼓励年龄在 55 岁以上的老年农民退出农业生产。该项制度取得了很好效果，据学术界个别学者测算，1954—1962 年，大约有 44 万名老年农民选择交出土地，领取终身津贴；1965—1970 年，又有约 30 万人退出农业耕作[②]。如图 8—2 所示，在"非退休金的社会福利补助基金"实施后的 1965—1970 年，法国老年农民主动放弃土地进而领取终身津贴的总额出现迅猛增长，由 1965 年的 2870 万法郎增加到 1970 年的 10 亿法郎。在鼓励老年农民脱离农业生产的同

　　[①]　张新光：《农业资本主义演进的法国式道路》，《河北学刊》2009 年第 2 期。

　　[②]　戴成钧：《战后法国农村人口外流加速的原因初探》，《浙江史学论丛》（第一辑），2004 年版。

时，法国政府进一步明确规定，在农场主的子女等亲属中，只有单独一个子女具有合法继承权，以防止土地被细碎化分割，这在客观上减少了农场中下一代子女从事农业生产的数量。

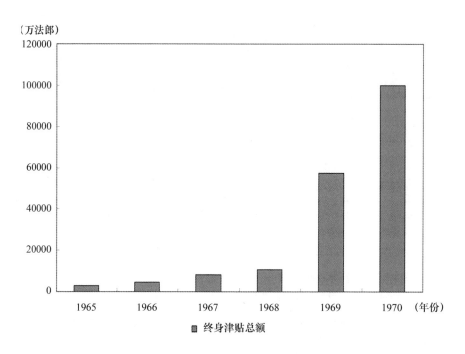

（万法郎）

图8—2　1965—1970年法国老年农民领取终身津贴总额增长趋势①

其次，在农业劳动力"增加"方面，法国政府通过一系列政策措施，积极鼓励农村中的青壮年劳动力务农，培养其成为农业生产经营的主力军。1960年，法国颁布的《农业指导法》明确规定，土地整治公司将购买到的闲置土地进行标准化改造，然后以低价出售给生产经营能力较强的青年农民，支持其成为大农场主。同时，法国政府还通过公共财政补贴，优先安置和培训初次进入农业生产的青壮年劳动力，并对农业生产设备购置和融资加以优惠，而且在生产生活方面提供一定额度的无偿资金援助，2001年，法国政府仅该项支出就达到5.3亿欧元之多②。此外，法国还注

---

① ［法］皮埃尔·米盖尔：《法国史》，蔡鸿滨等译，商务印书馆1985年版。
② 李先德：《法国农业公共支持》，《世界农业》2003年第12期。

重对青年农民进行教育和培训，构建起了贯穿业余教育、中等教育和高等教育的一整套农业教育体系。1967年，法国政府实施了"农业技术教育奖学金"资助政策，以颁发"绿色证书"的形式，确保农场主子女接受系统的农业技术教育。

3. 推进农业科技要素对劳动力的替代，提升农业生产经营效率

为了应对农村青壮年劳动力大量外流所导致的农业劳动力要素投入匮乏的局面，法国政府通过提升农业技术装备水平，在一定程度上实现了科技要素对劳动力的替代。20世纪的五六十年代，法国政府通过总价优惠、差价补贴、信贷支持等手段，鼓励农场主购置农机具，兴建水利、电力、道路等农业基础设施。如表8—5所示，在政策激励作用下，法国主要农业机械投入量大幅增加。农用拖拉机数量由1950年的13.7万台提高到1983年的149.5万台，联合收割机数量则由1950年的0.49万台提高到1983年的19.8万台。农业机械的普及极大地提高了法国农业的劳动生产率，初步实现了机械对人力的替代。

表8—5　二战后法国主要农业机械投入数量变化趋势（单位：万台）

主要农业机械	1950年	1958年	1965年	1970年	1983年
农用拖拉机	13.7	55.8	99.6	130	149.5
联合收割机	0.49	3.79	10.2	16.5	19.8

资料来源：[法] 罗歇·利韦：《法国农业新貌》，宫正译，中国农业出版社1985年版。

与美国侧重农民劳动生产率和日本侧重土地生产率不同，法国在应对农业劳动力代际转换的路径上，选择了"两条腿走路"的方式，既注重通过加大农业机械投入，提高农民的劳动生产率，又注重化肥和生物技术的应用，以提高土地生产率。以化肥为例，其每公顷的使用量在1961年仅为123.6公斤，但是到了1989年，该指标高达340.8公斤。同时，随着生物育种、病虫害防治和先进耕种技术的推广应用，法国主要农产品的单位面积产量增长迅速。如图8—3所示，相比二战前，1961—1966年，法国农产品中的小麦、玉米、工业甜菜和土豆的单位面积产量均取得显著增加。

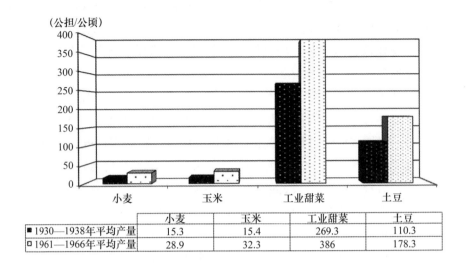

（公担/公顷）

	小麦	玉米	工业甜菜	土豆
■ 1930—1938年平均产量	15.3	15.4	269.3	110.3
□ 1961—1966年平均产量	28.9	32.3	386	178.3

图 8—3 二战前后法国主要农产品单位面积产量变化趋势①

4. 进行农业生产经营方式创新

针对农业劳动力大幅缩减的趋势，法国政府鼓励发展"一体化农业"、土地租赁经营、农业合作社等各类农业新形式，创新农业生产经营方式，推动了现代农业的快速发展。首先，20 世纪 50 年代中后期，法国工业化获得了快速发展，但与之对应的是传统农业的没落，因此，需要运用工业化成果对传统农业进行改造，以形成工农互动的有机关系。在此现实背景下，"一体化农业"新形式应运而生，它是工商企业和农场主通过股权合作的方式，以实现依托产业链，协调推进农业专业化的目的，是法国农业走向现代化的重要特色②。到 1972 年，有 22.2% 的法国农户通过签订各类合同，加入到了一体化农业的生产经营中来。其次，法国还大力推进土地租赁经营的新形式，这也是解决农业劳动力老龄化背景下土地荒废、耕作粗放等问题的有效办法。据统计，1970—1987 年，农户租赁土地经营面积由 1375.6 万公顷提高到 1478.5 万公顷，所占全国土地经营总面积比重由

---

① ［法］乔治·杜比：《法国史》，吕一民、沈坚、黄艳红译，商务印书馆 2010 年版。

② 史春玉：《多功能农业发展框架下法国乡村振兴经验探析与反思》，《经济社会体制比较》2023 年第 1 期。

46%上升到53%，已经超过土地所有者直接经营这一传统方式所占的比重①。再次，自20世纪50年代起，为了对弱势农业劳动力提供组织保障，同时也为了推动农业社会化和产业化经营，法国政府通过财政补贴、法律引导、金融支持、税收优惠等各种途径，积极支持农业合作社发展。法国政府通过1947年的《农业合作总章程》、1960年的《农业指导法》、1962年的《农业共同经营组合法》、1967年的《合作社调整法》等法律法规，为农业合作社的健康发展提供了坚实基础。在此影响下，法国全国合作社协会、法国农业合作社联盟、农业共同经营联合体等主要合作社组织在这一时期相继成立，极大地促进了农业合作社的发展壮大，为农户提供了贯穿农业经营产前、产中和产后各环节的全方位服务。到1967年，法国有83%的农户加入了合作社，农业合作社总数量达到了7500余个，成为法国政府推进农业现代化进程的重要载体②。

　　总体而言，法国通过有效的政策调整和制度创新，较好地应对了农业劳动力代际转换所带来的各种挑战，同时也抓住了农业劳动力大幅缩减的历史机遇，成功实现了由传统小农经济为主导的落后农业国向现代化大生产农业强国跨越的历史愿景，并一举成为当前欧盟区域内最大的农业生产国和仅次于美国的世界第二大农业食品加工业出口国。其中的宝贵历史经验值得与之国情相似的中国认真借鉴和学习。

　　（三）日本的应对策略及其效果

　　20世纪中后期，日本进入了城镇化与工业化高涨时期，农村劳动力大量转移到城市中就业，由此导致青年农民的大量流失，高龄农民与青年农民的新老交替发生断层，加之人口老龄化进程的快速叠加，日本农业农民的老龄化问题逐渐凸显。相关数据显示，1960—1989年，16—29岁的青年农民所占比重下降了75.9%③，60岁以上老年农民所占比重上升至71.3%，特别是60岁以上女性农民所占比重也大幅提高④。面对农业劳动力代际转换不畅的严峻局面，日本政府积极加大政策调整力度，采取了诸多成效显著的

　　① 朱学新：《法国家庭农场的发展经验及其对我国的启示》，《农村经济》2013年第11期。
　　② 李先德、孙致陆：《法国农业合作社发展及其对中国的启示》，《农业经济与管理》2014年第2期。
　　③ 吕红平、高金三：《日本农业劳动力转移的特点及其启示》，《人口与经济》1992年第6期。
　　④ 于宁宁：《日本农业转型：原因、特征与启示》，《世界农业》2014年第1期。

应对措施，较好地遏制了农业劳动力代际转换不畅的持续恶化。

1. 通过兼业化方式来暂时缓解劳动力的匮乏

兼业化生产方式在日本农业发展历史上具有重要地位①。二战后，随着劳动力转移步伐的加快，为了缓解农业劳动力的匮乏，日本农业生产走上了兼业化的发展道路。如表 8—6 所示，1950—1975 年，日本兼业农户数量显著上升，专业农户所占比重大幅萎缩。日本专业农户比重大幅下降，由 1950 年的 50.3% 降低到 1975 年的 12.4%。同期，兼业农户比重快速上升，由 1950 年的 49.7% 升高到 1975 年的 87.6%。而且，在兼业农户中，非农兼业户所占比重也显著上升，由 1950 年的 20.2% 增长到 1975 年的 62.6%。兼业化生产方式提高了日本普通农户的总体收入，一定程度上化解了日本工业经济腾飞时期农业劳动力匮乏的矛盾，暂时缓解了农民老龄化的不利影响，增强了日本农业的内生发展动力。

2. 扩大农业种植规模，提高农业生产效率

在农村劳动力流失和老龄化的加剧的情况下，日本及时调整政策措施，从之前的限制耕地种植规模转变为引导和鼓励扩大经营规模。1962 年和 1970 年，日本两次修改《农地法》，废除了对土地买卖、出租与雇工数量的限制，设立了农业生产法人制度，促进了农业种植规模的扩大，化解了土地细碎化问题②。1961 年，日本颁布实施了《农业基本法》，提出了改进农业生产集中程度，增加土地经营规模的政策目标。之后，日本政府相继实施了《农地振兴地域整备法》《农地利用促进法》《农业经营基础强化法》，大力促进土地流转和租售，普通农户的耕地规模快速扩大，土地利用效率实现了较大提升③。如表 8—7 所示，1960—1970 年，在农户总数量大幅下降的背景下，日本农户平均经营规模逐步扩大，由 1960 年的 0.88 公顷增加到 1985 年的 1.22 公顷。从不同种植规模的结构比重来看，

---

① 典型研究可参见高强《发达国家农户兼业化的经验及启示》，《中国农村经济》1999 年第 9 期；聂志平、郭岩《发达国家农户兼业的经验及借鉴》，《农业考古》2022 年第 3 期。

② 赵颖文、吕火明、李晓：《日本农业适度规模经营推行背景、应对举措及对中国启示》，《中国农业资源与区划》2019 年第 4 期。

③ 典型研究可参见张士云等《美国和日本农业规模化经营进程分析及启示》，《农业经济问题》2014 年第 1 期；魏晓莎《日本农地适度规模经营的做法及借鉴》，《经济纵横》2015 年第 5 期；马红坤《日本破除小农生产格局的艰难探索：历程、成效及原因》，《现代日本经济》2023 年第 1 期。

经营规模大于 3.0 公顷和 2.0—3.0 公顷的农户所占比重提高增长较快，分别由 1960 年的 2.50% 和 3.80% 提高到 1985 年的 4.20% 和 5.50%。日本充分利用了农村人口急剧下降的历史机遇，成功实现了土地种植规模的提升，实现了集约化经营，推动了农业现代化。

表 8—6　　　　1950—1975 年日本专业农户与兼业农户演进趋势

时间	1950 年	1955 年	1960 年	1965 年	1970 年	1975 年
农户总量（万户）	618.1	604.3	605.7	566.2	540.2	495.3
专业农户比重（%）	50.3	34.9	34.3	21.5	15.6	12.4
兼业农户比重（%）	49.7	65.1	65.7	78.5	84.4	87.6
农业兼业户比重（%）	30.1	37.6	33.6	36.7	33.6	25.4
非农兼业户比重（%）	20.2	27.5	32.1	41.6	50.8	62.6

资料来源：［日］中根千枝：《日本社会》，许真、宋峻岭译，东京大学出版社 1987 年版，第 100 页。

3. 积极培育新型农业经营主体，创新生产经营模式

在农村劳动力大幅萎缩的影响下，传统的小农经营模式受到挑战。日本政府积极培育新型农业经营主体，推动生产经营方式创新，提高农民的组织化程度，激发农业发展的新活力。1962 年，日本政府通过《农地法》修订，引入了农业生产法人制度，确立了开放发展、激励为主、效率优先的价值导向[1]，构建了有别于传统工商企业法人的新型农业经营主体。其后，日本政府相继颁布实施了《食品、农业和农村政策的新方向》《结构改革特区法》，多次修改了《农地法》，明确了工商资本从事农业生产的经营形式，农业生产法人实体得到不断完善和发展。截至 2010 年，从事农业生产经营的股份公司数量达到 8265 个，法人经营实体所实现的农产品销售额占全部农产品销售额的 97.2%[2]。经过多年发展，农业生产法人逐渐发展演变成为农事组合法人、合名公司与合资公司、有限公司、股份公

①　宋莉莉、张瑞涛、王忠祥：《日本农业经营主体发展经验及对中国的启示》，《农业展望》2022 年第 6 期。

②　张士云等：《美国和日本农业规模化经营进程分析及启示》，《农业经济问题》2014 年第 1 期。

司等多种形态①，实现了农地利用效率的提高。

表8—7　　　　　1960—1970 年日本农户土地经营规模的历史变迁

时间	农户数量（万户）	不同土地经营规模（公顷）的比重分布（%）					农户平均经营规模
		大于 3.0	2.0—3.0	1.0—2.0	0.5—1.0	小于 0.5	
1960 年	605.7	2.50	3.80	23.60	31.70	38.30	0.88 公顷
1970 年	540.2	3.00	4.80	24.10	30.20	38.00	1.09 公顷
1980 年	469.9	3.70	5.30	21.20	28.10	41.60	1.17 公顷
1985 年	460.1	4.20	5.50	20.40	27.10	42.70	1.22 公顷

资料来源：张季风：《战后日本农村剩余劳动力转移及其特点》，《日本学刊》2003 年第 2 期。

4. 注重农业接班人培养，增加务农人员新生力量

面对农业生产人员老化、年轻劳动力匮乏的问题，日本政府采取多项教育举措和激励政策，大力加强农业接班人培养，吸引和支持青少年劳动力进入农业生产领域，增加了务农人员的新生力量。20 世纪 40 年代末，日本政府推行《农业改良资金助成法》，规定了农业教育的财政支持和政策保障，尤其是对农业后继人才的教育培养指明了方向。1953 年，日本实施农业实习生交换计划和农业实习生派遣实习制度②，通过转变农业教育培训对象，大力加强农业后继人员培养。1963 年，日本发布《农业接班人培养的措施及现存问题》的报告，明确了农业高中是承担农业接班人培养任务的主阵地。该项政策实施后，农业高中呈现蓬勃发展的态势，在两年后的 1965 年，基本实现了一县一校，培养学生数量达到了 26.4 万人③。进入 20 世纪中后期，日本普遍设立了农业大学校，显著优化了农业教育设施，改善了农业教育资源，培养和造就了大量高素质的农业后继人员，增强了青少年劳动力的务农能力和农业生产兴趣。

与此同时，日本政府还相继实施了诸多激励政策，着力提升农业生产

---

① 相天起：《日本农业生产法人制度借鉴及中国培育新型农业经营主体的演进思路》，《世界农业》2017 年第 8 期。

② ［日］编辑委员会：《战后日本的粮食·农业·农村》，东京农林统计协会，2003 年，第260—265 页。

③ 陈晖：《日本农业现代化与教育》，《外国教育动态》1984 年第 6 期。

的职业吸引力，增强农业后继人员的务农动力和务农收益。1959年，日本实施了"国民年金法"，首次将农民纳入社会养老保险体系中。1970年，日本颁布了"农民养老金基金法"，推行农民养老金制度，向务农人员提供养老金的安全保障，以此促进农业生产从业者的稳定性，有利于保持农民的年轻化和代际转换[1]。2006年，日本建立了"新务农支援融资制度"，通过向新务农人员提供无息无抵押贷款，加强对新务农人员的金融支持。2012年，日本出台新务农人员国家补贴制度，针对未满45岁的接受农业教育和培训的新务农人员，可获得每年150万日元（约合12万元人民币）的补贴，领取补贴年限最长可达7年（2年研修加5年务农）[2]。在上述政策的有效激励下，40岁以下的新务农人员数量实现了增长，其占全部务农人员的比例由2006年的18%提高至2015年的27%[3]。

5. 构建农业生产合作组织，克服单一农户小、弱、散的缺陷

虽然早在20世纪初，日本就出现了农业生产合作组织，但真正实现了繁荣发展是在农村人口空心化严重的20世纪中后期。面对农业劳动力流失和传统农户小弱散的局面，日本多次修订《农业基本法》，引导农户进行统一生产经营，推动农业生产合作由单一的土地托管合作向生产资料合作、农事活动合作、劳动力配置合作等模式的纵深化发展，有效降低了生产成本，提高了农业生产效率[4]。截至2012年，日本共有各类农业生产合作组织14736个，为农户提供全方位的生产社会化服务[5]。在农业生产合作组织中，日本农协贡献最大，高达99%的农户都加入了农协[6]。农协为广大农民会员提供集中采购、生产指导、统一销售、信贷保险、公共福利和权益保障等诸多优质服务，解决了部分老年农民和妇女农民的现实困难，保障了农业生产的可持续性。

---

① 典型研究可参见王晓东《日本农村养老保险体系设计和建立时机对我国的启示》，《经济体制改革》2014年第2期；娄飞鹏《发展养老金融的国际实践与启示》，《西南金融》2019年第8期。

② 资料来源：新华网日本频道：http：//www.news.cn/world/。

③ 资料来源：日本农林水产省官方网站：http：//www.maff.go.jp/。

④ 姜彦坤、赵继伦：《日本农业结构变革及对当前中国农业转型的启示》，《世界农业》2020年第8期。

⑤ 匡远配、陆钰凤：《日本发展农业适度规模经营的经验》，《世界农业》2016年第10期。

⑥ 胡鹤鸣等：《日本以农协为主推进智慧农业发展经验及对中国的启示》，《农业工程学报》2024年第8期。

三 农业劳动力代际转换不畅的破解模式分析

农业劳动力代际转换不畅与中国城镇化、工业化进程相伴而生，有其复杂的独特性和历史演进性，是一种结构性的人力资源危机，代表着重大的国情变化[①]。本章将在前文研究基础上，充分借鉴国外成功经验，围绕主体、要素、规模、产业、方式、组织六个方面，系统构建综合性、开放性的"三位一体"多元化破解模式（见图8—4）。

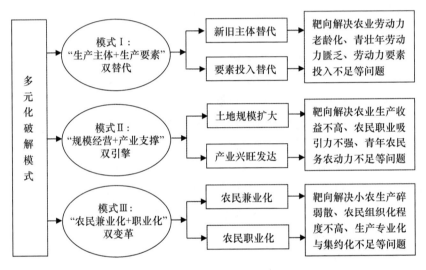

图8—4　农业劳动力代际转换不畅的"三位一体"多元化破解模式

农业本质上是一种依靠生产要素投入实现自然和经济再生产的过程。从经济学视角观之，农业劳动力代际转换虽然表现为农业生产主体的新旧断层和老化，但本质上是"三化"（工业化、城镇化与农业现代化）协调发展过程中"人""产""业"之间的资源错配危机。基于此，在破解模式选择上，需要构建多元目标瞄准的"靶向治疗"框架。首先，"人"的问题主要指是高素质农业劳动力资源匮乏，农民老龄化严重。通过模式Ⅰ，实施"生产主体＋生产要素"双替代，靶向解决农业劳动力老龄化、青壮年劳动力匮乏、劳动力要素投入不足等问题。其次，"产"的问题主

----

① 穆光宗：《中国的人口危机与应对》，《北京大学学报》（哲学社会科学版）2019年第5期。

要是指农业生产规模小，产业化水平不高，生产收益水平较低。通过模式Ⅱ，构建"规模经营＋产业支撑"双引擎，靶向解决农业生产收益不高、农民职业吸引力不强、青年农民务农动力不足等问题。最后，"业"的问题主要是指农民职业化水平较低，本地兼业化生产不足，组织化经营程度不高。通过模式Ⅲ，推动"生产方式＋组织形式"双变革，靶向解决小农生产组织化程度不高、生产专业化与集约化不足等问题。

第二节　破解模式Ⅰ：实施"生产主体＋生产要素"双替代

一　推动高龄农业劳动力科学有序退出农业生产

当前，农业劳动力代际转换不畅所表现出的一个显现的严峻现实是大量高龄农业劳动力在承担着农业生产的繁重任务[1]。固然，高龄农民普遍拥有一定的农业生产经验优势[2]，但其体能老化效应大于经验积累效应[3]，对农业种植的综合技术效率、生产效率、规模效率产生了负向影响[4]。同时，高龄农民的技术储备和知识积累不足，并不适应农业现代化和产业化的战略需求。因此，需要引导高龄农业劳动力合理有序退出农业生产，挖掘不同年龄劳动力再配置红利[5]。而且，从个体意愿看，由于生理机能降低，高龄农业劳动力更注重土地价值的短期收益[6]，具有较高的土地流转意愿[7]。

---

[1]　黄祖辉、李懿芸、毛晓红：《我乡村老龄化现状及其对粮食生产的影响与应对》，《西北农林科技大学学报》（社会科学版）2024 年第 2 期。

[2]　刘成坤、陈晗、张茗泓：《农村人口老龄化对农业高质量发展的影响及作用路径》，《农业现代化研究》2023 年第 6 期。

[3]　乔志霞、霍学喜、张宝文：《农业劳动力老龄化对劳动密集型农产品生产效率的影响——基于陕、甘 745 个苹果户的实证研究》，《经济经纬》2018 年第 5 期。

[4]　典型研究可参见杨志海、麦尔旦·吐尔孙、王雅鹏《农村劳动力老龄化对农业技术效率的影响——基于 CHARLS2011 的实证分析》，《软科学》2014 年第 10 期；姚增福、唐华俊《农户生产技术效率的空间环境效应研究——基于 DEA—VRS—HLM 模型的检验》，《中国农业大学学报》（社会科学版）2016 年第 6 期；周作昂、赵绍阳、何庆红《劳动力老龄化对农业土地流转和规模经营的影响》，《财经科学》2020 年第 2 期。

[5]　赵海涛、朱帆、常进雄：《老龄化背景下农村劳动力的年龄结构与非农转移测度》，《华中农业大学学报》（社会科学版）2020 年第 5 期。

[6]　邢敏慧、张航：《家庭生命周期对农户土地承包权退出意愿的影响研究》，《干旱区资源与环境》2020 年第 2 期。

[7]　李荣耀、叶兴庆：《农户分化、土地流转与承包权退出》，《改革》2019 年第 2 期。

从发达国家的实践经验看，政府会主动引导或激励高龄农民退出农业生产，不再承担土地耕种任务。这既是提升土地资源配置效率，推动农业生产者新老代际更替的重要环节，也是为实现农业现代化和规模化创造条件。例如，欧盟把满足"脱离农业生产条件"作为高龄农民申领年金资格的基本要求，以此鼓励高龄农民退出土地耕种。法国政府则通过实施强制性的老年离农退休条款和金融支持政策，构建农民年金给付机制，引导高龄农民退出农业生产用地，而且通过成立专业化公司，承接高龄农民退出后的土地权益①。韩国政府通过成立农地银行系统，以补助的形式，激励高龄农民退出农业生产。日本政府则通过特别附加年金的条件要求，促进65岁以上的高龄农民不再承担农业生产任务。

当前，由于土地依然较大程度地承担着农民的生存保障功能，中国还未构建起高龄农业劳动力退出农业生产的有效机制。从动态角度来看，在城镇化和工业化加速发展的大背景下，农业劳动力代际转换提出了农业现代化转型的迫切需求，加之农业规模化和产业化经营的现实需要，中国已经具备了引导高龄农业劳动力科学有序退出农业生产的基础条件②。基于此，笔者建议在充分尊重高龄农民意愿的基础上，建立以土地经营权流转为核心的"退出"模式，完善以经济补偿为基础的激励性政策体系，构建科学合理的高龄农民退出农业生产机制。

（一）建立以土地经营权流转为核心的"退出"模式

对于高龄农民而言，土地的社会保障属性比较显著，"以地养老"依然是传统农民家庭养老的重要选择③。在农村社会保障水平较低的现实情况下，土地在很大程度上承载着老年农民的生存和养老保障功能④。所以，应在充分保障高龄农民土地承包权的基础上，建立以土地经营权流转为核

① 范毅、赵军洁、张晓旭：《法国农地退出对城乡融合发展的启示》，《宏观经济管理》2020年第9期。
② 张广财、张世虎、顾海英：《农户收入、土地保障与农地退出——基于长三角地区微观调查数据的实证分析》，《经济学家》2020年第9期。
③ 李永萍：《"养儿防老"还是"传宗接代"？——老年人对子女的角色期待及影响因素研究》，《人口与发展》2023年第6期。
④ 典型研究可参见位涛、闫琳琳《中国农村土地养老保障贡献研究》，《人口与经济》2014年第1期；梁琦《从物质生产到价值生产：中西部农村老年人以地养老的转化逻辑》，《经济社会体制比较》2023年第6期。

心的"退出"模式。事实上，相关学者研究发现，农民老龄化推动了高龄农户转出土地，为中青年农户开展土地规模经营创造了基本条件①。

当前，以土地所有权、承包权与经营权分置并行为主要内容的"三权分置"改革在全国农村深入推进，为高龄农民实现土地经营权流转提供了重要制度前提，同时也为激励高龄农民脱离农业生产提供了政策保障。通过土地经营权流转，高龄农民逐步将农业生产任务移交到以青壮年劳动力为主体的规模经营农户手中，实现新旧劳动力的代际传承和"增减转换"。而且，土地经营权流转能够使高龄农民获得相对稳定的土地价值收益，有利于增强高龄农民的生活保障能力。

（二）设立高龄农民离农保障基金，构建经济补偿机制

合理的经济补偿是激励高龄农民退出农业生产的重要基础，也是解决高龄农民"退地"以后生计、养老等后顾之忧的重要保障。根据法国、德国、日本、韩国等国家的成功经验，笔者建议设立高龄农民离农保障基金，由财政统筹，列入财政支农范围。在具体政策设计上，"离农保障基金"应面向年龄在60周岁以上的高龄农民。以土地经营权流转为前提条件，自愿退出农业生产的高龄农民可以在合法取得流转收益的基础上，将额外从"离农保障基金"中获得一次性离农补贴。离农补贴标准可以根据土地经营权流转的具体年限来确定。以离农保障基金为主要内容来构建经济补偿机制，有利于增强高龄农民流转土地经营权的积极性，而且有利于提升高龄农民的生计保障水平，推动农业劳动力的代际转换，促进农业生产的规模化、产业化和现代化。

（三）以土地托管为基础，探索高龄农民"退出"新模式

近年来，随着农业生产服务组织的发展，土地托管应运而生。农业农村部统计数据显示，2019年，全国土地托管服务面积超过15亿亩次，服务带动小农户超过6000万户，取得了良好的实践效果。土地托管是指无力耕种或耕种意愿不强的农户，将土地托管给种植大户或合作组织进行生产耕种的现象。在实践中，根据托管程度不同，土地托管可以具体分为全程托管、劳务托管和订单托管三种形式。在全程托管中，托管主体负责提供从种植到收割、从农资到技术、从管理到销售的全程的"保姆式"服

---

① 韩家彬等：《农业劳动力老龄化对土地规模经营的影响》，《资源科学》2019年第12期。

务，被托管方可以采取货币形式或实物形式获取扣除托管费用后的返还收益。劳务托管是指托管主体负责提供从种植到收割过程中各环节的劳动作业任务，被托管方负责农资投入，并承担托管费用，农作物收益归被托管方所有。订单托管是指被托管方将某个农业生产劳务项目（耕种、收割、出售等）委托给托管主体，并按照具体项目缴纳托管费用，当然，农作物收益也归被托管方所有。无论采取上述哪一种形式，土地托管都较好地解决了农业生产过程中劳动力匮乏的问题，也为高龄农民退出农业生产提供了现实途径。事实上，对于高龄农民而言，土地托管有效构建了托管各方的收益共享和风险分担机制①，更加契合高龄农民"离耕不离土"的意愿诉求，尊重了大部分传统老年农民的乡土情结和耕种习俗，是促进高龄农民退出农业生产的有效形式。

二 引导进城定居农民退出土地承包经营权

在城镇化进程中，农村人口市民化步伐加快，部分农民转移到城镇就业，并成功融入城市，实现稳定居住生活，"离农不离土"的现象逐渐凸显。进城定居农民的"人地分离"现象，不利于农村土地资源的优化配置，在一定程度上造成了农地的粗放经营甚至撂荒②，并导致农地流转的"短期化"和"非正式化"③，影响了土地适度规模经营的稳定性。为了应对农业劳动力代际转换，基于促进农业生产规模化和现代化的战略需求，需要引导进城定居农民退出土地承包经营权，使新生代青壮年农民能够获得更多的农地使用权益，扩大经营规模，提高资源配置效率。

在政策制定层面，最早明确提出"引导有稳定非农就业收入、长期在城镇居住生活的农户自愿退出土地承包经营权"的文件是国务院 2015 年 8 月印发的《关于加快转变农业发展方式的意见》；2015 年 11 月，国务院印发《深化农村改革综合性实施方案》，正式提出在有条件的地方开展有

---

① 唐宏、何慧芳、梁玲婕、黄凤、尹奇：《土地托管、劳动力分化对农户家庭收入的影响研究——基于 6 省 1933 户农户的实证》，《中国土地科学》2023 年第 9 期。

② 张勇：《农户退出土地承包经营权的意愿、补偿诉求及政策建议》，《中州学刊》2020 年第 6 期。

③ 典型研究可参见洪炜杰、胡新艳《非正式、短期化农地流转契约与自我执行——基于关联博弈强度的分析》，《农业技术经济》2018 年第 11 期；刘同山、孔祥智《离农会让农户更愿意退出土地承包权吗?》，《中国软科学》2020 年第 11 期。

偿退地改革试点，推动进城农民退出土地承包经营权；2016 年 10 月，国务院印发《全国农业现代规划（2016—2020 年）》，进一步提出"在有条件的地方稳妥推进进城落户农民土地承包经营权有偿退出试点"；2019 年 11 月，中共中央、国务院印发《关于保持土地承包关系稳定并长久不变的意见》，对相关政策进行了详细明确，即"对承包农户进城落户的，引导支持其按照自愿有偿原则依法在本集体经济组织内转让土地承包权或将承包地退还集体经济组织"。在中央相关政策精神指引下，全国各地对土地承包经营权退出进行了初步探索，如宁夏平罗的"永久退出"模式、重庆梁平的"退用结合"模式、四川内江的"部分退出"模式、浙江宁波的"股改退出"模式等，取得了较好的实践效果①。

（一）构建土地承包经营权退出的经济补偿机制

科学合理的经济补偿是激励进城定居农民退出土地承包经营权的重要基础和动力来源。经济补偿机制构建的关键点在于补偿标准和补偿来源的确立。首先，在补偿标准方面，要依据土地的区位、质量、用途等经济价值因素，协调各方利益，科学合理设定补偿标准。同时，补偿标准也应参照土地的实际生产价值、承包期剩余年限、当地土地流转价格等因素，统筹兼顾土地承包农户、土地受让承接农户、集体经济组织等各方利益。其次，在补偿来源方面，要按照中央文件精神，多渠道筹集资金。其一，依托新生代青壮年劳动力和集体经济组织，探索"个体农户流转承接土地经营权 + 集体经济组织受让承接土地承包权"新模式。鼓励新生代青壮年劳动力积极流转承接进城定居农民转让的土地经营权，由受让方承担土地流转费用。同时，由所在地的集体组织承接进城定居农民转让的土地承包权，并承担农户退地补偿费用，集体组织享有土地流转的部分收益，归集体成员共有。其二，集体经济组织单独出资模式。该模式适用于具有较强经济实力和物质积累的集体经济组织。由集体经济组织收回进城定居农民的土地承包权和经营权，并负责承担全部补偿金额。收回的土地可以由集体经济组织进行生产经营，也可进行流转经营，收益归集体经济组织所有。其三，多方共同出资模式。该模式适用于经济基础比较薄弱的农村区

---

①　曾福生、武昀寰：《乡村振兴战略下的农村土地承包经营权退出制度改革》，《农业经济》2019 年第 10 期。

域，由集体经济组织、地方政府和中央财政等多方共担责任，多渠道筹集退地补偿资金。在具体操作上，可由中央财政和地方政府按比例出资建立退地补偿基金，经济基础较差的集体经济组织可选择以自有资金为基础，申请使用退地补偿基金，支付全部补偿金额。收回的土地流转或出租收益，各方按出资比例共同分享。

（二）构建多层次与多类型的退出模式

现阶段，在城乡融合发展的大背景下，农村人口市民化是一个长期的演化过程。不同农户的收入结构、年龄结构、职业结构、社会保障结构等存在较大差异，而且所承包土地的面积、位置及期限等要素禀赋也不尽相同。因此，需要构建多层次与多类型的退出模式，精准适应不同农户的多样化需求。首先，在退出对象选择方面，可以设定为"承包权退出"和"经营权退出"两大类。前者指退出土地的承包权，而且受让方必须为农户所在的集体经济组织成员。后者指退出土地的经营权，受让方可以是集体经济组织或各类新型农业主体，也可以是个体农户。

其次，在退出期限方面，可以设定为"永久性退出"和"承包期退出"两大类。前者指村集体永久性收回进城定居农民的土地承包权和经营权，同时，进城定居农民也永久性退出村集体成员资格，不再享有村集体成员的相关权利。后者指进城定居农民暂时性退出本轮承包期的土地承包权和经营权，但不放弃未来承包期的土地承包权和经营权。再次，在退出主体方面，可以设定为"整户退出"和"部分退出"两大类。前者指进城定居农民的整户家庭成员退出土地承包权和经营权，后者指进城定居农民根据个人意愿，部分家庭成员退出土地承包权和经营权，其他部分成员可以选择不退出。最后，在退出范围方面，可以设定为"退出全部土地""退出部分土地"和"不同类型土地捆绑退出"三大类别。总之，通过构建多层次与多类型的退出模式，有利于进城定居农民选择符合自身要素禀赋、价值意愿、现实条件的退出路径。

（三）构建完善的"退地"配套保障机制

首先，构建"退地"的风险防范机制。从现实情况看，土地依然较大程度地承担着农民的生存保障功能。进城定居农民退出土地承包经营权可能会面临诸多风险，如生活保障风险、职业稳定风险、城市融入风险、公共服务保障风险等。

因此，需要构建"退地"的风险防范机制。要以自愿有偿为基本要求，合理设置"退地"门槛，通过风险评估、资格审查、条件约束等环节，准确识别"退地"农民的就业、收入、住房、社会保障、公共服务的实际状况和对土地的依赖程度，防止出现因"退地"而导致的生存困难问题，不利于社会的和谐稳定。

其次，构建"退地"的市场化服务机制。承包经营权退出是农村土地资源进行重新配置的历史契机①，政府负责协调推动，但不能大包大揽，需要依靠市场来进行组织实施。通过建立全国统一的农村土地承包经营权退出交易平台，提供资产评估、交易代理、竞价谈判、协议签订、金融支持、法律服务等各环节的市场化服务，促进退出方与承接方供求对接，规范交易行为，维护各方权益。

再次，构建退出保障机制。健全社会保障体系是促进农民市民化和农村人口有序转移的基本前提②。实践表明，稳定的就业和生活保障是提升农民"退地"意愿的前置条件。因此，需要在就业、户籍、住房、社保、子女教育、医疗等各方面完善支持政策，健全对退地农民的社会保障体系。要把进城定居农民尤其是"退地"农民纳入城镇社会保障体系，着力解决"退地"农民的长远生计保障问题，最大限度降低农户"退地"风险。

最后，构建"退地"的法律支持机制。通过完善《农村土地承包法》《土地管理法》等相关法律，明确农民退出土地承包经营权的条件、权利、程序等相关内容，为推动"退地"实践提供法律支持。

三　培育壮大新生代农业接班人群体

无论是推动高龄农业劳动力科学有序退出农业生产，还是引导进城定居农民退出土地承包经营权，都是在做农业生产主体的"减法"，而培育壮大新生代农业接班人群体则是做农业生产主体的"加法"。"新生代农业接班人"主要是指继承上一代农民的土地，传承相关的生产技能、经验、知识等农耕传统，继续从事农业生产的青壮年农民。新生代农业接班人为中国农业可持续发展提供了宝贵的人力资源条件，该群体具有三个基本属性。首先，

① 祝天智：《城乡融合发展背景下土地承包权退出政策创新研究》，《学海》2020 年第 6 期。

② 尤济红、梁浚强：《社会保障覆盖与流动人口市民化意愿》，《经济论坛》2023 年第 7 期。

在自然属性方面，主要指年青一代的农村青壮年劳动力；其次，在职业属性方面，指以农业生产为主要职业；最后，在生产属性方面，指以现代化、产业化生产和规模化经营为主要形式。从发展趋势上判断，新生代农业接班人是中国农业发展的新生力量和未来主力军，是乡村振兴战略实施过程中新的主体支撑，而且是提升农业现代化水平的引擎动力。基于此，培育壮大新生代农业接班人群体，是解决"未来谁来种地"这个命题的核心要求，同时也是应对农业劳动力代际转换的重要基础。

（一）推动实施"新生代农业接班人培养工程"

新生代农业接班人成长于城镇化与工业化高速发展的宏大社会背景下，该群体在价值观念、思想认知和社会行为等方面具有诸多鲜明特点。相比他们的父辈，新生代农业接班人受教育水平较高，普遍接受了完整的义务教育，而且具备较强的学习实践能力，掌握农业新技术的基础较好。同时，新生代农业接班人自我发展意识比较强烈，具有市场化、产业化和规模化经营的现代理念。笔者建议依托国家支农政策，推动实施"新生代农业接班人培养工程"，通过政策激励和引导，构建新生代农业接班人的培养发展的支持和保障机制，吸引更多的年轻农民热爱农业、扎根农业、建设农业。在政策设计层面，建议由中央财政发起设立新生代农业接班人培养专项基金，列入财政支农资金范畴。专项基金定向用于新生代农业接班人培训教育。

在具体实施层面，主要依托农业类大中专院校、农业广播电视学校系统、涉农科研院所等机构搭建平台，面向新生代农业接班人开展农业生产技术培训和农业经营管理知识教育。其一，在培训教育内容方面，在培养他们掌握农业生产技能和先进管理经验的基础上，既要注重培养农业现代化、产业化和规模化经营的理念，同时也要注重农耕文化的教育，改变他们"农民地位卑微"的思想认识，培养其热爱农业扎根农村、干事创业的家国情怀。其二，在培训教育方式方面，通过短期与长期相结合，定制多样化的培养方案，探索灵活多样培养形式。同时要突出针对性和有效性，精准对接农业发展需求，分层分类分级开展各类培训教育。其三，在培训教育目标方面，要着力把新生代农业接班人培养成为种田能手、专业大户、农民专业合作社骨干、家庭农场主以及农村创新创业带头人。

（二）积极实施"新农人务农扶助工程"

近年来，随着乡村振兴战略的实施，部分有知识、有技能、有梦想的农村青年人投身农业发展和乡村建设，成为深耕农业产业链、创新农业价值链、探索"互联网＋"新业态、推动农业转型提升的"新农人"。随着国家诸多支农政策的出台，中央加大乡村振兴投入力度，特别是现代农业发展的生产体系、经营体系和产业体系为农村广大青年施展才华、各尽所能提供了广阔舞台和创业实践空间。笔者建议政府应以服务"新农人"成长为根本，积极实施"新农人务农扶助工程"。在农资投入、农技推广、土地流转、市场开拓、农产品初加工、农业保险等多方面加大财政支持和信贷倾斜力度，并在培训教育、创业交流、风险规避、信息共享、互帮互助、法律保障等方面提供公益性服务，为"新农人"搭建干事创业平台。相关农业部门应通过"新农人务农扶助工程"，着力为"新农人"提供贯穿农业生产各环节的全产业链、全方位的综合性服务，发挥其特色优势和才能，提升其抵御市场风险能力，让"新农人"成为有技术、有资本、有门路、有优势的新型农民，促进"新农人"在现代农业发展轨道上健康成长。

（三）完善农业教育体系，提高青年农业劳动力整体素质水平

农业教育是提升劳动力素质，推动农业现代化的重要支撑[1]。近年来，我国农业教育虽然实现了长足进步，取得了显著成绩，但仍然存在着重视不够、投入不足、资源分散、体系不健全等诸多问题。因此，笔者建议把青年农业劳动力教育培训纳入全国职业农民培养的长期规划，加大经费投入，整合优势资源，把青年农业劳动力培养成为乡村振兴和现代农业发展的骨干力量。首先，要完善农业教育体系，构建多元主体参与的教育平台。着力完善以农业类职业院校、农广校和农技推广站为主要平台，涉农高等院校与科研院所广泛参与的农业教育体系。其次，要分层次、分类型精准开展农业教育。（1）围绕青年农业劳动力在生产中遇到的实际问题，开展农业实用技术培训，传授新技术、推广新品种、传播新信息；（2）面向生产一线的技术需求，开展职业技能教育，培养拥有一技之长的农业技术员、植保员、农机手、水利技术员、动物防疫员、信息员等。（3）以特色优势产业为基础，把农业教育与产业发展相结合，有针对性地开展特色产业发展方面的教育培训，使教育内容更加贴近青年农业劳动力的现实需

① 陈遇春：《论中国式农业教育现代化的时代特征和发展路径》，《高等农业教育》2023 年第 1 期。

求。再次，要改革农业教育形式，在定向招生和委托培养之外，推行半农半读、现场教学、农学交替、在线教育等新形式，为青年农业劳动力提供更为灵活便捷的学习机会。最后，要加强乡土文化、农耕文明以及乡村振兴的家国情怀教育，引导教育青年农业劳动力爱农村、懂农业、知农民，从而激发青年农民扎根农村施展才华。

（四）支持有志青年返乡创业

近年来，乡村振兴战略的成功实施形成了强大的乡村资源优化效应，脱贫攻坚全面改善了农村贫困地区的生产生活条件，农村公共服务日臻完善，城乡融合发展的局面逐渐形成。在乡村振兴的大背景下，以大学生、农民工和退役士兵为代表的有志青年选择返乡创业，实现价值梦想。青年农民群体返乡创业为农村经济发展注入了新鲜活力，带动着优势资源的下乡流动，推动着新时代乡村社会发展的深层次变革①。围绕支持有志青年返乡创业，国务院先后于 2015 年、2016、2020 年印发了《关于支持农民工等人员返乡创业的意见》《关于支持返乡下乡人员创业创新促进农村一二三产业融合发展的意见》《关于推动返乡入乡创业高质量发展的意见》等文件，提出了一系列政策举措，取得了良好的实施效果。基于破解农业劳动力代际转换的现实需要，笔者建议进一步构建促进有志青年返乡创业的长效机制，完善相关支持政策。首先，要以产业兴旺为基础，构建青年群体返乡创业的产业支撑。应以劳动密集型产业转移为契机，激励青年农民充分利用和挖掘本地优势资源和乡土价值，主动承接发达地区的产业转移项目，培育特色产业集群。其次，要围绕一二三产业融合，打造"产 + 销"全产业链，拓展青年农民的创业空间。以县域经济为依托，打造专业化市场，建设返乡创业园区和孵化基地，大力发展农产品加工、休闲旅游、林下经济等乡村特色产业。再次，要以新型农业经营主体为依托，鼓励返乡青年农民创立家庭农场、专业合作社、产业化龙头企业、农业社会化服务组织等新型经营主体，引导其发展适度规模经营，培育特色农产品品牌，提高经济效益。最后，要改善农村基础设施和公共服务体系，优化返乡创业环境。着力改善农村交通、通信、物流等基础设施，建立覆盖城

---

① 梁栋、吴存玉：《乡村振兴与青年农民返乡创业的现实基础、内在逻辑及其省思》，《现代经济探讨》2019 年第 5 期。

乡的一体化交通与通信网络，集聚公共资源，建设综合化信息服务平台和市场化中介服务体系，优化支持返乡创业体制机制环境。

四 推进一定程度的生产要素投入替代

土地、劳动力、资本、技术等生产要素的投入状况直接决定着农业生产的水平和质量。随着工业化与城镇化推动着劳动力的非农化转移进程加快，农村劳动力数量急剧萎缩，农业劳动力代际转换不畅逐渐蔓延，我国农业生产的要素禀赋结构发生历史性改变[1]，劳动力价格明显上升，劳动力成本持续攀升[2]。面对农业劳动力数量匮乏和成本高企的现实，部分农户积极进行要素投入决策和种植决策调整，推进要素替代和产品替代[3]，以缓解劳动力要素投入的不足。从现实需要判断，农户的生产要素投入替代行为符合"经济理性人"假定，对提高农业生产效率贡献很大[4]，应予以积极支持和提倡。

（一）促进农业技术对劳动力的替代

1. 提升农业机械化水平

提升农业技术水平特别是农业机械的推广应用，是提高劳动生产率、土地产出率和资源利用率的有效途径，是节约劳动力的最直接方式[5]。通过农业机械替代劳动力，以有效缓解农业劳动力代际转换不畅所带来的青壮年农民的结构性短缺。首先，在政策导向上，政府应着力实施差异化的农业机械化发展战略，根据不同区域的地形条件，因地制宜地促进农业机械的研发和应用，实现农业现代化水平的提升。对于地势较好的平原地区

① 罗浩轩：《农业要素禀赋结构、农业制度安排与农业工业化进程的理论逻辑探析》，《农业经济问题》2021年第3期。

② 龚斌磊、肖雅韵、徐君、袁菱苒：《劳动力成本上升、要素替代与农业全要素生产率》，《华中农业大学学报》（社会科学版）2024年第1期。

③ 王善高等：《地形约束下劳动力价格上涨对农业生产的影响研究——基于要素替代、产品替代和非农就业的分析》，《上海农业学报》2020年第4期。

④ 典型研究可参见应瑞瑶、郑旭媛《资源禀赋、要素替代与农业生产经营方式转型——以苏、浙粮食生产为例》，《农业经济问题》2013年第12期；周晓时《劳动力转移与农业机械化进程》，《华南农业大学学报》（社会科学版）2017年第3期；王刚毅、宓一鸣《农业机械化、农机服务与粮食生产技术效率——基于人口老龄化视角》，《中国农机化学报》2024年第6期。

⑤ 彭新宇、卜宇轩、刘子玉、赵曼镏：《农机服务规模经营对粮食生产效率的影响机理研究》，《财经理论与实践》2023年第6期。

来说，具有实现农业机械化的良好条件，应快速提升该区域的农业机械化水平。政府应完善农机具购置补贴政策，增加补贴额度，引导农民推广使用绿色高效机械化技术和新机具。对于地势条件较差的丘陵和山区而言，机械化作业难度大，应鼓励发展中小型农机具，推动农机农艺结合，示范推广果园、油料、薯类、茶叶等特色化农机，以适应特殊地形条件下的机械作业要求。其次，在科技研发投入上，应提高先进农机技术研发力度，加快智能化农机装备研发，推动农机产品创新，增强农业机械的智能化水平。再次，在组织形式上，应着力构建农机社会化服务体系，积极培育农机专业大户、农机合作社等新型农机服务组织，组建综合农事服务中心，为农户提供全程机械化服务。同时，要加强农机专业化人才队伍建设，提高农机操作手和农机维修人员的业务水平。最后，在作业实施上，应大力实施农机跨区作业，扩大农机手作业面积，提升规模经济水平，推动农业生产的规模化、集约化和现代化步伐。

2. 完善农业技术创新机制

首先，要完善农业技术创新投入机制，建立健全政府、企业、社会等多方参与的农业科研投入体系，实现农业技术研发投入的稳定增长。充分利用税收、信贷、补贴等手段，拓宽投入渠道，着力扩大农业技术创新投入资金量。同时，要优化农业科研投入结构，增加科技成果转化资金投入。其次，要完善农业技术创新运行机制，推进农业技术创新体系建设，注重农业基础研究和关键技术的研发，加强科技创新平台、协同创新基地、科技创新联盟等载体的建设，强化企业技术创新主体地位，建立多元化的合作机制与创新研发模式。最后，要完善农业技术创新成果转化机制，健全农业技术创新、推广与应用相结合的管理机制，建设农业技术成果转化交易服务平台，提升农业技术供给和转化服务能力，增强农业技术成果转化效率。

3. 健全农业技术推广体系

深化农业技术推广改革，强化公益性职能定位，着力构建以基层农业技术推广机构为主体，农业科研单位、高校、涉农企业、农业协会、合作社等共同参与的多元式的农业技术推广服务体系。加大农业技术推广经费投入，激励各级各类涉农部门的科技人员深入农业生产第一线，推广农业新品种和新技术。积极探索农业技术成果推广新模式，把龙头企业和专业合作社纳入推广体系，通过"龙头企业＋科技人员＋基地＋农户""农技

推广部门 + 专业合作社 + 农户"等新模式，激活要素、激活市场、激活主体，提高农业技术推广应用效率。

（二）促进农业资本要素对劳动力的替代

资本要素是现代农业发展的基础，在表现形式上，涵盖了化肥、农药、薄膜等生产资料投入和水利、电力、交通、能源等物质资源的投入。农业资本要素投入对提高土地利用效率具有显著的促进作用①。而且，相比其他要素而言，资本要素对农业产出的贡献率较高且非常稳定②。在生产过程中，资本要素对劳动力投入具有一定的替代性，比如化肥、农药的适当使用，有利于减少田间管理的劳动投入，可在一定程度上缓解劳动力紧张的状况。因此，面对农业劳动力代际转换的现实情况，需要促进农业资本要素对劳动力的替代，改善生产状况。

首先，构建多元化的农业资本要素投入体制。一是要完善政府对农业的支持和保护政策，建立健全农业资本要素投入的利益激励机制和动力机制。二是要在加大政府支农投入力度的基础上，鼓励采用财政贴息、财政补贴、政策性保险等综合性手段，增加农业资本要素投入。三是要构建农业投入增长机制，根据财政支持与市场调节相结合的原则，改革单一的财政投入模式，引导和激励财政资金撬动民间资金投向农业领域。

其次，着力构建财政与金融协同支农投入机制。第一，要出台鼓励财政与金融机构等各类主体相协同进行农业投入的制度安排。其中，财政部门通过专项资金、贷款贴息和奖励补贴等政策措施，与银行、保险等金融机构深化合作，提升财政与金融支农投入的整体合力。第二，金融机构要深化与财政部门的对接合作，充分利用风险补偿基金、政策性担保基金、信贷贴息等政策优惠措施，着力破解融资难、担保难等问题，加大涉农信贷投放力度，引导民资、商业资本、外资等金融资本进入支农领域，拓宽财政金融支农投入路径和渠道。第三，要努力破除体制机制束缚，构建银、担、保、投相互协作的联动支农投入机制，提升财政与金融支农投入之间的协同效率。

---

① 罗斯炫、何可、张俊飚：《改革开放以来中国农业全要素生产率再探讨——基于生产要素质量与基础设施的视角》，《中国农村经济》2022 年第 2 期。

② 栗滢超、杜如宇、李鸣慧、李林莉：《农业生产投入要素与农业增长关系研究》，《地域研究与开发》2019 年第 3 期。

最后，创新农业资本要素投入方式。第一，要进行农业资本投入管理体制改革，提升资金使用效率。围绕乡村振兴重点任务，统筹构建农业资本投入平台，优化资金资源配置格局，同时要构建绩效评价体系，实现责权利相统一。第二，要推进财政投入项目和金融信贷投入项目管理方式改革，创新和完善项目管理机制，通过构建"大专项＋任务清单"、项目库整合与调整、大数据管理等机制，提高涉农资金精细化管理水平。最后要转变财政金融投入方式，深入推进财政金融投入方式改革，提高财政投入政策与金融投入政策的组合效应和叠加效应。要着力将传统的投入资金"输血"模式转变为项目引导、风险补偿、信贷贴息、担保服务、基金撬动等"造血"模式，充分发挥财政金融投入资金的激励和引领作用，注入农业农村发展新动力。

第三节　破解模式Ⅱ：构建"规模经营＋产业支撑"双引擎

一　推动农业适度规模经营

农业适度规模经营是适应农业劳动力减少的必然趋势，它意味着中国农业发展迎来了一个由小农经济模式向产业化、规模化和现代化农业模式转折的重要阶段。随着改革开放的推进，以均等化分隔、细碎化耕种为基本特征的土地经营方式在我国农村大范围推广，并以家庭联产承包责任制的形式得以确立，有效激发了广大农民的种粮生产积极性，显著提高了农产品产出水平，较快解决了困扰我国多年的温饱问题。然而，随着我国农业生产能力的提高和工业化进程的加速，此种小农式、深耕细作化的土地经营方式越来越不利于农业机械化水平的提高、农业产业化程度的提升和农业现代化的发展。特别是近年来，随着广大农户的非农性收入快速增长，农村青壮年劳动力城市化迁移趋势加剧，以农业副业化、边缘化和农村人口空心化为特征的农业劳动力代际转换日益凸显。因此，加快土地流转，发展农业适度规模经营就成为当前和今后一个时期农业农村发展过程中重要的战略考量。

对于农业适度规模经营，学术界讨论颇多，主要集中于以下几个层面。其一，农业生产规模经济的存在性讨论，土地生产经营规模的扩大是否有利于提高土地产出率。部分学者引入粮食主产区农户实地调查数据，运用实证模型得出了农业经营规模经济是存在的，而且是改造小农业生产方式的必然选择，是现代农业的发展方向①。然而也有部分学者对此持相反观点，他们认为在目前条件下，土地规模经济是不存在的，土地生产经营规模的扩大不利于农业生产效率的提高，部分农作物的规模种植纯技术效率偏低②。

　　其二，农业生产规模"适度"标准的讨论和农业生产规模指标的测算。大部分学者通常采用投入指标和产出指标来衡量土地规模的适度性。在土地生产经营规模标准上，多数学者认为土地生产规模过大会降低农业生产效率，不利于土地资源分配的公平性原则③，而且，对于农地生产规模的"适度性"的测评，主要通过技术效率和经济效率两个角度来评判，使用耕地生产率、农业劳动力生产率和涉农资本投入生产率三个指标来衡量。

　　其三，农业适度规模经营具体路径与模式的研究。学术界根据不同地方的实践情况进行了总结和探讨，就常态情况来看，农业适度规模经营的多样化路径主要有龙头企业带动型、种养大户自身发展型、专业合作社推动型、社会化服务组织托管型等不同模式④。

----

　　①　典型研究可参见张光辉《农业规模经营与提高单产并行不悖——与任治君同志商榷》，《经济研究》1996年第1期；黄云鹏《农业经营体制和专业化分工——兼论家庭经营与规模经济之争》，《农业经济问题》2003年第6期；刘玉铭、刘伟《对农业生产规模效益的检验——以黑龙江省数据为例》，《经济经纬》2007年第2期；许庆、尹荣梁、章辉《规模经济、规模报酬与农业适度规模经营——基于我国粮食生产的实证研究》，《经济研究》2011年第3期；吕挺、纪月清、易中懿《水稻生产中的地块规模经济——基于江苏常州金坛的调研分析》，《农业技术经济》2014年第2期；徐志刚、章丹、程宝栋《中国粮食安全保障的农地规模经营逻辑——基于农户与地块双重规模经济的分析视角》，《管理世界》2024年第5期。

　　②　典型研究可参见朱方林、陆建珍、朱大威《土地适度规模经营技术效率比较分析——以江苏省3种典型模式为例》，《农村经济》2017年第6期；陈杰、苏群《土地流转、土地生产率与规模经营》，《农业技术经济》2017年第1期；冀县卿、钱忠好、李友艺《土地经营规模扩张有助于提升水稻生产效率吗？——基于上海市松江区家庭农场的分析》，《中国农村经济》2019年第7期。

　　③　典型研究可参见郭庆海《土地适度规模经营尺度：效率抑或收入》，《农业经济问题》2014年第7期；李宽、曹珍《实践中的适度规模：基于村庄公平的视角》，《农村经济》2014年第2期；何秀荣《关于我国农业经营规模的思考》，《农业经济问题》2016年第9期；罗丹、李文明、陈洁《粮食生产经营的适度规模：产出与效益二维视角》，《管理世界》2017年第1期；田珍、王睿、史运《发达地区不同规模家庭农场粮食生产技术效率的实证研究》，《中国农业资源与区划》2021年第12期。

　　④　典型研究可参见赵佳、姜长云《农民专业合作社的经营方式转变与组织制度创新：皖省例证》，《改革》2013年第1期；蒋和平、蒋辉《农业适度规模经营的实现路径研究》，《农业经济与管理》2014年第1期；赵鲲、刘磊《关于完善农村土地承包经营制度发展农业适度规模经营的认识与思考》，《中国农村经济》2016年第4期；郑志浩、高杨、霍学喜《农户经营规模与土地生产率关系的再探究——来自第三次全国农业普查规模农户的证据》，《管理世界》2024年第1期。

总的来看，学术界对于农业适度规模经营的讨论和研究比较充分，研究框架与范式比较成熟，形成了诸多研究成果积淀。然而，学术界对于农业适度规模经营所存在的突出问题研究较少，缺乏针对性的讨论，而且对于如何优化政策支持效果，推动农业适度规模经营的相关研究成果比较匮乏。面对当前青壮年农业劳动力加剧流失的空心化，如何应对新常态下农业适度规模经营过程中所出现的新情况和新问题，系统提出以提升目标瞄准度和支持精准度为导向的政策支持框架，是迫切需要解决的重要问题。

（一）现阶段农业适度规模经营现状

为了全面理性认识当前农村适度规模经营的现状和突出问题，笔者依托所承担的国家社科基金项目，组织了部分家乡在河南农村的本科生利用2023年暑期回乡时机，对其家乡所在地进行入户实地调查，以期获得关于适度规模经营的原始数据资料。本次调查对象为一般农户（包括专业化农户、兼业化农户等）。调查问卷发放范围涵盖了河南全省18个省辖市的237个村庄。本次调查共发放问卷1100份，实际回收有效问卷1026份。为保证问卷调查的有效性和均衡性，本研究采用其中1000份问卷结果进行汇总分析，调查样本农户情况如表8—8所示。

表8—8   样本农户的统计性特征

	最小值	最大值	平均值	中位数	众数	标准差
农户户主年龄	22	76	48.902	47	45	9.727
户主受教育年限	1	16	7.816	9	9	3.531
家庭人口数量	1	9	4.130	4	4	1.246
家庭劳动力数量	1	6	2.720	2	2	0.827
家庭外出务工数量	0	5	0.921	2	2	0.934
人均年收入（元）	1210	27280	8157.240	7600	11000	5762.271

数据来源：根据调查数据整理。注：在户主受教育年限一栏中，大专及以上、高中及中专、初中、小学、文盲半文盲的相应赋值为16、12、9、6、1。

1. 样本状况的统计性描述

第一，从农户户主年龄来看，其平均值高达48岁，中位数为47岁，而且从调查情况来看，50岁及以上的农户户主数量占比达到样本总量的

57.4%。这说明，现阶段从事农业生产的农户户主多为高龄劳动力，农村劳动力老龄化趋势严重。第二，从户主受教育年限来看，被调查农户户主的受教育年限平均值为 7.816 年，处于初中文化程度年限以下，而且中位数和众数均为 9 年，也处于初中文化程度水平。从调查情况来看，小学文化程度及以下的农户户主所占比例高达 33.92%，而大专及以上的农户户主所占比例仅为 1.38%，而且多为青壮年农业劳动力。这说明，广大农民的文化程度依然偏低，亟待提高。第三，从家庭人口数量来看，农户家庭人口数量平均为 4.13 人，最大农户人口数量为 9 人，最小为 1 人，而且其中位数和众数均为 4 人，从以上来看，被调查农户家庭规模以 3—5 人为主。第四，从家庭劳动力数量来看，每个农户平均拥有 2.72 个劳动力，处于较低水平。就范围而言，农户拥有劳动力的数量介于 1 和 6 之间。第五，从家庭外出务工数量来看，平均每个农户家庭外出务工数量为 0.921，其中位数和众数均为 2 人，处于较高水平，而且从调查情况看，68.26% 的家庭有 1 个及以上的劳动力外出务工。这说明，农村优势人力资源的流失仍然是制约当前农业生产的重要因素。第六，从农户人均年收入情况来看，被调查农户人均年收入为 8157.240 元，水平不高，而且标准差为 5762.271，收入差异较大。从调查情况看，高达 47.83% 的被调查农户的年收入水平低于 8000 元，而且主要集中在以农业生产为主的家庭。但是人均收入高于 8000 元的农户，其收入较多来自非农业的务工收入。这说明，相对于城镇居民而言，当前农业生产比较收益低水平的现实依然存在。

2. 被调查农户的适度规模经营现状

从宏观层面来看，《中国农村政策与改革统计年报（2022 年）》显示，截至 2022 年底，河南省家庭承包耕地土地经营权流转总面积为 3550 万亩，约占家庭承包耕地总面积的 32%。而且，2011—2022 年，河南省每年土地流转总面积增长率均超过 5%。这说明，规模经营农户已经成为当前河南省农业生产中蓬勃发展的主力军和农业现代化过程中的"中流砥柱"。农村土地流转和规模化经营，提高了农业生产集约化和专业化水平，实现了土地、资金、技术、劳动力等生产要素的合理流动和资源的优化配置，对促进现代农业发展起到了积极作用。

考虑到区域差异情况，为了从更深层次上和更广角度上认识当前农业适度规模经营现状，本研究分区域对河南省农户耕地规模经营状况进行了问卷调查。按照 2023 年人均生产总值水平，由高到低将河南省所辖十八个地级市划分为三个区域：第一区域为郑州市、济源市、三门峡市、焦作市、洛阳市、许昌市、鹤壁市；第二区域为漯河市、安阳市、濮阳市、新乡市、平顶山市、开封市；第三区域为信阳市、南阳市、驻马店市、商丘市、周口市。调查结果如表 8—9 所示。

由于河南省是传统的农业大省和粮食生产核心区，土地资源相对比较丰富。从调查数据来看，随着近年来工业化和城镇化进程的加快，大量农业人口向城市转移，河南省农户耕地流转率处于较高水平，平均达到 49.08%。不同区域相比较，经济较为发达的第一区域的耕地流转率高于第二区域和第三区域，而且第二区域高于第三区域。这说明，经济发展水平与耕地流转率呈现正比关系，经济发展所导致的城镇化有利于提高耕地流转率。从人均耕地面积来看，第三区域主要处于豫南传统农区，土地资源丰富，所以该区域人均耕地面积最高，达到 14.2 亩，第一区域最低，为 9.38 亩。从不同区域农户实际经营耕地规模来看，第一区域和第二区域耕地规模集中于 13—15 亩的农户所占比例最高，分别为 27.26% 和 21.35%。第三区域耕地规模集中于 7—9 亩的农户所占比例最高，达到 25.38%。纵向比较而言，第一区域的土地规模化经营水平最高，突出表现在耕地规模 10 亩以上农户所占比重都高于第二、第三区域。而且第二区域的土地规模化经营水平高于第一区域，同样表现在耕地规模 10 亩以上农户所占比重高于第一区域。上述情况说明，经济发展较好的区域有利于加快城镇化步伐，推动农村人口向城镇转移，进而有利于提升土地规模化经营水平。

表 8—9   被调查农户的适度规模经营现状

	耕地流转率（%）	人均耕地面积	农户实际经营耕地规模（亩）						生产兼业化率（%）
			≤3	4—6	7—9	10—12	13—15	≥16	
第一区域	53.07	9.38 亩	7.25	15.02	15.36	25.39	27.26	9.72	68.05
第二区域	47.26	11.6 亩	16.47	19.56	16.24	16.81	21.35	9.57	72.83
第三区域	46.91	14.2 亩	17.62	15.31	25.38	15.25	18.06	8.38	76.52
平均	49.08	11.7 亩	13.78	16.63	18.99	19.15	22.23	9.22	72.47

资料来源：根据问卷调查结果整理而得。

当然，我们也分析得出，以河南为代表的广大农村的土地模化经营水平还不是很高，有待进一步提升。如表8—9所示，河南省三个区域实际经营耕地规模高于16亩的农户所占比重都低于10%，未来提升土地适度规模经营水平的空间比较大。此外，从生产兼业化率来看，第三区域的农户生产兼业化率最高，达到76.52%；同时，第二区域的农户生产兼业化率为72.83%，高于第一区域的68.05%。这反映出，随着区域农户适度规模经营水平的提高，其生产兼业化率也在降低。当农村土地经营规模水平提升以后，有利于农业机械化的推进和农业科技的推广，在一定程度上形成了科技对于劳动力的替代效应，减少了对农村劳动力的需求。反之，在土地细碎化的情况下，留守在农村的农业劳动力明显不足，需要大部分青壮年劳动力在农忙时节回流到农村，以弥补劳动力投入的缺失，导致农业生产的兼业化现象。

（二）当前农业适度规模经营存在的突出问题

1. 土地细碎化状况未得到有效改善

土地细碎化主要是指农户种植耕地条块分割，众多互不相邻的地块面积小而散乱，从而造成耕种效率不高的现象。我国的土地细碎化现象有着深厚的历史背景。在改革开放初期，家庭承包和分田到户的农业政策虽然在促进农业生产力发展、解决温饱问题、提高农民收入方面做出了突出贡献，但也造成了农村集体耕地小块化切割、分散凌乱的局面。随着一些家庭子女分户而立，又进一步对土地进行了细碎化分割，土地分散的现象更为严重。土地细碎化在客观上严重制约了土地流转和农业大型机械的推广，进而阻碍了农业适度规模经营水平的提高和现代农业发展。

近年来，广大农村通过承包地互换、土地整治等形式，逐步减少农户耕地块数，增加块均耕地面积。但是，从调查结果看，受制于农户每块耕地位置与大小的不同，承包地互换和土地整治的政策效果并不理想，土地细碎化状况未得到有效改善。如表8—10所示，农户种植耕地块数分布和块均耕地面积是反映土地细碎化程度的重要指标。首先，从农户种植耕地块数分布来看，第一区域农户拥有耕地块数在3—4块的比例最高，达到32.91%。第二、第三区域农户拥有耕地块数在5—6块的比例最高，分别为31.51%和33.62%。而且从平均值来看，河南省被调查农户拥有耕地块数在5—6块的比例最高，达到31.06%，土地条块分割现象依然严峻。

其次，从农户块均耕地面积来看，河南省三个区域存在着相同的状况，即农户块均耕地面积低于 2 亩的比例最高，分别为 45.16%、51.03% 和 53.25%。相反的是，块均耕地面积高于 5 亩的比例最低，分别为 3.05%、2.38% 和 2.04%。上述数据综合说明，当前以河南为代表的粮食主产区的土地细碎化状况未得到有效改善，已经成为土地适度规模经营的绊脚石。因此，必须通过政策引导和激励，大力推广"小块并大块"耕地整治模式，破解土地细碎化问题，从而为农业适度规模经营奠定坚实基础。

2. 农户种植收益不稳定是扩大土地经营规模最大制约因素

近年来，受农产品价格波动和生产成本高企影响，农业生产收益呈现起伏不定的状态。以河南省为例，河南省地方经济社会调查队数据显示，由于种子、化肥、农药等农业生产物质费用价格攀升，2022 年，河南省小麦种植亩均生产成本达到 571.45 元，较上年增加 48.65 元，上升 9.31%。而且在此情况下，对农户种植收益直接产生影响的两个指标即亩均单产和农产品价格均呈现不稳定的波动状态，导致农户种植收益时高时低，波动不平，甚至出现下跌现象（见图 8—5）。

表 8—10 被调查农户的土地细碎化状况

	农户种植耕地块数分布（块）				农户块均耕地面积（亩）				
	≤2	3—4	5—6	≥7	≤2	2—3	3—4	4—5	≥5
第一区域	26.65	32.91	28.06	12.38	45.16	22.83	15.29	13.67	3.05
第二区域	23.92	30.27	31.51	14.30	51.03	24.92	14.17	7.50	2.38
第三区域	20.34	27.53	33.62	18.51	53.25	25.60	12.53	6.58	2.04
平均	23.64	30.24	31.06	15.06	49.81	24.45	14.00	9.25	2.49

资料来源：根据问卷调查结果整理而得。

以河南省统计局监测价格为例，玉米的市场平均价格从 2010 年的 1.85 元/公斤升至 2014 年的 2.29 元/公斤后，2015 年直降至 1.7 元/公斤；大豆市场平均价格由 2010 年的 4.01 元/公斤逐步升至 2013 年的 5.1 元/公斤后，2014 年、2015 年连续两年降至 4.5 元/公斤和 3.7 元/公斤。在其影响下，2010—2016 年，农户种植亩均收益分别为 358.1 元、430.5 元、457.9 元、445 元、445.8 元、320.2 元和 296.3 元，处于波动不平的状态（见图 8—5）。

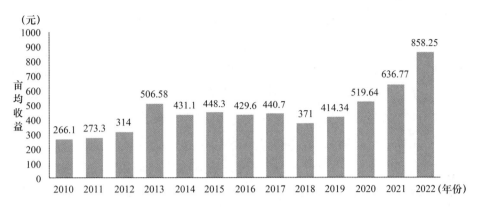

图 8—5 2010—2022 年河南省小麦种植亩均收益趋势变化

资料来源：根据河南省地方经济社会调查队数据整理而得。

　　调查数据很好地说明了上述情况。如表 8—11 所示，在"影响农户扩大土地经营规模的最主要因素"这一问题中，选择农产品种植收益不稳定的农户多达 429 人，占受访农户比例为 42.9%。而且，在实地调研中，笔者发现，许多规模化经营农户对种粮效益前景大多持悲观态度，消极观望思想严重。与 2011 年前后农产品价格高涨时期相比，许多规模化经营农户对扩大种植规模普遍缺乏积极性，而且对农机购置、生产资料投入和耕地基础设施建设比较谨慎。

表 8—11　　　　　　　　农户扩大土地经营规模的影响因素选择

	选项	样本数	所占比例
	农产品种植收益不稳定	429	42.9%
	土地不易流转	146	14.6%
影响农户扩大土地经营规模的最主要因素	人力成本高	74	7.4%
	缺乏资金支持	237	23.7%
	缺少农业技术	71	7.1%
	其他	43	4.3%

资料来源：根据问卷调查结果整理而得。

同时，多位受访农户表示，在推动农业适度规模经营步伐的时代大背景下，稳定可观的种植收益水平在保障农民粮食生产积极性、促进农民增收方面起着重要的激励作用。为改变当前农户种植收益不稳定的状态，提高农户的生产信心，优化支农政策乃当务之急，政府应当在农产品生产、流通等各环节加大支持力度，让规模经营农户有利可图。

3. 土地流转不畅是亟待解决的重要问题

土地流转是农户将土地使用权转让给其他农户或组织进行生产经营的经济行为，它是发展农业适度规模经营的重要基础和前提。近年来，在国家政策的激励和支持下，很多农户通过转包、转让、入股、合作、租赁、互换等不同方式进行了土地流转，实施效果较好。但是，从本书调查情况来看，土地流转现状不容乐观。如表8—12所示，在农户对土地流转顺畅性的认识这一问题上，选择"不太顺畅"和"不顺畅"的农户数量最多，占全部受访农户的比例分别为36.7%和32.1%；其次为"一般顺畅"，所占比例为23.1%。这说明，在推动农业适度规模经营过程中，土地流转不畅依然是亟待解决的重要问题。另外，在回答"造成土地流转不畅的最主要制约因素"这一问题时，选择"缺乏土地流转市场"的农户比例最高，达到30.2%。受访农户普遍反映，由于缺乏土地流转市场，造成土地流转价格和费用较为混乱，没有形成公平合理的议价机制，同时也造成缺乏公平治理的土地价值评估、流转合同签订困难等问题。同时，选择"流转契约关系不稳定"这一因素的农户数量也很多，占比达到27.4%。从实地走访情况看，大多数流转以口头协议为主，缺乏规范、有效的合同形式约束，而且缺乏土地流转纠纷调解仲裁机构，导致土地流转双方合法权益难以保障，容易发生纠纷，造成流转契约关系不稳定。此外，"流转期限不长"也是很多农户认为土地流转不畅的一个重要制约因素，很多规模化经营农户反映，当前土地流转期限大多为1—3年，而且部分土地流出者只注重眼前利益，谁出价高就给谁承包，造成很多种粮大户普遍缺乏安全感，无奈之下只能追求短期效应，缺乏对土地的长期投入。

表 8—12　　　　　　　　　　农户对土地流转的总体认识

	选项	样本数	所占比例
对土地流转顺畅性的认识	非常顺畅	52	5.2%
	一般顺畅	231	23.1%
	不太顺畅	367	36.7%
	不顺畅	321	32.1%
	其他	29	2.9%
造成土地流转不畅的最主要制约因素	流转契约关系不稳定	274	27.4%
	缺乏土地流转市场	302	30.2%
	流转期限不长	218	21.8%
	流转信息不透明	126	12.6%
	农业生产组织化程度低	37	3.7%
	其他	43	4.3%

资料来源：根据问卷调查结果整理而得。

4. 高素质青壮年农业劳动力匮乏

农业是国民经济稳定发展的基石，而源源不断的农业劳动力供应是农业发展的重要保障，尤其是现代农业发展更需要坚实充足的高素质人力资源支撑。但是，近年来，随着大量农村青壮年劳动力由农村向城市转移，广大农村地区出现了空心化局面。尤其是在劳动力资源富足的农业主产区，大量高素质青壮年劳动力流失，造成农业生产"老龄化"和"妇女化"的不良状况。农业现代化，农民是主体，农业适度规模经营更需要千千万万有技术、会经营、懂管理的新型农民作为重要支撑力量。

事实上，土地规模化经营对农业劳动力提出了更高要求。其一，土地规模化经营需要大量现代农业技术的应用，尤其是现代化农业机械的支撑，这要求农业劳动者需要掌握一定的知识和技能，因此需要大量的高素质、高技能农业劳动力。其二，相对于小块生产，土地规模化经营所要求的农业生产任务更加繁重和复杂，因此需要大量的有体能、力量强壮的青壮年农业劳动力作为中坚力量。因此，要想实现农业规模化经营，必须保证农业劳动力的数量与质量。

然而，从调查情况来看，高素质青壮年农业劳动力匮乏的问题非常突出，严重制约着农户的规模化经营。如图8—6所示，从农户主要劳动力的年龄结构状况可以看出，46—55岁年龄阶段的劳动力所占比重最高，接近35%，其次为55岁及以上年龄阶段，所占比重为29%，这说明正在从事农业生产劳作的务农者以高龄农民居多，农业劳动力老龄化和弱质化趋势明显。同时在劳动力受教育程度方面，由表8—13可见，无论是男性农民，还是女性农民，被调查农户主要劳动力的文化程度以初中水平为最多，占比分别达到47.5%和45.2%，其次为小学文化水平，占比分别为26.3%和27.6%，这说明，以河南省为代表的粮食主产区的农业劳动力受教育水平依旧处在以中小学文化程度为主导的阶段。

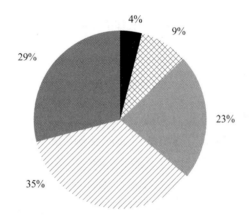

■ 25岁及以下　▨ 26—35岁　▨ 36—45岁　▨ 46—55岁　■ 55岁及以上

图8—6　农户主要劳动力的年龄结构状况

资料来源：根据问卷调查结果整理而得。

表8—13　　　　　　　　　**农户主要劳动力的文化程度结构**

性别	平均受教育年限（年）	不识字或识字很少（%）	小学（%）	初中（%）	高中（%）	中专（%）	大专及以上（%）
男性	7.9	6.7	26.3	47.5	12.4	5.2	1.9
女性	6.3	13.1	27.6	45.2	11.7	1.8	0.6

资料来源：根据问卷调查结果整理而得。

（三）农业适度规模经营的政策精准支持分析

综合以上调查情况来看，现阶段，我国在农业适度规模经营领域的相关政策不完善、不配套的问题较为突出，需要进一步契合农村发展实际，转变思想观念，推进制度创新，构建系统化、科学化的政策支持。针对当前农业适度规模经营中存在的突出问题，笔者建议应围绕提升农业规模化经营水平这一目标，构建一个多元化的涵盖土地流转、财政金融、农业生产主体培育、社会保障、农业科技以及社会化服务等领域的政策精准支持框架（见图8—7）。

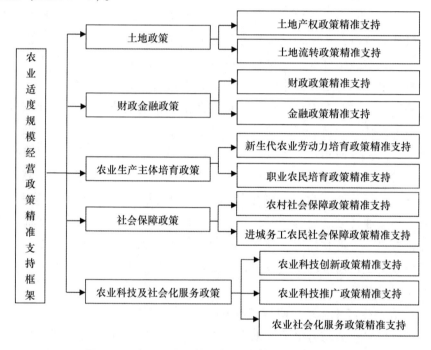

图8—7 农业适度规模经营政策精准支持框架结构

1. 土地政策精准支持

首先，在土地产权政策精准支持方面，各级政府应加快落实中央提出的农村土地所有权、承包权与经营权的"三权分置"改革。此项改革是对传统的家庭联产承包经营责任制的重大制度创新和体制机制完善。它进一步理顺了农村土地所有权、承包权与经营权的归属关系和权限范围，明确了在坚持土地集体所有权和保障农户土地承包权的前提下，形成土地经营权流转的格局，有利于土地的有序、顺畅、合理流转，以实现土地流转的承包方和受让方双赢的格局，为提升农业适度规模经营水平奠定了坚实基础。其次，在土地流转政策精准支持方面，要构建多层次、广覆盖的土地流转市场，为土地流转双方搭建平台，形成公平合理的议价机制，并提供土地价值评估、流转合同签订等全方位服务。同时还要制定完善的土地流转法规，对流转期限、流程、租金以及纠纷的调解等做出明确规定，有利于稳定流转契约关系，维护土地流转各方的合法权益。

2. 财政金融政策精准支持

首先，在财政政策精准支持方面，一是要改革现有的"平均式"的农业直接补贴政策，构建种粮大户专项补贴机制，建立以实际耕种面积和农业产出数量为补贴标准，以支持适度规模经营农户和集约化生产为目标的新型补贴政策。二是要集中财政资金，加强对适度规模经营农户生产设施建设的支持，同时在农机服务、病虫害防治、旱涝灾害排解、专业化耕种等方面加大扶持力度。三是要整合分散在各个部门和系统的财政金融支农资金，提高资金使用效率。其次，在金融政策精准支持方面，要构建符合适度规模经营农户信贷需求特点的融资抵押与担保体系，鼓励发展专业化的融资性担保公司，为适度规模经营农户提供灵活多样的信贷担保服务。同时，还要通过创新金融产品，提高小额信贷标准，加强金融支持适度规模经营农户的力度和深度。此外，还要扩大农业保险覆盖面，建立针对适度规模经营农户需求的专项农业保险制度，增强适度规模经营农户抵御生产经营风险的能力。

3. 农业生产主体培育政策精准支持

新生代农业劳动力中国未来农业生产的主力军和接班人，同时也是造就中国农业现代化和国家粮食安全的基础支撑力量。建议国家层面着力实施"新生代农业继承人培养工程"和"新农人援助工程"。培养他们生产经营技能、管理经验以及扎根农业的爱农情怀。同时，在职业农民培育政策精准支持方面，要大力实施"新型职业农民培育工程"，造就和培养大批有文化、懂技术、会经营的新型职业农民。职业农民培育是一个新生事物，在我国尚处探索阶段。在农民职业化路径选择上，应根据农民内部层次的不同，分别采取孵化、重构与改造的手段，进行多元化的操作。首先，针对新生代型农民，应采取孵化的方式，培养该群体成为职业农民的重要后备力量。其次，对于当前农村中广泛存在的生产经营型农民、社会服务型农民、专业技能型农民，应采取正确的方式予以激励和支持。最后，针对小农分散型农民，政府应采取改造的方式，逐渐改变其细碎化、分散式的耕作模式。同时也要采取激励措施，鼓励留守老人和妇女逐渐退出农业生产领域，为职业农民实施规模经营创造条件。

4. 社会保障政策精准支持

社会保障政策主要涉及那些由于农业适度规模经营而从传统农业生产中转移出的农民如何获得持续发展生计和能力等问题。首先，在农村社会保障政策精准支持方面，要逐步提高农村社会保障水平。特别是针对坚守在农业生产领域的老人，要建立农村离农保障基金。高龄农民若愿意将自身所承包土地的经营权流转给规模经营农户耕种的，在合法取得流转收益的基础上，将额外从"农村离农保障基金"中获得一次性离农补贴。该项政策将激励高龄农民放弃土地耕种，有助于农业生产主体的年轻化和土地规模化生产经营水平的提高。其次，在进城务工农民社会保障政策精准支持方面，要构建进城务工农民的社会保障机制，逐步破除其与城镇居民之间的社会福利鸿沟，有利于鼓励进城务工农民将土地流转给规模经营农户，消除其后顾之忧。

5. 农业科技及社会化服务政策精准支持

农业适度规模经营离不开农业科技和农业社会化服务体系的坚强支撑。首先，在农业科技创新政策精准支持方面，要大力实施农业科技创新工程，加快构建农业科技创新投入长效机制，确保农业科技投入占比逐步上升。要提升农业科研人员的积极性和创造性，建立科学的农业科技创新管理机制。其次，在农业科技推广政策精准支持方面，要改革现有的农技推广组织结构体系，构建多元化的农业科技推广主体，提升农业科技成果转化的速度和质量，推动农业科技成果和农业适度规模经营的良性互动支撑。最后，在农业社会化服务政策精准支持方面，要着力构建支撑农业适度规模经营的产前、产中和产后全过程的社会化服务体系，采取财政扶持、税费优惠、信贷支持等措施，培育和支持新型农业社会化服务组织，为农业适度规模经营提供可靠保障。

二 强化农业发展的产业支撑

如前所述，农业生产收益不高、农民职业吸引力不强是导致青壮年农民务农动力不足和城镇化迁移流失的主要原因。事实上，正是"为生存而生产"的传统小农生产方式造成了农业收益和农民收入的低水平徘徊，进而致使农业优势资源大量流失，导致了农业的长期弱势地位和农民的底层化生存状态[①]。鉴于此，在乡村振兴的总体要求中，产业兴旺居于首要地位，是实现乡村全面振兴的重要经济基础。从应对农业劳动力代际转换的角度而言，强化农业发展的产业支撑，实现产业兴旺，有利于从根本上提高农民收入，提升农业发展效率，增强农民的职业吸引力，这是支撑青壮年农业劳动力扎根农村，实现富农兴农的重要基础平台。

（一）农业产业化发展的多重内涵

首先，农业产业化的本质是改造传统农业，提升农业现代化水平。其一，农业产业化通过生产组织创新，着力改变封闭分散的小农生产方式。在农业产业化的早期阶段，由于经营规模较小，农业产业化最基本的生产组织形式是"公司＋农户"。随着农村经济和新业态的发展，农业产业化的生产组织创新逐渐加快，陆续出现了"公司＋中介组织＋农户""公司＋基地＋农户""公司＋农场""股份合作制企业＋农场""农业产业化联合体"等新型组织模式。通过多元化的组织化创新，导入现代生产要素，对接市场化交易与流通，实现了农业产前、产中与产后诸环节的专业化分工，推动了农业生产方式的现代化。其二，农业产业化通过生产模式创新，构建集约化的农业生产体系，改造传统农业"小而全"的落后模式，创造农业多元价值，实现了种养加、产供销、贸工农一体化，推进农业发展方式转变，提高了农业生产率和收益率。其三，农业产业化通过资源整合，把资金、技术、信息、管理等生产要素注入农业生产全链条，构建农户、企业和市场的利益连接机制，推动了一二三产业融合发展。

其次，农业产业化的基本导向是推动农村产业结构的高度化、特色化和长链条化。其一，在产业层次方面，农业产业化要以市场和效益为核心，改

---

① 陈卫强、杨志龙：《中国式小农相对贫困治理的现代化路径研究》，《农业经济》2024 年第 5 期。

造农村传统产业，推动产业结构升级，发展农村新兴产业与新业态；其二，在产业布局方面，农村产业发展要充分考虑不同区域的经济发展差异、资源差异和环境差异，依靠特色资源优势，集聚特色产业，推动形成"一村一品""一乡一业"，合力打造乡村特色产业品牌。其三，在产业链条方面，农业产业化通过延长产业链和价值链，打通农业投入、生产、深加工到销售等各环节，促进相互融合，提高农产品附加值和农业收益率。

最后，农业产业化的着力点是注重挖掘农业的多元价值功能。自古以来，农业承担着粮食供给的基本功能。随着现代社会的发展，农业的多元价值功能逐渐凸显。其一，农业产业化要以人为本，提升农产品的经济价值，充分满足消费者多层次的消费需求，满足人们日益增长的高质量农产品需求，助推消费升级换代。其二，农业产业化应充分利用农业的生态价值，发展有机和绿色农业，改善人们的生活质量。同时，在进行生态农产品生产同时，还应注重开发农业的休闲观光旅游价值，发展原汁原味的体验式农业。其三，农业产业化应注意保护和挖掘农耕文化价值，结合地方特色，传承和弘扬乡村文明的当代价值，推动人与自然的和谐发展。

（二）农业产业化发展存在的问题

1. 产业化发展水平偏低

首先，产业结构不优。近年来，虽然我国农业产业化领域进一步拓宽，但依然以传统的种养产业为主。在农业产业化总产值中，种植业和畜牧业占据着的绝对优势地位[1]，大而不强，新产业和新业态培育不足，发展较慢。其次，龙头企业和专业合作组织发展规模偏小，体系不完整，抵御市场风险能力较弱，辐射带动性不强。再次，农业生产组织化程度不高，规模化和集约化经营水平较低，农村生产性服务业发展比较缓慢。最后，产业发展的层次较低，竞争力弱，产品质量和科技含量亟待提高。

2. 产业链较短，产业融合程度不高

长期以来，我国农村产业大多以初级农产品生产为主，产品单一，产业链较短，产业融合处于较低层次[2]。首先，农产品加工转化率较低，缺乏

---

① 华静、王玉斌：《我国农业产业化发展状况实证研究》，《经济问题探索》2015 年第 4 期。
② 戴春：《农业强国建设中农村一二三产业融合发展的重新审视》，《青海社会科学》2023 年第 5 期。

向后延伸和精深加工，农产品附加值不高。其次，农产品加工产业缺乏向两端拓展，融合程度不紧密，加工副产物综合利用率较低。再次，农村生产和生活服务业发展缓慢，培育开发不足，服务资源利用和服务设施建设比较滞后。最后，一二三产业融合层次较浅，产业融合主体缺乏，产业要素融合不足，产业发展关联性不强，产业范围拓展不广，产业带动力较弱。

3. 科技创新支撑产业发展的能力不足

科技创新投入是助推农业产业化高质量发展的重要动力源泉[①]。近年来，虽然农业科技投入不断加大，科技创新对农业产业化发展的贡献程度持续增强，但科技创新支撑产业发展的能力依然不足。首先，农业科技创新投入结构不合理，主要集中在农业的产前和产中环节，缺乏对产后环节的重视，一定程度上造成农产品深加工技术、农产品产后处理技术、农业废弃物资源化处理技术等创新不足。其次，农业科技创新主体创新能力不足，实用型技术创新成果相对匮乏，涉农高校、科研机构和企业的原始创新能力和集成创新能力亟待提高。最后，农业科技创新成果转化率低，转移机制不完善，科技创新成果转移服务平台缺乏，公益性科技创新成果转化积极性不高。

4. 专业化人才建设存在短板

专业化人才是农业产业化高质量发展的重要支撑。然而，近年来，由于农村人口大量转移到城市就业和定居，农村青壮年劳动力流失严重，以农产品深加工技术人才、初级农产品生产技术人才、农产品生产经营管理人才、农产品营销人才等为代表的高素质专业化人才匮乏，特别是掌握一定实用技术和管理经验的农业科技创新人才更是稀缺。同时，专业技术人才队伍和农村实用人才队伍建设滞后，由此导致农业产业化发展所需的高素质专业化人才支撑不足，已经成为农村产业发展的短板。

5. 金融支持农业产业化发展的力度不强

农业产业化和龙头企业发展需要强有力的金融支持。然而，由于金融体系不完善、体制机制不健全等各种原因，农村金融供给水平有待进一步提升，农村产业集聚发展和龙头企业扩大规模所形成的金融需求得不到有

---

① 孔祥智、赵雪娇：《把农业建成现代化大产业：内涵、基础与路径》，《河北学刊》2024年第3期。

效满足。首先，政策性银行如农业发展银行，业务发展范围较窄，支持农业产业化和龙头企业发展的作用不明显。商业银行在效益导向牵引下，"脱农入城"倾向严重，涉农信贷资金持续外流。农村信用社规模较小，且主要以小额生产性流动资金贷款为主，支持作用有限。其次，金融信贷产品缺乏创新，针对龙头企业、专业合作社、家庭农场等产业化主体的长期信贷产品供给不足，信贷支持力度偏弱。最后，金融有效抵押物不足，金融风险分担机制不完善，融资担保公司等担保中介组织发展滞后，直接导致了许多产业化主体贷款难、融资难。

（三）推动农业产业化发展的措施建议

1. 加大财政支持力度，提升产业化发展水平

加大农业产业化发展的财政支持力度，对于提高农业产业化发展水平，促进产业融合具有重要意义。首先，要按照有偿扶持与无偿支援相结合的原则，加强对农产品生产、加工转化、销售等环节的支持，提高产品质量和科技含量，积极培育发展农村新产业和新业态，促进农村生产性服务业发展。其次，通过设立农业产业化专项资金，支持龙头企业进行标准化生产基地建设、农民培训、技术改造和节能减排，建立农业产业化示范区，提升龙头企业的辐射带动能力。最后，要因地制宜，优化财政资金支持结构，重点支持地方围绕优势特色资源，发展优势农产品加工业和特色产业，支持龙头加工、流通企业扩规模、上水平、提档次，促进农业产业化向更高层次发展。

2. 延长产业链条，促进一二三产业融合发展

延长产业链条，打造价值链，促进产业融合是提升农业产业化发展水平的重要支撑。首先，要着力提高农产品加工转化率，鼓励龙头企业发展精深加工，加强产后服务业建设，构建集生产、储运、加工、营销于一体的完整产业链条，推动各环节深度融合。其次，推动产业范围拓展，实现农资行业、农产品种植业、农产品加工业、农村服务业的跨界融合[1]，促进新技术、新产业、新业态的培育发展。最后，要围绕三产融合，培育多元化融合主体，构建利益联结和共享机制，推动要素融合创新，形成多主

---

① 李泓伯、陈政、张海兵：《农村一二三产业融合发展的现实困境与推进路径研究》，《农业经济》2024 年第 5 期。

体分工协作、风险共担、互动发展的新格局。

3. 打造优势主导产业，培育产业发展主体

优势主导产业和产业发展主体是农业产业化发展的重要根基①。首先，应依托地方优势特色资源，积极打造主导产业，大力发展特色显著、品质优良和附加值高的名优特新农产品，提升品牌形象和市场竞争力，集聚产业发展活力，增强产业发展内生动力。其次，积极培育产业发展主体，促进龙头企业、专业合作社、家庭农场、农业产业化企业、农业产业化联合体等不同类别的产业主体的多元发展，拓展农村产业发展新空间，培育农村产业发展新动力，形成优势互补、相互倚重、分类发展、相容共生的新格局。

4. 重视农业产业化人才培养，强化人才支撑

产业要发展，人才是关键，农业产业化发展需要大量专业技术人才队伍和农村实用人才队伍支撑。应以培养农业产业化人才为重点，完善高素质人才培养的激励和保障机制。首先，应加强专业技术人才的培养。以农业产业化需求为引领，围绕种养、储运、加工、物流、管理等各环节，强化关键性技术培训，着力培养大批素质高、能力强的专业技术人才。其次，加强农村实用人才的培养。按照"统筹推动、多元协同、政府补贴、农民受益"的原则，整合教育资源，依托各级各类涉农大中专院校、农广校、培训中心等机构，广泛开展农村实用技术培训和现代农业生产操作技能培训。同时，注重开展农产品加工新技术、新工艺、新方法的培训。最后，加强农业经营管理人才的培养。以各类产业发展主体经营人才培养为重点，以现代经营管理理念和营销知识培训为主要内容，提升龙头企业、专业合作社等产业发展主体管理人员的水平和能力。

5. 加大科技创新投入，提升农业科技支撑能力

首先，构建农业科技创新投入长效机制，强化农村产业发展中的科技支撑，加大科技创新投入力度，改善农业科技创新条件，推动良种培育、节水灌溉、农机装备、新型肥药、加工贮运等实用技术成果的研发和利用。其次，优化农业科技创新投入结构，重视农业产后环节的技术研发，创新农产品深加工技术、农产品产后处理技术、农业废弃物资源化处理技

---

① 王乐君、寇广增：《促进农村一二三产业融合发展的若干思考》，《农业经济问题》2017 年第 6 期。

术等。再次，引入激励机制，构建立多元化的农技推广主体，建立统一的农技推广信息平台，提升农业科技成果转化率。最后，支持农业基础性、公益性科技研究，加快推进前沿技术创新，注重提升农业科技创新主体的原始创新能力和集成创新能力。

6. 提升金融支持农业产业化发展的力度

首先，完善农村金融服务体系，健全适合农业产业化特点的金融服务机制，改善涉农信贷与保险制度，强化商业性金融机构的支农责任，扩展政策性金融的业务范围，增强合作性金融的支农作用。其次，创新金融信贷产品，优化信贷产品结构，开发专门服务龙头企业、专业合作社等产业发展主体的长期信贷产品，提升金融供给水平。最后，完善融资抵押与担保体系，构建农业产业化融资担保机制，探索担保新模式，鼓励金融机构发展保单、仓单等质押贷款。在风险可控的前提下，支持金融机构向小型龙头企业和农户发放无担保或无抵押贷款，提高信用担保效率。

第四节　破解模式Ⅲ：推动"兼业化＋职业化"生产方式双变革

一　农民兼业化：基于缓解劳动力匮乏的浅层性变革

（一）农民兼业化的形成原因及发展态势

农民兼业化是与城镇化相伴而生的生产方式，主要是指农业生产主体除务农以外，同时兼顾其他工作的劳动力配置状态。从类型来看，兼业化生产方式可分为Ⅰ兼农户和Ⅱ兼农户。前者是指以农业生产收入为主，以非农产业收入为辅；后者则相反，以非农产业收入为主，以农业生产收入为辅。

1. 农民兼业化的形成原因

农民兼业化是世界各国城镇化和工业化进程中出现的普遍现象，不仅在印度、墨西哥等发展中国家，在美国、德国、法国、日本等发达国家同样大量存在。而且，许多国家的兼业率超过了50%[①]。农民兼业化的形成有着复杂的社会转型因素，总体上来看，有以下原因。首先，农民兼业化是农户家庭分工优化的结果。由于我国人均耕地面积比较有限，在农户家

---

① 聂志平、郭岩：《发达国家农户兼业的经验及借鉴》，《农业考古》2022年第3期。

庭劳动力比较富余的情况下，家庭成员存在着分工优化的现实需要。通过对比进城打工和留守务农之间的劳动收益差别，理性的农户家庭会优化配置劳动力资源，以此实现劳动收益最大化。这是农民兼业化形成的逻辑基础与意愿动力①。其次，农业机械化水平的提升，节约了农业生产的劳动投入，解放了部分劳动力，加之农业生产的季节性因素，从而致使农民兼业化现象出现。最后，由于城乡户籍管理、教育医疗、社会保障等体制性障碍的存在，大量农村劳动力虽然转移并到城市就业，但并没有完全融入城市，没有实现彻底的城市化。城乡之间"候鸟式"迁徙的悬空状态，也是导致农民兼业化的重要原因。

2. 农民兼业化的发展态势

改革开放以来，随着城镇化与工业化进程的加快，农民兼业化比例上升，兼业程度加深。1996 年，全国第一次农业普查数据显示，在全国农村生产经营住户中，兼业农户所占比例为 33.65%，其中，Ⅰ兼农户占比为 27.66，Ⅱ兼农户占比为 5.99%。2006 年，全国第二次农业普查数据表明，兼业农户所占比例已经上升到 53.9%。

进入 21 世纪以来，特别是 2006 年以后，随着中国经济发展进入新阶段，农村劳动力城市化转移就业比例快速上升，农户分化加剧。受此影响，农民兼业化比例有所下降，但仍然处于高位状态。更为显著的是，农民兼业化结构发生较大改变。如表 8—14 所示，首先，纯农户和农业兼业户数量占比占比显著下降，分别由 2001 年的 46.35%、29.03% 降低到 2019 年的 18.96%、19.37%。其次，非农兼业户占比出现明显上升现象，由 2001 年的 16.28% 增加到 2019 年的 29.92%。而且，非农兼业户占比明显高于农业兼业户占比，已经是当前农业兼业化生产的主体部分。最后，与纯农户和农业兼业户演变情况相反，非农农户占比大幅提升，由 2001 年的 6.49% 上升到 2019 年的 18.96%，提高了 12.47%。由此可见，在城镇化和工业化大潮的影响下，农村劳动力非农化就业迁移步伐显著加快，该阶段的农户分化主要表现为纯农户、农业兼业户向非农兼业户、非农农户的快速演变。

---

① 申利：《农户兼业化的现实依据及路径优化》，《农业经济》2019 年第 10 期。

表 8—14　　　2001—2019 年我国农民兼业化发展情况（单位：%）

类型	2007 年	2008 年	2009 年	2010 年	2011 年	2012 年	2013 年	2014 年	2015 年	2016 年
纯农户	9.0	7.6	7.6	7.4	6.8	6.7	5.9	5.8	4.3	2.9
农业兼业户	19.9	19.4	17.3	16.5	15.6	14.9	13.1	12.1	10.5	9.8
非农兼业户	31.7	32.0	31.3	29.4	29.2	28.1	26.1	24.8	23.3	23.2
非农农户	39.5	41.0	43.7	46.6	48.4	50.4	54.8	57.3	61.9	64.0

　　数据来源：根据农业部全国农村固定观察点数据测算而得。分类标准：农业收入占家庭总收入高于 80% 的为纯农户，50%—80% 的为农业兼业户，20%—50% 的为非农兼业户，低于 20% 的为非农农户。

（二）农民兼业化的正负影响

在学术界，关于农民兼业化对农业生产行为所产生的影响讨论较多，争议较大，莫衷一是。部分学者持否定观点[①]，但也有部分学者持肯定态度[②]。从辩证角度来看，农民兼业化对农业生产形成的正负影响兼而有之，需要客观理性辨识。

1. 对农业生产要素投入的影响

首先，从负面影响来看，农民兼业化在一定程度上造成了农户家庭分工的两极分化，即高素质劳动力转移到城市就业，老人、妇女等弱势群体留守农村，从而导致农业生产中劳动力投入的减少[③]。其次，从正面影响看，农民兼业化生产形式解放了农村劳动力，从而催生了农机社会化服务需求[④]，推动了农业机械化水平的提高，促进了农业技术的推广应用。而且，非农领域的兼业收益可以有效改善农户的资本性贫乏[⑤]，从而对农业生产形成正向影响。

① ［日］速水佑次郎：《农业经济论》，沈金虎等译，中国农业出版社 2003 年版。

② 赵佳、姜长云：《兼业小农抑或家庭农场——中国农业家庭经营组织变迁的路径选择》，《农业经济问题》2015 年第 3 期。

③ 李庆、林光华、何军：《农民兼业化与农业生产要素投入的相关性研究——基于农村固定观察点农户数据的分析》，《南京农业大学学报》（社会科学版）2013 年第 3 期。

④ 郭如良、刘子玉、陈江华：《农户兼业化、土地细碎化与农机社会化服务——以江西省为例》，《农业现代化研究》2020 年第 1 期。

⑤ 范国华、杨移、杨肃昌：《农户兼业化对农业全要素生产率的影响机理与效应研究——基于生产要素投入变化的视角》，《农村经济》2023 年第 8 期。

2. 对农业生产技术效率的影响

首先，农民兼业化带来了非农收入的增加，改变了对传统农业收入的依赖，由此导致农业副业化的倾向，造成农户对农业生产技术投入的"挤出效应"，产生了技术效率损失[1]，延缓农业生产技术效率的提高[2]。其次，在正向积极层面，农民兼业化推高了农业生产的机会成本[3]，促进农业技术和农业机械的应用，从而有利于农业技术效率水平的提升[4]。

3. 对农业生产规模的影响

首先，兼业化是农民"土地情结"的集中体现，是不愿意舍弃土地耕种的产物。兼业化在一定程度上降低了农户土地流转意愿[5]，进而会阻碍土地生产经营规模扩大，不利于土地的集约化和规模化经营。其次，从相反角度来看，通过兼业化生产形式，农民获得了较高非农收入，进而会降低农户对土地的依赖，有利于土地流转。特别是对于Ⅱ兼农户而言，提升兼业程度能够对土地转出产生正向影响[6]，进而有利于农业生产规模的扩大。

（三）推动农民兼业化生产方式的优化

如上所述，农民兼业化对农业生产行为所产生的作用较为复杂，正负影响兼而有之。本研究认为，虽然农民兼业化是农业生产方式的浅层性变革，却是缓解中国农业劳动力匮乏的可行性现实选择。兼业化生产方式是城镇化背景下农民改善家庭收入的理性安排，在一定程度上可以延缓农业劳动力代际转换的负向影响。我们应该科学看待兼业化生产方式的现实价值。农民兼

① 魏素豪：《兼业对农户种粮技术效率的影响研究——基于随机前沿生产函数的实证》，《商业研究》2019 年第 5 期。

② 许荣、肖海峰：《农牧户兼业、规模异质与生产技术效率变化——基于 5 省 452 户细毛羊养殖户的实证研究》，《中国农业资源与区划》2019 年第 9 期。

③ 孙治一、孙大鹏、于滨铜、王志刚：《兼业如何影响农户"一家两制"生产行为?》，《中国农村经济》2021 年第 6 期。

④ 韩亚恒、曲春红、刘现武：《不同兼业类型农户的小麦技术效率研究——以河南省为例》，《中国农业资源与区划》2016 年第 5 期。

⑤ 典型研究可参见张忠明、钱文荣《不同兼业程度下的农户土地流转意愿研究——基于浙江的调查与实证》，《农业经济问题》2014 年第 3 期；刘慧、翁贞林《农户兼业、农业机械化与规模经营决策——基于江西省种植户调研》，《中国农业大学学报》2020 年第 2 期。

⑥ 高欣、张安录：《农地流转、农户兼业程度与生产效率的关系》，《中国人口·资源与环境》2017 年第 5 期。

业化是城镇化进程中需要面对的长期现象，需要加以优化和完善。同时也应该看到，农民兼业化也是传统小农经营向农民职业化演进的过渡形式，需要在战略上引导农民由兼业化生产方式向职业化演进和发展。

1. 鼓励以农业收入为主的农业兼业户向职业化务农方式发展

与纯小农户和职业化农户不同，农业兼业户亦工亦农，其以农业收入为主体，兼以非农收入为辅助。此部分农户一般拥有比较深厚的农业生产经验和技术积累，同时又具有较高的农业生产意愿，而且通过外出务工开阔了视野，培养了市场意识，具备了向职业化务农方式转型过渡的基础。因此，应鼓励农业兼业户通过个人独资、群体合资、外部联结、承接转移等多种形式进行返乡创业，开发农业优势资源，推动农业现代化进程。

2. 推动非农兼业户实现完全的城市化

非农兼业户是以非农产业收入为主，农业收入为辅的务农类型。从生产生活意愿层面来看，非农兼业户更追求实现城市化转移，脱离农业生产。从生产能力层面看，非农兼业户通常具备一定的务工特长和就业技能。同时，非农兼业户具备了一定程度的技术和资本积累，为实现完全的城市化奠定了坚实基础。因此，应在土地流转制度、户籍制度、公共服务体系、社会保障体系等方面深化改革，推动非农兼业户实现完全的城市化，破解该群体"候鸟式迁徙"式的"半城市化"问题。

3. 推动农户由"异地兼业"向"本地兼业"转化

从农户兼业地点角度分析，笔者将兼业农户分为"本地兼业"和"异地兼业"两种类型。"本地兼业"有利于农民形成居住在本村的在宅兼业，可有效避免农业粗放经营，进而提高兼业效率。农民即可在农闲时进城务工，提高非农收入，又可在农忙时投入农业生产，一举两得。但"异地兼业"往往会使农民被迫远离乡土，无暇顾及农业产出的效益，最后导致粗放经营或"留守农业"的出现。因此，从缓解农业劳动力代际转换角度出发，我们应该积极鼓励农民实现"本地兼业"，着力减少"异地兼业"。而促进农民"本地兼业"的有效手段是农民"就近城镇化"。所以，中国应该大力推动特色产业聚集，着力发展中小城镇。从发展趋势来看，由于我国中西部地区承接东部地区产业转移步伐的加快，中西部地区大量的"异地兼业"农业劳动力逐渐呈现"回流"态势。如表8—15所示，以全国农民工转移就业数据为例，2014—2022年，在全国农民工转移就业总量中，本地转移就业数量持续上升，其所占比重由 2014 年的 38.60% 提高到 2022 年的 41.85%。这表明，伴随着大批劳动密集型产业的内迁，中国广大农村正迎来以"本地兼业"为主的新趋势，这有利于农业劳动力代际转换不畅的缓解。

表 8—15　　2014—2022 年全国农民工转移就业状况（单位：万人）

年份	全国农民工总量	本地转移就业		省外输出就业		新增转移就业	
		总量	占比	总量	占比	总量	占比
2014	27395	10574	38.60%	16821	61.40%	501	1.83%
2015	27747	10863	39.15%	16884	60.85%	352	1.27%
2016	28171	11237	39.89%	16934	60.11%	424	1.51%
2017	28652	11467	40.02%	17185	59.98%	481	1.68%
2018	28836	11570	40.12%	17266	59.88%	184	0.64%
2019	29077	11652	40.07%	17425	59.93%	241	0.83%
2020	28560	11601	40.62%	16959	59.38%	−517	−1.80%
2021	29251	12079	41.29%	17172	58.71%	691	2.40%
2022	29562	12372	41.85%	17190	58.15%	325	1.10%

资料来源：根据历年人力资源和社会保障事业发展统计公报统计数据整理而得。

4. 应着力促进农民由兼业化向职业化过渡

当然，我们也要清醒地认识到，农户兼业化并不是我国农业发展的唯一选择，它只是缓解中国农业劳动力代际转换不畅问题的一种务实策略，是走向职业化经营过程中的"中转站"。可以预期的是，再过若干年后，老一辈农民相继故去后，"老人农业"和"留守农业"将会无以为继，中国农业将迎来由兼业化向职业化转型提升的新阶段。因此，未来的中国农业将是一种多层次的混合型态，即是农业兼业化生产和职业化生产并存，大—中—小规模生产方式共生的多样性组织业态。基于上述判断，政府应着力促进农民由兼业化向职业化过渡，夯实农业可持续发展的深厚基础。

二　农民职业化：基于现代化改造的根本性变革

（一）职业农民的概念与特征

美国学者埃里克·沃尔夫最早提出"职业农民"这一概念，并进行了深入研究和探索①。在他看来，职业农民是相对于传统农民而言的以市场化和产业化经营为主要形式，注重运用现代农业技术，以利润最大化为基本价值追求，以农业生产为终身职业的现代化生产主体。职业农民消除了传统小农分散性生产的缺陷，是由封闭保守向现代开放进行转型的重要象征。

总体而言，职业农民具有以下基本特征。首先是分工的专业化。职业农民以职业技能和专业知识为基础，有效利用资金、土地、劳动力等生产要素，围绕种养、储运、加工、物流、管理等农业生产各环节，实现分工的专业化。其次是生产的现代化。职业农民注重农业生产技术和农业机械的应用，重视运用现代管理方式和营销手段，在一定程度上推动着农业生产条件的现代化、农业生产交易的市场化、农业生产技术的现代化和农业生产组织管理的现代化。最后是职业的固定化。职业农民有别于兼业农民的短期生产行为，大多以农业生产为其长期职业追求，是相对固定的职业选择，有利于农业生产的长期投入和可持续发展。

（二）推动农民职业化的多重路径

发达国家的历史经验表明，培育职业农民，推动农民职业化，是推动农业现代化的重要力量，是破解农业劳动力代际转换不畅的有效选择，而且也是解决未来"谁来种地"问题的根本途径②。鉴于此，政府层面已经着力实施有效的政策措施，推动农民职业化进程。2005 年，农业部在《关于实施农村实用人才培养"百万中专生计划"的意见》中首次提出培养和造就职业农民的政策导向。2012 年，中央"一号文件"首次提出培育新型职业农民的战略任务。随后，农业部颁布了《新型职业农民培育试点工作方案》，并联合财政部启动实施新型职业农民培育工程，先后在 8 个省、

①　杨柳、杨帆、蒙生儒：《美国新型职业农民培育经验与启示》，《农业经济问题》2019 年第 6 期。

②　王玉峰、刘萌：《我国新型职业农民培育的政策目标与实践探索》，《长白学刊》2022 年第 1 期。

30 个市和 800 个示范县开展新型职业农民培育试点，取得了良好效果①。2017 年，农业部颁布《"十三五"全国新型职业农民培育发展规划》，同时，党的二十大报告把"培育新型农业经营主体"纳入乡村振兴战略，为新型职业农民培育指明了方向。

当前，农业劳动力代际转换不畅逐渐显现，而且在自然状态下，新型职业农民的生成过程是缓慢的②。因此，需要在结合农村劳动力内部层次分化状况的基础上（见图 8—8），分类施策、协同推进，结合不同群体的现状特点，采用孵化引导、扶持激励、改造提升等多种方式，构建职业农民培育的多重路径，以此推进农民职业化进程。

1. 孵化引导

如图 8—8 所示，新务农人员和新生代农业劳动力主要指农村中无法继续升学青年人、返乡青年农民工、返乡大中专毕业生等群体。对于此类群体，应积极进行孵化，以职业农民的素质和能力要求为基础，提升该群体的务农技能和现代化农业生产知识水平。新务农人员和新生代农业劳动力大多成长于城镇化和工业化高速发展的社会背景下，受经济大潮影响，他们普遍向往城市的多彩生活，缺乏务农兴趣和动力，同时也缺乏农业生产技能。然而，该群体也同时具备一些显著优点。比如，知识文化水平较高、新思想和现代意识较强、提升和孵化潜力较大等。基于此，政府应针对该群体，大力推动职业农民培育孵化工程，提升青年劳动力的文化素质、业务能力和管理水平，培养其成为具有产业化生产意识、适应市场化和现代化农业发展趋势的新生力量。

2. 扶持激励

目前农业生产中已经初步发展成形的生产经营型农民、社会服务型农民、专业技能型农民是现阶段推进农民职业化进程的重要基础。如图 8—8 所示，生产经营型农民包括专业大户、家庭农场主、专业合作社带头人等；社会服务型农民包括专业化农机手、农产品市场经纪人员、农村信息人员、动物防疫人员等；专业技能型农民包括农业雇员和农业产业工人

---

① 崔红志：《新型职业农民培育的现状与思考》，《农村经济》2017 年第 9 期。
② 王栋、侯秀芳、温馨：《乡村振兴战略下新型职业农民培育使命与着力点》，《教育与职业》2020 年第 1 期。

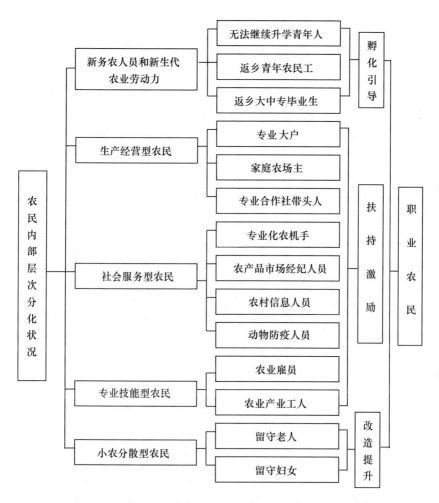

图8—8　基于农民内部层次分化的农民职业化多重路径

等。针对上述群体，应采取扶持激励的方式，给予政策支持，促进其做大做强。对于此类群体而言，他们基本具备了职业农民的雏形，具有支撑现代农业发展的基本条件，是破解农业劳动力代际转换不畅的重要依靠力量。首先，该群体具有较高水平的农业生产技能和经验积累，注重农业生产技术和现代农业生产方式的应用，生产管理和经营能力较强。其次，该群体具备了规模化、产业化经营的资金实力和抗风险能力，能够适应市场化运行的多层次需求。再次，该群体具有了现代化生产的思想理念和创新创业意识，注重提升农业生产的质量和效益。综合上述情况，笔者建议政府应在财政补贴、产业发展、土地流转、金融信贷、信息服务、市场流通、社会保障等方面，建立扶持激励机制，实施差异化的支持政策，发展壮大职业农民队伍。

3. 改造提升

小农分散型农民主要是指农村人口城市化迁移背景下留守农村的老人和妇女群体。留守老人和妇女承担农业生产任务，导致劳动力投入质量的弱化。留守老人的文化素质普遍不高，再加之体力衰退、精力减弱，根本无法承担起乡村振兴和现代农业高质量发展的重任。留守妇女在农业生产所需的身体条件禀赋方面处于劣势，其往往出于家庭责任分工的原因，无奈承担粮食种植任务。同时，留守妇女还承担着持家养育儿女和赡养老人的多重负担，不利于农业生产效率的提升。针对以上群体，本研究建议采取改造提升的方式，通过转让、入股、托管、转包、合作、租赁等途径，改造传统小农分散式、细碎化的种植状态，提升规模化和产业化生产水平。同时，也要建立机制，完善政策，鼓励留守老人和妇女逐渐不再过多承担农业生产任务，为职业农民的规模化经营奠定基础。

（三）提升农民职业化水平的政策建议

1. 以精准化培育为基础，提高职业农民培育实效

首先，建立完善的职业农民培育数据库，以此为基础，按照培育对象的不同类型，设计不同的培育策略，提升职业农民培育的精准化水平。针对专业大户、家庭农场主、专业合作社带头人等对象，可按照生产经营型农民进行培育；针对专业化农机手、农产品市场经纪人员、农村信息人员、动物防疫人员等对象，可按照社会服务型农民进行培育；针对农业雇员和农业产业工人等对象，可按照专业技能型农民进行培育。其次，根据职业农民培育对象的不同类型，科学制定培训教育内容。尊重不同类型农民的个体差异，以不同层次的培训需求为导向，制定精细化的培训标准和培训内容。最后，探索建立多元化的培训模式。可以分类构建生产技能的集中培训、生产实践的现场观摩培训、经营管理和创业兴业能力的网络培训等不同模式。同时创新培训方法，充分利用互联网、大数据、云计算、智能装备等现代信息技术手段，开展在线培训，提升职业农民培育效率。

2. 完善职业技能鉴定制度体系与管理机制

长期以来，在我国社会分工体系中，农业生产者常被视为低档次工种

的代表,"农民"也成为社会底层群体的代名词,其职业门槛和职业技能认定一直处于空白状态。横向对比来看,美、德、法、日、韩等发达经济体都先后构建起了完善的职业技能鉴定与执业资格准入制度,在职业农民培育过程中发挥了重要作用①。比如德国在法律条款中规定,农业生产者必须接受严格的实践锻炼和职业化培训,测试合格后方能获得职业农民资格认定,并可得到一系列政府优惠政策的扶持②。基于此,中国应该充分借鉴上述国家的先进经验,构建起完善的职业技能鉴定制度体系与管理机制。首先,应制定新型职业农民认定办法,分层次设置鉴定等级标准。同时,按照生产经营型、社会服务型、专业技能型进行分类认定管理。其次,以县级农业主管部门为依托,在农民自愿参加的基础上,组织开展认定、管理、建档和服务等工作。最后,要建立政策激励机制,应明确职业农民所享受的优惠政策,鼓励不同类型的农民群体积极参加职业技能鉴定和管理,走职业化务农道路。

3. 加大政策支持力度,优化职业农民成长的基础支撑

首先,应对现有的支农政策进行梳理,进一步进行优化和修订,确立支持职业农民发展的战略导向。其次,聚焦职业农民发展,提高政策优惠和倾斜水平,在涉农补贴、财政投入、金融信贷、农业保险、公共服务、劳动保障等领域,加大政策支持力度,促进职业农民扩大经营规模,逐步发展壮大。事实上,美国政府正是通过有效的补贴和信贷政策,促进了职业农民显著提升了农业生产经营能力,巩固和扩大了美国农业的优势地位③。最后,要构建面向职业农民的创新创业政策支持体系。在土地流转、小额信贷、农技培训、创业支持、市场准入、信息服务等方面支持职业农民创业兴农、强产富农。

4. 整合各方优势资源,构建系统化的职业农民培育体系

职业农民培育是一项复杂的系统工程④,需要构建集教育培训、职业

① 张亮等:《国外职业农民培育比较分析及经验借鉴》,《高等农业教育》2015 年第 6 期。

② 谢颖、梁浩:《国外职业农民培育分析与启示》,《产业与科技论坛》2020 年第 8 期。

③ 陈瑶、邓春景:《基于发达国家经验的新型职业农民培育启示》,《现代农业研究》2021 年第 11 期。

④ 钟钰、巴雪真:《农业强国视角下"农民"向"职业农民"的角色转变与路径》,《经济纵横》2023 年第 9 期。

技能鉴定、资格认定管理、政策扶持保障于一体的系统化的职业农民培育机制。首先，需要整合各类教育培训资源，提高教育培训效率。本研究建议建设农业部门统一管理的"职业农民教育培训平台"，建立统筹协调机制，统一整合涉农高校、科研院所、农技推广机构以及各类涉农中介机构的教育培训资源，构建广覆盖、多层次、系统化的教育培训体系。其次，要强化资金保障，健全政府主导的多元化投入机制。在各级财政预算中要纳入职业农民培育专项经费，提高教育培训机构的人均经费标准。同时，鼓励采取以奖代补、信贷贴息、税收优惠等方式，鼓励、引导社会力量参与职业农民教育培训。最后，要健全监督考核机制，对培训内容、方式、效果进行全程监督和考核。

5. 优化职业农民发展环境

首先，要通过教育和宣传，引导公众认识到"职业农民"的职业价值、职业地位和职业追求，在全社会树立支持农业、热爱农村、关爱农民的价值理念，坚决反对各种"轻农""贱农"的错误观念，为职业农民发展营造良好的舆论环。其次，要健全职业农民培育的法制基础，为职业农民成长壮大提供法制保障。如英国于 1967 年实施的《农业教育法》，美国于 1963 年实施的《职业教育法》，韩国在 1980—1990 年实施的《农渔民后继者育成基金法》《农渔民发展特别措施法》，都以国家立法的形式促进了职业农民培育，这些先进的历史经验值得借鉴。最后，要加强职业农民现代远程教育设施建设，推进职业农民教育信息化步伐，构建职业农民终身教育公共服务平台。

第九章 研究结论与研究展望

第一节 研究结论

农业劳动力的世代更替与代际转换是中国千百年来农耕文明生生不息的重要基础，是农业可持续发展的核心保障。农业劳动力代际转换不畅是中国城镇化和工业化步伐加快背景下城乡劳动力迁移与城乡社会转型进程中多种矛盾长期交织的结果，是中国城乡二元结构向一元化发展的必然趋势。农业劳动力城乡迁移虽然在客观上为工业化和城镇化提供了充足的劳动力支持，但也对乡村振兴、农业现代化转型和粮食安全提出了生产主体匮乏的挑战。当然，从积极层面看，农业劳动力代际转换也为农业经济转型和现代农业发展提供了难得的历史机遇，它意味着中国农业发展迎来了一个由小农经济模式向产业化、规模化和现代化农业模式转折的重要过渡时期。基于此，笔者认为，应该夯实农业劳动力代际转换的基础性研究，将农村人口结构变动的相关研究嵌入农业转型发展之中，构建科学完善的研究框架与研究范式，从根本上推进现代农业发展转型和乡村振兴，揭示二元经济结构转换历史进程中农业劳动力变迁的内在动力机制和未来发展趋势。这是实现中国农业新跨越的必然要求。

基于上述认识，本书主要通过经济学视角，从经济人理性思维出发，梳理和总结了中国农业劳动力的历史变迁，对农业劳动力代际转换的演进脉络、水平现状、多维动因、影响效应、耦合机制以及破解模式进行了探索研究。本书主要研究结论如下：

（1）新中国成立70多年来，在经济社会快速发展的推动下，中国农业劳动力总体规模、区域分布、文化素质、年龄结构、性别结构等经历了一系列显著变迁，其变化趋势基本符合二元经济结构转换的历史规律。在改革开放之前的近30年中，计划经济体制下的城乡人口管控、户籍管理、迁移流动限制、政策变动等非市场性因素对农业劳动力数量影响较大，农业劳动力规模呈现跌宕起伏与固化停滞并存的差异性变化规律。1978 年改革开放后，农业劳动力数量受市场化、城镇化和工业化等宏观因素影响较大，呈现持续萎缩和加速外流的历史演变规律。从区域差异来看，经济发达和工业化、城镇化发展水平高的地区，其农业劳动力规模下降幅度越大，优质劳动力资源流失越显著。从劳动力质量方面来看，农业劳动力的整体文化素质和受教育水平实现一定程度提升，但进步缓慢，特别是高素质农业人才匮乏。从劳动力年龄与性别结构方面来看，农业劳动力的老龄化和女性化趋势逐渐显现。综合以上情况判断，中国农业劳动力的历史演变情况与城镇化、工业化、农业现代化的时代背景相契合，与国民经济社会发展的进程相一致。

（2）从整体宏观视角审视，依据"新生代青年农业劳动力脱农率""农业劳动力代际转换率"和"农业劳动力老龄化率"三项统计指标可见，农村劳动力中的青壮年群体流失严重，主要表现为脱农率升高、代际转换率降低、老龄化率升高，农业劳动力代际转换不畅逐渐显现。同时，通过微观层面的"村居劳动力离农率""村居劳动力老龄化率"和"村居劳动力女性化率"三项指标来衡量，东部和中部区域的"村居劳动力离农率"高于西部区域。而且，在东中西部三大区域，该指标均高于 50%。可见，农业劳动力代际转换不畅并不是危言耸听，得到了微观数据的支撑和印证。微观调查数据中的"老龄化率"水平明显高于宏观统计数据的平均水平。这表明，典型农区的劳动力老龄化程度可能比官方统计的还要严重。东中西部三大区域农业劳动力"老龄化率"和"女性化率"水平都呈现依次递减的规律。这说明，农业劳动力的老龄化程度和女性化程度与区域经济发展水平之间负向关联。

（3）在经济、社会、环境、制度、家庭及个人等各层面众多驱动因素的共同作用下，农村人口城市化流动迁移步伐加快。青壮年务农群体的流失改变着农业劳动力的年龄结构，农民老龄化趋势逐渐显现，加剧了农业生产主体的结构失衡，这是影响农业劳动力代际转换的重要因素。第一，经济因素仍然是推动农村劳动力进行城市化迁移的主要原因，因此，提升农业生产者收入水平对于吸引青壮年劳动力加入务农队伍至关重要。第二，教育、医疗、养老等城乡公共服务供给水平的不均衡显著影响着劳动力的就业迁移决策，城市中优良的公共服务资源已经成为新形势下吸引农村劳动力进行城市化转移的重要驱动因素。第三，随着城乡居民对生活质量重视程度的提高，基础设施、生活方式等环境因素也在影响着农村劳动力的就业迁移决策。第四，"厌农"思想观念对新生代劳动力的负向影响不容忽视，在一定程度上阻碍着新生代农业劳动力扎根农村干事创业的热情。

（4）农户两代劳动力的就业选择存在较大差异，老一代农民较多选择兼业务农和纯务农两种形式，新生代农民更倾向于选择外出务工。相比新生代农民，老一代农民对土地更有感情，更看重土地的生存保障和生计功能。与之不同，新生代农民从事农业生产的积极性不高，选择土地流转的比例较高。从动力与障碍因素方面来看，经济利益依然是新生代农民和老一代农民选择外出务工的最重要驱动因素，但是，城乡之间在教育、医疗、养老等公共服务水平方面的差异也在深刻影响着新生代农民的就业选择。同时，个体禀赋、家庭特征、经济、社会、环境、制度、思想观念七类因素对农户两代劳动力就业选择的代际状况产生着重要影响。

（5）农业劳动力代际转换不畅代表着中国农业劳动力的结构老化和数量萎缩，其通过劳动力投入萎缩效应、生产要素替代效应、种植决策转换效应和农地分向流转效应等对农业生产行为产生重要影响。首先，通过"劳动力投入萎缩效应"和"种植决策转换效应"，农业劳动力代际转换负向影响农业产出。其次，通过"生产要素替代效应"，资本与技术要素对劳动力的替代行为有效弥补了农业劳动力代际转换不畅对农业产出形成的不利影响。而且，随着劳动力平均年龄的升高，资本与技术要素的正向替代效应越显著，进而对农业产出形成正向影响。再次，通过"农地分向流转效应"，土地生产规模调整对青壮年农户农地产出的正向影响程度高于对老年农户农地产出的负向影响程度，进而最终对农业产出形成正向影响。最后，综合以上四种影响效应，虽然农业劳动力代际转换负向影响农地产出和农地生产效率，但在"生产要素替代效应"和"农地分向流转效应"作用下，农业劳动力代际转换的负面作用受到显著限制和削弱。

（6）作为一个正在经历市场化改革和城乡经济关系变迁的发展中国家，农业劳动力代际转换不畅对中国农业生产要素投入结构和农业劳动力供给结构造成了严重冲击。在不同的经济发展阶段，虽然劳动力流动呈现相异的历史图景和动态规律，但城乡融合发展需要劳动力资源的均衡配置，亟待打破要素资源"由乡入城"式的单一化流动状态，促进要素资源在城乡之间的双向流动。当前，在城乡融合一体化发展的战略需求下，推动高素质劳动力资源城乡双向流动是破解农业劳动力代际转换不畅的重要途径。因此，构建城乡之间劳动力双向流动的动态耦合机制，将有利于改善农业劳动力老龄化程度加深的不良局面，提升农村人力资源供给水平，推动现代农业可持续发展。

（7）构建多类型农户分化主体的动态耦合机制是破解农业劳动力代际转换不畅的重要基础。农户分化是指农业生产主体由一致性生产状态向异质性就业状态演进的过程，从而对农业劳动力的就业结构和收入结构产生深刻影响。随着市场化改革的深入推进，农户配置劳动力资源的自由程度得以提高，其自我追求就业收益的内在动力逐渐增强，由此导致传统农户减轻了对土地的依赖程度，职业分化现象随之形成。在现代农业发展过程中，多类型农户分化主体将长期并存。因此，破解农业劳动力代际转换不畅需要构建多类型农户分化主体的动态耦合机制，进一步拓展纯小农户、职业化农户、农业兼业户、非农兼业户和非农农户等不同类型农户的多元化价值功能，探索多元融合发展模式，增强多类型农户分化主体衔接现代农业发展的精准性，实现农业劳动力资源的均衡利用，共同推动乡村振兴和现代农业发展。

（8）构建新型组织化经营与农户家庭经营的动态耦合机制是破解农业劳动力代际转换不畅的重要支撑。新型组织化经营体系是以家庭承包经营为基础，以家庭农场、专业大户、农民合作社、农业产业化龙头企业为骨干力量，以集约化、专业化、组织化和社会化为发展方向的农业生产主体。当前，在应对农业劳动力代际转换的现实需求下，培育新型农业经营主体、构建新型组织化经营体系已经成为推动农业农村高质量发展的核心任务。通过建立新型组织化经营与农户家庭经营的动态耦合机制，构建利益联结纽带，发展多种形式的农业规模经营和社会化服务，培育农业经济发展新动能，是解决中国"未来谁来种地"问题的关键所在。

（9）农业劳动力代际转换不畅是中国农业农村发展需要面对的重大国情变化。它虽然是一个农业发展问题，但与城市化、农业现代化、乡村振兴、城乡融合发展等之间存在着复杂关系，直接体现着城市化与农业现代化之间关于农村劳动力资源竞争的矛盾，存在着诸多破解障碍。主要表现为：城乡之间对农村劳动力资源的不对等竞争、新生代农业劳动力务农动力不足、老龄化与少子化等宏观因素多重叠加、制度供给不足与思想歧视障碍等。因此，需要积极借鉴美、法、日等先行工业化国家的宝贵经验，以国情为基础，探索一条符合本国客观现实要求的农业现代化转型发展之路；以政府为主导，采取强有力的政策措施来改变城镇化背景下农业生产边缘化和副业化的不良局面；以劳动力代际更替为牵引，减缓农业生产主体弱质化的不良趋势。在具体路径上，其一，实施"生产主体＋生产要素"双替代。促进高龄农业劳动力科学有序退出农业生产，引导进城定居农民退出土地承包经营权，培育壮大新生代农业接班人群体，推进一定程度的生产要素投入替代。其二，构筑"规模经营＋产业支撑"双引擎。提升农业适度规模经营水平，同时强化农业发展的产业支撑。其三，推进"兼业化＋职业化"生产方式双变革。优化农民兼业化生产方式，同时，建立职业农民认定和培训体系，试行职业资格准入制度，优化职业农民孕育成长环境，提升农民职业化水平。

第二节　研究的不足与展望

尽管本书以更加宏观的思考和微观的考察为基础，通过不同视角、不同层次、不同方法对农业劳动力代际转换相关问题进行了深入研究，取得了一定的研究成果。但受于主客观条件限制，本书研究仍然存在诸多不足之处，有待在未来研究中加以改进和优化，这些不足之处主要是：

第一，农业劳动力代际转换不仅是一个农业发展问题，而更是一个系统复杂的社会发展问题，涵盖了经济学、人口学、社会学、政治学等众多学科，需要在更广范围和更深层次上进行深入研究。本书主要通过经济学视角，从经济人理性思维出发，来探讨农业劳动力代际转换不畅的形成与破解，研究范围和视野相对单一，需要进一步深化研究内涵、拓展研究外延。

第二，对农业劳动力代际转换现状的认识存在一定的局限性。在微观层面，本书选择了"村居劳动力离农率""村居劳动力老龄化率"和"村居劳动力女性化率"三项指标综合测度中国农业劳动力代际转换的村域现实水平。由于客观条件所限，本书在样本数据采集方面，被调查对象数量略显不足，调查区域较为狭窄，问卷内容涵盖范围比较有限，对实证分析的科学性造成了一定影响。

第三，虽然本书构建了破解农业劳动力代际转换不畅的多重耦合机制，但如何实现不同主体、不同层次的利益联结和政策激励还有待深入探讨。特别是需要进一步探索农业劳动力自由流动、城乡劳动力资源优化配置与乡村人才振兴相契合的融合发展路径，提升本部分研究内容的前瞻性和可操作性。

基于以上亟待探索的学术问题，本书认为，应该夯实农业劳动力代际转换的基础性研究，将农业劳动力结构变动的相关研究嵌入农业转型发展之中，构建科学完善的研究框架与研究范式，揭示二元经济结构转换历史进程中农业劳动力的演进规律和未来发展趋势。

参考文献

中文著作

崇维祥：《家庭迁移决策及其社会效应研究》，中国社会科学出版社 2019
年版。

樊亢、宋则行：《外国经济史》，人民出版社 1990 年版。

黄安年：《美国史纲要·近代部分》，北京大学出版社 1984 年版。

世界银行：《2008 年世界发展报告：以农业促发展》，清华大学出版社
2008 年版。

赵俊超、孙慧峰、朱喜：《农民问题新探》，中国发展出版社 2005 年版。

中国农科院科技情报所：《国外农业现代化概况》，生活·读书·新知三联
书店 1979 年版。

［法］费尔南·布罗德尔、欧内斯特·拉布罗斯：《法国经济与社会史》，
谢荣康等译，复旦大学出版社 1990 年版。

［法］弗朗索瓦·卡龙：《现代法国经济史》，吴良健、方廷钰译，商务印
书馆 1991 年版。

［法］马克·布洛赫：《法国农村史》，余中先、张朋浩、车耳译，商务印
书馆 1991 年版。

［法］皮埃尔·米盖尔：《法国史》，蔡鸿滨等译，商务印书馆 1985 年版。

［法］乔治·杜比：《法国史》，吕一民、沈坚、黄艳红译，商务印书馆 2010
年版。

［美］道格拉斯·诺思、罗伯斯·托马斯：《西方世界的兴起》，厉以平等
译，华夏出版社 1999 年版。

［美］费景汉、古斯塔夫·拉尼斯：《劳动剩余经济的发展》，王月等译，
华夏出版社 1989 年版。

［美］迈克尔·P. 托达罗、斯蒂芬·C. 史密斯：《发展经济学》，聂巧平、

程晶蓉译，机械工业出版社 2020 年版。

［美］西奥多·W. 舒尔茨：《论人力资本投资》，吴珠华译，北京经济学院出版社 1990 年版。

［日］速水佑次郎：《农业经济论》，沈金虎等译，中国农业出版社 2003 年版。

［英］大卫·李嘉图：《政治经济学及赋税原理》，郭大力、王亚南译，商务印书馆 1962 年版。

［英］弗兰克·艾利斯：《农民经济学：农民家庭农业和农业发展》，胡景北译，上海人民出版社 2006 年版。

［英］科林·克拉克：《经济进步的条件》，张旭昆、夏晴等译，中国人民大学出版社 2020 年版。

［英］威廉·配第：《政治算术》，马妍译，中国社会科学出版社 2010 年版。

［英］亚当·斯密：《国富论》，郭大力、王亚南译，商务印书馆 2015 年版。

中文论文

蔡昉：《改革时期农业劳动力转移与重新配置》，《中国农村经济》2017 年第 10 期。

蔡昉：《历史瞬间和特征化事实——中国特色城市化道路及其新内涵》，《国际经济评论》2018 年第 4 期。

蔡昉：《农业劳动力转移潜力耗尽了吗？》，《中国农村经济》2018 年第 9 期。

蔡昉：《人口转变、人口红利与刘易斯转折点》，《经济研究》2010 年第 4 期。

蔡弘、黄鹂：《何谓"农业女性化"：讨论与反思》，《农林经济管理学报》2017 年第 5 期。

蔡弘、黄鹂：《农业女性化下农村妇女生产参与及其生产意愿研究——安徽省调查实例》，《人口与发展》2017 年第 2 期。

蔡弘、黄鹂：《谁来种地？——对农业劳动力性别结构变动的调查与思考》，《西北农林科技大学学报》（社会科学版）2017 年第 2 期。

蔡弘、焦芳芳：《性别视角下务农意愿差异比较及其影响因素研究——基于安徽省 2073 个样本》，《山西农业大学学报》（社会科学版）2019 年第 4 期。

蔡弘：《农业女性化研究：回顾与展望》，《山东农业大学学报》2019 年第

3 期。

蔡基宏：《关于农地规模与兼业程度对土地产出率影响争议的一个解答——基于农户模型的讨论》，《数量经济技术经济研究》2005 年第 3 期。

蔡洁、夏显力：《农地流转、兼业程度与农户减贫效应研究》，《经济经纬》2019 年第 1 期。

蔡晓陈、赖娅莉：《二元经济结构与技术进步偏向》，《财经科学》2020 年第 7 期。

常进雄、朱帆、董非：《劳动力转移就业对经济增长、投资率及劳动收入份额的影响》，《世界经济》2019 年第 7 期。

常明杰：《由碎片到整体：农村社区化治理的现实困境与路径构建》，《农村经济》2016 年第 8 期。

常伟：《留守农民种田行为研究——基于安徽的实证分析》，《中国农业资源与区划》2013 年第 6 期。

常伟、马诗雨：《农民工务农意愿研究：基于代际差异视角》，《山西农业大学学报》（社会科学版）2020 年第 3 期。

车维汉：《日本农业经营中的法人化动向及启示》，《现代日本经济》2004 年第 1 期。

陈斌开、林毅夫：《发展战略、城市化与中国城乡收入差距》，《中国社会科学》2013 年第 4 期。

陈波、耿达：《城镇化加速期我国农村文化建设：空心化、格式化与动力机制——来自 27 省（市、区）147 个行政村的调查》，《中国软科学》2014 年第 7 期。

陈池波：《农村空心化、农民荒与职业农民培育》，《中国地质大学学报》（社会科学版）2013 年第 1 期。

陈晖：《日本农业现代化与教育》，《外国教育动态》1984 年第 6 期。

陈辉《乡村振兴背景下老人农业的生产效率与社会效益评价》，《湖湘论坛》2024 年第 1 期。

陈家喜、刘王裔：《我国农村空心化的生成形态与治理路径》，《中州学刊》2012 年第 5 期。

陈江华、陈艳、罗明忠《农业机械应用对农村劳动力转移的影响——基于 CLDS 数据的分析》，《农林经济管理学报》2021 年第 3 期。

陈景信、石开忠：《初探劳动力转移背景下的农村人口空心化》，《南京人口管理干部学院学报》2012 年第 3 期。

陈坤秋、王良健、李宁慧：《中国县域农村人口空心化——内涵、格局与机理》，《人口与经济》2018 年第 1 期。

陈良敏、丁士军、陈玉萍：《农户家庭生计策略变动及其影响因素研究——基于 CFPS 微观数据》，《财经论丛》2020 年第 3 期。

陈美球等：《农户分化、代际差异对生态耕种采纳度的影响》，《中国人口·资源与环境》2019 年第 2 期。

陈明星、陆大道、张华：《中国城市化水平的综合测度及其动力因子分析》，《地理学报》2009 年第 4 期。

陈书章等：《中国小麦生产技术进步及要素需求与替代行为》，《中国农村经济》2013 年第 9 期。

陈涛、陈池波：《人口外流背景下县域城镇化与农村人口空心化耦合评价研究》，《农业经济问题》2017 年第 4 期。

陈卫强、杨志龙：《中国式小农相对贫困治理的现代化路径研究》，《农业经济》2024 年第 5 期。

陈锡文、陈昱阳、张建军：《中国农村人口老龄化对农业产出影响的量化研究》，《中国人口科学》2011 年第 2 期。

陈锡文：《构建新型农业经营体系　加快发展现代农业步伐》，《经济研究》2013 年第 2 期。

陈晓华、黄延信、姜文胜：《农村劳动力转移就业现状、问题及对策》，《农业经济问题》2005 年第 8 期。

陈修兰、吴信如：《新型城镇化背景下农村空心化现状及其影响因素研究——基于浙江省 6 市 581 名村民的调查数据》，《西安财经学院学报》2018 年第 6 期。

陈瑶、邓春景：《基于发达国家经验的新型职业农民培育启示》，《现代农业研究》2021 年第 11 期。

陈奕平：《农业人口外迁与美国的城市化》，《美国研究》1990 年第 3 期。

陈有川、李鹏、马璇、杨婉婷：《基于乡镇地域单元的村庄人口空心化研究——以山东省六个乡镇为例》，《现代城市研究》2018 年第 3 期。

陈遇春：《论中国式农业教育现代化的时代特征和发展路径》，《高等农业教育》2023 年第 1 期。

陈云松、张翼：《城镇化的不平等效应与社会融合》，《中国社会科学》2015 年第 6 期。

陈韵凌、王茂军、曹广忠、刘涛、蔡蓓蕾《中国农村家庭分化对耕地利用方式的影响》，《自然资源学报》2024 年第 2 期。

成德宁、杨敏：《农业劳动力结构转变对粮食生产效率的影响》，《西北农林科技大学学报》（社会科学版）2015 年第 4 期。

程连生、冯文勇、蒋立宏：《太原盆地东南部农村聚落空心化机理分析》，《地理学报》2001 年第 4 期。

程名望、刘雅娟、黄甜甜：《我国粮食主产区农村劳动力外流对粮食供给安全的影响》，《商业研究》2015 年第 10 期。

程名望、潘烜：《个人特征、家庭特征对农村非农就业影响的实证》，《中国人口·资源与环境》2012 年第 2 期。

程名望、潘烜：《中国农村劳动力转移的历史回顾与特点分析》，《社会科学战线》2008 年第 3 期。

程名望、史清华、刘晓峰：《中国农村劳动力转移：从推到拉的嬗变》，《浙江大学学报》（人文社会科学版）2005 年第 6 期。

程名望、史清华、潘烜：《农村剩余劳动力转移的一个动态搜寻模型与实证分析》，《管理评论》2013 年第 1 期。

程志强、马金秋：《中国人口老龄化的演变与应对之策》，《学术交流》2018 年第 12 期。

程子逸：《理性选择视角下农业女性化内在逻辑研究》，《统计科学与实践》2022 年第 8 期。

池泽新、彭柳林、王长松、赵隽劼：《农业龙头企业的自生能力：重要性、评判思路及政策建议》，《农业经济问题》2022 年第 3 期。

仇童伟：《农村劳动力非农转移会降低农地产出率吗?》，《中南财经政法大学学报》2018 年第 5 期。

崔红志：《新型职业农民培育的现状与思考》，《农村经济》2017 年第 9 期。

崔卫国、李裕瑞、刘彦随：《中国重点农区农村空心化的特征、机制与调控——以河南省郸城县为例》，《资源科学》2011 年第 11 期。

戴成钧：《战后法国农村人口外流加速的原因初探》，《浙江史学论丛》

2004 年第 1 期。

戴春：《农业强国建设中农村一二三产业融合发展的重新审视》，《青海社会科学》2023 年第 5 期。

戴桂斌：《经济、政治、文化、服务协同：空心化背景下的农村社区重建》，《求实》2014 年第 2 期。

邓大松、胡宏伟：《流动、剥夺、排斥与融合：社会融合与保障权获得》，《中国人口科学》2007 年第 6 期。

杜宝瑞、石晓军、秦国庆、朱玉春《社会流动性对农业转移人口市民化意愿的影响》，《中国人口科学》2024 年第 3 期。

杜辉：《农村人口转移是否改变中国农业产出？》，《江西社会科学》2017 年第 9 期。

杜建国、李波、杨慧《人口老龄化下农业人力资本对农业绿色全要素生产率的影响》，《中国人口·资源与环境》2023 年第 9 期。

范东君：《农村空心化挑战及其化解之道》，《党政视野》2015 年第 7 期。

范东君、朱有志：《农业劳动力外流对粮食生产影响研究——基于二元经济背景》，《河北经贸大学学报》2012 年第 1 期。

范国华、杨移、杨肃昌：《农户兼业化对农业全要素生产率的影响机理与效应研究——基于生产要素投入变化的视角》，《农村经济》2023 年第 8 期。

范晓非、王千、高铁梅：《预期城乡收入差距及其对我国农村劳动力转移的影响》，《数量经济技术经济研究》2013 年第 7 期。

范毅、赵军洁、张晓旭：《法国农地退出对城乡融合发展的启示》，《宏观经济管理》2020 年第 9 期。

范之瑜、张福明：《代际传承意愿对家庭农场高质量发展影响研究》，《中国农业资源与区划》2024 年第 6 期。

范之瑜、张福明：《农村家庭父代期望子女务农意愿影响因素研究———基于 527 个农户及家庭农场调研数据的分析》，《山东农业大学学报》（社会科学版）2022 年第 3 期。

冯继康：《美国农业补贴政策：历史演变与发展走势》，《中国农村经济》2007 年第 3 期。

冯奎：《以城镇化发展促进农业劳动力转移》，《中国发展观察》2012 年第

3 期。

冯文勇、郑庆荣、李秀英、刘丽芳：《山区农村聚落空心化的初步研究》，《干旱区资源与环境》2008 年第 2 期。

付占辉、杨雅涵、乔家君、朱肖勇、江孝君《黄河流域县域乡村空心化地域类型及乡村振兴路径》，《地理科学进展》2024 年第 6 期。

盖庆恩、朱喜、史清华：《劳动力转移对中国农业生产的影响》，《经济学》2014 年第 3 期。

高明、徐天祥、朱雪晶、汪磊：《兼业背景下贫困地区农户资源配置的特征与效率分析》，《经济社会体制比较》2012 年第 2 期。

高鸣、江帆《回答"谁来种地"之问：系统推进现代农业经营体系建设》，《中州学刊》2023 年第 12 期。

高强：《发达国家农户兼业化的经验及启示》，《中国农村经济》1999 年第 9 期。

高强、赵贞：《我国农户兼业化八大特征》，《调研世界》2000 年第 4 期。

高升、邓峰：《农村人口老龄化、农业机械化与小麦两阶段生产效率》，《技术经济与管理研究》2019 年第 10 期。

高升、邓峰：《农村人口老龄化、农业机械化与小麦两阶段生产效率》，《技术经济与管理研究》2019 年第 10 期。

高文书：《进城农民工就业状况及收入影响因素分析——以北京、石家庄、沈阳、无锡和东莞为例》，《中国农村经济》2006 年第 1 期。

高小贤：《当代中国农村劳动力转移及农业女性化趋势》，《社会学研究》1994 年第 2 期。

高欣、张安录：《农地流转、农户兼业程度与生产效率的关系》，《中国人口·资源与环境》2017 年第 5 期。

郜亮亮：《中国种植类家庭农场的土地形成及使用特征——基于全国 31 省（自治区、直辖市）2014—2018 年监测数据》，《管理世界》2020 年第 4 期。

龚斌磊、肖雅韵、徐君、袁菱苒：《劳动力成本上升、要素替代与农业全要素生产率》，《华中农业大学学报》（社会科学版）2024 年第 1 期。

龚文海：《新生代农民工职业农民意愿研究——基于个人特征、外出务工特征的分析》，《农业经济问题》2015 年第 11 期。

苟露峰、高强：《刘易斯拐点时代下我国农村劳动力的供给研究》，《西北人口》2014 年第 3 期。

辜胜阻、李睿、曹誉波：《中国农民工市民化的二维路径选择——以户籍改革为视角》，《中国人口科学》2014 年第 5 期。

关爱萍、董凡：《农业女性化、女性农业化及对贫困的影响分析》，《人口与发展》2018 年第 2 期。

管珊：《日本农协的发展及其对中国的经验启示》，《当代经济管理》2014 年第 6 期。

郭剑雄：《劳动力转移的选择性与中国农业发展的前景》，《陕西师范大学学报》（哲学社会科学版）2011 年第 5 期。

郭军、孔祥智：《新形势下我国财政支农问题研究》，《江淮论坛》2015 年第 4 期。

郭磊磊、郭剑雄：《人力资本投资二元性对城乡收入差距的影响》，《技术经济与管理研究》2017 年第 1 期。

郭丽英、刘玉、李裕瑞：《空心村综合整治与低碳乡村发展战略探讨》，《地域研究与开发》2012 年第 1 期。

郭玲、迟舒桐、汪洋《户籍制度、劳动力转移与农业全要素生产率》，《郑州大学学报》2023 年第 4 期。

郭庆海：《土地适度规模经营尺度：效率抑或收入》，《农业经济问题》2014 年第 7 期。

郭庆海：《小农户：属性、类型、经营状态及其与现代农业衔接》，《农业经济问题》2018 年第 6 期。

郭庆海：《新型农业经营主体功能定位及成长的制度供给》，《中国农村经济》2013 年第 4 期。

郭如良、刘子玉、陈江华：《农户兼业化、土地细碎化与农机社会化服务——以江西省为例》，《农业现代化研究》2020 年第 1 期。

郭熙保：《农业剩余劳动及其转移问题：理论思考与中国的经验》，《世界经济》2002 年第 12 期。

郭熙保、赵光南：《我国农村留守劳动力结构劣化状况及其对策思考——基于湖北、湖南、河南三省调查数据的分析》，《中州学刊》2010 年第 5 期。

郭熙保、郑淇泽：《确立家庭农场在新型农业经营主体中的主导地位》，《光明日报》2014 年 4 月 23 日。

郭晓鸣等：《中国小农的结构性分化：一个分析框架——基于四川省的问卷调查数据》，《中国农村经济》2018 年第 10 期。

郭晓鸣、左喆瑜：《基于老龄化视角的传统农区农户生产技术选择与技术效率分析——来自四川省富顺、安岳、中江 3 县的农户微观数据》，《农业技术经济》2015 年第 1 期。

郭扬华：《美国农村、农业发展及启示》，《中国农业银行武汉培训学院学报》2011 年第 1 期。

郭芸芸、胡冰川、王景伟、王允、王振东：《2022 年中国新型农业经营主体发展分析报告》，《农民日报》2022 年 12 月 28 日。

郭芸芸、胡冰川、谢金丽：《2020 年中国新型农业经营主体发展分析报告》，《农民日报》2020 年 10 月 31 日。

国务院发展研究中心和世界银行联合课题组：《中国：推进高效、包容、可持续的城镇化》，《管理世界》2014 年第 4 期。

韩长赋：《关于实施乡村振兴战略的几个问题》，《农村工作通讯》2019 年第 18 期。

韩朝华：《个体农户和农业规模化经营：家庭农场理论评述》，《经济研究》2017 年第 7 期。

韩红梅、王礼力：《农户扩大小麦种植面积意愿影响因素分析》，《统计与决策》2012 年第 23 期。

韩家彬、刘淑云，等：《农业劳动力老龄化对土地规模经营的影响》，《资源科学》2019 年第 12 期。

韩俊：《把小农户引入现代农业发展大格局》，《中国乡村发现》2019 年第 2 期。

韩俊：《以习近平总书记"三农"思想为根本遵循实施好乡村振兴战略》，《管理世界》2018 年第 8 期。

韩俊：《中国"三农"问题的症结与政策展望》，《中国农村经济》2013 年第 1 期。

韩亚恒、曲春红、刘现武：《不同兼业类型农户的小麦技术效率研究——以河南省为例》，《中国农业资源与区划》2016 年第 5 期。

韩艺、徐彤、石可寒《农村文化活动中心的空壳问题及其治理——基于嵌入理论视角的个案考察》，《吉首大学学报》（社会科学版）2024 年第 3 期。

韩媛媛、刘维奇《劳动力流动、产业空间布局与城乡融合发展》，《财经科学》2024 年第 5 期。

郝大明：《农业劳动力转移对中国经济增长的贡献率：1953—2015》，《中国农村经济》2016 年第 9 期。

郝志瑞：《基于国际经验的新型职业农民培育创新路径研究》，《世界农业》2015 年第 12 期。

何可、宋洪远：《资源环境约束下的中国粮食安全：内涵、挑战与政策取向》，《南京农业大学学报》（社会科学版）2021 年第 3 期。

何炼成：《劳动力转移的择优性与中国农业发展的前景——评〈劳动力选择性转移下的农业发展〉》，《经济研究》2013 年第 8 期。

何凌霄等：《老龄化、社会网络与家庭农业经营——来自 CFPS 的证据》，《经济评论》2016 年第 2 期。

何蒲明、张凡：《农民职业分化、收入分化与城镇化关系的实证研究》，《长江大学学报》（自科版）2015 年第 33 期。

何侍昌：《中国农业劳动力空心化与难题破解刍论》，《改革与战略》2014 年第 4 期。

何秀荣：《关于我国农业经营规模的思考》，《农业经济问题》2016 年第 9 期。

贺雪峰：《改革语境下的农业、农村与农民——十八届三中全会〈决定〉涉农条款解读》，《人民论坛·学术前沿》2014 年第 3 期。

贺雪峰：《建立适老型农业农村制度》，《南京农业大学学报》（社会科学版）2024 年第 3 期。

贺雪峰：《农村家庭代际关系的变动及其影响》，《江海学刊》2008 年第 4 期。

贺雪峰：《土地问题的事实与认识》，《中国农业大学学报》（社会科学版）2012 年第 2 期。

贺雪峰：《应对老龄社会的家庭农业》，《人文杂志》2017 年第 10 期。

洪传春、刘某承、李文华：《农业劳动力转移的动力机制及其对粮食安全的影响》，《兰州学刊》2014 年第 9 期。

洪仁彪、张忠明：《农民职业化的国际经验与启示》，《农业经济问题》2013 年第 5 期。

洪炜杰、胡新艳：《非正式、短期化农地流转契约与自我执行——基于关联博弈强度的分析》，《农业技术经济》2018 年第 11 期。

胡鹤鸣等：《日本以农协为主推进智慧农业发展经验及对中国的启示》，《农业工程学报》2024 年第 8 期。

胡景北：《农业劳动力转移的定量特征》，《经济资料译丛》2019 年第 2 期。

胡景北：《农业劳动力转移的定量指标与标准数据计算方法》，《经济评论》2015 年第 2 期。

胡凌啸、武舜臣：《土地托管的内涵与实现：理论剖析与实践归纳》，《经济学家》2019 年第 12 期。

胡小平、李伟：《农村人口老龄化背景下新型职业农民培育问题研究》，《四川师范大学学报》（社会科学版）2014 年第 3 期。

胡小武《因村施策：农村人口空心化陷阱及发展路径转型研究》，《苏州大学学报》2023 年第 6 期。

胡秀媚、冯健：《欠发达生态敏感区空心村整治规划体系构建——以宁夏西吉县为例》，《城市发展研究》2016 年第 12 期。

胡雪枝、钟甫宁：《农村人口老龄化对粮食生产的影响——基于农村固定观察点数据的分析》，《中国农村经济》2012 年第 7 期。

胡智超等：《基于供给侧结构性改革的空心村综合整治研究》，《地理学报》2016 年第 12 期。

华静、王玉斌：《我国农业产业化发展状况实证研究》，《经济问题探索》2015 年第 4 期。

奂平清、何钧力：《中国农民职业化现状及其影响因素——基于中国综合社会调查的分析》，《武汉大学学报》（哲学社会科学版）2015 年第 4 期。

宦梅丽、侯云先：《农机服务、农村劳动力结构变化与中国粮食生产技术效率》，《华中农业大学学报》（社会科学版）2021 年第 1 期。

黄国华：《农村劳动力转移模式的国际比较及其启示》，《南亚研究季刊》2011 年第 1 期。

黄季焜、靳少泽：《未来谁来种地：基于我国农户劳动力就业代际差异视角》，《农业技术经济》2015年第1期。

黄玛兰、李晓云、游良志：《农业机械与农业劳动力投入对粮食产出的影响及其替代弹性》，《华中农业大学学报》（社会科学版）2018年第2期。

黄迈等：《农民工等人员返乡创业的政策匹配》，《改革》2016年第10期。

黄云鹏：《农业经营体制和专业化分工——兼论家庭经营与规模经济之争》，《农业经济问题》2003年第6期。

黄宗智：《"家庭农场"是中国农业的发展出路吗？》，《开放时代》2014年第2期。

黄祖辉、李懿芸、毛晓红：《我乡村老龄化现状及其对粮食生产的影响与应对》，《西北农林科技大学学报》（社会科学版）2024年第2期。

黄祖辉、王建英、陈志钢：《非农就业、土地流转与土地细碎化对稻农技术效率的影响》，《中国农村经济》2014年第11期。

黄祖辉、俞宁：《新型农业经营主体：现状、约束与发展思路——以浙江省为例的分析》，《中国农村经济》2010年第10期。

纪志耿：《中国粮食安全问题反思——农村劳动力老龄化与粮食持续增产的悖论》，《厦门大学学报》（哲学社会科学版）2013年第2期。

冀县卿、钱忠好、李友艺：《土地经营规模扩张有助于提升水稻生产效率吗？——基于上海市松江区家庭农场的分析》，《中国农村经济》2019年第7期。

简新华、黄锟：《中国农民工最新生存状况研究——基于765名农民工调查数据的分析》，《人口研究》2007年第6期。

江帆、宋洪远：《促进农民工返乡创业：历史方位与实现路径》，《华中农业大学学报》（社会科学版）2023年第3期。

姜长云：《创新政策解决"谁来种地"问题》，《中国发展观察》2014年第1期。

姜长云：《农户家庭经营与发展现代农业》，《江淮论坛》2013年第6期。

姜长云：《推进农村一二三产业融合发展的路径和着力点》，《中州学刊》2016年第5期。

姜绍静、罗泮：《空心村问题研究进展与成果综述》，《中国人口·资源与环境》2014年第6期。

姜彦坤、赵继伦：《日本农业结构变革及对当前中国农业转型的启示》，

《世界农业》2020 年第 8 期。

蒋海曦、蒋玲：《乡村人力资本振兴：中国农民工回流意愿研究》，《四川大学学报》（哲学社会科学版）2019 年第 5 期。

蒋和平、蒋辉：《农业适度规模经营的实现路径研究》，《农业经济与管理》2014 年第 1 期。

蒋燕、李萌、潘璐：《成为青年女性农民：农村女性从事农业的过程与特征》，《中国农业大学学报》（社会科学版）2021 年第 2 期。

焦源、赵玉姝：《农户分化状态下农民技术获取路径研究》，《科技管理研究》2015 年第 4 期。

靳庭良：《粮食主产区农户种粮意愿及其影响因素分析》，《统计与决策》2013 年第 17 期。

柯炳生：《锚定建设农业强国目标，更好保障国家粮食安全》，《农村工作通讯》2024 年第 5 期。

孔祥智：《我国农业劳动力数量和劳动生产率估算》，《改革》2019 年第 5 期。

孔祥智：《新型农业经营主体的地位和顶层设计》，《改革》2014 年第 5 期。

孔祥智、赵雪娇：《把农业建成现代化大产业：内涵、基础与路径》，《河北学刊》2024 年第 3 期。

匡远配、陈梅美：《农村人口老龄化对农业全要素生产率影响的实证分析》，《燕山大学学报》（哲学社会科学版）2015 年第 1 期。

匡远配、陆钰凤：《日本发展农业适度规模经营的经验》，《世界农业》2016 年第 10 期。

匡远配：《农村劳动力流动影响粮食安全的新解释》，《人口与经济》2010 年第 5 期。

冷智花、行永乐、钱龙《农业劳动力性别结构对粮食生产的影响——基于 CFPS 数据的实证分析》，《财贸研究》2020 年第 12 期。

李斌、吴书胜：《农业技术进步、新型城镇化与农村剩余劳动力转移——基于"推拉理论"和省际动态面板数据的实证研究》，《财经论丛》2015 年第 10 期。

李长印：《"空心村"形态特征与生成机理分析——以河南省农村为例》，《华中农业大学学报》（社会科学版）2014 年第 2 期。

李朝柱：《农村人口老龄化与农业生产的效应机制》，《华南农业大学学报》（社会科学版）2020年第2期。

李冬艳、余晓洋：《新型农业经营主体发展水平评价体系构建及测度》，《经济纵横》2020年第2期。

李谷成、冯中朝、范丽霞：《小农户真的更加具有效率吗？——来自湖北省的经验证据》，《经济学》2010年第1期。

李谷成、李崇光：《十字路口的农户家庭经营：何去何从》，《经济学家》2012年第1期。

李光泗、朱丽莉：《农村劳动力流动对中国粮食生产影响研究——基于省域动态面板数据的实证分析》，《统计与信息论坛》2014年第10期。

李广志：《农村空心化背景下精准扶贫的实施困境及对策》，《湖南行政学院学报》2016年第4期。

李国祥、杨正周：《美国培养新型职业农民政策及启示》，《农业经济问题》2013年第5期。

李国正：《城乡二元体制、生产要素流动与城乡融合》，《湖湘论坛》2020年第1期。

李恒、彭文慧：《农村转移人口离农的制度困境及其实现路径》，《经济学家》2015年第11期。

李泓伯、陈政、张海兵：《农村一二三产业融合发展的现实困境与推进路径研究》，《农业经济》2024年第5期。

李怀、于晓媛《小农户再组织化的治理之道：理论建构与实践检验》，《经济学家》2023年第12期。

李敬、张阳艳：《农业劳动力转移对我国粮食缺口影响的实证分析》，《农村经济》2012年第7期。

李俊鹏、冯中朝、吴清华：《农业劳动力老龄化与中国粮食生产——基于劳动增强型生产函数分析》，《农业技术经济》2018年第8期。

李宽、曹珍：《实践中的适度规模：基于村庄公平的视角》，《农村经济》2014年第2期。

李旻、赵连阁：《农村劳动力流动对农业劳动力老龄化形成的影响——基于辽宁省的实证分析》，《中国农村经济》2010年第9期。

李旻、赵连阁：《农业劳动力"老龄化"现象及其对农业生产的影响——

基于辽宁省的实证分析》，《农业经济问题》2009 年第 10 期。

李旻、赵连阁：《农业劳动力"女性化"现象及其对农业生产的影响——基于辽宁省的实证分析》，《中国农村经济》2009 年第 5 期。

李明贤、樊英：《粮食主产区农民素质及其种粮意愿分析——基于 6 个粮食主产省 457 户农户的调查》，《中国农村经济》2013 年第 6 期。

李强：《中国城市化进程中的"半融入"与"不融入"》，《河北学刊》2011 年第 5 期。

李庆、韩菡、李翠霞：《老龄化、地形差异与农户种植决策》，《经济评论》2019 年第 6 期。

李庆、林光华、何军：《农民兼业化与农业生产要素投入的相关性研究——基于农村固定观察点农户数据的分析》，《南京农业大学学报》（社会科学版）2013 年第 3 期。

李秋生、傅青、刘小春：《劳动力转移、农业机械权属与农户生产效率》，《中国农机化学报》2024 年第 6 期。

李荣耀、叶兴庆：《农户分化、土地流转与承包权退出》，《改革》2019 年第 2 期。

李士梅、尹希文：《中国农村劳动力转移对农业全要素生产率的影响分析》，《农业技术经济》2017 年第 9 期。

李双双、刘卫柏、蒋健《农业机械化可以解决农业劳动力短缺吗？》，《中国农机化学报》2024 年第 7 期。

李韬：《粮食补贴政策增强了农户种粮意愿吗？》，《中央财经大学学报》2014 年第 5 期。

李文良：《西方国家行政区划改革特点之分析》，《国际关系学院学报》2009 年第 1 期。

李仙娥、王春艳：《国外农村剩余劳动力转移模式的比较》，《中国农村经济》2004 年第 5 期。

李先德：《法国农业公共支持》，《世界农业》2003 年第 12 期。

李先德、孙致陆：《法国农业合作社发展及其对中国的启示》，《农业经济与管理》2014 年第 2 期。

李宪宝、高强：《农户分化的演化逻辑、历史演变与未来展望》，《改革》2019 年第 2 期。

李宪宝、高强：《行为逻辑、分化结果与发展前景——对 1978 年以来我国农户分化行为的考察》，《农业经济问题》2013 年第 2 期。

李旭鸿：《城乡一体化进程中的"农民荒"问题调查及对策建议》，《中国财政》2012 年第 10 期。

李永萍：《"养儿防老"还是"传宗接代"？——老年人对子女的角色期待及影响因素 研究》，《人口与发展》2023 年第 6 期。

李永萍：《"养儿防老"还是"以地养老"：传统家庭养老模式分析》，《华南农业大学学报》（社会科学版）2015 年第 2 期。

李玉红、王皓：《中国人口空心村与实心村空间分布——来自第三次农业普查行 175. 政村抽样的证据》，《中国农村经济》2020 年第 4 期。

李玉玲《以"联合、集合、整合"理念推进现代农业经营体系建设》，《农业经济》2024 年第 2 期。

李政通、顾海英：《农业发展如何驱动经济结构转型：进展与展望》，《现代经济探讨》2021 年第 10 期。

李周：《农民流动：70 年历史变迁与未来 30 年展望》，《中国农村观察》2019 年第 5 期。

李祖佩：《村庄空心化背景下的农村文化建设：困境与出路——以湖北省空心村为分析对象》，《中州学刊》2013 年第 6 期。

栗滢超、杜如宇、李鸣慧、李林莉：《农业生产投入要素与农业增长关系研究》，《地域研究与开发》2019 年第 3 期。

梁栋、吴存玉：《乡村振兴与青年农民返乡创业的现实基础、内在逻辑及其省思》，《现代经济探讨》2019 年第 5 期。

梁栋、吴惠芳：《农业女性化的动力机制及其对农村性别关系的影响研究》，《妇女研究论丛》2017 年第 6 期。

梁海兵、姚仁福《合约安排与小农户增收——对"小农户 + 合作社"体系中三种典型利益联结模式的考察》，《经济科学》2024 年第 3 期。

梁琦《从物质生产到价值生产：中西部农村老年人以地养老的转化逻辑》，《经济社会体制比较》2023 年第 6 期。

梁世夫、黄诗雨：《主产区粮食贡献与生态贡献的协调演进》，《中南民族大学学报》（人文社会科学版）2024 年第 3 期。

梁银湘：《城乡一体化背景下农村"空心化"与社区建设研究》，《中共福建省委党校学报》2013 年第 1 期。

廖洪乐：《农户兼业及其对农地承包经营权流转的影响》，《管理世界》2012 年第 5 期。

廖鸿冰、廖彪：《农村空心化视阈下社会服务体系构建研究》，《湖南社会科学》2017 年第 3 期。

林本喜、邓衡山：《农业劳动力老龄化对土地利用效率影响的实证分析——基于浙江省农村固定观察点数据》，《中国农村经济》2012 年第 4 期。

林坚、李德洗：《非农就业与粮食生产：替代抑或互补——基于粮食主产区农户视角的分析》，《中国农村经济》2013 年第 9 期。

林孟清：《推动乡村建设运动：治理农村空心化的正确选择》，《中国特色社会主义研究》2010 年第 5 期。

林善浪、纪晓鹏、姜冲：《农村人口空心化对农地规模经营的影响》，《新疆师范大学学报》（哲学社会科学版）2018 年第 4 期。

林宣佐、史修艺、李金鸿、王颜齐：《多指标视角下组织化农户与家庭农户的经营效率测算及分析》，《河南农业大学学报》2020 年第 3 期。

林祖锐等：《传统村落空心化区位分异特征及形成机理研究——以山西省阳泉市传统村落为例》，《现代城市研究》2016 年第 1 期。

凌若愚、潘镇、刘艺园：《农村人口老龄化对土地流转影响的研究》，《现代经济探讨》2018 年第 7 期。

刘爱梅：《农村空心化对乡村建设的制约与化解思路》，《东岳论丛》2021 年第 11 期。

刘成坤、陈晗、张茗泓《农村人口老龄化对农业高质量发展的影响及作用路径》，《农业现代化研究》2023 年第 6 期。

刘成玉、马爽：《"空心化"、老龄化背景下我国农村公共产品供给模式改革与创新探讨》，《农村经济》2012 年第 4 期。

刘传江、程建林：《第二代农民工市民化：现状分析与进程测度》，《人口研究》2008 年第 5 期。

刘传江：《迁徙条件、生存状态与农民工市民化的现实进路》，《改革》2013 年第 4 期。

刘传江、周玲：《社会资本与农民工的城市融合》，《人口研究》2004 年第 5 期。

刘丰伟、王凤华《空心化背景下推动农村互助养老模式的优化路径》,《农业经济》2024 年第 5 期。

刘洪仁、杨学成、陈淑婷:《我国农民分化的测度与影响因素分析》,《山东农业大学学报》(社会科学版) 2007 年第 2 期。

刘慧、翁贞林:《农户兼业、农业机械化与规模经营决策——基于江西省种植户调研》,《中国农业大学学报》2020 年第 2 期。

刘家强、王春蕊、刘嘉汉:《农民工就业地选择决策的影响因素分析》,《人口研究》2011 年第 2 期。

刘建生、陈鑫:《协同治理:中国空心村治理的一种理论模型——以江西省安福县广丘村为例》,《中国土地科学》2016 年第 1 期。

刘杰:《乡村社会"空心化":成因、特质及社会风险——以 J 省延边朝鲜族自治州为例》,《人口学刊》2014 年第 3 期。

刘蕾:《人口空心化、居民参与意愿与农村公共品供给——来自山东省 758 位农村居民的调查》,《农业经济问题》2016 年第 2 期。

刘亮、章元:《劳动力转移与粮食安全》,《统计研究》2014 年第 9 期

刘奇:《构建新型农业经营体系必须以家庭经营为主体》,《中国发展观察》2013 年第 5 期。

刘勤:《世界农业人口转移模式与粮食安全风险研究》,《世界农业》2017 年第 11 期。

刘同山、孔祥智:《离农会让农户更愿意退出土地承包权吗?》,《中国软科学》2020 年第 11 期。

刘同山、孔祥智:《小农户和现代农业发展有机衔接:意愿、实践与建议》,《农村经济》2019 年第 2 期。

刘同山、孔祥智、张云华:《兼业程度、地权期待与农户的土地退出意愿》,《经济与管理研究》2013 年第 10 期。

刘万霞:《职业教育对农民工就业的影响——基于对全国农民工调查的实证分析》,《管理世界》2013 年第 5 期。

刘文涛:《快速工业化、城市化背景下的"农民荒"现象剖析》,《农业经济》2012 年第 2 期。

刘秀梅、田维明:《我国农村劳动力转移对经济增长的贡献分析》,《管理世界》2005 年第 1 期。

刘彦随、刘玉、翟荣新：《中国农村空心化的地理学研究与整治实践》，《地理学报》2009 年第 10 期。

刘彦随、刘玉：《中国农村空心化问题研究的进展与展望》，《地理研究》2010 年第 1 期。

刘依杭：《"谁来种粮"：小农户与家庭农场的经营特征及逻辑选择》，《农村经济》2023 年第 5 期。

刘永飞、徐孝昶、许佳君：《断裂与重构：农村的"空心化"到"产业化"》，《南京农业大学学报》（社会科学版）2014 年第 3 期。

刘勇：《论我国农业剩余劳动力的形成机理与转移战略》，《社会科学》2004 年第 7 期。

刘玉铭、刘伟：《对农业生产规模效益的检验——以黑龙江省数据为例》，《经济经纬》2007 年第 2 期。

刘远风：《刘易斯拐点后的中国农村空心化治理》，《经济经纬》2014 年第 1 期。

刘远风：《农村空心化背景下的社会保障制度建设》，《江西社会科学》2016 年第 8 期。

刘远风：《土地权利与农村空心化治理——基于新制度经济学的分析》，《经济学家》2014 年第 5 期。

刘振杰：《农村人口加速老龄化的影响及对策研究——以农业人口大省河南为例》，《深圳大学学报》（人文社会科学版）2014 年第 3 期。

刘祖云、武小龙：《农村"空心化"问题研究：殊途而同归——基于研究文献的理论考察》，《行政论坛》2012 年第 4 期。

龙花楼、李裕瑞、刘彦随：《中国空心化村庄演化特征及其动力机制》，《地理学报》2009 年第 10 期。

娄飞鹏：《发展养老金融的国际实践与启示》，《西南金融》2019 年第 8 期。

楼栋、孔祥智：《新型农业经营主体的多维发展形式和现实观照》，《改革》2013 年第 2 期。

卢锋、杨业伟：《中国农业劳动力占比变动因素估测：1990—2030 年》，《中国人口科学》2012 年第 4 期。

卢文秀、吴方卫：《女性劳动力转移：要素替代抑或农业生产退出析》，《劳动经济研究》2023 年第 2 期。

鲁钊阳：《新型农业经营主体发展的福利效应研究》，《数量经济技术经济研究》2016 年第 6 期。

陆铭、陈钊：《城市化、城市倾向的经济政策与城乡收入差距》，《经济研究》2004 年第 6 期。

陆铭、向宽虎、陈钊：《中国的城市化和城市体系调整：基于文献的评论》，《世界经济》2011 年第 6 期。

陆文聪、吴连翠：《兼业农民的非农就业行为及其性别差异》，《中国农村经济》2011 年第 6 期。

陆文荣、卢汉龙、段瑶：《家庭农场：基于村庄内部适度规模经营实践》，《中国农业大学学报》（社会科学版）2014 年第 3 期。

吕红平、高金三：《日本农业劳动力转移的特点及其启示》，《人口与经济》1992 年第 6 期。

吕萍、童正仙：《农村劳动力老龄化和结构断层问题调查分析》，《农业与技术》2014 年第 8 期。

吕挺、纪月清、易中懿：《水稻生产中的地块规模经济——基于江苏常州金坛的调研分析》，《农业技术经济》2014 年第 2 期。

吕一清、张东生：《如何有机衔接小农户与现代农业——基于新中国成立以来农户分化的现实思考》，《现代经济探讨》2020 年第 11 期。

伦海波：《日本农业生产法人制度研究》，《农业经济问题》2013 年第 3 期。

罗必良：《"三农"问题的症结及其化解逻辑》，《经济理论与经济管理》2007 年第 4 期。

罗必良：《小农经营、功能转换与策略选择——兼论小农户与现代农业融合发展的"第三条道路"》，《农业经济问题》2020 年第 1 期。

罗浩轩：《农业要素禀赋结构、农业制度安排与农业工业化进程的理论逻辑探析》，《农业经济问题》2021 年第 3 期。

罗明忠、刘恺：《职业分化、政策评价及其优化——基于农户视角》，《华中农业大学学报》（社会科学版）2016 年第 5 期。

罗斯炫、何可、张俊飚：《改革开放以来中国农业全要素生产率再探讨——基于生产要素质量与基础设施的视角》，《中国农村经济》2022 年第 2 期。

马红坤《日本破除小农生产格局的艰难探索：历程、成效及原因》，《现代日本经济》2023 年第 1 期。

马历、龙花楼等：《中国县域农业劳动力变化与农业经济发展的时空耦合及其对乡村振兴的启示》，《地理学报》2018 年第 12 期。

马林静、欧阳金琼、王雅鹏：《农村劳动力资源变迁对粮食生产效率影响研究》，《中国人口·资源与环境》2014 年第 9 期。

马明冲：《关于"农民荒"问题的现实思考》，《中国国情国力》2013 年第 9 期。

马小勇、白永秀：《中国农户的收入风险应对机制与消费波动：来自陕西的经验证据》，《经济学》2009 年第 8 期。

马晓河、胡拥军：《中国城镇化进程、面临问题及其总体布局》，《改革》2010 年第 10 期。

马晓河、杨祥雪：《城乡二元结构转换过程中的农业劳动力转移——基于刘易斯第二转折点的验证》，《农业经济问题》2023 年第 1 期。

梅建明、陈汉芳：《户籍制度对农业转移人口市民化的影响》，《中南民族大学学报》（人文社会科学版）2019 年第 5 期。

梅建明：《从国内外比较看我国农户兼业化道路的选择》，《经济学动态》2003 年第 6 期。

梅建明：《二元经济结构转换与农业劳动力转移》，《上海经济研究》2003 年第 6 期。

孟丽、钟永玲、李楠：《我国新型农业经营主体功能定位及结构演变研究》，《农业现代化研究》2015 年第 1 期。

米松华、黄祖辉：《新型职业农民：现状特征、成长路径与政策需求——基于浙江、湖南、四川和安徽的调查》，《农村经济》2014 年第 8 期。

牟少岩、杨学成：《农民职业分化微观影响因素的实证研究——以青岛为例》，《农业经济问题》2008 年第 11 期

穆光宗等：《乡土中国的人口弱化和优化研究》，《中国农业大学学报》（社会科学版）2013 年第 3 期。

穆光宗：《思考"农民荒"》，《劳动保障世界》（理论版）2011 年第 1 期。

穆光宗：《中国的人口危机与应对》，《北京大学学报》（哲学社会科学版）2019 年第 5 期。

聂建亮、郭雨晨、李巾《从掣肘到良性互动：人口老龄化与乡村振兴关系的再认识》，《社会科学动态》2023 年第 11 期。

聂平平：《社会治理过程中的农村"空心化"与精准扶贫》，《中国民政》2016 年第 20 期。

聂正彦：《农业劳动力老龄化对农业生产的影响分析——基于甘肃省 4 市 6 县调查数据》，《国家行政学院学报》2015 年第 6 期。

聂志平、郭岩：《发达国家农户兼业的经验及借鉴》，《农业考古》2022 年第 3 期。

宁泽逵、宁攸凉：《区位、非农就业对中国家庭农业代际传承的影响——基于陕西留守农民的调查》，《财贸研究》2016 年第 2 期。

欧名豪、孙涛、郭杰：《成本收益、政策认知与农户种粮意愿研究》，《干旱区资源与环境》2022 年第 12 期。

彭代彦、文乐：《农村劳动力结构变化与粮食生产的技术效率》，《华南农业大学学报》（社会科学版）2015 年第 1 期。

彭代彦、吴翔：《中国农业技术效率与全要素生产率研究—基于农村究动力结构变化的视角》，《经济学家》2013 年第 9 期。

彭柳林等：《劳动力老龄化背景下农机作业服务与农业科技培训对粮食生产的调节效应研究——基于江西省的微观调查数据》，《农业技术经济》2019 年第 9 期。

彭小辉、史清华：《中国农村人口结构变化及就业选择》，《长安大学学报》（社会科学版）2018 年第 2 期。

彭新宇、卜宇轩、刘子玉、赵曼镅：《农机服务规模经营对粮食生产效率的影响机理研究》，《财经理论与实践》2023 年第 6 期。

钱力、陈璐瑶：《劳动力流动与农民收入质量：理论机制与实证检验》，《云南农业大学学报》（社会科学版）2024 年第 3 期。

钱龙、洪名勇：《非农就业、土地流转与农业生产效率变化——基于 CFPS 的实证分析》，《中国农村经济》2016 年第 12 期。

钱文荣、郑黎义：《劳动力外出务工对农户水稻生产的影响》，《中国人口科学》2010 年第 5 期。

钱忠好：《非农就业是否必然导致农地流转——基于家庭内部分工的理论分析及其对中国农户兼业化的解释》，《中国农村经济》2008 年第 10 期。

钱忠好、李友艺：《中国家庭农场发展：现实呼唤、松江实践、方略抉择》，《农业经济与管理》2024 年第 1 期。

乔家君、刘嘉俊、谢森：《欠发达农区村域空心化特征及其微观机理——以兰考县三个村为例》，《人文地理》2011 年第 6 期。

乔志霞、霍学喜、张宝文：《农业劳动力老龄化对劳动密集型农产品生产效率的影响——基于陕、甘 745 个苹果户的实证研究》，《经济经纬》2018 年第 5 期。

秦立建、张妮妮、蒋中一：《土地细碎化、劳动力转移与中国农户粮食生产——基于安徽省的调查》，《农业技术经济》2011 年第 11 期。

邱俊杰、任倩：《农业劳动力老龄化、农业资本投入与土地利用效率——基于鲁豫皖三省固定农户跟踪调查》，《资源科学》2019 年第 11 期。

邱立民、钟宇红、马浩：《基于"农民荒"视角下新型职业农民培育的职业教育行动策略》，《中国职业技术教育》2018 年第 26 期。

任冠青：《年轻人为什么不愿意务农了》，《中国青年报》2020 年 9 月 11 日。

任远、邬民乐：《城市流动人口的社会融合：文献述评》，《人口研究》2006 年第 3 期。

阮荣平等：《新型农业经营主体辐射带动能力及影响因素分析：基于全国 2615 家新型农业经营主体的调查数据》，《中国农村经济》2017 年第 11 期。

申兵：《我国农民工市民化的内涵、难点及对策》，《中国软科学》2011 年第 2 期。

申利：《农户兼业化的现实依据及路径优化》，《农业经济》2019 年第 10 期。

沈费伟：《农地规模经营的推进机制：中日比较的启示》，《山西农业大学学报》（社会科学版）2019 年第 2 期。

沈茂英：《四川农业劳动力老龄化与农村政策调整》，《西北人口》2013 年第 1 期。

沈权平《"空心村"防止规模性返贫的困局与破解》，《中南民族大学学报》（人文社会科学版）2024 年第 7 期。

沈霞：《"农民荒"背景下新生代农民职业教育培训模式创新研究》，《农业经济》2020 年第 3 期。

沈霞：《"农民荒"背景下新生代农民职业教育培训模式创新研究》，《农业经济》2020 年第 3 期。

史春玉：《多功能农业发展框架下法国乡村振兴经验探析与反思》，《经济社会体制比较》2023 年第 1 期。

宋斌文：《农村劳动力转移对农村老龄化的影响及其对策建议》，《公共管理学报》2004 年第 2 期。

宋凡金、谷继建、王东强：《破与立的变奏：农村空心化治理模式研究》，《社会科学家》2017 年第 4 期。

宋洪远、黄华波、刘光明：《关于农村劳动力流动的政策问题分析》，《管理世界》2002 年第 5 期。

宋华明、余柳、单正丰：《现代农业发展与农业科技人才分层培养：问题与对策》，《南京农业大学学报》（社会科学版）2014 年第 4 期。

宋莉莉、张瑞涛、王忠祥：《日本农业经营主体发展经验及对中国的启示》，《农业展望》2022 年第 6 期。

宋伟、陈百明、张英：《中国村庄宅基地空心化评价及其影响因素》，《地理研究》2013 年第 1 期。

苏芳、尚海洋：《农村空心化引发的新问题与调控策略》，《甘肃社会科学》2016 年第 3 期。

苏群、汪霏菲：《农户分化与土地流转行为》，《资源科学》2016 年第 3 期。

苏卫良：《未来谁来种地——基于我国农业劳动力供给国际比较及应对策略选择》，《农业经济与管理》2021 年第 3 期。

苏毅清、游玉婷、王志刚：《农村一二三产业融合发展：理论探讨、现状分析与对策建议》，《中国软科学》2016 年第 8 期。

孙丽娜：《县域农村居民点空心化程度评价及其空间布局优化》，《中国农学通报》2019 年第 16 期。

孙前路、李朝柱《农户分化、示范引领对农户农业绿色生产意愿与行为的影响》，《中国农机化学报》2024 年第 5 期。

孙新华：《村社主导、农民组织化与农业服务规模化——基于土地托管和联耕联种实践的分析》，《南京农业大学学报》（社会科学版）2017 年第 6 期。

孙志红、王亚青：《农产品期货、龙头企业发展与农业产业化》，《中南大学学报》（社会科学版）2016 年第 1 期。

孙治一、孙大鹏、于滨铜、王志刚：《兼业如何影响农户"一家两制"生产行为？》，《中国农村经济》2021 年第 6 期。

谭宏：《从"二元"到"一元"——发展人类学视野的农村"空心化"问题分析》，《社会科学家》2014 年第 2 期。

谭雪兰等：《快速城市化区域农村空心化测度与影响因素研究——以长株潭地区为例》，《地理研究》2017 年第 4 期。

汤建尧：《经营主体的农地适度规模经营绩效与启示——以湖南省为例》，《经济地理》2014 年第 5 期。

汤爽爽：《法国快速城市化进程中的乡村政策与启示》，《农业经济问题》2012 年第 6 期。

唐宏、何慧芳、梁玲婕、黄凤、尹奇：《土地托管、劳动力分化对农户家庭收入的影响研究——基于 6 省 1933 户农户的实证》，《中国土地科学》2023 年第 9 期。

唐祥来：《"四化同步"背景下的农业劳动力替代转移》，《现代经济探讨》2013 年第 7 期。

唐莹、穆怀中：《中国耕地劳动力承载量适度性检验》，《中国农村经济》2016 年第 10 期。

唐忠、钟晓萍《乡村发展过程中农户分化的考察分析与政策启示》，《农村经济》2023 年第 3 期。

田北海、罗卫、彭军：《空心化背景下农村社区建设主体的缺失与重构——基于对湖北省的实地调查》，《学习与实践》2015 年第 7 期。

田红宇、祝志勇：《农村劳动力转移、经营规模与粮食生产环境技术效率》，《华南农业大学学报》（社会科学版）2018 年第 5 期。

田梦君、熊涛、张鹏静《劳动力转移对耕地抛荒的影响研究——基于农业机械化的调节效应分析》，《世界农业》2023 年第 11 期。

田毅鹏、徐春丽：《新时期中国城乡"社会样态"的变迁与治理转型》，《中国特色社会主义研究》2015 年第 2 期。

田珍、王睿、史运：《发达地区不同规模家庭农场粮食生产技术效率的实证研究》，《中国农业资源与区划》2021 年第 12 期。

仝志辉、温铁军：《资本和部门下乡与小农户经济的组织化道路——兼对专业化合作社道路提出质疑》，《开放时代》2009 年第 4 期。

涂满娇、林善浪：《部分农村过疏化及其治理研究》，《发展研究》2010 年第 11 期。

庹娟、严奉宪：《农户人力资本投资对农民收入的差异化影响——基于城镇化的调节作用》，《农业现代化研究》2024 年第 2 期。

万广华、程恩江：《规模经济、土地细碎化与我国的粮食生产》，《中国农村观察》1996 年第 3 期。

汪发元：《新型农业经营主体成长面临的问题与化解对策》，《经济纵横》2015 年第 2 期。

汪龙：《人口"空心化"、乡村社会资本与农村公共品供给——一个文献综述》，《特区经济》2013 年第 11 期。

汪小勤、王诶、汪颖：《中国城市化与农业剩余劳动力转移——再读〈农业与工业化〉有感》，《福建论坛》（人文社会科学版）2015 年第 9 期。

王成新、姚士谋、陈彩虹：《中国农村聚落空心化问题实证研究》，《地理科学》2005 年第 3 期。

王春光、单丽卿：《农村产业发展中的"小农境地"与国家困局——基于西部某贫困村产业扶贫实践的社会学分析》，《中国农业大学学报》（社会科学版）2018 年第 3 期。

王春光：《新生代农民工城市融入进程及问题的社会学分析》，《青年探索》2010 年第 3 期。

王德文、蔡昉、张国庆：《农村迁移劳动力就业与工资决定：教育与培训的重要性》，《经济学》2008 年第 4 期。

王东强、田书芹、宋凡金：《农村人口空心化的治理模式》，《开放导报》2014 年第 3 期。

王栋、侯秀芳、温馨：《乡村振兴战略下新型职业农民培育使命与着力点》，《教育与职业》2020 年第 1 期。

王凤、马玉玲、乔家君：《中心城市对农村空心化格局影响的尺度效应——以河南省为例》，《地域研究与开发》2018 年第 3 期。

王刚毅、宓一鸣《农业机械化、农机服务与粮食生产技术效率——基于人口老龄化视角》，《中国农机化学报》2024 年第 6 期。

王桂新、胡健：《城市农民工社会保障与市民化意愿》，《人口学刊》2015 年第 6 期。

王国刚、刘彦随：《中国农村空心化演进机理与调控策略》，《农业现代化研究》2015 年第 1 期。

王国敏、罗浩轩：《中国农业劳动力从"内卷化"向"空心化"转换研究》，《探索》2012 年第 2 期。

王国敏、翟坤周：《确权赋能、结构优化与新型农业经营主体培育》，《改革》2014 年第 7 期。

王浩林等：《人口"空心化"与农村养老服务多元供给困境研究》，《河海大学学报》（哲学社会科学版）2018 年第 1 期。

王红霞：《乡村人口老龄化与乡村空间演进——乡村微观空间视角下的人口老龄化进程探究》，《人口研究》2019 年第 5 期。

王洪煜、张骞、陆迁：《要素禀赋、农户分化与农业价值链技术选择偏向》，《华中农业大学学报》（社会科学版）2022 年第 4 期。

王笳旭、李朝柱：《农村人口老龄化与农业生产的效应机制》，《华南农业大学学报》（社会科学版）2020 年第 2 期。

王建军、陈培勇：《不同土地规模农户经营行为及其经济效益的比较研究——以长江流域稻农调查数据为例》，《调研世界》2012 年第 5 期。

王建民、毛必文：《解析乡村劳动人口空心化问题》，《中国国情国力》2015 年第 9 期。

王杰、蔡志坚、秦希：《农村劳动力老龄化及其家庭结构差异对农地转出决策的影响》，《资源科学》2021 年第 9 期。

王介勇、刘彦随、陈秧分：《农村空心化程度影响因素的实证研究——基于山东省村庄调查数据》，《自然资源学报》2013 年第 1 期。

王可山、刘华《农业新质生产力发展与大国粮食安全保障——兼论"靠什么种粮""怎样种粮""谁来种粮"》，《改革》2024 年第 6 期。

王乐君、寇广增：《促进农村一二三产业融合发展的若干思考》，《农业经济问题》2017 年第 6 期。

王丽娟、黄祖辉：《典型国家（地区）农地流转的案例及其启示》，《中国农业资源与区划》2012 年第 4 期。

王丽双、王春平：《农户分化对农地承包经营权退出意愿的影响研究》，《中国土地科学》2015 年第 9 期。

王良健、吴佳灏：《基于农户视角的宅基地空心化影响因素研究》，《地理研究》2019 年第 9 期。

王嫚嫚、刘颖、陈实：《规模报酬、产出利润与生产成本视角下的农业适度规模经营——基于江汉平原 354 个水稻种植户的研究》，《农业技术经济》2017 年第 4 期。

王宁：《劳动力迁移率差异性研究：从"推—拉"模型到四因素模型》，《河南社会科学》2017 年第 5 期。

王善高等：《地形约束下劳动力价格上涨对农业生产的影响研究——基于要素替代、产品替代和非农就业的分析》，《上海农业学报》2020 年第 4 期。

王善高、田旭：《农村劳动力老龄化对农业生产的影响研究——基于耕地地形的实证分析》，《农业技术经济》2018 年第 4 期。

王为、王佳美：《农户老龄化与女性化对种植业生产效率影响分析——基于黑龙江省 824 个调查样本》，《农业经济》2019 年第 3 期。

王文彬、张军：《农村空心化下精准扶贫的困境与破解路径》，《地方财政研究》2018 年第 2 期。

王武朝：《"空心化"趋势下乡村治理的对策研究》，《农业经济》2017 年第 10 期。

王小鲁：《中国城市化路径与城市规模的经济学分析》，《经济研究》2010 年第 10 期。

王晓东：《农业劳动力女性化对农业经济发展影响研究》，《农业经济》2016 年第 2 期。

王晓东：《日本农村养老保险体系设计和建立时机对我国的启示》，《经济体制改革》2014 年第 2 期。

王新志、杜志雄：《小农户与家庭农场：内涵特征、属性差异及演化逻辑》，《理论学刊》2020 年第 5 期。

王兴周《人口空心化：乡村振兴的家底与逆城市化的起点》，《江海学刊》2024 年第 3 期。

王旭熙等：《四川省农村空心化土地整治潜力研究》，《中国农业资源与区划》2018 年第 10 期。

王雅莉、姜义颖：《中国特色城市化道路的回顾与展望》，《工业技术经济》2019 年第 10 期。

王雅鹏等：《农村劳动力选择性转移对粮食生产技术效率的影响》，《粮食科技与经济》2016 年第 2 期。

王亚楠、谢晶鑫：《城镇化发展中后期我国农村劳动力迁移年龄模式研究——基于迁移次序和队列差异视角》，《人口与经济》2024 年第 3 期。

王一杰、邸菲、辛岭：《我国粮食主产区粮食生产现状、存在问题及政策建议》，《农业现代化研究》2018 年第 1 期。

王玉峰、刘萌：《我国新型职业农民培育的政策目标与实践探索》，《长白学刊》2022 年第 1 期。

王玉峰、刘萌：《我国新型职业农民培育的政策目标与实践探索》，《长白学刊》2022 年第 1 期。

王跃生：《中国家庭代际关系的理论分析》，《人口研究》2008 年第 4 期。

王则宇、李谷成、周晓时：《农业劳动力结构、粮食生产与化肥利用效率提升——基于随机前沿生产函数与 Tobit 模型的实证研究》，《中国农业大学学报》2018 年第 2 期。

韦加庆：《人口安全视野下农业女性化问题研究》，《西北人口》2016 年第 3 期。

卫龙宝、张艳虹、高叙文：《我国农业劳动力转移对粮食安全的影响——基于面板数据的实证分析》，《经济问题探索》2017 年第 2 期。

位涛、闫琳琳：《中国农村土地养老保障贡献研究》，《人口与经济》2014 年第 1 期。

魏后凯、苏红键：《中国农业转移人口市民化进程研究》，《中国人口科学》2013 年第 5 期。

魏佳朔、高鸣《农业劳动力老龄化对种粮农户技术采纳的影响：以保护性耕作和优质种子为例》，《中国软科学》2023 年第 12 期。

魏佳朔、高鸣：《农业劳动力老龄化如何影响小麦全要素生产率增长》，《中国农村经济》2023 年第 2 期。

魏金义、祁春节：《中国农业要素禀赋结构的时空异质性分析》，《中国人口·资源与环境》2015 年第 7 期。

魏君英：《农村人口结构变化对农作物种植结构的影响——基于中国粮食主产区面板数据的全面 FGSL 估计》，《农村经济》2019 年第 3 期。

魏君英、夏旺：《农村人口老龄化对我国粮食产量变化的影响——基于粮食主产区面板数据的实证分析》，《农业技术经济》2018 年第 12 期。

魏勤芳：《美国农业科技体系及运行机制》，《中国农业大学学报》2005 年第 2 期。

魏素豪：《兼业对农户种粮技术效率的影响研究——基于随机前沿生产函数的实证》，《商业研究》2019 年第 5 期。

魏晓莎：《日本农地适度规模经营的做法及借鉴》，《经济纵横》2015 年第 5 期。

温忠麟、叶宝娟：《中介效应分析：方法和模型发展》，《心理科学进展》2014 年第 5 期。

文华成、杨新元：《新型农业经营体系构建：框架、机制与路径》，《农村经济》2013 年第 10 期。

文华成：《中国农业劳动力女性化：程度、成因与影响》，《人口学刊》2014 年第 4 期。

文军：《农民市民化：从农民到市民的角色转型》，《华东师范大学学报》（哲学社会科学版）2004 年第 3 期。

吴惠芳、饶静：《农业女性化对农业发展的影响》，《农业技术经济》2009 年第 2 期。

吴丽丽、李谷成、周晓时：《要素禀赋变化与中国农业增长路径选择》，《中国人口·资源与环境》2015 年第 8 期。

吴丽丽、李谷成、周晓时：《中国粮食生产要素之间的替代关系研究——基于劳动力成本上升的背景》，《中南财经政法大学学报》2016 年第 2 期。

吴文恒等：《村庄空心化：驱动力、过程与格局》，《西北大学学报》（自然科学版）2012 年第 1 期。

吴易雄：《基于二元 Logistic 模型的新型职业农民农业生产意愿的影响因素及其对策探析》，《当代经济管理》2016 年第 11 期。

吴重庆：《超越“空心化”：内发型发展视角下的县域城乡流动》，《南京农业大学学报》（社会科学版）2021 年第 6 期。

吴重庆、张慧鹏：《小农与乡村振兴——现代农业产业分工体系中小农户的结构性困境与出路》，《南京农业大学学报》（社会科学版）2019 年第 1 期。

伍山林：《农业劳动力流动对中国经济增长的贡献》，《经济研究》2016 年第 2 期。

武舜臣等《分化小农和现代农业发展有机衔接的路径选择》，《西北农林科技大学学报》（社会科学版）2023 年第 1 期。

席婷婷：《农村空心化现象：一个文献综述》，《重庆社会科学》2016 年第
　　10 期。

夏昆昆等：《黄土丘陵区贫困县农村空心化现状及其影响分析——以和顺
　　县为例》，《中国农业资源与区划》2018 年第 1 期。

夏益国、宫春生：《粮食安全视阈下农业适度规模经营与新型职业农
　　民——耦合机制、国际经验与启示》，《农业经济问题》2015 年第 5 期。

夏柱智：《以地养老：应对农村人口老龄化的现实选择》，《南方人口》
　　2018 年第 5 期。

相天起：《日本农业生产法人制度借鉴及中国培育新型农业经营主体的演
　　进思路》，《世界农业》2017 年第 8 期。

向国成：《农户兼业化：基于分工视角的分析》，《中国农村经济》2005 年
　　第 8 期。

向卿青：《山区农村人口空心化的调查与思考——以四川省苍溪县为例》，
　　《农村经济》2012 年第 6 期。

项继权、周长友：《"新三农"问题的演变与政策选择》，《中国农村经济》
　　2017 年第 10 期。

项继权、周长友：《主体重构："新三农"问题治理的路径分析》，《吉首
　　大学学报》（社会科学版）2017 年第 6 期。

肖娥芳：《"谁来种地?"——对"农民荒"典型案例的剖析》，《农业经
　　济》2013 年第 1 期。

肖铁肩、陈谦、周批改：《分化的农民及其种粮意愿——石牌村实地研
　　究》，《湖南社会科学》2017 年第 1 期。

肖周燕：《人口迁移势能转化的理论假说——对人口迁移推—拉理论的重
　　释》，《人口与经济》2010 年第 6 期。

肖子华、徐水源、刘金伟：《中国城市流动人口社会融合评估——以 50 个
　　主要人口流入地城市为对象》，《人口研究》2019 年第 5 期。

谢桂华：《中国流动人口的人力资本回报与社会融合》，《中国社会科学》
　　2012 年第 4 期。

谢秋山、赵明：《家庭劳动力配置、承包耕地数量与中国农民的土地处
　　置——基于 CGSS2010 的实证分析》，《软科学》2013 年第 6 期。

谢颖、梁浩：《国外职业农民培育分析与启示》，《产业与科技论坛》2020
年第 8 期。

谢勇：《基于就业主体视角的农民工就业质量的影响因素研究——以南京
市为例》，《财贸研究》2009 年第 5 期。

谢勇、孟凡礼：《新生代农民工就业流动行为研究——基于江苏省农民工
就业调查数据》，《调研世界》2015 年第 3 期。

邢敏慧、张航：《家庭生命周期对农户土地承包权退出意愿的影响研究》，
《干旱区资源与环境》2020 年第 2 期。

徐辉：《新常态下新型职业农民培育机理：一个理论分析框架》，《农业经
济问题》2016 年第 8 期。

徐辉、许泱、李红、常春华：《新型职业农民培育影响因素及其精准培育
研究——基于 7 省 21 县（市、区）63 乡（镇）的调研数据》，《江西财
经大学学报》2018 年第 3 期。

徐家鹏：《新生代农民工返乡务农意愿及其影响因素分析——基于陕西 389
位新生代农民工的调查》，《广东农业科学》2014 年第 22 期。

徐建国、张勋：《农业生产率进步、劳动力转移与工农业联动发展》，《管
理世界》2016 年第 7 期。

徐娜、张莉琴：《劳动力老龄化对我国农业生产效率的影响》，《中国农业
大学学报》2014 年第 4 期。

徐平华：《改革开放以来的中国农村劳动力转移》，《中共中央党校学报》
2008 年第 5 期。

徐水源、宋月萍、谢卓树：《中国农业生产会后继无人么？——城镇化背
景下新生代农村人口务农状况考察》，《人口与发展》2016 年第 3 期。

徐涛等：《农业生产经营形式选择：规模、组织与效率——以西北旱区石
羊河流域农户为例》，《农业技术经济》2016 年第 2 期。

徐顽强、王文彬：《乡村振兴战略背景下农村空心化治理与社区建设融合
研究》，《农林经济管理学报》2019 年第 3 期。

徐旭初、吴彬：《合作社是小农户和现代农业发展有机衔接的理想载体
吗？》，《中国农村经济》2018 年第 11 期。

徐延辉、李志滨：《就业质量、城市社会包容与农民工健康研究》，《华东
师范大学学报》（哲学社会科学版）2019 年第 5 期。

徐勇：《区域社会视角下农村集体经营与家庭经营的根基与机理》，《中共党史研究》2016 年第 4 期。

徐育才：《农村劳动力转移：从"推拉模型"到"三力模型"的设想》，《学术研究》2006 年第 5 期。

徐志刚、章丹、程宝栋《中国粮食安全保障的农地规模经营逻辑——基于农户与地块双重规模经济的分析视角》，《管理世界》2024 年第 5 期。

许恒周、郭玉燕、吴冠岑：《农民分化对耕地利用效率的影响——基于农户调查数据的实证分析》，《中国农村经济》2012 年第 6 期。

许恒周、郭忠兴：《农民职业分化、养老保障与农村土地流转》，《农业技术经济》2011 年第 1 期。

许恒周、石淑芹、吴冠岑：《农地流转市场发育、农民阶层分化与农民养老保障模式选择——基于我国东部地区农户问卷调查的实证研究》，《资源科学》2012 年第 1 期。

许经勇：《多渠道转移农民就业的理性思考》，《厦门大学学报》（哲学社会科学版）2009 年第 1 期。

许经勇：《转型中我国农业劳动力的两种转移模式——从西方经济学的两种要素配置模型引起的思考》，《经济经纬》2007 年第 4 期。

许庆、尹荣梁、章辉：《规模经济、规模报酬与农业适度规模经营——基于我国粮食生产的实证研究》，《经济研究》2011 年第 3 期。

许荣、肖海峰：《农牧户兼业、规模异质与生产技术效率变化——基于 5 省 452 户细毛羊养殖户的实证研究》，《中国农业资源与区划》2019 年第 9 期。

许树辉：《农村住宅空心化形成机制及其调控研究》，《国土与自然资源研究》2004 年第 1 期。

许彦彬：《人口学视角下空心村治理研究》，《西北人口》2012 年第 5 期。

薛维然、徐积鹏、张春玲：《城镇化进程中我国农村空心化问题研究》，《农业经济》2017 年第 3 期。

闫广芬、余静：《数字化转型视阈下新型职业农民培育：角色调适、作用机理与实践路径》，《教育发展研究》2024 年第 9 期。

严奉宪、赵晓晓：《空心化农村农业减灾公共品合作供给意愿研究》，《学术交流》2015 年第 7 期。

晏志谦、孙锦杨、李建强：《农户分化视角下宅基地退出方式选择影响因素分析》，《中国农业资源与区划》2018 年第 6 期。

杨宝琰：《人口空心化背景下农村教育：挑战与对策》，《当代教育与文化》2009 年第 1 期。

杨春娟：《村庄空心化背景下乡村治理困境及破解对策——以河北为分析个案》，《河北学刊》2016 年第 6 期。

杨华、杨姿：《村庄里的分化：熟人社会、富人在村与阶层怨恨——对东部地区农村阶层分化的若干理解》，《中国农村观察》2017 年第 4 期。

杨慧琳等：《农户分化、代际差异对宅基地退出意愿的影响——基于宅基地价值认知的中介效应分析》，《资源科学》2020 年第 9 期。

杨继瑞、杨博维、马永坤：《回归农民职业属性的探析与思考》，《中国农村经济》2013 年第 1 期。

杨进、钟甫宁、陈志钢、彭超：《农村劳动力价格、人口结构变化对粮食种植结构的影响》，《管理世界》2016 年第 1 期。

杨靳、廖少康：《美国农村人口迁移与启示》，《人口学刊》2001 年第 4 期。

杨俊青、王玉博、靳伟择《劳动力有限供给条件下的二元经济转化探索》，《中国人口科学》2022 年第 1 期。

杨柳、杨帆、蒙生儒：《美国新型职业农民培育经验与启示》，《农业经济问题》2019 年第 6 期。

杨柳、杨帆、蒙生儒：《美国新型职业农民培育经验与启示》，《农业经济问题》2019 年第 6 期。

杨忍、刘彦随、陈秧分：《中国农村空心化综合测度与分区》，《地理研究》2012 年第 9 期。

杨天荣：《中国农业生产主体探索》，《人文杂志》2013 年第 11 期。

杨秀玉、刘平方：《经济发展与日本农业的适应》，《世界农业》2015 年第 9 期。

杨志海、麦尔旦·吐尔孙、王雅鹏：《农村劳动力老龄化对农业技术效率的影响——基于 CHARLS2011 的实证分析》，《软科学》2014 年第 10 期。

姚成胜、肖雅雯、杨一单：《农业劳动力转移与农业机械化对中国粮食生产的关联影响分析》，《农业现代化研究》2022 年第 2 期。

姚永龙：《浅议日本农业接班人危机》，《中国农村经济》2012 年第 4 期。

姚增福、唐华俊：《农户生产技术效率的空间环境效应研究——基于 DEA—VRS—HLM 模型的检验》，《中国农业大学学报》（社会科学版）2016 年第 6 期。

叶初升、马玉婷：《人力资本及其与技术进步的适配性何以影响了农业种植结构？》，《中国农村经济》2020 年第 4 期。

叶敬忠、豆书龙、张明皓：《小农户和现代农业发展：如何有机衔接？》，《中国农村经济》2018 年第 11 期。

叶敬忠、王维：《改革开放四十年来的劳动力乡城流动与农村留守人口》，《农业经济问题》2018 年第 7 期。

叶敬忠、张弘：《透视中国农村留守人口》，《社会科学论坛（学术评论卷)》2009 年第 3 期。

叶敬忠、张明皓：《"小农户"与"小农"之辩——基于"小农户"的生产力振兴和"小农"的生产关系振兴》，《南京农业大学学报》（社会科学版）2019 年第 1 期。

叶扬：《人力资本因素对农村劳动力流动影响的经济学分析——基于 2000—2008 年东部和西部地区面板数据》，《华东理工大学学报》（社会科学版）2010 年第 6 期。

叶裕民：《中国城市化质量研究》，《中国软科学》2001 年第 7 期。

应瑞瑶、郑旭媛：《资源禀赋、要素替代与农业生产经营方式转型——以苏、浙粮食生产为例》，《农业经济问题》2013 年第 12 期。

应苏辰、金晓斌、罗秀丽、祁豫、梁坤宇、周寅康：《全域土地综合整治助力乡村空心化治理的作用机制探析：基于乡村功能演化视角》，《中国土地科学》2023 年第 11 期。

尤济红、梁浚强：《社会保障覆盖与流动人口市民化意愿》，《经济论坛》2023 年第 7 期。

于爱华、吴松、王琳、刘华：《农业劳动力女性化对粮食生产的影响研究》，《中国农业资源与区划》2021 年第 5 期。

于宁宁：《日本农业转型：原因、特征与启示》，《世界农业》2014 年第 1 期。

于水、姜凯帆、孙永福：《农村人口"空心化"的影响因素分析》，《华南农业大学学报》（社会科学版）2013 年第 3 期。

俞剑、方福前、程冬、郑文平：《消费结构升级、要素价格扭曲与中国农业劳动力转移》，《经济评论》2018 年第 1 期。

宇林军等：《基于农户调研的中国农村居民点空心化程度研究》，《地理科学》2016 年第 7 期。

袁纯清、张峭、王克、李越、魏腾达、汝津江、陈蔡春子：《新型农业经营主体调研报告》，《农村工作通讯》2024 年第 8 期。

原新、范文清《以人口高质量发展应对老龄化城乡倒置的挑战》，《中国农业大学学报》（社会科学版）2024 年第 2 期。

原新、刘厚莲：《改革开放以来中国农业劳动力变迁研究——基于人口普查数据的分析》，《中国农业大学学报》（社会科学版）2015 年第 4 期。

原野等：《基于 GWR 模型的晋城市村庄空心化驱动力研究》，《经济地理》2015 年第 7 期。

曾福生、武昀寰：《乡村振兴战略下的农村土地承包经营权退出制度改革》，《农业经济》2019 年第 10 期。

曾福生：《中国现代农业经营模式及其创新的探讨》，《农业经济问题》2011 年第 10 期。

曾俊霞、郜亮亮、王宾、龙文进：《中国职业农民是一支什么样的队伍——基于国内外农业劳动力人口特征的比较分析》，《农业经济问题》2020 年第 7 期。

曾令秋、王芳：《农业产业化发展水平评价研究——以四川省为例》，《农村经济》2018 年第 11 期。

曾旭晖、郑莉：《教育如何影响农村劳动力转移——基于年龄与世代效应的分析》，《人口与经济》2016 年第 5 期。

张琛、孔祥智：《农民专业合作社成长演化机制分析——基于组织生态学视角》，《中国农村观察》2018 年第 3 期。

张琛、孔祥智、左臣明《农村人口转变与农业强国建设》，《中国农业大学学报》（社会科学版）2023 年第 6 期。

张琛、彭超、孔祥智：《农户分化的演化逻辑、历史演变与未来展望》，《改革》2019 年第 2 期。

张光、程同顺：《美国农业政策及其对中国的影响和启示》，《调研世界》2004 年第 10 期。

张光辉：《农业规模经营与提高单产并行不悖——与任治君同志商榷》，《经济研究》1996 年第 1 期。

张广财、张世虎、顾海英：《农户收入、土地保障与农地退出——基于长三角地区微观调查数据的实证分析》，《经济学家》2020 年第 9 期。

张广辉、方达：《农村土地"三权分置"与新型农业经营主体培育》，《经济学家》2018 年第 2 期。

张广胜、柳延恒：《人力资本、社会资本对新生代农民工创业型就业的影响研究》，《农业技术经济》2014 年第 6 期。

张国防、程秀娟、熊肖雷：《我国农业龙头企业发展：基本态势、现实困境及路径选择》，《农业经济》2024 年第 5 期。

张合林、张锟、江求川：《劳动力流动能够影响农地资源配置效率吗？——来自全国农村固定观察点调查的证据》，《财贸研究》2024 年第 5 期。

张鸿雁：《论当代中国城乡多梯度社会文化类型与社会结构变迁——依据"社会事实"对"二元结构"的重新认知》，《南京社会科学》2007 年第 11 期。

张慧鹏：《现代农业分工体系与小农户的半无产化——马克思主义小农经济理论再认识》，《中国农业大学学报》（社会科学版）2019 年第 1 期。

张简妮：《养老保障对返乡中老年群体再次外出就业的影响》，《西北人口》2024 年第 1 期。

张建雷：《人口分化：理解转型期农民分化的一个视角》，《中国农业大学学报》（社会科学版）2018 年第 4 期。

张建雷、席莹：《关系嵌入与合约治理——理解小农户与新型农业经营主体关系的一个视角》，《南京农业大学学报》（社会科学版）2019 年第 2 期。

张璟、程郁、郑风田：《市场化进程中农户兼业对其土地转出选择的影响研究》，《中国软科学》2016 年第 3 期。

张莉、金江、何晶、刘凯雯：《农地确权促进了劳动力转移吗？——基于 CLDS 数据的实证分析》，《产业经济评论》2018 年第 5 期。

张礼萍、林钧海：《近现代美国农业教育与农业现代化》，《青海师范大学学报》（社会科学版）1997 年第 2 期。

张丽凤、占鹏飞、吕赞：《农村"空心化"环境下的社区建设模式与路径选择》，《农业经济问题》2014 年第 6 期。

张亮等：《国外职业农民培育比较分析及经验借鉴》，《高等农业教育》2015 年第 6 期。

张露、罗必良《中国工农城乡关系：历史演进、基本经验与调整策略》，《中国农村经济》2023 年第 6 期。

张露：《小农分化、行为差异与农业减量化》，《农业经济问题》2020 年第 6 期。

张明斗、葛于壮：《新型城镇化中的农村教育空心化治理研究》，《青岛科技大学学报》（社会科学版）2018 年第 3 期。

张汝立：《我国的城乡关系及其社会变迁》，《社会科学战线》2003 年第 3 期。

张瑞娟：《农村人口老龄化影响土地流转的区域差异及比较》，《农业技术经济》2017 年第 9 期。

张士云等：《美国和日本农业规模化经营进程分析及启示》，《农业经济问题》2014 年第 1 期。

张世伟、赵亮：《农村劳动力流动的影响因素分析——基于生存分析的视角》，《中国人口·资源与环境》2009 年第 4 期。

张淑雯、田旭、王善高：《农业劳动力老龄化对小麦生产机械化与技术效率的影响——基于地形特征的分析》，《中国农业大学学报》2018 年第 10 期。

张桃林：《加快形成新型职业农民培育政策体系》，《农民日报》2012 年 3 月 21 日。

张甜、王仰麟、刘焱序、赵明月：《多重演化动力机制下的空心村整治经济保障体系探究》，《资源科学》2016 年第 5 期。

张同龙、张俪娜、张林秀：《中国农村劳动力就业调整的微观研究——来自全国代表性农户跟踪调查的经验证据》，《中国农村经济》2019 年第 8 期。

张彤璞、郭剑雄：《现代农民形成的三个维度分析——基于就业选择集的视角》，《西北农林科技大学学报》（社会科学版）2019 年第 6 期。

张晓山、韩俊、魏后凯、何秀荣：《改革开放 40 年与农业农村经济发展》，

《经济学动态》2018 年第 12 期。

张笑寒、黄贤金：《论农地制度创新与农业劳动力转移》，《中国人口·资源与环境》2003 年第 5 期。

张新光：《近代法国小农资本主义的演进道路及其现代转型》，《理论学刊》2009 年第 3 期。

张新光：《农业资本主义演进的法国式道路》，《河北学刊》2009 年第 2 期。

张新文、高啸：《农业经营主体的类型比较、效益分析与进路选择》，《现代经济探讨》2019 年第 3 期。

张翼：《新中国 70 年社会发展与社会变迁》，《江苏社会科学》2019 年第 5 期。

张勇：《农户退出土地承包经营权的意愿、补偿诉求及政策建议》，《中州学刊》2020 年第 6 期。

张勇：《农业劳动力转移与经济增长的实证研究》，《经济评论》2009 年第 1 期。

张玉、王介勇、刘彦随：《基于文献荟萃分析方法的中国空心村整治潜力与模式》，《自然资源学报》2022 年第 1 期。

张占贞、王兆君：《我国农民工资性收入影响因素的实证研究》，《农业技术经济》2010 年第 2 期。

张志新、李成、靳玥：《农村劳动力老龄化、女性化与粮食供给安全》，《华东经济管理》2021 年第 1 期。

张忠明、钱文荣：《不同兼业程度下的农户土地流转意愿研究——基于浙江的调查与实证》，《农业经济问题》2014 年第 3 期。

张宗毅、刘小伟、张萌：《劳动力转移背景下农业机械化对粮食生产贡献研究》，《农林经济管理学报》2014 年第 6 期。

章政、祝丽丽、张涛：《农户兼业化的演变及其对土地流转影响实证分析》，《经济地理》2020 年第 3 期。

赵邦宏：《新时代背景下新型农业经营主体与新型农民"两新融合"机制构建研究》，《农业技术经济》2022 年第 1 期。

赵丹丹、郑继媛：《农民分化与中国乡村振兴：基于全国 31 省的动态面板证据》，《世界农业》2019 年第 7 期。

赵丹丹、周宏：《农户分化背景下种植结构变动研究——来自全国 31 省农村固定观察点的证据》，《资源科学》2018 年第 1 期。

赵海涛、朱帆、常进雄：《老龄化背景下农村劳动力的年龄结构与非农转移测度》，《华中农业大学学报》（社会科学版）2020 年第 5 期。

赵佳、姜长云：《兼业小农抑或家庭农场——中国农业家庭经营组织变迁的路径选择》，《农业经济问题》2015 年第 3 期。

赵鲲、刘磊：《关于完善农村土地承包经营制度发展农业适度规模经营的认识与思考》，《中国农村经济》2016 年第 4 期。

赵美玲、马明冲：《我国新型农业社会化服务组织发展现状与路径探析》，《广西社会科学》2013 年第 2 期。

赵明月、王仰麟、胡智超、宋治清：《面向空心村综合整治的农村土地资源配置探析》，《地理科学进展》2016 年第 10 期。

赵淑兰：《社会资本：破解"空心化"农村养老困境的现实选择——以 H 村为例》，《社会工作》2012 年第 2 期。

赵新平、周一星：《改革以来中国城市化道路及城市化理论研究述评》，《中国社会科学》2002 年第 2 期。

赵颖文、吕火明、李晓：《日本农业适度规模经营推行背景、应对举措及对中国启示》，《中国农业资源与区划》2019 年第 4 期。

赵周华：《中国农村人口变化与乡村振兴：事实特征、理论阐释与政策建议》，《农业经济与管理》2018 年第 4 期。

郑殿元、文琦、王银、米欢：《农村人口空心化驱动机制研究》，《生态经济》2019 年第 1 期。

郑殿元、文琦、王银、米欢：《中国村域人口空心化分异机制及重构策略》，《经济地理》2019 年第 2 期。

郑杭生：《农民市民化：当代中国社会学的重要研究主题》，《甘肃社会科学》2005 年第 4 期。

郑万军：《农村人口空心化下民族地区精准扶贫：项目扶贫 VS 主体培育》，《青海社会科学》2016 年第 3 期。

郑万军、王文彬：《基于人力资本视角的农村人口空心化治理》，《农村经济》2015 年第 12 期。

郑祥江、杨锦秀：《农业劳动力转移对农业生产的影响研究》，《华南农业大学学报》（社会科学版）2015 年第 2 期。

郑兴明、曾宪禄：《农科类大学生能成为新型职业农民的主力军吗？——基于大学生农村基层服务意愿的实证分析》，《华中农业大学学报》（社会科学版）2015 年第 5 期。

郑志浩、高杨、霍学喜《农户经营规模与土地生产率关系的再探究——来自第三次全国农业普查规模农户的证据》，《管理世界》2024 年第 1 期。

钟甫宁、何军：《中国农村劳动力转移的压力究竟有多大——一个未来城乡人口适当比例的模型及分析框架》，《农业经济问题》2004 年第 5 期。

钟甫宁、陆五一、徐志刚：《农村劳动力外出务工不利于粮食生产吗？——对农户要素替代与种植结构调整行为及约束条件的解析》，《中国农村经济》2016 年第 7 期。

钟钰、巴雪真：《农业强国视角下"农民"向"职业农民"的角色转变与路径》，《经济纵横》2023 年第 9 期。

钟涨宝、贺亮：《农户生计与农村劳动力职业务农意愿——基于 301 份微观数据的实证分析》，《华中农业大学学报》（社会科学版）2016 年第 5 期。

钟真：《改革开放以来中国新型农业经营主体：成长、演化与走向》，《中国人民大学学报》2018 年第 4 期。

钟真、齐介礼、史冰清、张德生：《职业农民更有效率吗——来自滇琼两省天然橡胶种植户的证据》，《农业技术经济》2018 年第 5 期。

钟真、谭玥琳、穆娜娜：《新型农业经营主体的社会化服务功能研究——基于京郊农村的调查》，《中国软科学》2014 年第 8 期。

周春霞：《农村空心化背景下乡村治理的困境与路径选择——以默顿的结构功能论为研究视角》，《南方农村》2012 年第 3 期。

周国富、李静：《农业劳动力的配置效应及其变化轨迹》，《华东经济管理》2013 年第 4 期。

周建华、贺正楚：《法国农村改革对我国新农村建设的启示》，《求索》2007 年第 3 期。

周洁红、魏珂：《发达国家职业农民培育政策的演变及启示》，《农业经济问题》2019 年第 8 期。

周靖祥：《小农种地意愿及其目标价格形成机制研究——以 SC 省 SZH 村水稻种植为例》，《财经研究》2015 年第 8 期。

周庆行等：《农村留守妇女调查——来自重庆市的调查》，《中华女子学院学报》2007 年第 1 期。

周晓时：《劳动力转移与农业机械化进程》，《华南农业大学学报》（社会科学版）2017 年第 3 期。

周兴、张鹏：《代际间的职业流动与收入流动——来自中国城乡家庭的经验研究》，《经济学》2015 年第 1 期。

周燕、佟家栋：《"刘易斯拐点"、开放经济与中国二元经济转型》，《南开经济研究》2012 年第 5 期。

周应恒、刘余：《中国农业发展大趋势与新三农发展路径》，《现代经济探讨》2017 年第 4 期。

周应恒：《新型农业经营体系：制度与路径》，《人民论坛·学术前沿》2016 年第 18 期。

周振、孔祥智：《新中国 70 年农业经营体制的历史变迁与政策启示》，《管理世界》2019 年第 10 期。

周祝平：《中国农村人口空心化及其挑战》，《人口研究》2008 年第 2 期。

周作昂、赵绍阳、何庆红：《劳动力老龄化对农业土地流转和规模经营的影响》，《财经科学》2020 年第 2 期。

朱道才：《中国农村"空心化"问题研究进展与启示》，《兰州商学院学报》2012 年第 5 期。

朱方林、陆建珍、朱大威：《土地适度规模经营技术效率比较分析——以江苏省 3 种典型模式为例》，《农村经济》2017 年第 6 期。

朱启臻、胡方萌：《新型职业农民生成环境的几个问题》，《中国农村经济》2016 年第 10 期。

朱启臻：《新型职业农民与家庭农场》，《中国农业大学学报》（社会科学版）2013 年第 2 期。

朱启臻、杨汇泉：《谁在种地——对农业劳动力的调查与思考》，《中国农业大学学报》（社会科学版）2011 年第 1 期。

朱前涛、金莉、陈世杰：《农村土地流转的公平与效率性分析》，《国土资源科技管理》2012 年第 5 期。

朱学新：《法国家庭农场的发展经验及其对我国的启示》，《农村经济》2013 年第 11 期。

祝天智：《城乡融合发展背景下土地承包权退出政策创新研究》，《学海》
　2020 年第 6 期。

庄道元、黄贤金：《新生代农民工务农意愿影响因素的实证分析》，《统计
　与决策》2015 年第 23 期。

邹新树：《农民工向城市流动的动因："推—拉"理论的现实解读》，《农
　村经济》2005 年第 10 期。

英文著作

Alan deBrauw, Scott Rozelle, *Roconciling the Return to Education in Rural Chi-
na*, Harvard University Press, 2002.

Carl Eicher, Lawrence Witt, *The Agriculture in the Economic Development*,
McGraw-Hill Companies, 1964.

Chayanov, *Peasant Economic Organization*, Central Compilation Press, 1996.

Chenery, H. B. andSyrquin, M. , *Patterns of Development：1950 – 1970*, Ox-
ford University Press, 1975.

D. J. Bague, *The Study of Population：An Inventory Appraisal*, Chicago：Uni-
versity of Chicago Press, 1959.

Frank Ellis, *Peasant Economics：Farm Households and Agrarian Development*,
Cambridge University Press, 1988.

Glenn Porter, *Encyclopedia of American Economic History*, New York：Scribner
press, 1980.

G. S. Becker, *Human Capital*, Columbia University Press, 1964.

Iowa State University of Science and Tec, *Labor Mobility and Population in Agri-
culture*, Praeger Publishers, 1977.

Jeon Shinyoung, *Mechanisms of Labor Transition during Agriculrural Transforma-
tion：The Cases of South Korea and Indonesia*, International Conference on A-
sia Agriculture and Animal, Singapoore：IACSIT Press, 2011.

Larson, *The Rise of Professionalism*, University of California Press, 1977.

M. J. Piore：*Birds of Passage：Migrant Labor and Industrial Societies*, New
York：Cambridge University Press, 1979.

O. J. Stark, *The Migration of Labor*, Cambridge, UK：Basil Blackwell Publisher, 1991.

Owa State University of Science and Tec, *Labor Mobility and Population in Agriculture*, Praeger Publishers, 1977.

P. J. Carr and M. J. Kefalas, *Hollowing out the Middle: Rural Brain Drain and What It Means for America*, Boston, MA: Beacon Press, 2009.

R. D. Rodefeld, *Change in Rural America-Causes, Consequences and Alternatives*, C. V. Mosby Company, 1978.

Riehard Hofstadter, *The Age of Reform: from Bryan to F. D. R.*, New York: Alfred Aknopf, 1956.

Rudolph. Frederick, *The American College and University: A History*, University of Georgia press, 1990.

Schultz T. , *Transforming Traditional Agriculture*, New Haven: Yale University Press, 1964.

Simon H. , *Selections of Simon*, Capital University of Economics and Business Press, 2002.

S. Kuznets, *Modern Economic Growth: Rate, Structure and Spread*, New Haven and London: Yale University Press, 1966.

Stark, O. J. , *The Migration of Labor*, Cambridge, MA: Basil Blackwell, 1991.

TheodoreSehultz, *The Economic Value of Education*, John Wiley & Sons, Inc. , 1964.

Vollmer H. M. , Mills D. L. , *Professionalization*, Prentice-Hall, 1966.

Willard Wesley Cochrane, *The Development of American Agriculture: A Historical Analysis*, University of Minnesota Press, 1979.

Wolf, Eric R. , *Peasants*, Prentice-Hall, 1966.

英文论文

Ahearn, M. C. , H. El-Osta, and J. Dewbre, "The Impact of Government Subsidies on the Off-farm Labour Supply of Farm Operators", *Paper Presented to the American Agricultural Economics Association Annual Conference*, Long Beach, California, 2002.

Audra J. Bowlus and Terry Sicular, "Moving Toward Markets? Labor Allocation in Rural China", *Journal of Development Economics*, Vol. 71, No. 2, 2003.

Bennell P. , "Vocational Education and Training in Tanzaania and Zimbabwe in the Context of Economie Reform", *Department for International Development*, *Edueation Research Series*, Vol. 122, No. 28, 1999.

B. F. Kiker, "The Historical Roots of the Concept of Human Capital", *Journal of Political Economy*, Vol. 74, No. 5, 1966.

Bouchet F. , Orden D. , Norton G. W. , "Sources of Growth in French Agriculture", *American Journal of Agricultural Economics*, Vol. 71, No. 2, 1989.

Brauw, Alan de and Scott Rozelle, "Migration and Household Investment in Rural China", *China Economic Review*, Vol. 19, No. 2, 2008.

Chang, H. , X. Dong and F. Macphail, "Lab or Migration and Time Use Patterns of the Left-behind Children and Elderly in Rural China", *The World Development*, Vol. 39, No. 12, 2011.

Chinn, Dennis L. , "Rural Poverty and the Structure of Farm Household Income in Development Countries: Evidence from Taiwan", *Economic Development and Cultural Change*, Vol. 70, No. 2, 1979.

Crowder. L. V. , "Women in Agriculture Education and Extension", *FAO*, *Research*, *Extension and Training Division*, Report, 1997.

David Levhari and Yoram Weiss, "The Effect of Risk on the Investment in Human Capital", *American Economics Review*, Vol. 64, No. 6, 1974.

De Brauw A, "Seasonal Migration and Agricultural Production in Vietnam", *The Journal of Development Studies*, Vol. 46, No. 1, 2010.

D. W. Jorgenson, "The Development of a Dual Economy", *Economy Journal*, Vol. 71, No. 282, 1961.

E. G. Ravenstein, "The Laws of Migration", *Journal of the Royal Statistical Society*, Vol. 52, No. 2, 1889.

Foster A. D. and M. R. Rosenzweig, "Technical Change and Human Capital Returns and Investments Evidence from the Green Revolution", *The American Economic Review*, Vol. 86, No. 4, 1996.

George A. L T. weeten; C. L. Dishon; S. C. Wen; M. Morishima, "Japanese and American Agriculture: Tradition and Progress in Conflict", *Pacific Affairs*,

Vol. 67, No. 1, 1993.

H. N. Barnum and L. Squire, "An Econometric Application of the Theory of the Farm-household", *Journal of Development Economics*, Vol. 6, No. 1, 1979.

Hormozi M. A., Asoodar M. A., Abdeshahi A., "Impact of Mechanization on Technical Efficiency: A Case Study of Rice Farmers in Iran", *Procedia Economics & Finance*, Vol. 1, No. 1, 2012.

Huffman, W. E., "Allocative Efficiency: The Role of Human Capital", *The Quarterly Journal of Economic*, Vol. 91, No. 1, 1977.

Huffuman, W. E. and Lange, M., "Off-farm Work Decisions of Households and Wives: Joint Decision Making", *Review of Economics and Statistics*, Vol. 71, No. 3, 1989.

I. Singh, L. Squire, J. Strauss, "A Survey of Agricultural Household Models: Recent Findings and Policy Implications", *The World Bank Economic Review*, Vol. 1, No. 1, 1986.

J. H. Fei, G. A. Ranis, "Theory of Economic Development", *The American Economic Review*, Vol. 51, No. 4, 1961.

Keeney M., "The Distributional Impact of Direct Payments on Irish Farm Incomes", *Journal of Agricultural Economics*, Vol. 51, No. 2, 2000.

Lauwerel Carolien de et., "Knowledge Needs of Young Farmers in the EU", *Paper for the 21st International Farm Management Congress*, Princeton: Princeton University Press, 2015.

Lucas, R. E., "On the Mechanics of Economic Development", *Journal of Economics*, Vol. 22, No. 1, 1988.

Lutz, E. and Young, M. D., "Integration of Environmental Concerns into Agricultural Policies of Industrial and Developing Countries", *The World Development*, Vol. 20, No. 2, 1992.

Massey, Joaquin Arango, Graeme Hugo, Kouaouci, Pellegrino, J. Edward Taylor, "An Evaluation of International Migration Theory: the North American Case", *Population and Development Review*, Vol. 20, No. 4, 1994.

Mendras H., "The Vanishing Peasant, Innovation and Change in French Agriculture", *Journal of Economic Issues*, Vol. 77, No. 1, 1970.

M. Lipton, "Migration From Rural Areas of Poor Counties: The Impact on Rural Productivity and Income Distribution", *The World Development*, Vol. 8, No. 1, 1980.

M. P. Todaro, "A Model of Labor Migration and Urban Unemployment in Less Developed Countries", *The American Economic Review*, Vol. 59, No. 1, 1969.

Nazrul Islam, "Growth Empirics: A Panel Data Approach", *Quarterly Journal of Economics*, Vol. 110, No. 4, 1995.

Peterman, A., J. Behrman, and A. Quisumbing, "A Review of Empirical Evidence on Gender Differences inNonland Agricultural Inputs, Technology, and Services in Developing Countries", *IFPRI Discussion Paper*, 2010.

Rozelle Scott and Alan De Brauw, "Labor Supply of the Elderly in Rural China", *China Economic Quarterly*, Vol. 2, No. 3, 2003.

Rozelle Scott, J. Edward Taylor and Alan deBrauw, "Migration, Remittances, and Agricultural Productivity in China", *The American Economic Review*, Vol. 89, No. 2, 1999.

Schultz T. W., "Investment In Human Capital", *The American Economic Review*, Vol. 51, No. 1, 1961.

Taylor and Lopez-Feldman A., "Does Migration Make Rural Households More Productive? Evidence from Mexico", *The Journal of Development Studies*, Vol. 46, No. 1, 2010.

Toossi M., "A Century of Change: The U. S. Labor Force, 1950 – 2050", *Mon Labor Rev*, Vol. 6, No. 5, 2002.

Wilensky H. L., "The Professionalization of Everyone?", *American Journal of Sociology*, Vol. 70, No. 2, 1964.

William Arthur Lewis, "Economic Development with Unlimited Supply of Labour", *Journal of the Manchester School of Economics and Social Studies*, Vol. 22, No. 2, 1954.

World Bank, "Engendering Development", *World Bank Policy Research Report*, New York: Oxford University Press, 2001.

Xie An, "A New Perspective to Solve the Issues Concerning 'Agriculture, Rural Arcas, and Farmers' Economics Analyses and Policy Proposals", *Seoul*

Journal of Economics, Vol. 19, No. 3, 2006.

Zhao Yaohui, "Causes and Consequences of Return Migration: Recent Evidence from China", *Journal of Comparative Economics*, Vol. 30, No. 2, 2002.

Zhong, Funing, Qing Li, Jing Xiang, and Jing Zhu, "Economic Growth, Demographic Change and Rural-Urban Migration in China", *Journal of Integrative Agriculture*, Vol. 12, No. 10, 2013.

后　记

　　寒来暑往，夏绿秋黄，岁月匆匆，此经流年。博士毕业至今，我一直从事农业劳动力相关问题的研究，对农业经济和农村发展有着比较扎实的研究积淀。在武汉大学访学期间，得益于众多良师益友的学术研究支持，深化了我对农业劳动力代际转换的认识，开拓了研究思路。在黄淮学院工作期间，我开始着手进行理论探索和研究框架构建。在课题研究团队和同事的帮助下，资料收集工作较为顺利。从酝酿到定稿，历经整整 5 年时间，终于完成了本书的撰写工作。

　　春播一粒种，秋收万颗粟，滴泉之赐，永沐我心。在本书出版之际，感慨万千。特别感谢 2016 年国家社科基金项目："新常态下农业劳动力代际转换危机的多维动因、耦合机制与破解模式研究"（项目编号：16CJY046）、2022 年河南省哲学社会科学规划年度项目："河南省多类型小农户分化主体衔接现代农业的模式与路径研究"（项目编号：2022BJJ073）、2023 年度河南省高等学校重点科研项目："河南省农业劳动力老龄化的形成机理、耦合机制与破解模式研究"（项目编号：23A790029）、2019 年度天中学者奖励计划所提供的支持。

　　鹤发银丝映日月，丹心热血沃新花。感谢恩师中南财经政法大学陈池波教授对本书撰写过程中的指导与帮助。少年乐新知，衰暮思故友。感谢黄淮学院张新民教授等诸多同事和课题组老师的大力帮助和支持，感谢不辞劳苦参与课题调研的同学们。相知无远近，万里尚为邻。本著作的出版得到了中国社会科学出版社耿晓明等多位编辑的大力支持，在此表示衷心的感谢。在围绕农业劳动力代际转换这一主题进行文献梳理和实地调研过程中，笔者被中国农业劳动力宏大的历史变迁进程所深深吸引，感谢本书撰写过程中所参阅的有关资料和论著的作者，感谢他们扎根"三农"研究的学术情怀。最后，还要真挚感谢那些为农业支持政策出台而竭诚努力的官员、政策研究者、专家学者等群体，是他们的智慧和热情感染着我、鼓励着我在农业经济领域笔耕不辍、开拓前行。

韩占兵

2024 年 8 月